가상강좌

사회체육개론

오영도

UUP

가상강좌 **사회체육개론**

2010년 10월 1일 **초판 인쇄** ▪ 2010년 10월 7일 **초판 발행** ▪ **지은이** 오영도 ▪ **펴낸이** 김도연
▪ **펴낸곳** **UUP**(울산대학교출판부) 680-749 울산광역시 남구 대학로 93(무거동) 울산대학교 출판부
▪ **전화** (052)259-2488 **팩스** (052)277-3011 ▪ **홈페이지** http://uup.ulsan.ac.kr
▪ **출판등록** 제370-1996-000001호(1996.3.13)
▪ ₩ 16,000

ISBN 978.89.7868.227.5 (93690)

목차

■ 1부 현대사회와 사회체육의 이해

■ 2부 사회체육의 참가요인 및 참여

■ 3부 사회체육의 활성화

■ 4부 사회체육의 기본구성 요소

■ 5부 사회체육의 대상

■ 6부 복지사회와 사회체육

사회체육개론

1부

현대사회와 사회체육의 이해

1장 | 현대사회와 사회체육의 개념

Ⅰ. 개요

사회는 멈추어 있는 것이 아니라 항상 변화하고 진보하고 있다. 체육과 스포츠는 역사·사회적으로 많은 변화를 하고 있다. 체육은 과학과 기술의 발달로 끊임없이 변화해 왔다. 체육은 사회변화에 따라 많은 영향을 받으면서 지속적으로 변화하고 발전할 것이다.

- 현대사회는 엘리트체육이 급속하게 발전하고 있다.
- 현대사회는 산업화의 진전에 따라 인간의 신체적 활동이 감소하고 있다.
- 현대사회는 운동과 스포츠에 대한 인간의 위락활동 욕구가 분출되고 있다.
- 사회체육은 사회제도의 한 영역으로서 사회 변화에 예외일 수 없다.
- 사회체육은 사회 구성원들이 즐길 수 있도록 확산되고 있다.
- 사회체육은 현대인의 여가시간 증가로 일상생활의 영역으로 정착하고 있다.
- 사회체육은 인간의 삶과 밀접한 관련성을 가지면서 발전하는 계기가 되었다.
- 사회체육은 근본적으로 산업사회 발전에 따른 사회적 현상이다.
- 사회체육은 복지의 한 형태로 문화적으로 용인된 신체적 여가활동이다.
- 사회체육은 생활의 기회를 확대시켜준다.
- 사회체육은 경제발전에 의한 생활의 질적 향상을 도모한다.
- 사회체육은 국민의 복리증진를 위한 생활조건을 개선시켜준다.

본 장에서는 현대사회의 특성과 사회체육의 개념을 알아보고자 한다. 현대사회 특징의 경제발전과 생활의 질과 기회, 건강증진과 삶의 조건에 대해 학습한다. 웰빙에 대한 역사, 개념, 의미를 학습한다. 산업화와 사회체육의 필요성, 도시화와 사회체육의 중요성을 학습한다. 사회체육의 역사 · 정의 · 용어 · 특징 · 범주 등을 학습한다.

II. 현대사회와 사회체육의 개념

1. 현대사회의 특징

현대사회의 특징과 경제 · 사회발전과 복지증진에 사회체육의 중요성을 살펴보면 다음과 같다.

- 현대사회는 지식정보화 · 후기산업 · 고령화 · 국제화 · 복지화 사회 등으로 규정하고 있다.
- 현대사회는 다문화, 다중선택, 다국적, 대중매체, 독신자 사회 등으로 규정하고 있다.
- 현대사회는 자동화, 정보화, 전문화, 레저화 등으로 급속하게 변화하고 있다.
- 현대사회는 과학기술의 발달로 사회가 급속하게 변화하는 사회적 특징이 있다.
- 현대사회는 과학기술발달로 생활에 편리함과 풍요로움을 제공하는 순기능을 하고 있다.
- 현대사회는 급속한 사회변화로 운동부족, 인간소외 등 역기능을 초래하고 있다.
- 현대사회는 환경오염, 생활공간의 협소, 성인병 증가 등 사회병폐 현상이 나타나고 있다.
- 현대사회는 산업화의 진전에 따른 노동구조의 변화로 인간의 신체활동이 감소하고 있다.
- 현대사회는 지식정보화, 후기산업 사회로 여가시간이 증대하고 있다.
- 현대사회는 고령화 사회의 노인인구 증가로 건강의 중요성이 날로 증대되고 있다.
- 현대사회는 산업화, 도시화, 복지화, 생활조건 개선 등 사회구조적 변화현상이 나타나고 있다.
- 현대사회는 사회구조적 변화로 인간의 신체활동 욕구가 증대되고 있다.
- 현대사회는 현대인의 삶에 신체활동이 밀접한 관련성을 가지게 되었다.

1) 경제발전과 생활의 질

현대사회의 경제발전과 생활의 질에 대한 내용을 살펴보면 다음과 같다(임종철, 1988).

- 경제발전은 궁극적으로 더 나은 생활환경을 조성한다.
- 경제발전은 인간의 행복과 복리를 증진시키는 근간이 된다.
- 경제발전은 노동시간의 단축을 통하여 물질적 행복과 정서적 행복을 증진한다.
- 경제발전은 인간성 회복, 삶의 질적 향상, 사회복지 실현을 구체화시킨다.
- 경제발전은 사회체육이 국민의 삶의 가치 구현에 대한 욕구를 충족시켜 준다.

- 사회체육은 체육할동을 통한 신체 · 정신적 건강 추구를 기본이념으로 한다.
- 사회체육은 보다 풍요로운 국민의 삶을 향유할 수 있는 바탕을 마련한다.

2) 사회발전과 생활의 기회

현대사회의 발전과 생활의 기회에 대한 내용을 살펴보면 다음과 같다(김경동, 1988).

- 사회발전은 국민의 다양한 삶의 기회와 가치를 구현하는 바탕이 된다.
- 사회발전은 개인이 기대하는 건강 수명에 관한 기대치가 높아진다.
- 사회발전은 신체 · 정신적 건강 향상에 관한 기대치가 높아진다.
- 사회발전은 배우자 선택, 교육 및 취업의 기회에 관한 기대치가 높아진다.
- 사회발전은 사회적, 지리적 이동기회에 관한 기대치가 높아진다.
- 사회발전은 국민의 다양한 욕구를 충족시키는 사회정책이 요구되고 있다.
- 사회발전은 생활기회 · 양식을 확대시키기는 사회정책이 요구된다.
- 사회발전은 사회적 권리를 향유할 수 있도록 계획되고 추진되도록 한다.
- 사회체육은 국민의 생활기회 · 양식을 충족시키는 사회정책의 배려 대상이다.

3) 복리증진과 생활의 조건

현대사회의 복리증진과 생활의 조건에 대한 내용을 살펴보면 다음과 같다(임번장, 2000).

- 현대사회는 급격한 산업화에 따른 국민복리증진 및 생활조건의 개선을 요구하고 있다.
- 현대사회는 국민의 복리증진에 따른 생활조건 향상으로 건강유지와 증진이 기본요소이다.
- 현대사회는 건강한 국민이 사회발전의 원동력이 된다.
- 현대사회는 국민건강수준이 한 나라의 사회발전와 복지수준을 가늠하는 주요 지표이다.
- 사회체육은 신체활동을 통하여 신체 · 정신적 건강유지와 증진에 기여한다.
- 사회체육은 원만한 사회성을 함양하는 데 목적이 있다.
- 사회체육은 경제사회적 발전에 따른 생활조건 개선, 복리증진에 기여하는 사회영역이다.

2. 현대사회와 웰빙(Well-being)

현대사회에 만연한 웰빙의 개념과 근원 그리고 의미에 대한 내용을 살펴보면 다음과 같다.

1) 웰빙의 어원적 개념

- 웰빙은 건강한(well, 안락한, 만족한) 인생(being, 살자)을 의미다.
- 우리나라의 웰빙 개념이 언급되기 시작한 것은 대략 2002년 말부터로 파악된다.
- 웰빙의 사전적 의미는 행복, 안녕, 복지 등이다.
- 웰빙은 삶의 질을 강조하는 용어다.
- 웰빙은 물질적 가치나 명예를 얻기 위해 앞만 보고 달려가는 삶을 지양한다.
- 웰빙은 건강한 신체와 정신을 유지하는 균형있는 삶을 행복의 척도로 삼는 것이다.
- 우리나라의 웰빙은 물질적 풍요와 고급화하는 경향이 매우 강하다.
- 요가, 스파, 피트니스 클럽을 즐기며 비싼 유기농 음식만을 선호하는 경향이 있다.
- 그러나 웰빙을 지나친 건강과 미용에 대한 집착 등으로 의미가 왜곡되는 경향이 있다.
- 웰빙을 정신적인 측면보다는 물질적 풍요만 강조하는 비판적 시각도 많이 있다.
- 웰빙은 본래 미국에서 반전운동과 민권운동 정신을 계승한 사회문화적 현상이었다.
- 웰빙은 미국의 중산층 이상 사람들이 첨단문명에 반대하여 나타난 사회현상이었다.
- 웰빙은 자연주의, 뉴에이지 등에서 파생된 삶의 방식으로 대두된 사회문화운동이었다.
- 웰빙이란 말의 근원은 60~70년대 미국 히피이즘과 연관성이 있다는 분석이 지배적이다.
- 웰빙의 문화적 코드인 요가와 명상은 60~70년대 미국의 히피들에 의해 매우 유행했다.
- 웰빙은 1980년대 여피(yuppie)족과 90년대 보보스족의 라이프스타일에 중요한 요소였다.
- 웰빙은 물질적 가치에만 매달리던 이전 세대와 차별성을 두고자 하였다.
- 웰빙은 개인주의 가치관을 바탕으로 정신 · 육체적으로 건강한 삶을 추구한다.
- 웰빙은 경제력으로 단순히 잘 먹고 잘 사는 인생을 뜻하는 것이 아니다.
- 웰빙은 정신적으로 풍요롭고 육체적으로 건전한 문화적인 삶으로 이해하여야 한다.

2) 웰빙의 근원

- 웰빙족의 근원은 15세기 체코의 보헤미아 지방에는 다른 유럽국가와 마찬가지로 유랑하는 집시들이 많았다.
- 당시 프랑스인들은 자유를 추구하는 그들을 "보헤미안"이라고 불렀다.
- 보헤미안의 정신은 20세기에 자본주의 체제 속에서 물질적 풍요를 누리던 미국의 상류층을 일컫는 "보보스(Bobos)"에 영향을 주었다.
- 보보스의 "보보"는 자본주의의 풍요를 상징하는 부르주아(Bourgeois)의 앞글자 보(Bo)와유랑하던 집시들의 정신적 자유를 상징하는 보헤미안(Bohemian)의 앞글자 보(Bo)의 합성어이다.
- 웰빙족은 삶의 방식을 지칭하는 용어로 사용되고 있다.

- 웰빙족은 과식과 스트레스를 피하고 유기농 식단을 즐기며 규칙적인 운동으로 건강한몸과 정신을 추구한다.
- 웰빙족은 물질적 풍요를 바탕으로 정신적인 여유와 자연 친화적 삶의 태도를 추구한다.
- 웰빙족은 자신만의 삶을 즐기며 생명과 자연의 가치를 존중한다.
- 웰빙의 근원적 의미는 물질적 향유가 목적이 아니다.
- 웰빙은 정신적 건강과 균형, 내면세계의 만족을 추구한다.
- 오늘날 우리나라 사회에 확산되고 있는 웰빙의 사회문화적 현상은 대중적 소비와 상업주의가 교묘하게 연계되어 있다.
- 웰빙의 사회문화적 현상은 다양한 기능성 고부가가치 제품들을 선호하도록 관심을 유도하고 있다.
- 이러한 웰빙의 사회문화적 현상 대열에 참여할 수 없는 사람들에게는 다가갈 수 없는 문화적 장벽으로 느껴지게 한다.
- 우리나라의 웰빙 사회문화적 현상은 기초생활을 해결하지 못한 사람들에게 정서적 괴리감을 부추기고 있다.

3) 웰빙의 확산

- 현재 우리나라 사회의 키워드 중 가장 관심거리를 꼽는다면 웰빙의 사회적 현상이다.
- 웰빙이 의식주는 물론 생활의 모든 영역에 사회문화적 현상으로 자리를 차지하고 있다.
- 웰빙 바람이 무섭게 불고 있다.
- 메모리폼 침구에 친환경 소재로 만든 아파트에서 잠을 잔다.
- 아로마 입욕제로 반신욕을 즐기며 유기농 야채를 먹는다.
- 공기청정기로 실내공기의 오염물질을 정화된 청정구역에서 하루 일과를 시작한다.
- 이러한 물질적 첨단과학, 유기농 등의 생활을 웰빙이라고 착각하고 있다.
- 웰빙은 결코 어렵거나 특정인들을 위한 용어는 절대 아니다.
- 웰빙은 자신의 마음속에 존재하는 것이다.

4) 노블레스 노마드(noblesse nomad=shedders)

- 1990년대 경제성장은 소비를 부추겨 고가품을 구입하도록 만들었다.
- 사회는 부유층과 유명인의 생활방식을 보여주면서 상품구매를 끊임없이 요구하였다.
- 이러한 사회 분위기에 유행상품 선호인들은 즉흥적으로 상품을 구매하는 경향이 높았다.
- 노블레스 노마드 어원의 개념은 귀족이라는 noblesse와 유목민이란 뜻의 nomad의 합성어이다.

- 노블레스 노마드는 유행의 물건을 소유하는 대신 무형의 경험을 체험하는 새로운 소비층을 일컫는 신조어이다.
- 노블레스 노마드는 부를 물건에 투자하기보다는 경험이 가져다주는 정신적 풍요로움과 단순한 삶을 추구한다.
- 노블레스 노마드는 값 비싼 물건들을 전리품처럼 모으는 것은 자랑거리가 되지 못한다.
- 노블레스 노마드는 지금이 아니면 체험할 수 없는 다양한 경험에 돈과 시간을 아끼지 않는다.
- 노블레스 노마드의 삶은 소유보다는 경험을 최고의 가치로 여긴다.
- 노블레스 노마드의 삶은 가구, 승용차 등 비싼 물건을 구입하는 행위로 자신의 신분을 과시하는 전리품 문화를 거부한다.
- 노블레스 노마드의 삶은 해외여행, 운동, 외식, 공연관람 등 자신의 경험을 풍부하게 해주는 활동에 소비지출을 늘인다.

3. 현대사회와 건강

현대사회에 건강의 중요성이 날로 증가하고 있어 이에 대한 사회체육이 사회에 미치는 영향에 대한 내용을 살펴보면 다음과 같다.

- 현대인들은 자신의 삶에서 건강이 얼마나 중요한지 알고 있다.
- 우리나라는 좋은 음식, 적당한 운동, 건강한 생각 등 웰빙 열풍이 강하게 불고 있다.
- 많은 사람들의 관심은 좋은 음식, 적당한 운동을 가장 선호하고 있다.
- 사회는 지속적인 변화를 경험하고 있다.
- 체육의 의미도 그러한 변화를 경험하였다.
- 엘리트체육에서 국민건강증진의 의미를 가지고 있는 사회체육으로 보편화되고 있다.
- 체육이 현대인의 일상생활의 일부분으로 자리 잡게 된 것은 사회형태의 변화 때문이다.
- 과거 육체노동 사회에서 현대사회는 정신노동을 중심 사회로 변화하고 있다.
- 과거에는 지역사회가 농촌과 도시로 양분되어 사회적 차이가 분명하였다.
- 사회학에서도 농촌사회학과 도시사회학으로 나뉘어 학문이 탐구되었다.
- 사회환경의 개선에 따라 여가시간이 증대하고 있다.
- 운동이나 스포츠에 대한 인간의 위락 활동 욕구가 분출되고 있다.
- 현대인의 삶 생활 속에 체육이 차지하는 중요성과 의미가 날로 증대되고 있다.
- 이것이 사회체육이 태동하게 된 동기가 되었으며, 발전하게 된 계기가 되었다.

- 최근에 우리는 사회체육이란 용어를 자주 접하고 있다.
- 그러나 사회체육의 개념이 아직 완전하게 통일되거나 정립되어 있지 않다.
- 나라마다 사회 · 문화적 전통과 배경에 따라 사회체육에 대한 개념이 다르다.
- 사회체육은 늘어나는 여가를 보다 건설적이며 창조적인 활동으로 유도하고 있다.
- 사회체육은 현대병을 예방하고 사회에 적응할 수 있는 건강과 체력을 증진시켜 준다.
- 사회체육활동 참여를 통한 건전한 시민의식을 고취시키는 데 목적이 있다.
- 사회체육 운동은 범국민적인 시민운동으로 확산되어야 한다.
- 사회체육은 신체활동이 인간생활에 어떠한 의의나 가치를 구체회 시켜야 한다.
- 사회체육의 본질과 역할을 국민들에게 인식시켜 주어야 한다.
- 사회체육은 국민의 자발적인 참여로 인구의 저변 확대가 이루어지도록 해야 한다.
- 사회체육은 국민의 체육의 생활화라는 사회적 풍토가 조성되도록 해야 한다.
- 국가는 국민의 생명을 보호하고 행복하게 삶을 영위할 수 있도록 해야 한다.

4. 현대사회와 사회체육

현대사회에 확산되고 있는 사회체육활동에 대한 내용을 살펴보면 다음과 같다(임번장, 2000).

1) 산업화와 사회체육

- 사회의 산업화는 산업구조, 직업구조, 생태적 유형, 사회 조직 등이 변화한다.
- 사회의 산업화는 가치지향, 행동유형, 규범체계, 문화적 유형 등 사회과정이 변화한다.
- 산업사회의 사회체육은 환경공해, 스트레스를 해소할 수 있는 기회를 제공한다.
- 산업사회의 사회체육은 심신의 건강과 삶의 의욕을 고취시키는 역할을 한다.
- 산업화에 따른 사회체육은 각종 사회 병리적 현상을 치유할 수 있게 한다.
- 사회체육은 국민의 균등한 체육참여 기회를 보장한다.
- 사회체육은 국민에게 복지화된 체육환경을 제공한다.
- 사회체육은 문화적으로 용인된 신체적 여가활동 영역으로 발전하고 있다.

2) 도시화와 사회체육

- 도시화는 후기산업사회의 발전과 더불어 수반되는 필연적인 사회과정이다.
- 도시화는 상공업의 발달, 문화와 교육 기회의 확산 등 순기능 측면이 있다.
- 도시화는 자연환경의 오염, 주택난, 교통문제, 개인주의, 범죄 증가 등 역기능이 있다.

- 도시화는 도시 빈민층 형성, 퇴폐향락 풍조 만연 등 다양한 사회문제를 야기시킨다.
- 도시인구 집중화는 생활양식 변화, 체육인구 증가로 사회체육 발전에 큰 영향을 미친다.
- 체육인구의 증가는 사회체육 활동의 다양화, 질적 향상에 대한 요구가 분출되고 있다.
- 사회체육은 신체활동 부족에 따른 건강의 위협에 대처하기 위한 대안이 요구되고 있다.
- 사회체육은 건전한 여가선용의 대안으로 레저스포츠의 수요를 증가하게 한다.
- 레저스포츠의 수요 증가는 이윤추구의 대상이 되어 레저스포츠 산업이 발달하게 된다.
- 레저스포츠 산업의 파급효과로 상업체육이 등장하게 되었다.
- 상업체육은 시설의 질적 · 양적으로 보완 · 확충으로 사회체육 활성화에 원동력이 된다.
- 사회체육은 도시화 사회에 살고 현대인에게 보다 다양한 생활기회 · 양식을 제공한다.
- 사회체육은 국민의 삶의 가치를 구현할 수 있는 수단이 된다.
- 사회체육은 오염된 도시환경에서 살고 있는 국민에게 신체활동의 욕구를 충족시켜준다.
- 사회체육은 도시화 사회에서 벗어나 자연과 접촉할 수 있는 기회를 부여한다.
- 사회체육은 국민의 복리증진에 대한 요구에 효과적으로 부응하는 역할을 수행한다.

5. 사회체육의 개념

현대사회의 사회체육의 개념에 대한 내용을 살펴보면 다음과 같다(임번장, 2000).

- 사회체육은 인격형성과 바람직한 삶을 영위할 수 있는 근원적 잠재력을 배양한다.
- 사회체육은 정치, 경제, 사회, 교육, 문화 등 사회제도와 결합하여 사회발전을 촉진한다.
- 선진국은 오래 전부터 사회체육을 국가 주요 복지정책 가운데 하나로 추진해 오고 있다.
- 각국은 사회환경과 여건에 따라 사회정책적 차원에서 사회체육의 목표를 설정하고 있다.
- 체육 · 스포츠에 관한 법규와 제도정비를 통해 사회체육을 진흥시키고 있다.
- 행정과 재정지원을 통한 사회체육 발전은 세계적인 추세이다.

1) 사회체육의 역사

- 현재 사회체육 모체는 유럽스포츠관계장관회의에서 공식화되었다.
- 19세기 독일, 스웨덴, 덴마크, 노르웨이 등 체조보급 운동.
- 현재 Sport for All 운동은 전 세계적으로 파급되고 있다.
- 독일의 Trim 130
- 노르웨이 Trimming 130
- 호주 Life Be in It

- 캐나다 ParticipACTION
- 체코슬로바키아 Spartakiad
- 소련 1+2 운동
- 한국 7330
- 나라마다 서로 다른 명칭과 내용으로 사회체육 운동으로 장려되고 있다.
- 1920 조선체육회 설립
- YMCA는 창설부터 국민체육 보급 차원에서 오늘날까지 사회체육운동 전개
- 1960년대 초반 한국레크리에이션협회 창설되면서 사회체육 이해
- 1962년 정부에서 국민의 체육활동에 관심 국민체육진흥법 제정
- 사회체육 본격적 활동은 5공화국 출범 이후
- 1981년 서독 바덴바덴에서 서울올림픽 개최 확정된 직후 체육부 창설
- 1982년 국민체육진흥법 개정(선진 사회체육 기틀 마련)
- 1985년 민간사회체육 단체인 한국사회체육진흥회와 한국사회체육센터 설립
- 1989년 서울올림픽기념 국민체육진흥공단
- 1991년 국민생활체육협의회 발족
- 1993년 문민정부는 체육에 대한 관심 자조
- 1998년 국민의 정부는 체육에 대한 관심 자조
- 2010년 국민생활체육회로 명칭을 변경하여 7330 캠패인 운동을 활발하게 하고 있다.

2) 사회체육의 정의

- 체육의 영역은 수직적 영역과 수평적 영역으로 구분된다.
- 수직적 영역은 유아 · 아동 · 청소년 · 성인 · 장년 · 노인체육으로 구분한다.
- 수평적 영역은 가정 · 학교 · 사회체육으로 구분한다.
- 사회체육은 학교체육과 대비되는 개념이다.
- 학교체육은 교육법에 근거하여 이루어진다.
- 학교체육은 학교교육 내용인 교육과정을 활동내용으로 이루어진다.
- 학교체육은 반드시 자격 있는 교사가 지도를 담당한다.
- 학교체육은 일정한 연령층에 도달해 있는 피교육자를 대상으로 한다.
- 학교체육은 학교의 시설과 공간을 이용한 체육활동을 의미한다.
- 사회체육은 학교체육을 제외한 체육영역으로 주로 성인이 주체가 된다.
- 사회체육은 사회 구성원의 다양한 개인적 욕구를 충족시키는 역할을 한다.
- 사회체육은 사회 구성원의 풍요로운 삶을 영위하기 위한 수단으로 역할을 수행한다.
- 사회체육 형태는 개별적 참가와 조직과 시설을 중심으로 활동이 이루어진다.

3) 사회체육과 학교체육

- 사회체육과 학교체육 비교하면 다음과 같다.
- 학교체육은 취학기간 동안 한시적인 체육활동이다.
- 사회체육은 일생동안 이루어지는 평생 체육활동이다.
- 학교체육은 대상은 학생이다.
- 사회체육은 일반대중이 대상이다.
- 학교체육은 주로 청소년을 중심으로 참가자가 구성되어 있다.
- 사회체육은 성인층을 중심으로 참가자가 구성되어 있다.
- 학교체육은 의무적이다.
- 사회체육은 개인의 자율적 의지에 의한 자율적 행위이다.
- 학교체육은 필수적이다.
- 사회체육은 선택적이다.
- 학교체육은 강제적인 활동이다.
- 사회체육은 자율적인 활동이다.
- 학교체육은 교육활동이므로 계획적으로 이루어지 활동이다.
- 사회체육은 위학활동이므로 비계획적이고 불확정적이며 변화가 많은 활동이다.
- 학교체육은 교육활동이므로 계획적으로 이루어지 활동이다.
- 사회체육은 위락활동이므로 비계획적으로 이루어지 활동이다.
- 학교체육은 전체적으로 조직적 또는 형식적인 체육활동이다.
- 사회체육은 상대적으로 비조직적 또는 비형식적인 체육활동이다.
- 사회체육이란 용어를 쓰는 나라는 일본이다.
- 사회체육 용어는 1951년부터 일본에서 쓰기 시작했다.
- 사회체육 용어는 1960년대 후반부터 한국에서 사용하기 시작했다.

4) 사회체육 용어

- Community Recreation
- Leisure and Recreation
- Leisure Sports
- Mass Sport ≒ Elite Sport
- 체육의 영역 분류는 사회체육(학문적인 차원)
- Sport for All = 체육현장, 행정당국, 생활체육, 국제적인 현실적인 추세

5) 사회체육의 특징

- 사회체육 특징은 4가지가 있다.
- 사회 구성원의 건강 · 후생복지 향상을 체육, 스포츠, 레크리에이션을 통해 성취하는 일반대중의 체육활동이다.
- 자유시간의 창조적인 선용방법으로 널리 활용되는 여가활동이다.
- 범국민적 사회운동으로서 사회에 널리 보급하여 건전한 사회기풍을 조성한다.
- 건강하고 행복한 삶을 영위하는 복지사회 건설의 활동이다.

6) 사회체육의 범주 · 대상 · 영역

(1) 범주

- 상대방 도전을 특성으로 하는 경쟁적 신체운동 게임과 스포츠 활동이다.
- 특수한 지형·지물인 개활지, 임야, 산악, 수상, 창공을 추구하는 야외활동이다.
- 신체적 움직임의 감성적 만족에 관심을 갖는 심미적 활동인 리듬운동이다.
- 신체활동 능력 향상, 건강을 증진하는 건강운동, 움직임 운동, 체력단련운동이다.
- 경쟁적 신체운동은 축구, 농구, 배구, 야구, 배드민턴 등이 있다.
- 야외 신체활동은 오리엔티어링, 캠핑, 등산, 빙벽타기, 요트, 수상스키, 제트스키, 워트스레이트, 래프팅, 윈드서핑, 행글라이딩, 패러그라이딩, 스카이다이빙, 열기구, 산악자전거, 킥보드, 인라인스케이트, 스케이트보드 등이 있다.
- 리듬운동은 피겨스케이팅, 리듬체조, 에어로빅스, 댄스스포츠, 민속춤, 레크리에이션적 수영 등이 있다.
- 건강체력단련운동은 보디빌딩, 조깅, 보건체조 등이 있다.

(2) 대상

- 지역사회 자생 동호인 체육 단체 및 조직 가입자
- 스포츠 종목별 동호인 단체 및 가입자
- 직장 동호인 체육 단체 및 조직 회원
- 상업체육 회원 및 등록자
- 민간단체 체육시설 이용자
- 공공체육시설 체육시설 이용자

(3) 영역

- 대상별 영역은 생애 주기에 따른 연령, 성별, 신체 상태에 의하여 구분되는 영역이다.
- 대상별 영역은 유아 · 아동 · 청소 · 성인 · 장년 · 노인 · 여성 · 장애인체육이 있다.
- 공간별 영역은 사회체육활동이 전개되는 소속기관이나 단체에 의해 구분되는 영역이다.
- 공간별 영역은 가정체육, 지역사회체육, 직장체육이 있다.
- 기관별 영역은 사회체육활동을 제공하는 기관이나 단체에 의해 구분되는 영역이다.
- 기관별 영역은 공공체육, 민간단체체육, 상업체육이 있다.

Ⅲ. 요약

현대사회의 특징에 있어서 웰빙과 건강, 현대사회와 사회체육의 개념에 대한 내용을 요약하면 다음과 같다.

- 사회체육은 인간에게 보편적인 인간존재의 의미를 경험하게 한다.
- 사회체육은 건강한 신체를 유지 · 증진시키는 데 필수적인 기회를 제공한다.
- 사회체육은 건강한 생활을 유지하는 데 최고의 가치를 발휘한다.
- 웰빙은 삶의 질을 강조하는 용어다.
- 웰빙은 경제력으로 단순히 잘 먹고 잘 사는 인생을 뜻하는 것이 아니다.
- 웰빙은 정신적으로 풍요롭고 육체적으로 건전한 문화적인 삶으로 이해해야 한다.
- 웰빙족은 과식과 스트레스를 피하고 유기농 식단을 즐기며 규칙운동으로 건강한 몸과 정신을 추구한다.
- 노블레스 노마드의 삶은 소유보다는 경험을 최고의 가치로 여긴다.
- 노블레스 노마드의 삶은 가구, 승용차 등 비싼 물건을 구입하는 행위로 자신의 신분을 과시하는 전리품 문화를 거부한다.
- 대신에 노블레스 노마드의 삶은 해외여행, 운동, 외식, 공연관람 등 자신의 경험을 풍부하게 하는 활동에 소비지출을 늘인다.
- 사회체육은 사회 병리적 현상을 예방하는 가치를 가지고 있다.
- 사회체육은 사회의 건전한 사회기풍을 조성하는 가치를 가지고 있다.
- 사회체육은 여가생활을 바르게 영위하기 위한 신체활동 프로그램이다.
- 사회체육은 건강한 신체를 가지고 삶의 의미와 질을 향상시키는 사회활동이다.
- 사회체육은 모든 사람을 위한 평등사상에 기초한 국민복지 사회운동이다.

• 사회체육은 사회분열과 갈등의 사회현상을 화해, 공동체의식을 경험하게 한다.
• 사회체육은 삶에 대한 긍정적 태도를 갖게 한다.

Ⅳ. 학습문제

1. 현대사회와 사회체육의 특성을 기술하시오.
2. 사회체육의 역사에 대하여 설명하시오.
3. 사회체육의 정의에 대하여 설명하시오.
4. 사회체육의 특징에 대하여 설명하시오.
5. 사회체육의 범주에 대하여 설명하시오.
6. 사회체육의 대상에 대하여 설명하시오.
7. 사회체육의 영역에 대하여 설명하시오.
8. 사회체육의 필요성에 대하여 설명하시오.
9. 사회체육의 목적에 대하여 설명하시오.
10. 사회체육의 가치에 대하여 설명하시오.
11. 사회체육의 의의에 대하여 설명하시오.

Ⅴ. 주요용어

여피
히피
보보스
웰빙
노블레스 노마드
생활의 질
생활의 기회
생활의 조건
산업화
도시화
다중선택
다국적
대중매체
독신자
자동화
정보화
전문화
레져화
운동부족
인간소외

복지화	복리증진
지식정보화	생활의 질
후기산업	생활의 기회
고령화	건강증진
국제화	삶의 조건
복지화	보헤미안
다문화	부르주아
보보스	

참고문헌

김경동(1988). 사회 발전과 체육. 서울대학교 사범대학 체육연구소. 올림픽 이후의 한국 체육. 프레스센터. 서울.

임번장(1987). '88 이후 한국 체육의 발전 방향. 한국체육학회. 제5회 국민체육진흥세미나 자료집.

임번장(2000). 사회체육개론. 서울대학교출판부.

임종철(1988). 경제 발전과 체육. 서울대학교 사범대학 체육연구소. 올림픽 이후의 한국 체육. 프레스센터. 서울

2장 | 사회체육의 필요성과 목적

Ⅰ. 개요

미래사회는 급속한 사회변화, 산업구조의 변화, 생활형태의 변화 등으로 사회구성원들이 복지사회로 발전하기를 희망하고 있다. 복지사회는 신체적 · 정신적 · 사회적 · 문화적으로 다양한 삶의 질 향상이 필요로 한다. 이에 사회체육은 국민의 여가생활 영위와 건강한 신체적 · 사회적 · 문화적 · 정서적인 삶을 향유할 수 있도록 하는 매우 중요한 사회영역으로 대두되고 있다.

- 사회체육은 체육이 현대인의 삶과 밀접한 관련성을 가지면서 발전하는 계기가 되었다.
- 사회체육은 근본적으로 산업사회 발전에 따른 사회적 현상이다.
- 사회체육은 일반대중에게 복지의 한 형태로 출발한 문화적으로 용인된 신체적 여가활동이다.
- 사회체육은 생활의 기회를 확대시켜준다.
- 사회체육은 경제발전에 의한 생활의 질적 향상을 도모한다.
- 사회체육은 국민의 복리증진를 위한 생활 조건을 개선시켜준다.

본 장의 학습목표는 사회체육의 필요성, 목적, 가치, 의의를 알아보고자 한다. 사회체육의 필요성, 목적 그리고 사회체육의 가치에 있어서 문화인류학 · 생리학 · 심리학 · 사회학적 가치를 학습하며, 사회체육의 의의는 여가선용, 국민복지 구현, 사회결속력 강화, 삶의 질 향상을 학습한다.

Ⅱ. 사회체육의 필요성과 목적

사회체육의 필요성과 목적, 사회체육의 가치, 그리고 사회체육의 의의에 대한 내용을 살펴보면 다음과 같다.

1. 사회체육의 필요성과 목적

사회체육의 필요성에 대한 내용을 살펴보면 다음과 같다(임번장, 1987).

1) 사회체육의 필요성

- 오늘날 산업화, 경제성장, 과학기술 발달, 노동시간 단축은 여가시간 증대를 수반하고 있다.
- 현대사회의 체육 및 신체활동은 단순히 건강유지 및 체력단련의 차원을 초월한다.
- 사회체육은 신체 활동적 레크리에이션 영역으로서 위락적 · 사회적 기능을 수행하고 있다.
- 스포츠의 대중화, 보편화 현상을 촉진시키는 요인으로 작용하여 왔다.
- 과거 체육활동은 체력육성이라는 수단적인 방법의 근시안적 인식에서 출발하였다.
- 현재 체육 및 스포츠 활동은 삶의 질 향상을 목표로 합목적적 신체활동으로 변화하였다.
- 우리나라는 복지사회 체육 이념을 구현하기 위해 보다 발전된 모델이 요구되고 있다.
- 특정 계층, 선수 중심의 엘리트 체육, 관람스포츠 위주의 풍토에서 탈피하여야 한다.
- 평생체육 차원에서 국민의 건강 · 체력 증진이 요구된다
- 사회 · 정서적 안정을 유지하고 삶의 질을 향상시키는 범국민운동으로 전환이 필요하다.
- 국민의 체육활동 향유 권리를 평생토록 보장해야 한다.
- 체육의 가치를 전사회적으로 내면화하여 극대화시켜야 한다.
- 엘리트체육, 관람스포츠 중심에서 직접 참여 스포츠로 변화가 촉구된다.

2) 사회체육의 목적

사회체육의 목적에 대한 내용을 살펴보면 다음과 같다(임번장, 1987).

- 기분전환과 즐거움을 충족함으로써 보람된 일상생활을 누린다.
- 운동을 합리적으로 실천하여 체력을 증진시키며 건강을 유지하고 증진한다.
- 운동기능을 향상하여 건전한 여가생활을 누릴 수 있는 잠재능력을 계발한다.
- 타인과 함께 살아가는 대인관계의 원리를 습득하고 사회생활 능력을 기른다.
- 자율적으로 스포츠 활동에 참가하여 공명정대한 정신과 협동심, 준법정신, 책 임감

등 민주적 생활태도를 기른다.

- 자연과 접촉하여 올바른 우주관 및 인생관을 확립한다.

3. 사회체육의 가치

사회체육의 가치에 있어서 문화인류학적 가치, 생리학적 가치, 심리학적 가치, 사회학적 가치에 대하여 내용을 살펴보면 다음과 같다(임번장, 2004).

1) 문화인류학적 가치

- 놀이를 도외시하고는 인간 존재를 생각하는 것은 불가능하다.
- 원시시대부터 현대사회에 이르기까지 놀이라는 요소는 삶의 기본영역 속에 갖추고 행하여 오고 있다.
- 현대인의 놀이 속에 인간의 본질적인 특성과 문화적인 요소들을 파악할 수 있다.
- 사회체육은 놀이의 요소를 필수적으로 포함하는 중요한 영역이다.
- 사회체육은 인간에게 보편적인 인간존재의 의미를 경험하게 한다.
- 사회체육은 자기문화의 뿌리를 발견할 수 있도록 가치를 제공한다.
- 사회체육 프로그램은 개인주의가 팽배한 현대인에게 공동체의식을 심어 준다.
- 스포츠 활동이 대부분 서구문화 중심적 활동이다.
- 민속놀이는 역사적 전통적으로 전해 내려오는 특정사회 소속인들 삶 속에 내재되어 있다.
- 민속놀이는 참가하는 집단에게 소속감과 연대의식을 강화시켜 준다.
- 제3세계 국가의 민속놀이, 민속경기의 개발 · 보급은 문화인류학적인 가치가 매우 크다.

2) 생리학적 가치

현대사회의 사회체육의 생리학적 가치에 대한 내용을 살펴보면 다음과 같다(진영수, 1989).

- 현대사회의 도시화는 필연적으로 인간에게 운동부족을 수반하게 된다.
- 산업화는 산업공해로 인한 열악한 생활환경이 인간을 병들게 한다.
- 사회체육은 인간에게 생존에 필요한 적정량의 신체활동을 무대를 제공한다.
- 사회체육은 열악한 생활환경 속에서도 견딜 수 있도록 튼튼한 체력을 육성하는 데 기여한다.
- 인간의 육체는 사용하지 않으면 기능이 약화되므로 적당한 신체활동을 계속해야 한다.
- 사회체육은 건강한 신체를 유지 · 증진시키는 데 필수적인 기회를 제공한다.

- 최근 사회체육 활동을 통한 운동이 질병치료의 보조 방법으로 널리 이용되고 있다.
- 운동은 질병을 직접 치료하기 보다 예방적 차원에서 위험인자를 제거하는 역할을 한다.
- 의료기관에서는 성인병 예방과 치료를 위해 사회체육 프로그램을 제공하고 있다.

3) 심리학적 가치

현대사회의 사회체육의 심리학적 가치에 대한 내용을 살펴보면 다음과 같다(Cox, 1985).

- 현대인은 문명의 발달과 과학기술의 발전으로 편리한 생활을 영위하고 있다.
- 복잡한 과학기술문명에서 소외되고 공해 등의 불안정한 생활환경 속에 놓여 있다.
- 현대사회의 특징으로 나타나고 있는 질병은 스트레스와 관련이 매우 깊다.
- 운동부족, 불균형적 영양, 불규칙한 노동, 휴식 부족, 고도의 긴장 등 스트레스를 받고 있다.
- 현대생활에서 모든 질병의 70~80%가 스트레스에 의해서 발생한다고 한다.
- 사회체육은 스트레스를 관리하고 정상적인 생활을 유지하는 데 최고의 가치를 발휘한다.
- 사회체육은 현대생활의 각종 스트레스로부터 해방되어 건강한 삶을 영위하도록 촉진한다.
- 사회체육은 성취동기를 부여하여 의욕적이고 실천적인 인간을 형성하는 데 도움을 준다.
- 개인의 성취동기는 직업이나 노동 현장에서 사회문제를 해결하는 적극적인 태도를 육성한다.
- 사회체육은 일상생활에서 발견하기 어려운 성격을 훈련할 수 있는 기회를 제공한다.
- 스포츠 활동을 통해 자신의 성격을 표현하고 동호인들과 친교할 수 있는 기회가 된다.
- 사회체육은 노년층에게 지속적으로 자신을 표현할 수 있는 기회와 마련해 준다.
- 사회체육은 노년층에게 불안감과 고독감에서 벗어날 수 있는 정서적 안정감을 가져다 준다.

4) 사회학적 가치

현대사회의 사회체육의 사회학적 가치에 대한 내용을 살펴보면 다음과 같다(임번장, 2004).

- 대중사회의 특성상 기계적이고 관료적인 형태에서 개인은 소외당할 수 있다.
- 사회체육은 타인과 상호작용하며 살아가는 기본적인 욕구를 표현할 수 있는 기회를 제공한다.
- 사회체육은 현실의 소외감, 고독감, 불안감을 해소하는 대안이 되고 있다.
- 사회체육 활동을 통해 상호간 사회관계를 유지하며 사회성을 기르게 된다.
- 사회체육은 생산적인 여가선용의 문화공간을 제공한다.
- 사회체육은 건전하고 즐거운 체육활동에 참가함으로써 심신의 피로를 해소하게 한다.
- 사회체육은 일상생활에 새로운 활력소가 되어 건전한 사회시민으로 행동하도록 한다.

- 사회체육 활동은 가정, 학교, 직장에서 발생하는 욕구불만을 해소하게 한다.
- 사회체육은 사회병리적 현상을 예방하고 건전한 사회기풍을 조성하는 가치를 가지고 있다.

4. 사회체육의 의의

현대사회에서 사회체육의 의의는 크게 개인적 측면과 사회적 측면에서 4가지 의의에 대한 내용을 살펴보면 다음과 같다.

1) 여가선용

현대사회의 사회체육의 의의 중 여가선용에 대한 내용을 살펴보면 다음과 같다(Beverly & Matthew, 1978).

- 사회체육은 개인의 자발적인 참가를 전제로 이루어진다.
- 사회체육은 여가생활을 영위하기 위해 제공되는 신체활동 프로그램이다.
- 사회체육은 개인의 선호 활동을 자유 의지로 선택하여 참가하게 하는 것이다.
- 사회체육은 삶의 기회를 확대하도록 제공되는 프로그램이다.
- 사회체육은 참가자의 자발성에 기초하여 이루어지는 신체적 여가활동이다.
- 사회체육은 건강한 신체를 바탕으로 삶의 의미와 질을 향상시키는 사회활동이다.

2) 국민복지 구현

현대사회의 사회체육의 의의 중 국민복지 구현에 대한 내용을 살펴보면 다음과 같다.

- 사회체육은 모든 사람을 위한 평등사상에 기초한 국민복지의 사회운동이다.
- 성 · 연령 · 계층 · 사회 · 경제적 지위 등에 차별없이 건강증진과 체력 향상을 위하는 것이다.
- 사회체육은 스포츠를 모든 국민에게 보급하는 인간주의 운동이다.
- 사회체육은 빈부 · 성별 차별없이 사회 구성원들에게 균등한 참여기회를 제공한다.
- 사회체육은 전 세계적으로 확산되어 가고 있다.
- 사회체육은 인간의 건강과 삶의 질적 향상을 추구하는 인간주의 운동이다.
- 사회체육은 학교체육, 엘리트체육에서 대중체육으로 이행하는 것이다.
- 사회체육은 체육의 평등화의 세계적 추세에 부응하는 역할을 한다.
- 사회체육은 세대간 격차와 간격을 좁혀 주는 가교 역할을 한다.

• 사회체육은 개인간 인간관계의 상호작용의 연결 고리를 역할을 한다.
• 사회체육은 상대방의 인격을 존중하고 대인관계의 지식과 방법을 학습하게 한다.

3) 사회결속력 강화

현대사회의 사회체육의 의의 중 사회결속력 강화에 대한 내용을 살펴보면 다음과 같다.

• 사회체육은 정치, 경제, 외교의 문제를 해결하는 촉매제가 된다.
• 사회체육은 사회계층간 분열의 사회적 현상을 화해 조상과 공동체의식을 강화한다.
• 사회체육은 상이한 계층간 상호작용을 증진시켜 사회적 갈등과 불평등을 해소한다.

4) 삶의 질 향상

현대사회의 사회체육의 의의 중 삶의 질 향상에 대한 내용을 살펴보면 다음과 같다.

• 사회체육은 인간 삶의 질 향상을 도모하고 행복 추구를 지향한다.
• 사회체육은 행복을 추구하고자 하는 인간의 기본욕구가 표현되는 만족을 경함하게 한다.
• 사회체육은 삶에 대한 긍정적 태도를 갖게 하여 준다.
• 사회체육은 일상적인 삶을 건강하고 건전하게 살아가도록 동기를 부여한다.
• 사회체육 활동의 참가는 개인에게 행복과 희망을 제공한다.
• 사회체육 활동의 참가는 어려움에 도전하는 정신과 성취동기를 갖게 한다.

Ⅲ. 요약

사회체육의 필요성과 목적, 사회체육의 가치, 사회체육의 의의에 대한 내용을 요약하면 다음과 같다.

• 사회체육은 인간에게 보편적인 인간존재의 의미를 경험하게 한다.
• 사회체육 활동은 건강한 신체를 유지 · 증진시키는 데 필수적인 기회를 제공한다.
• 사회체육은 스트레스를 관리하고 정상적인 생활을 유지하는 데 최고의 가치를 발휘한다.
• 사회체육은 사회 병리적 현상을 예방하고 건전한 사회기풍을 조성하는 가치를 가지고 있다.
• 사회체육은 여가생활을 바르게 영위하기 위해 제공되는 신체활동 프로그램이다.
• 사회체육은 건강한 신체를 가지고 삶의 의미와 질을 향상시키는 중요한 사회활동이다.

- 사회체육은 모든 사람을 위한 평등사상에 기초한 국민복지 사회운동이다.
- 사회체육은 사회 분열과 투쟁의 사회현상에서 화해와 공동체의식을 경험하게 한다.
- 사회체육은 삶에 대한 긍정적 태도를 갖게 한다.

Ⅳ. 학습문제

1. 사회체육의 필요성에 대하여 알아보자.
2. 사회체육의 목적에 대하여 알아보자.
3. 사회체육의 가치에 대하여 알아보자.
4. 사회체육의 의의에 대하여 알아보자.

Ⅴ. 주요용어

문화인류학적 가치
생리학적 가치
심리학적 가치
사회학적 가치
여가선용
국민복지
사회결속력

참고문헌

임번장(1987). '88 이후 한국 체육의 발전 방향. 한국체육학회. 제5회 국민체육진흥세미나 자료집.

임번장(2004). 사회체육개론. 서울대학교출판부.

임종철(1988). 경제 발전과 체육. 서울대학교 사범대학 체육연구소. 올림픽 이후의 한국 체육. 프레스센터. 서울

진영수(1989). 운동과 건강 및 질병. 한국운동과학회. 제1회 한국운동과학회 세미나 자료집.

Beverly L. S., & Matthew, C. R.(1978). *Physical education: An overview.* Reading. MA: Addison-Wesley. Cox. R. H.(1985). *Sport psychology*. Dubuque, IA:Wm. c. Brown.

3장 | 사회체육의 용어 이해

Ⅰ. 개요

인류사회가 근대산업사회로 이행되면서 기술문명 발달로 인해 노동시간이 단축되어 상대적으로 일로부터 벗어난 자유시간이 증가하면서 일과 여가의 분리가 가능해짐으로써 대두된 가장 보편적으로 수용되고 있는 것이 여가이다. 현대사회의 여가시간 증대에 따른 여가활동의 확산으로 다양한 형태의 용어들이 나타나고 있다.

- 일상·생활을 보람되게 영위하기 위한 수단으로 스포츠에 대한 관심과 참가가 두드러지게 증가하고 가고 있다.
- 사회체육의 개념과 구분하기 어려운 많은 유사개념이 현실적으로 존재하고 있다.
- 사회체육의 유사 용어들이 잘못 쓰여지거나 혼용되는 경우가 많다.
- 유사개념은 각기 독특한 방식으로 사회체육의 여러 현상을 기술 · 설명하고 있다.
- 사회체육과 비슷한 의미를 지니고 있는 유사 용어는 스포츠, 여가, 레저스포츠, 레크리에이션, 생활체육, 평생체육, Sport for All 등이 있다.
- 용어 혼동은 명확한 개념의 정립없이 무비판적으로 쓰여지고 있는 데 기인한다.
- 사회체육 유사개념의 불명확성은 사회체육의 완벽한 이해를 저해한다.
- 사회체육과 유사개념의 본질적인 이해가 요구된다.
- 현재 사용되고 있는 다양한 개념간 혼동이나 사용상의 오류를 방지하고자 한다.

본 장은 사회체육의 유사개념과 이질적 개념의 관계를 알아보고자 한다. 여가(레저), 레크리에이션, 레져스포츠, 평생체육, 생활체육, 학교체육, Sport for All, 사회체육과 스포츠사회학의 차이에 대한 개념을 학습하고자 한다.

Ⅱ. 사회체육의 용어 이해

사회체육의 용어를 이해를 위해 여가(레저), 레크리에이션, 레져스포츠, 평생체육, 생활체육, 학교체육, sport for all, 사회체육과 스포츠 사회학의 개념에 대한 내용을 살펴보면 다음과 같다.

1. 여가(레저)의 개념

사회체육의 용어에 있어서 여가(레져)의 개념에 대한 내용을 살펴보면 다음과 같다.

- 여가는 심리상태가 강제로부터 벗어나 자유로운 상태를 의미한다.
- 여가는 노동이 아닌 비일상적 위락활동에 참가하는 자유시간을 의미한다.
- 사회체육은 여가의 특성을 공통적으로 소유하고 있다.
- 사회체육은 전형적인 여가 활동의 한 영역으로 간주된다.

▷ 기존의 여가 개념에 대한 견해를 살펴보면 다음과 같다.
첫째, 심리 상태로서 여가이다.

- 강제적인 일, 노동, 가정 및 사회생활과 같은 일상생활로부터 벗어나는 형태이다.
- 순수한 개인의 자유 의지에 의하여 휴식, 기분전환, 사회참여, 창의력의 연마 등을 임의로 선택하여 실행하는 활동의 형태로 보는 것이다(Dumazedier, 1974).

둘째, 활동 유형으로서 여가이다.

- 인류사회가 근대산업사회의 기술 문명의 발달로 인해 나타난 사회적 현상이다.
- 기술문명 발달은 노동시간의 단축으로 일에서부터 벗어난 여가 · 자유시간이 증가하면서 일과 여가의 분리가 가능해짐으로써 대두된 개념이다.
- 현재 가장 보편적으로 수용되고 있는 여가의 개념이다.
- 자유시간이란 생업에 종사하는 노동시간을 제외한 시간을 의미한다.
- 생존에 필요한 생리적 욕구를 충족시키는 시간을 제외한 것을 의미한다.
- 개인의 자유의지에 따라 임의로 쓰여지는 잔여시간을 의미한다.

셋째, 총체론적 해석으로서 여가이다.

- 가장 진보적인 개념이다.

- 여가는 생활양식, 개인 · 사회적으로 다양한 사회관계의 복합체이다.
- 여가는 단순한 활동과 시간보다 태도까지를 포함하는 개념이다(Kaplan,1972).
- 여가란 다양한 형태의 인간 활동이다
- 여가는 일, 놀이, 교육, 문화, 종교 활동 등으로부터 발생이 가능하다.
- 여가는 일상 생활 속에서 나타날 수 있는 일종의 심리적 상태 중의 하나이다.
- 심리적 상태는 각 개인이 주어진 환경과 최적의 상호작용을 통하여 즐거움 또는 충만감을 느낄 때 발생될 수 있다는 것이다(Csikszentmihalyi, 1975).

▷ 여가 개념에 관한 대표적인 몇몇 학자의 견해를 살펴보면 다음과 같다.

- Kaplan(1960)은 여가에 대하여 고전적인 정의로 다음과 같은 필수요건을 갖춘 활동이라 하였다.
  ① 경제활동으로서의 노동에 대한 반대 개념
  ② 쾌감의 기대와 회상
  ③ 최소의 비자발성, 그리고 사회적 역할 및 의무로부터의 해방
  ④ 자유에 대한 심리적 인지
  ⑤ 문화적 가치와의 밀접한 연계
  ⑥ 비핵심적이고 무의미한 것에서부터 핵심적이고 의미있는 활동에 이르기까지 전영역을 포용
  ⑦ 반드시 필수적인 것은 아니나 대개 놀이 요소에 의하여 특징지어지는 활동

- Dumazedier(1967: 16)는 여가란 노동이나 가정 및 사회적 의무로부터 벗어난 인간활동의 한 형태로서 휴식, 기분전환 또는 인격개선에 이용된다고 하였다.
- Brigtbill(1960)은 여가란 작업활동에 반대되는 개념으로서의 한 총괄적인 자유시간인데 생존과 생업을 위한 시간을 초월한 시간이라 하였다.
- Neulinger(1981)는 다양한 여러 정의를 고찰한 다음, 여가는 자신이 행하고 있는 활동에 대하여 느끼는 개인적 감정이 자신의 의지에 따른 선택과 바람의 상태를 나타내는 것을 의미한다. 그의 정의는 충분한 내면적 만족을 충족시킬 수만 있다면 여가는 자신이 종사하는 일(노동 또는 직업)과도 중첩 수 있다는 사실을 의미하고 있다.
- Kelly(1982)는 또 다른 정의를 피력하고 있다. 즉, 여가를 시간, 활동, 경험 및 의미의 입장에서 고찰하고, 근본적으로 활동 그 자체를 목적으로 하여 선택된 활동으로 정의하였는데, 자유 및 내면적 만족의 차원이 정의의 핵심 요인으로 간주되고 있음을 알 수 있다.

2. 레크리에이션의 개념

사회체육의 용어에 있어서 레크리에이션의 개념에 대한 내용을 살펴보면 다음과 같다.

1) 과거

- 레크리에이션의 정의는 학자들에 따라 많은 변화를 나타내고 있다.
- 초기 개념은 노동에서 오는 피로, 긴장, 구속에서 벗어남을 의미하였다.
- 노동을 효율적으로 수행하기 위한 재충전으로 인식하였다(Hutchinson, 1951).
- 레크리에이션은 노동을 위한 일종의 수단으로 의미하였다.
- 레크리에이션을 통하여 신체적 · 정신적으로 재충전하는 시간으로 여겼다.
- 레크리에이션을 통하여 노동력을 제고하여 생산성 향상을 목적으로 하였다.
- 사회 발전하고 여가시간이 증가함에 따라 적합성 문제가 제기되기에 이르렀다.

2) 현재

- 현대사회는 여가시간이 증대되고 있다.
- 생활의 질 향상 등으로 인해 노동에 대한 욕구가 점차 감소하고 있다.
- 레크리에이션은 노동력 제고의 수단보다 정신 · 신체적으로 몰입하기를 원한다.
- 레크리에이션은 노동을 위한 재충전 수단으로는 소극적인 해석이 되고 있다.
- 레크리에이션은 남녀노소 구별 없이 대중적인 참가를 특징으로 한다.
- 레크리에이션은 노동자를 위한 휴양과 휴식의 의미는 시대적 · 사회적으로 부적합하다.
- 레크리에이션은 단지 노동을 위한 수단으로 보지 않는다.
- 레크리에이션은 인간의 의미 있는 삶을 위해 행하여지는 활동이다.
- 레크리에이션은 외면적인 것보다는 내면적인 동기 활동으로 대두되고 있다.
- 레크리에이션은 내적 동기에 의한 활동으로 인식하게 되었다.
- 레크리에이션은 자발적인 즐거움을 추구하는 목적 활동으로 인식하게 되었다.
- 최근 레크리에이션은 활동적 · 경험적 측면의 해석이 대두되고 있다.
- Neumeyer와 Neumeyer(1958)는 레크리에이션이란 여가시간에 개인적 또는 집단적으로 이루어지는 자유롭고 즐거운 활동으로 활동 그 자체에 직접적인 동기가 내재하여 있는 것이라고 주장하였다.
- Butler(1967)는 레크리에이션이란 행하는 자체 이외에는 어떠한 보상도 바라지 않으며 외부의 강제에 의해서가 아니라 내면적인 요구에 의해서 자발적으로 이루어지는 활동이라 하였다.
- Kraus(1978)는 레크리에이션이 여가를 활용하는 과정에서 자발적으로 선택된 활동 또

는 경험으로 구성되어 있다고 주장하면서, 만족감, 즐거움, 창조적 풍족감과 같이 활동에 의해서 얻어지는 경험적 측면과 심리적 상태를 강조하였다.

- 레크리에이션은 신체적 · 정신적 · 사회적으로 자발적 참가를 필수로 하는 폭넓은 실천적 활동으로서 개인적인 만족을 성취하는 데 목적이 있다.
- 레크리에이션 활동에 대한 견해는 심리적인 상태에 크게 비중을 두고 무엇을 하느냐 보다는 어떻게 느끼고 활동을 하느냐가 중요한 것이다.
- 레크리에이션 참가의 근본적 동기는 개인적 즐거움을 추구하여 이를 충족하는 것이다.
- 레크리에이션 참가의 근본적 동기는 개인의 지적 · 신체적 · 사회적 발달과 같은 긍정적인 경험을 제공하기도 한다.
- 레크리에이션 활동은 여가를 향유하는 과정에서 개인의 자발적인 내적 동기에 의해 이루어지는 광범위한 활동이다.
- 레크리에이션은 풍요로운 삶을 영위하기 위한 신체적 · 정신적 · 사회적인 발달의 경험을 제공하는 활동이다.
- 레크리에이션은 일하지 않는 시간인 여가시간에 개인에 의하여 영위되는 여가활동이다. 레크리에이션은 활동은 건전한 내용의 선택과 교육적 배려하에서 이루어저여 한다(Bucher,1975).

3. 레져스포츠의 개념

사회체육의 용어에 있어서 레져스포츠의 개념에 대한 내용을 살펴보면 다음과 같다(임번장, 2004).

- 레져스포츠는 레저(여가)와 스포츠의 합성어이다.
- 레져스포츠는 여가시간에 이루어지는 스포츠를 의미한다.
- 레져스포츠는 비경쟁적이고 개인종목 위주이며 자연친화적 스포츠이다.
- 레져스포츠와 사회체육은 매우 유사한 속성을 지니고 있다.
- 레져스포츠는 사회체육 프로그램으로서 최적의 활동내용을 제공하고 있다.
- 레져스포츠 종목은 사회체육으로 구성되어 있다.
- 레져스포츠는 여가에 행하는 스포츠라는 의미이다.
- 레져스포츠 활동에는 다양한 유형의 활동 영역이 존재한다.
- 레져스포츠는 스포츠 형태의 활동 유형을 의미한다.

- 레져스포츠는 일반적인 스포츠와 운동경기와는 그 성격이 매우 다르다.
- 레져스포츠는 경쟁을 필수적으로 포함하지 않는다.
- 레져스포츠는 개인 지향적이다.
- 레져스포츠는 개인의 바람이나 의지에 따라 시작과 종결이 이루어진다.
- 레져스포츠는 자발적이다.
- 레져스포츠는 규칙에 의한 강제가 매우 미약하다.
- 레져스포츠는 일상적인 놀이 요소를 대부분 포함하는 활동이다.
- 레져스포츠는 엄밀한 의미의 스포츠 및 운동경기와 구분된다.
- 레져스포츠는 일의 속박으로부터 벗어나 자유로워야 한다.
- 레져스포츠는 추구하는 활동은 자발적으로 선택한 내용이어야 한다.
- 레져스포츠는 활동 참가는 즐거움을 수반하여야 한다.
- 레져스포츠는 문화적으로 승인된 활동이여야 한다.
- 스포츠와 운동경기는 신체발현을 필수적으로 포함한다.
- 동시에 역할과 지위가 권위적, 공식적, 서열화되어 있다.
- 운동과 스포츠의 일반적인 사례는 경우는 다음과 같다.
  - 야구, 핸드볼, 축구, 미식축구, 농구
  - 레슬링, 육상경기, 배드민턴, 탁구
  - 테니스, 권투, 경영, 다이빙 등을 의미한다.
- 경쟁적, 공식적, 유사한 상황 하에서 행해지는 다양한 신체활동이 있다.
- 레져스포츠는 여가시간에 스포츠활동이 비공식적 · 비경쟁적으로 이루어지는 것이다.
- 레져스포츠 활동의 일반적인 사례는 다음과 같다(임번장, 1992a).
  - 캠핑, 낚시, 사냥, 등산, 오리엔테어링
  - 하이킹, 자전거타기, 롤러브레이드
  - 골프, 보트, 조정, 카누
  - 스키, 스노우보드, 수상스키
  - 스카이다이빙, 승마, 세일링
  - 서핑, 윈드서핑, 스킨다이빙
  - 스쿠버다이빙, 래프팅, 아이스스케이팅 등이 있다

4. 평생체육의 개념

사회체육의 용어에 있어서 평생체육의 개념에 대한 내용을 살펴보면 다음과 같다(임번장, 2004).

- 평생체육의 개념은 1995년 미국체육학회에 의해 처음 사용되기 시작하였다(William, 1976: 2).
- 평생체육은 유아 · 청소 · 성인 · 노년기까지 지속적으로 참가하는 체육활동이다.
- 평생체육은 학교체육과 사회체육을 포괄하는 광의의 개념이다.
- 평생체육은 도시화, 산업화로 인하여 사회병리현상을 예방한다.
- 평생체육은 범죄, 도박, 약물복용과 같은 향락적인 사회병리 현상을 예방한다.
- 평생체육은 건전한 삶을 지속적으로 추구하는 여가교육의 한 형태이다.
- 평생체육은 청소년기에 있어서 스포츠의 가치를 체험시킨다.
- 평생체육은 생애 주기 · 연령 · 단계별에 적합한 스포츠에 참가하는 것이다.
- 평생체육은 사회발전의 원동력을 제공하려는 목적으로 전개되었다.
- 평생을 통하여 지속적으로 이루어지는 체육활동을 의미한다.
- 평생체육은 개인의 건강증진, 스트레스 해소, 건전한 여가생활의 영위를 목적으로 한다.
- 평생체육은 사회체육과 유사한 개님으로서 활동자가 전 생애를 통하여 참가하는 신체활동을 말한다.
- 평생체육은 개인적으로 전 생애에 걸쳐 중단없이 참가하는 스포츠의 형태를 의미한다.
- 평생체육은 고도의 운동기능을 습득한 참가자를 대상으로 하는 엘리트체육이 아니다.
- 평생체육은 참가자를 위한 대중체육에 중점을 두고 조직적인 체육활동이다.
- 평생체육은 신체활동에 대한 건전한 실천습관을 형성하도록 한다.
- 평생체육은 생애 각 단계에 적합한 신체활동을 통해 건강증진, 자기만족, 사회적응 등을 실현하는 체육이다.
- 사회체육은 학교체육을 기반으로 체육할동 참가를 촉구하여 평생체육을 구현한다.
- 초기의 평생체육은 청소년에게 학교 체육교육을 통해 신체활동의 기초 철학을 제공하였다.
- 청소년에게 평생동안 체육활동에 참여할 수 있도록 체육의 필요성, 흥미 등과 같은 것을 제공하였다.
- 최근 사회체육은 인생의 각 발달단계에 적절한 체육프로그램의 제공 및 교육, 실행에 이르기까지 초점을 두고 있다.
- 평생체육은 전 생애에 걸친 학습 및 참가에 주안점을 두고 있다.
- 평생체육은 생리적으로 체력이 증진되고 발육 · 발달이 왕성한 시기인 청소년, 성인기, 노인기까지 전 생애 주기에 걸쳐 활발하게 체육활동에 참여한다는 점에서 사회

체육과 유사한 의미를 지니고 있다(임번장, 1982a).

- 평생체육은 사회적으로 사람들이 일생 동안의 생애 각 국면 또는 생활 각 분야에 필요로 할 때 언제, 어디서나 실행할 수 있는 다양한 스포츠 프로그램이다.

5. 생활체육의 개념

사회체육의 용어에 있어서 생활체육의 개념에 대한 내용을 살펴보면 다음과 같다(임번장, 2004).

- 생활체육은 1984년 전후로 국민체육진흥을 위한 정책시행의 추진내용을 개념화한 신용어이다.
- 생활체육은 정부가 국민체육 정책을 입안하여 수행하는 내용을 개념화한 용어이다.
- 1988 서울올림픽 이후의 한국체육 진흥정책의 일환으로 추진된 '호돌이 계획'을 수립하면서부터 이다.
- 이때 부터 생활체육이란 용어가 사회체육이란 용어를 공식적으로 대체하여 사용되기 시작하였다.
- 생활체육은 일반대중이 체육활동을 일상적인 생활로 실행하는 의미를 지닌다.
- 생활체육은 새로운 체육의 개념을 나타내는 한국 고유의 신용어이다.
- 생활체육 용어는 국가 행정기관이나 사회체육 현장에서 주로 사용하고 있다.
- 생활체육이란 용어는 1984년을 기점으로 대두된 국민체육의 새로운 개념이다.
- 생활체육은 기본적으로 사회체육과 동일한 개념이다.
- 생활체육은 체육을 생활화하는 활동으로 규정할 수 있다.
- 과거의 체육은 시간 · 심리 · 경제적 여유가 있을 경우에 한하여 참가하는 선택적 · 불확정적인 활동이었다.
- 체육을 하나의 생활기술로서 간주하고 있음을 시사하고 있다.
- 생활기술이란 삶을 유지해 나아가는 데 도움이 되는 인간의 필수 기능이다.
- 체육을 익혀서 일상생활 가운데 실천하는 것도 생활의 필수 요소이다.
- 생활체육은 체육 실천을 위한 슬로건이다.
- 생활체육은 구체적인 체육 실천의 방안을 가리키는 체육의 목적인 용어이다.
- 생활체육은 미래지향적이며, 주체적 의식을 지닌 새로운 개념이다.
- 생활체육은 국민 복지증진의 일환으로 정책을 전개해 나아갈 것이다.
- 생활체육은 사회 정책적 의지를 내포하고 있는 것이다.

▷ 생활체육 용어는 다음과 같은 3가지 측면의 목적을 내포하고 있다.

① 생활의 조건을 충족시켜 주는 목적이다.

- 생활체육은 건강, 여가선용 등 생활의 복지적 환경을 충족시킨다.
- 생활체육은 생활의 구성 요소적 조건을 충족시키는 데 관심을 집중한다.

② 생활의 기회를 확대하는 목적이다.

- 생활체육은 삶을 영위함에 있어서 일상생활 가운데 경험의 폭을 넓게 한다.
- 생활체육은 미지의 세계를 경험할 수 있는 기회를 제공한다.
- 생활체육은 일상생활의 활동반경이 확대된다.

③ 생활의 질을 향상시키는 목적이다.

- 생활체육은 인간의 생리 · 심리 · 사회적 욕구 등을 지니고 있다.
- 생활체육은 다양한 욕구를 체육활동을 통해 충족시켜 삶의 질을 높인다.
- 생활체육은 현대사회의 변동에 슬기롭게 대처할 수 있는 능력을 배양한다.
- 생활체육은 창조적인 개척정신과 성향을 학습한다.
- 생활체육은 사회 공동체 의식의 함양한다.
- 생활체육은 복지를 증진시켜 나가는 복지사회의 체육을 의미한다.
- 생활체육은 인간의 삶의 질적 향상이라는 이념 추구를 위한 것이다.
- 생활체육은 유아, 아동, 청소년, 성인, 노인체육을 수직적인 체육영역이다.
- 생활체육은 가정, 직장, 지역사회에서 이루어지는 수평적인 체육영역이다.
- 생활체육은 수직 · 수평적 광의의 체육 개념이다.
- 생활체육은 개인의 잠재적 신체활동 욕구를 최대한 보장한다.
- 생활체육은 체육을 통한 복지사회의 이념 구현을 목적으로 한다.
- 생활체육은 개인이 전 생애를 통하여 능동적으로 지속적인 체육활동 참가 기회를 향유함으로써 신체 · 정서 · 사회적으로 조화로운 발달을 도모한다.

6. 학교체육의 개념

사회체육의 용어에 있어서 학교체육의 개념에 대한 내용을 살펴보면 다음과 같다(임번장, 2004).

- 학교체육은 자격있는 지도교사가 피교육자를 대상으로 하여 의도 · 계획 · 합리적으로 이루어지는 체육활동을 가리킨다(임번장, 1986).

- 체육은 활발한 신체활동을 매개로 나타나는 인간의 모든 행위를 가리킨다.
- 체육은 크게 학교체육과 사회체육의 두 영역으로 구성된다.
- 사회체육은 일정한 조직이나 시설에 의해 이루어지는 체육활동이다.
- 학교체육은 학교의 교육기관 책임하에 이루어지는 체육활동이다.
- 학교체육은 신체활동을 통하여 올바른 인간을 기르는 교육활동이다.
- 학교체육이 지향하는 중심적인 목적은 훌륭한 인간을 만드는 것이다.
- 학교체육은 보다 완전한 인간을 육성하기 위한 수단으로서 신체활동을 동원하는 것이다.
- 학교체육의 교육목적인 훌륭한 인간을 육성하기 위한 수단으로 체육이 활용된다는 뜻이다.

▷ 학교체육은 다음과 같은 구체적 목표를 세우고 이를 통한 인간 형성에 이바지하고 있다(강신복, 1996).

① 여러 가지 운동을 합리적으로 실천하여 체력과 운동기능을 향상시킨다.

② 스포츠 관련 기초 이론과 보건 및 안전에 관한 지식을 운동수행과 현실생활에 적용 할 수 있는 태도를 기른다.

③ 자율적으로 운동 경기에 참가하여 공명정대한 정신과 협동심, 준법정신 및 책임감 등 민주적 생활태도를 기른다.

④ 평생토록 운동을 생활화 할 수 있는 바탕으로 마련함으로써 여가를 선용하고 정서를 함양한다.

▷ 교육목표를 성취하기 위하여 학교체육의 형태는 크게 다음과 같은 4가지 영역으로 조직된다.

① 정규 교과의 일부로 이루어지는 체육수업으로서의 교과활동

② 학생의 선택에 의하여 제공되는 특별활동으로서의 과외자율체육활동

③ 운동기능이 우수한 학생이 중심이 되는 운동부의 대교 경기활동으로서의 운동경기활동

④ 정상적인 체육활동에 참가할 수 없는 학생들의 개별적 요구를 충족시키기 위하여 마련된 활동으로서의 특수체육활동

7. Sport for All의 개념

사회체육의 용어에 있어서 sport for all의 개념에 대한 내용을 살펴보면 다음과 같다.

- Sport for All은 성 · 연령 · 출신계층 · 사회경제적 지위에 관계없이 모든 사람이 누구나 자신의 자유의지로 스포츠에 참가할 기회와 권리를 보장해 주는 새로운 체육의 개념이다.
- Sport for All은 사회운동의 성격을 지닌 사회체육과 동의의로 쓰여지는 세계 공용어이다.

• Sport for All이 처음으로 사용되기 시작한 것은 유럽회의(The council of Europe)이다.

• 1962년 유럽 문화협력위원회(The council for Cultural Cooperation)를 설립하고 그 하위 조직으로 사회교육 및 문화발전 위원회를 설치한 후, 이 기구가 Sport for All이란 표어를 채택하면서부터이다(McIntosh, 1987).

• Sport for All은 만인 그리고 모두의 신체활동이라는 일관된 사회운동으로서 다른 사회운동과 마찬가지로 다양한 여러 필수적인 가치를 포함하고 있으며 목적하는 이상은 문화 및 사회의 기본 가치 형성에 두고있다(Seppanen, 1990).

• Sport for All은 모든 사람에게 평등한 스포츠 참가의 기회를 보장하며 노인이나 쟁애인에게 까지도 참가 기회를 제공할 수 있는 방안을 모색함과 더불어 스포츠를 통한 사회 구성원간의 새로운 의사소통의 통로로 작용하는 만남의 매체이다(Doll-Tepper, 1990).

• Sport for All은 사회 구성원이면 누구나 다 스포츠에 참가할 수 있어야 하며, 스포츠 참가를 통해 건강증진, 긴장 및 갈등 해소, 사회성 함양 등을 목적으로 하는 일종의 스포츠를 매개로 한 사회운동이라 할 수 있다.

▷ Sport for All의 구체적인 특성을 살펴보면 다음과 같다(McIntosh & Chalton, 1985: 13).

① 스포츠 활동은 인간에게 신체 · 정신 · 사회적으로 매우 유익한 활동이므로 보든 사회 구성원에게 스포츠 프로그램이 부담 없이 제공되어야 한다.

② 성, 연령, 능력, 인종, 계층, 직업 등에 관계없이 평등한 참가기회가 보장되어야 한다.

③ 다수의 참가가 소수의 우수성보다 운선되어야 한다, 소수의 엘리트 체육보다는 다수가 참가하고 참가 그 자체를 목적으로 하는 대중적인 체육활동을 지향하여야 한다.

④ 정부는 많은 사람들의 신체활동 욕구를 충족시킬 수 있도록 스포츠와 레크리에이션 관련 시설, 장비, 지도자를 제공하는 역할을 수행하여야 한다. 즉, Sport for All이 사회운동이기는 하지만 정부의 정책적 배려가 함께 제공되어야 한다.

▷ 오늘날 Sport for All은 범세계적인 사회운동으로 전개되면서 각 나라의 사회 · 문화적 배경에 따라 조금씩 상이한 형태로 추진되고 있는데, 세계 여러 나라에서 추진되고 있는 Sport for All운동의 명칭을 살펴보면 다음과 같다(Weyer, 1986)

- 미 국 : Physical Fitness Movement
- 구소련 : The Further Development of Mass Sport 1+2 Movement
- 구서독 : Trim 130
- 캐나다 : ParticipACTION
- 체 코 : Spartakiad

- 노르웨이 : Trimming
- 일 본 : 체력육성운동
- 중 국 : 군중체육,전민건신운동
- 한 국 : 생활체육운동

- 우리 나라의 Sport for All 운동은 1960년대 초반이다.
- 1970년 국민체육진흥회의 발족되었다.
- 1980년대 여가 및 레크리에이션협회 창립 등을 계기로 활발히 전개되기 시작하였다.
- 본격적인 Sport for All 운동은 1985년 한국사회체육진흥회가 설립되었다.
- 서울올림픽 개최를 계기로 각 지역사회에 체육공원이 조성되었다.
- 한국사회체육센터, 부산사회체육센터와 같은 지역사회체육 운동본부가 조직되었다.
- 각 대학에 사회체육학과가 설립되면서부터 자리를 잡아가기 시작하였다.
- 1990년대에 들어와 국민체육진흥공단이 설립되고 국민생활체육협의회가 발족되면서 본격적으로 Sport for All 운동이 뿌리를 내려가고 있다.

8. 사회체육과 스포츠사회학

사회체육의 용어에 있어서 사회체육과 스포츠사회학의 개념에 대한 내용을 살펴보면 다음과 같다(임번장, 2004).

- 사회체육은 체육의 실제 현상을 가리키는 용어이다.
- 스포츠사회학은 스포츠과학의 하위 학문분야 또는 학문영역을 일컫는 용어이다.
- 사회체육은 스포츠사회학의 연구대상이 되는 체육 · 스포츠현상 그 자체를 의미하는 용어이다.
- 사회체육은 스포츠사회학의 주된 연구대상으로 선정될 수 있는 개연성을 지닌다고 할 수 있다.
- 스포츠사회학은 체육 · 스포츠의 여러 현상 가운데 사회학적 연구의 대상인 사회현상을 선별하여 사회학의 이론이나 사회학적 연구방법을 적용하여 분석 · 이해하는 사회학 또는 스포츠과학의 일개 하위 분과과학 또는 학제적 학문이다.

Ⅲ. 요약

사회체육의 용어를 이해를 위해 여가(레저), 레크리에이션, 레져스포츠, 평생체육, 생활체육,

학교체육, sport for all, 사회체육과 스포츠 사회학의 개념에 대한 내용을 요약하면 다음과 같다.

- 인류사회가 근대산업사회로 이행되면서 기술문명 발달로 인해 노동시간이 단축되어 상대적으로 일로부터 벗어난 자유시간이 증가하면서 일과 여가의 분리가 가능해짐으로써 대두된 가장 보편적으로 수용되고 있는 것이 여가이다.
- 여가는 심리상태가 강제로부터 벗어나 자유롭고 비일상적 위락활동에 참가하는자유 시간의 의미를 지니고 있다. 사회체육은 여가의 특성을 공통적으로 소유하고 있어 전형적인 여가 활동의 한 영역이다.
- 레크리에이션 활동은 여가를 향유하는 과정에서 개인의 자발적인 내적 동기에 의해 이루어지는 광범위한 활동으로서 풍요로운 삶을 영위하기 위한 신체적 · 정신적 · 사회적인 발달의 경험을 제공하는 활동이다.
- 레저스포츠는 레저(여가)와 스포츠의 합성어로서 여가시간에 이루어지는 스포츠를 의미하며, 비경쟁적이고 개인종목 위주이며 자연친화적 형태의 스포츠이다.
- 평생체육은 생애 주기 · 연령 · 단계별에 적합한 스포츠에 참가하는 것이며, 개인의 건강증진, 스트레스 해소, 건전한 여가생활의 영위를 목적으로 한다.
- 생활체육이란 개인적 생활 영역 안에서 각자의 취미와 여건 및 환경에 따라 여가시간을 이용한 자발적인 참가를 통하여 개인의 일상생활을 풍요롭고 보람되게 가꾸는 신체활동을 의미한다.
- 학교체육은 보다 완전한 인간을 육성하기 위한 수단으로서 신체활동을 동원하는 것이며, 신체활동을 통하여 올바른 인간을 기르는 교육활동으로써 중심적인 목적은 훌륭한 인간을 만드는 것이다.
- Sport for All은 성 · 연령 · 출신계층 · 사회경제적 지위에 관계없이 모든 사람이 누구나 자신의 자유의지로 스포츠에 참가할 기회와 권리를 보장해 주는 새로운 체육의 개념이다.
- 사회체육은 스포츠사회학의 연구대상이 되는 체육 · 스포츠현상 그 자체를 의미하는 용어이다.

Ⅳ. 학습문제

1. 여가(레저)의 개념에 대하여 설명하시오.
2. 레크리에이션의 개념에 대하여 설명하시오.

3. 레저스포츠의 개념에 대하여 설명하시오.
4. 평생체육의 개념에 대하여 설명하시오.
5. 생활체육의 개념 에 대하여 설명하시오.
6. 학교체육의 개념에 대하여 설명하시오.
7. Sport for All의 개념에 대하여 설명하시오.
8. 사회체육과 스포츠사회학에 대하여 비교 설명하시오.

V. 주요용어

여가	여가시간
레저스포츠	노동시간
레크리에이션	권위적
생활체육	공식적
평생체육	서열화
범죄	기분전환
도박	내적 동기
약물복용	운동수요
위락할동	생애주기
자유시간	사회병리 현상

참고문헌

강신복(1996). 체육교육과정. 서울 : 보경문화사.

임번장(1992a). 사회체육과 레저스포츠. YMCA 체육논단. 미간행물 인쇄물.

임번장(2004). 사회체육개론. 서울대학교출판부.

Brigtbill, C.(1960). *The challenge of leisure*. Englewood Cliffs. NJ: Prentice-Hall.

Bucher, C. A.(1975). *Foundations of physical education*. St. Louis. MO:C. V. Mosby.

Butler, G. D.(1967). Introduction to community recreation. New York: McGrawHill Book.

Csikszentmihalyi, M.(1975). *Beyond boredom and anxiety*. San Francisco. CA : Jossy-Bass.

Dumazedier, J.(1967). *Toward a society for leisure*(S. MaClure, Trans.). NewYork: The Free Press.

Dumazedier(1974). *Sociology of leisure*. Amsterdam: Elsevier Scientific Publishing.

Hutchinson, J.(1951). *Principles of recreation*. New York: Ronald Press.

Kaplan, M.(1960). *Leisure in America*. New York: John Wiley & Sons.

Kaplan(1972). *Implication for gerontology from a general theory of leisure*. Paper presented at the Third International Course: Leisure and the Third Age. Dubrovnik. Yugoslavia. May.

Kelly(1982). *Leisure*. Englewood Cliffs, NJ.: Prentice-Hall.

Kraus, R.(1978). *Recreation and leisure in modern society*(end ed.). Santa Monica, CA: Goodyear.

Neulinger, J.(1974). *The psychology of leisure*. Springfild, IL: Charles Thomas.

Neumeyer, M. H., & Neumeyer, E. S.(1958). Leisure and recreation. New York : The Ronald Press.

McIntosh, P., & Chalton, V.(1985). *The impact of Sport for all policy 1966-1984 and a way forward*. London: Institute of Higher Education. The Sports Council.

Weyer, W.(1986). The role of sport for the quality of life in our changing societies. Paper presented at the *International Congress: Fundamentals of Sport for All*. Germany.

4장 | 현대사회와 여가활동

Ⅰ. 개요

오늘날 과학기술의 발달에 따른 산업화, 소득의 증가, 주5일 근무제 등으로 여가시간이 증가함에 따라 여가에 대한 관심이 급속히 증가하고 있다. 국민의 여가에 대한 관심 증대와 여가시간을 보다 효과적으로 활용하기 위한 방안 마련이 시급히 요구되고 있다.

- 현대사회에서 일과 여가생활은 인간생활을 구성하는 중심축이다.
- 여가생활은 인간의 삶의 질 향상에 기본적임 필수요소들이다.
- 현대인의 여가는 생애주기별로 다양한 특징이 있다.
- 아동은 일과 놀이의 경계가 불명확한다.
- 아동은 특징적인 여가 형태를 찾아 볼 수 없다.
- 청소년은 과중한 학업과 입시부담에서 오는 스트레스를 받고 있다.
- 청소년의 학업 스트레스를 짧은 시간에 표출해야 하는 경향이 높다.
- 청소년의 스트레스 해소는 강렬하고 감각적인 여가활동을 선호한다.
- 성인의 여가형태는 연령에 따라 크게 달라진다.
- 미혼자들은 외적 여가활동을 선호한다.
- 기혼자들은 정적인 여가활동을 선호한다.
- 중장년층은 경제적 여유로 가정 밖에서 즐길 수 있는 여가를 선호한다.
- 노인층은 건강과 이동성이 여가활동을 결정한다.
- 건강한 노인들은 더 많은 자유시간과 다양한 여가를 즐길 수 있다.
- 건강이 좋지 못한 노인들은 소극적인 여가활동에 만족할 수 밖에서 없다.
- 사람은 나이를 먹음에 따라 체력적과 정서적으로 변화를 겪는다.

- 또한 경제 · 시간적 여유로 여가와 관련한 취향과 여건 등이 변화한다.
- 여가활동과 여가 만족도가 변화할 수 밖에 없다.
- 현대사회의 사회적 현상으로 핵가족화, 여가시간이 증대되고 있다.
- 현대의 사회적 현상으로 여가에 대한 관심과 참여가 대중화되고 있다.
- 여가 개념은 휴식 · 오락 · 인격형성 등에 기인한다
- 여가의 소극적 · 고전적인 개념에서 탈피해야 한다.
- 현대적 여가는 적극적인 인지된 자유 상태로 변화하고 있다.
- 여가의 본질적 요소인 선택성, 융통성, 자발성, 자기결정성 등을 추구한다.
- 여가는 야외 · 심미적 리듬활동, 체력단련운동 등 자아실현 욕구를 충족시킨다.
- 여가는 자기만족감과 자긍심을 고양시켜 생활만족도를 증가시킨다.
- 여가는 직장인의 직무 만족도에 긍정적인 영향을 미친다.

본 장에서는 2003년에 실시한 국민생활체육활동 참여 실테조사 결과와 2005년도 자율평가대상사업 성과지표 조사결과를 기초로 우리나라 국민의 여가활동 유형실태를 파악하고자 한다. 국민여가활동 유형은 국민의 여가시간, 외국의 생활시간 비교, 연도 · 성 · 연령별 여가활동 유형 실태를 학습한다.

Ⅲ. 현대사회와 여가활동

문화관광부가 2006년과 2008년 전국 대상으로 실시한 국민생활체육참여 실태조사와 통계청의 2004년 생활시간 조사결과를 통하여 나타난 국민 여가활동 실태는 다음과 같다.

1. 여가시간

우리나라 국민의 여가시간 실태조사 내용을 살펴보면 다음과 같다.

▷ 2006년도 국민의 평균 여가시간 실태조사 내용은 살펴보면 〈표 4-1〉과 같다.
- 2006년 국민의 평균 여가시간은 평일 3.32시간으로 나타났다.
- 토요일은 5.17시간으로 나타났다.
- 공휴일과 일요일은 6.11시간으로 나타났다.
- 2003년의 평일 3.25시간, 토요일 5.10시간, 공휴일과 일요일 6.60시간과 큰 차이가 없는 것으로 나타났다.

▷ 2008년도 국민의 평균 여가시간 실태조사 내용은 살펴보면 〈표 4-1〉과 같다.

- 2008년 국민의 평균 여가시간은 평일 2시간 50분으로 나타났다.
- 휴일은 4시간 41분으로 나타났다.
- 2006년도 비해 큰 폭으로 감소한 것으로 나타났다.
- 그 이유는 여가시간 조사문항 변경 등에서 비롯된 것으로 판단된다.
- 2008년도 조사에서는 여가시간의 개념을 보다 명확히 하였다.
- 하루 중 먹고, 자고, 일하고, 출퇴근하고, 주변 잡일을 정리하는 등의 시간을 제외한 시간을 여가시간으로 구체화 하였다.
- 아무 일 없이 쉬거나 놀이를 하거나 사교하는 시간 등을 구체화하여 여가시간으로 하였다.

표 4-1. 여가시간 분포(%)

연도	시간 / 요일	없다	3시간 미만	3~5 시간	5~7 시간	7시간 이상	평균 시간
2007	평일	4.2	42.4	28.8	12.3	12.3	3.32시간
	토요일	4.4	21.2	24.0	20.6	29.8	5.17시간
	휴일 일요일	4.3	16.1	20.2	19.6	39.8	6.12시간
2008	평일	1.4	50.7	35.4	9.2	3.4	2시간 50분
	휴일	1.7	17.2	35.6	30.7	14.9	4시간 33분

자료 : 2004 생활시간조사. 통계청

2. 외국의 생활시간 비교

우리나라와 외국의 국민의 여가시간 실태조사 내용을 살펴보면 다음과 같다.

▷ 통계청의 2004년 생활시간조사 결과에 의한 내용을 살펴보면 〈표 4-2〉와 같다.

- 한국, 미국, 독일의 성인(20세~70세)의 필수생활시간의 수면, 식사, 간식, 기타 개인관리시간은 하루 중 44~45%로서 국가별로 큰 차이가 없는 것으로 나타났다.
- 반면 의무생활시간의 일, 학습, 가사노동시간은 한국이 가장 길고, 여가생활시간은

독일이 가장 긴 것으로 나타났다.

- 다만, 여가시간 중 스포츠 활동에 투자하는 시간은 한국 26분, 독일 28분, 미국 22분으로 나타났다.
- 우리나라 국민은 스포츠 활동을 건전한 여가선용의 방법으로 인식하고 있음을 시사한다.

표 4-2. 한국 · 미국 · 독일 성인의 생활시간구조(2004년, 단위 시간:분)

구분			한국	미국	독일
필수 생활 시간	수면		7:44	8:34	8:15
	식사 및 간식		1:39	1:15	1:45
	기타 개인관리		1:11	0:47	0:53
	소계		10:34	10:35	10:53
의무 생활 시간	일		4:57	3:39	2:53
	학습		0:13	0:29	0:16
	가사노동	가정관리	1:39	1:52	2:31
		쇼핑 및 서비스	0:16	0:49	0:50
		가족보살피기	0:36	0:34	0:21
	소계		7:41	7:23	6:51
여가 활동 시간	미디어		2:22	2:52	2:37
	교제		1:09	0:56	1:06
	취미		1:04	0:54	0:47
	스포츠		0:26	0:22	0;28
	참여 및 봉사		0:05	0:27	0:21
	종교		0;11	0:09	0:03
	기타 여가		0:15	0:11	0:46
	소계		5:32	4:51	6:08
기타			0:14	0:11	0:08
합계			24:00	24:00	24:00

자료 : 2004 생활시간조사. 통계청

3. 연도별 여가활동 유형

우리나라 국민의 연도별 여가활동 유형 실태조사 내용을 살펴보면 다음과 같다.

▷ 2006년도 국민 여가활동 실태조사 내용은 살펴보면 〈표 4-3〉과 같다.

- 여가시간에 즐기는 여가활동은 휴식활동 34.1%로 나타났다.
- 여가시간에 즐기는 취미 및 오락활동은 20.0%로 나타났다.
- 여가시간에 즐기는 스포츠활동은 20.5%로 나타났다.
- 여가시간에 즐기는 문화예술관람활동은 8.9%로 나타났다.
- 여가시간에 즐기는 문화예술참여활동은 나타나지 않았다.
- 여가시간에 즐기는 관광활동은 2.5%로 나타났다.
- 여가시간에 즐기는 기타활동은 14.1%로 나타났다.

▷ 2008년도 국민 여가활동 실태조사 내용은 살펴보면 〈표 4-3〉과 같다.

- 여가시간에 즐기는 여가활동은 휴식활동 47.0%로 나타났다.
- 여가시간에 즐기는 취미 및 오락활동은 32.3%로 나타났다.
- 여가시간에 즐기는 스포츠활동은 8.6%로 나타났다.
- 여가시간에 즐기는 문화예술관람활동은 2.4%로 나타났다.
- 여가시간에 즐기는 문화예술참여활동은 1.5%로 나타났다.
- 여가시간에 즐기는 관광활동은 0.9%로 나타났다.
- 여가시간에 즐기는 기타활동은 7.2%로 나타났다.

표 4-3. 연도별 여가활동의 비교(%)

구분	1991	1994	1997	2000	2003	2006	2008
스포츠 참여활동	14.8	13.4	14.4	12.2	19.2	20.5	8.6
문화예술관람활동	16.7	10.7	14.8	-	11.3	8.9	2.4
문화예술참여활동	-	-	-	-	-	-	1.5
관광활동	-	-	-	-	2.0	2.5	0.9
취미오락활동	7.7	13.6	4.8	9.8	24.0	20.0	32.3
휴식활동	29.5	28.9	25.8	37.2	33.9	34.1	47.0
기타	31.3	33.4	40.2	31.1	9.6	14.1	7.2

주 : 2008년 여가활동 분류기준에 따라 여가활동을 재분류 한 것임.

4. 성별 여가활동 유형

우리나라 국민의 성별 여가활동 유형에 대하여 실태조사한 내용을 살펴보면 다음과 같다.

▷ 2004년 한국소비자보호원의 조사에 의한 내용을 살펴보면 〈표 4-4〉와 같다.

- 국민 1인당 여가활동 비용이 주 5일 근무제 확산으로 급증하였다.
- 한해 150만원을 넘는 것으로 조사되었다.

▷ 한국소비자보호원이 전국 20세 이상 성인 500명(학생제외)을 대상으로 실시한 설문조사에서 나타난 결과는 다음과 같다.

- 1인당 여가활동비가 1개월에 12만6천원으로 나타났다.
- 1인당 여가활동비가 1년에 151만 2천원으로 나타났다.
- 통계청이 발표한 2003년도 "도시가계조사연보"에서 나타난 교양레져비용 112만 6천 932원에 비해 35%나 증가한 것으로 나타났다.
- 여가가 삶의 중요한 한 영역으로 위치를 차지하고 있음을 나타난 것이다.

▷ 2004년 생활시간 실태조사에서 성별 주말ㆍ휴일의 주된 여가활용에 나타난 결과는 다음과 같다.

- TV 시청은 남자 26.5%, 여자 25.7%로 나타났다.
- 휴식ㆍ수면은 남자 18.2%, 여자 14.2%로 나타났다.
- 사교관련활동은 남자 11.0%, 여자 11.9%로 나타났다.
- 문화예술관람은 남자 10.7%, 여자 3.0%로 나타났다.
- 컴퓨터ㆍ게임ㆍPC 통신은 남자 9.9%, 여자 4.0%로 나타났다.
- 스포츠활동은 남자 7.1%, 여자 1.7%로 나타났다.

표 4-4. 성별 주말•휴일의 주된 여가활용(단위 %)

구분	남자	여자
TV 시청	26.5	25.7
문화예술관람	10.7	3.0
스포츠	7.1	1.7
컴퓨터•게임•PC 통신	9.9	4.0
자기계발	2.0	1.7
사교관련	11.0	11.9
가족	8.7	9.9
가사	3.9	19.8
휴식•수면	18.2	14.2

자료 : 2004년 생활시간조사. 통계청

5. 연령별 여가활동 유형

우리나라 국민의 연령별 여가활동 유형에 대하여 조사한 내용을 살펴보면 다음과 같다.

▷ 2004년 통계청의 생활시간 실태조사에 의한 내용을 살펴보면 〈표 4-5〉와 같다.

- TV시청은 60세 이상의 연령층에서 33.1%로 가장 높게 나타났다.
- 문화예술관람은 20~29세 연령층에서 7.4%로 가장 높게 나타났다.
- 스포츠활동은 40~49세 연령층에서 6.0%로 가장 높게 나타났다.
- 컴퓨터, 게임, PC 통신은 15~19세 연령층에서 29.7%로 가장 높게 나타났다.
- 자기계발은 15~19세 연령층에서 8.27%로 가장 높게 나타났다.
- 사교관련활동은 20~29세 연령층에서 19.2%로 가장 높게 나타났다.
- 가족활동은 30~39세 18.1%, 40~49세 11.1%로 나타났다.
- 가사활동은 30~39세 13.4%, 40~49세 15.8%, 50~59세 16.3%로 나타났다.
- 휴식 · 수면은 40~49세 16.3%, 50~59세 18.7%로 나타났다.

표 4-5. 연령별 주말 • 휴일의 주된 여가활용(단위 %)

구분	15~19세	20~29세	30~39세	40~49세	50~59세	60세이상
TV 시청	22.9	21.4	23.2	26.6	30.2	33.1
문화예술관람	3.6	7.4	1.8	0.8	0.4	0.1
스포츠	3.8	3.8	4.4	6.0	4.7	2.7
컴퓨터 • 게임 • PC 통신	29.7	14.2	4.7	2.4	1.0	0.4
자기계발	8.2	3.0	1.4	0.9	0.7	0.2
사교관련	13.5	19.2	8.7	7.3	9.1	12.4
가족	1.6	4.9	18.1	11.1	7.0	5.7
가사	0.9	5.0	13.4	15.8	16.3	15.8
휴식 • 수면	12.2	13.2	13.6	16.3	18.7	11.7

자료 : 2004 생활시간조사. 통계청

Ⅳ. 요약

국민여가활동 유형은 국민의 여가시간, 외국의 생활시간 비교, 연도 · 성 · 연령별 여가활동 유형 조사내용을 요약하면 다음과 같다.

- 현대사회에서 일과 여가생활은 인간생활을 구성하는 중심축이다.
- 여가생활은 인간의 삶의 질 향상에 기본적임 필수요소들이다.
- 여가의 소극적 · 고전적인 개념에서 탈피해야 한다.
- 현대적 여가는 적극적인 인지된 자유 상태로 변화하고 있다.
- 여가는 야외 · 심미적 리듬활동, 체력단련 등 자아실현 욕구를 충족시킨다.
- 여가는 자기만족감과 자긍심을 고양시켜 생활만족도를 증가시킨다.
- 여가는 직장인의 직무 만족도에 긍정적인 영향을 미친다.
- 우리나라 국민은 스포츠 활동을 건전한 여가선용의 방법으로 인식하고 있다.
- 2006년 국민의 평균 여가시간은 평일 3.32시간으로 나타났다.
- 2008년 연도별 국민여가활동 유형 조사결과는 휴식활동 47.0%로 나타났다.
- 여가시간에 즐기는 취미 및 오락활동은 32.3%로 나타났다.
- 여가시간에 즐기는 스포츠활동은 8.6%로 나타났다.
- 여가시간에 즐기는 문화예술관람활동은 2.4%로 나타났다.
- 여가시간에 즐기는 문화예술참여활동은 1.5%로 나타났다.
- 여가시간에 즐기는 관광활동은 0.9%로 나타났다.
- 여가시간에 즐기는 기타활동은 7.2%로 나타났다.
- 2004년 성별 생활시간조사에서 TV시청은 남자(26.5%), 여자(25.7%)이다.
- 휴식 · 수면은 남자 18.2%, 여자 14.2%로 나타났다.
- 사교관련활동은 남자 11.0%, 여자 11.9%로 나타났다.
- 문화예술관람은 남자 10.7%, 여자 3.0%로 나타났다.
- 컴퓨터 · 게임 · PC 통신은 남자 9.9%, 여자 4.0%로 나타났다.
- 스포츠활동은 남자 7.1%, 여자 1.7%로 나타났다.
- 2004년 통계청 연령별 여가활동 유형 조사결과에서 TV시청은 60세 이상이 33.1%로 가장 높게 나타났다.
- 문화예술관람은 20~29세에서 7.4%로 가장 높게 나타났다.
- 스포츠활동은 40~49세에서 6.0%로 가장 높게 나타났다.
- 컴퓨터, 게임, PC 통신은 15~19세에서 29.7%로 가장 높게 나타났다.
- 자기계발은 15~19세에서 8.27%로 가장 높게 나타났다.
- 사교관련활동은 20~29세에서 19.2%로 가장 높게 나타났다.
- 가족활동은 30~39세 18.1%, 40~49세 11.1%로 나타났다.
- 가사활동은 30~39세 13.4%, 40~49세 15.8%, 50~59세 16.3%로 나타났다.
- 휴식 · 수면은 40~49세 16.3%, 50~59세 18.7%로 나타났다.

Ⅳ. 학습문제

1. 연도별 국민의 여가시간에 대해 비교 설명하시오.
2. 외국의 필수생활시간에 대해 비교 설명하시오.
3. 외국의 의무생활시간에 대해 비교 설명하시오.
4. 외국의 여가활동에 대해 비교 설명하시오.
5. 연도별 여가활동 유형에 대해 비교 설명하시오.
6. 성별 여가활동 유형에 대해 비교 설명하시오.
5. 연령별 여가활동 유형에 대해 비교 설명하시오.

Ⅴ. 주요용어

여가시간
생활시간
여가활동
휴식활동
취미활동
오락활동.
스포츠활동
문화예술관람활동
문화예술참여활동
관광활동
선택성
융통성
자발성
자기결정성
야외활동
심미적 리듬활동
체력단련운동

참고문헌

문화체육관광부. 2004 체육백서. (주)계문사.
문화체육관광부. 2005 체육백서. (주)계문사.
문화체육관광부. 2008 체육백서. (주)삼한정보기획.

2부

사회체육의 참가요인 및 참여

5장 | 사회체육의 생리적 참가요인

Ⅰ. 개요

국민의 여가활동 욕구와 체육활동 참가 기회가 증대되어 사회체육 참가자의 저변이 확대되고 있다. 건강을 유지 · 증진시키기 위하여 의도 · 계획적인 신체단련을 필요로 한다.

- 사회체육의 효율적인 발전은 사회체육의 참가요인을 명확히 규명하여 사회체육 현장에 적용하는 것이다.
- 사회가 복잡화 · 다원화되면서 사회체육활동의 참가유형, 참가양식, 참가동기는 다양한 형태로 변모하고 있다.
- 사회체육 참가는 개인적 · 사회적 요인에 많은 영향을 미친다.
- 사회체육 참가활동은 생리적 · 사회심리적 · 사회경제적 · 인구통계학적 · 사회환경적 요인에 의해 영향을 받는다.
- 사회체육의 참가나 여가경험에 관한 요인은 객관적 · 주관적 측면에서 접근이 가능하다.
- 객관적 측면은 개인의 사회경제적 · 인구학통계학적 특성에 따른 사회체육 활동, 여가경험의 강도, 빈도, 수준의 차이의 요인이다.
- 주관적 측면은 사회환경적 특성에 따른 사회체육활동 참가, 여가참가에 영향을 미치는 요인이다.
- 오늘날 현대인의 건강을 위협하는 요인은 점차 다양해지고 있다.
- 현대인은 도시인구의 과밀화, 공업 발전에 수반한 공해, 의약품의 오남용, 신종질병의 발생, 각종 안전사고 등에 의해 건강을 해치고 있다.
- 현대 산업사회의 구성원은 건강을 유지 · 증진시키기 위해 의도적 · 계획적인 신체단련이 필요하다.

본 장은 사회체육에 미치는 참가 요인은 생리적 · 사회심리적 · 사회경제적 · 인구통계학적 · 사회환경적 참가요인 중 사회체육 참가의 생리적 요인의 참가자 개인의 건강관리 · 체력유지, 체형유지에 영향에 대해 학습알아보자 하나

II. 사회체육의 생리적 참가요인

사회체육의 생리적 참가요인에 있어서 건강관리, 체력유지, 체형관리에 따른 영향에 대해 내용을 살펴보면 다음과 같다.

1. 건강관리

사회체육의 생리적 참가요인에 있어서 건강관리에 미치는 영향을 살펴보면 다음과 같다(임번장, 2004).

- WHO(세계보건기구)의 건강에 대한 정의는 "건강이란 단순히 신체의 질병이나 손상이 없는 상태뿐만 아니라, 신체적 · 정신적 · 사회적으로 안전한 상태"라고 규정하고 있다.
- 건강은 개인 · 신체적 영역, 사회 · 정신적 영역을 포함한 광의의 개념으로 정의하고 있다.
- 현대사회에서는 자동화, 기계화로 인한 운동부족현상이 나타나고 있다.
- 인간의 건강을 위협하는 사회적 · 환경적 요인은 각종 성인병을 낳고 있다.
- 복잡한 인간관계, 과중한 업무로 인한 스트레스는 정신건강을 저해하고 있다.
- 현대인에게 종합적인 건강관리의 필요성이 강조되고 있다.
- 국민생활체육활동 참여실태조사(강신복 외, 2000)에 따르면 건강과 체력을 유지하는데 가장 필요한 요소에 대하여 질문한 결과 '규칙적인 운동'으로 답변한 사람이 전체의 50.5%, 체육활동 참가 목적에 대한 질문에 건강의 유지 및 증진이라고 답변한 비율이 48.4%로 각 항목에서 1위를 차지하고 있다.
- 우리나라 대다수 국민이 건강관리를 위한 사회체육의 필요성과 사회체육이 지니는 건강관리의 측면이 사회체육 참가요인에 가장 중요한 역할을 하고 있다.

1) 성인병 예방

- 일반적으로 성인병은 고혈압, 심장병, 동맥경화, 뇌졸중, 당뇨병 등 운동부족으로 인한 만성적 퇴행성 질환을 통칭하는 용어이다.

- 대부분의 성인병은 각 개인의 생활양식과 밀접한 관계가 있다.
- 성인, 청소년 등 남녀노소를 가리지 않는 "현대병"이 되고 있다.
- 최근 교육부 자료에 의하면 우리나라 청소년은 과거에 비해 체격은 커졌으나 체력이 많이 약화되었다고 보고하고 있다.
- 운동부족으로 인한 비만 등 각종 성인병 증상을 지니고 있는 청소년이 증가하고 있다.
- 성인병의 3대 위험인자는 고혈압, 흡연, 혈중 콜레스테롤 과다를 들 수 있다.
- 또한 그 이외 위험인자는 비만, 정신적 스트레스, 운동부족, 염분섭취, 불균형적인 식생활, 대기오염, 수질오염 및 불량식품에 의한 체내의 불순물 축적, 과음 등이 있다.
- 무수히 많은 성인병 위험인자는 서로 상호작용하여 성인병을 일으키게 한다.
- 성인병 예방은 생활습관 개선과 질병이 발생하는 환경의 제거가 필수적이다.
- 한편, 65세미만의 경우, 성인병으로 인해 사망할 가능성이 있는 사람 중 약 85% 정도는 건전한 생활습관과 적절한 운동을 지속적으로 실행한다면 성인병을 예방할 수 있다(김의수 외, 1995).
- 지속적으로 스포츠에 참가한 여성은 그렇지 않은 여성보다 근력과 지구력이 강하고 높은 밀도의 근육 구성과 신체적 방어체계를 지니고 있다(Wyrick, 1974).
- 규칙적인 운동을 하는 사람들은 그렇지 못한 사람에 비해 상대적으로 성인병에 걸릴 위험성이 적다는 것이다.
- 성인병 예방의 필요성은 개인을 사회체육에 참가하도록 유인하는 요인이 된다.

2) 노화방지

- 일반적으로 노화는 신체의 항상성과 적응력을 점차 상실하면서 일어나는 현상을 의미한다.
- 모든 인체 장기는 노화함에 따라 그 구조가 변하고 기능이 퇴화한다.
- 인체 장기의 구조와 기능의 변화는 체내 항상성 조절기제에 관여하는 다양한 생리적인 변화를 초래하고 그 결과 각종 질병을 유발한다.
- 이러한 질병의 종류와 정도에 따라 수명이 결정된다.
- 노화는 다양한 인자가 복합적으로 관여하는 매우 복잡한 과정이다.
- 이것은 유전, 환경, 영양, 심리상태, 운동절도 등에 의해 영향을 받는다.
- 운동과 영양은 중요한 인자로 간주된다.
- 노인을 위한 운동종목은 걷기 운동, 유연체조와 스트레칭, 게이트볼, 사이클, 수영, 골프 등과 같이 최소중량부하운동인 유산소성 운동이 이상적이다.
- 노인의 규칙적인 사회체육활동 참가는 노화의 진행을 지체시키고 심폐기능과 근력의 약화를 방지한다.

- 규칙적인 운동 효과는 노년층을 사회체육 프로그램에 참가하는 동기가 된다.

2. 체력유지

사회체육의 생리적 참가요인에 있어서 체력유지에 미치는 영향을 살펴보면 다음과 같다. (임번장, 2004)

- 현대사회는 교통기관의 발달, 기계의 발명, 도시화, 전문화, 세분화, 전자화 등으로 인해 육체적 활동 기회가 감소되었기 때문이다.
- 적절한 신체활동은 충분한 수면과 휴식, 적절한 영양섭취, 건강을 유지하고 증진시키는 필수요소이다.
- 특히 현대인은 운동의 필요성이 절실히 요청된다.
- 신체는 활동하지 않으면 퇴화한다.
- 건강 유지를 위한 최소한의 신체활동을 실행하지 않으면 근육의 힘과 신축성이 저하되고 심폐기능이 약화되어 각종 질병에 감염되기 쉽다.
- 현대인의 사회체육을 통한 적절한 신체활동은 건강의 유지 · 증진을 위한 필수 요소이다.
- Hobart(1975)는 캐나다 주민을 대상으로 한 연구결과에서 체력증진 욕구가 강하면, 사회체육 및 레크리에이션 활동에 활발히 참가하는 것으로 나타나 이들 변인간 상관관계가 있음을 보고하고 있다.
- 국민생활체육활동 참여실태조사(강신복 외, 2000)에 따르면 운동을 통해 얻을 수 있는 가장 중요한 효과를 질문한 결과 "건강 및 체력증진"으로 답변한 사람이 전체의 62.0%로 1위를 차지하고 있다. 개인의 사회체육 참가 결정에 체력유지 요인이 큰 영향을 미치고 있음을 반영하고 있는 것이다.

1) 심폐 지구력 향상

- 심폐지구력은 대근운동을 포함한 신체활동을 꾸준히 지속할 수 있는 능력이다.
- 심폐지구력은 호흡 · 순환기능에 의한 산소의 섭취 · 운반 · 이용능력을 의미한다.
- 심폐 지구력은 일상생활에서 건강을 영위하는 데 가장 중요한 체력요소이다(국민생활체육협의회, 1991).
- 심폐계는 인체의 순환계와 호흡계를 말한다.
- 심폐호흡기관은 대기 중 산소를 활동근까지 전달하는 중요한 역할을 한다.
- 오래달리기나 수영 등 장시간 유산소 운동을 하게 되면, 심장의 좌심실 비대형상이 일어난다.

- 병적으로 나타나는 비대현상과 달리 심장의 수축력이 높아진다.
- 훈련의 결과로 심장이 비대하게 되면 심장에 분포한 모세혈관의 수, 혈류량, 산소의 양이 많아짐으로써 심장의 기능이 향상된다.
- 지속적인 운동은 기도의 저항을 감소시키는 동시에 폐포의 탄력성을 증가시켜 연령 증가에 따라 나타날 수 있는 폐질환의 예방과 치료에 효과적이다.

2) 근력 향상

- 근력은 근육이나 근조직이 단 한번에 발휘할 수 있는 최대의 힘을 뜻한다.
- 근력은 근수축에 동원되는 근섬유의 굵기에 의하여 결정된다.
- 근력은 근수축에 동원되는 근섬유가 굵을 수 록 강하다.
- 근력은 20대를 전후해서 최상의 수준에 도달한다.
- 근력은 30대를 지나면서 급속히 하락한다.
- 운동을 지속하면 근력의 저하를 예방할 수 있다.
- 근력은 노화 과정에서 쇠퇴 속도를 감소시키고 오랫동안 높은 근력 수준을 유지하도록 돕는다.

▷ 성인에게 있어서 근력과 근지구력이 중요한 이유는 다음과 같다(국민생활체육협의회,1991).

- 근력과 근지구력이 발달되면 업무를 능률적으로 수행할 수 있게 된다.
- 복부와 몸통 부위의 근력을 향상시키는 적절한 운동을 통하여 성인 남자에게 많이 나타나는 요통 예방과 치료가 가능하다.
- 근력과 근지구력이 발달되면 상해의 위험이 감소된다.

3) 체형유지

- 비만은 체내에 축적된 지방량이 정상수치보다 많은 상태를 의미한다.
- 인체의 지방량은 남자의 경우 약 15% 전후, 여자는 약 25% 전후 정도가 정상수치이다.
- 만약 이보다 많은 양의 지방이 체내에 축적되어 있는 정도에 따라 '과체중(overweight)' 또는 '비만(obesity)'으로 규정하다.
- 비만은 고혈압, 동맥경화, 당뇨병, 퇴행성 관절질환 등 성인병 유발의 대표적인 위험 인자 가운데 하나이다.
- 비만인은 정상체중인에 비해 사망률 또한 높다(김의수 외, 1995).
- 비만 예방과 치료는 식이요법, 행동수정요법, 운동요법 등을 결합하여 실행함으로써 효과를 얻을 수 있다.
- 운동요법의 효과가 가장 이상적이다.

- 이유는 운동으로 신체활동량을 증가시킴으로써 소비 칼로리를 높이고, 혈중지질, 혈압, 기분, 태도 등에 좋은 영향을 주기 때문이다.
- 높은 강도의 운동시 체내에 저장된 당원질인 글리코겐이 주로 이용되고 체지방은 적게 이용된다.
- 때문에 낮은 강도의 운동일수록 더욱 더 많은 체지방을 에너지로 소모한다.
- 사회체육활동은 고도의 체력 수준과 기술을 요구되는 운동이 아니다.
- 사회체육활동은 평이한 수준의 운동강도로 즐겁게 행하는 운동으로 구성되기 때문이다.
- 사회체육의 참가는 비만을 예방하는 최적의 활동이 된다.
- 국민생활체육활동 참여실태조사(강신복 외, 1997)에 따르면 건강과 체력을 유지하는데 가장 필요한 사항을 질문한 결과 '체중조절'로 답변한 사람 중 남성이 3.3%, 여성은 20.2%로 여성의 응답이 압도적으로 높은 수치를 기록하였다.
- 체중조절은 남성보다 여성에게 더 호소력을 갖는 참가요인이 된다.

3. 체형과 운동

체형이란 개인의 형태학적 구조를 결정하는 기본 성분의 분류 유형으로서 개인의 신체적 특성을 말한다(정성태 · 전태원, 1994).

1) 체형의 구분과 특징

- 체형은 내배엽, 중배엽, 외배엽의 3가지 형으로 구분한다. 체형에 따른 신체적 특징은 다음과 같다.
- 내배엽형(Endomorphy) 체형은 복부가 발달하고 어깨가 넓으며, 목이 짧다. 신체가 전반적으로 외형이 부드럽고 근육이 발달되어 있지 못한다.
- 중배엽형(Mesomorphy)은 강하고, 울퉁불퉁하며, 근육이 잘 발달되어 있다.
- 외배엽형(Ectomorphy)은 사지가 비교적 길며 몸통이 짧다. 가늘고 섬세한 몸매를 지니고 있다. 뼈가 가늘며, 근육이 발달되어 있지 못하다.

2) 운동선수의 평균체형 분포

- 체형은 스포츠 운동수행의 성공과 밀접히 연관되어 있다.
- 특정 종목에서 좋은 성적을 거두는 선수를 관찰해 보면 종목에 필요로 하는 유사한 체형을 지니고 있다.

Ⅲ. 요약

사회체육 참가의 생리적 요인이 건강관리 · 체력유지, 체형유지에 미치는 요인에 대하여 요약하면 다음과 같다.

- 우리나라 국민은 건강관리 측면에서 사회체육활동이 가장 중요하다고 판단하고 있다.
- 규칙적인 운동은 상대적으로 성인병에 걸릴 위험성이 적으며, 성인병 예방에 매우 필수요소로서 사회체육 참가요인이 된다.
- 심폐 지구력은 일상생활에서 건강을 영위하는 데 가장 중요한 체력요소이다.
- 근력은 노화의 쇠퇴 속도를 감소시키고 오랫동안 높은 근력 수준을 유지하도록 돕는다.
- 비만인은 정상체중인에 비해 사망률이 높으며, 비만의 예방과 치료는 식이요법, 행동수정요법, 운동요법 등을 결합하여 실행함으로써 효과를 얻을 수 있다.
- 건강과 체력유지는 체중조절에 매우 효과적이며 남성보다 여성에게 더 호소력을 갖는 참가요인이다.
- 체형은 스포츠 운동수행의 성공과 밀접히 연관되어 있어, 체형유지는 운동수행능력과 상관관계가 매우 높다.

Ⅳ. 학습문제

1. 사회체육에 미치는 생리적 참가 요인을 알아보자.
2. 사회체육에 미치는 사회심리적 참가 요인을 알아보자.
3. 사회체육에 미치는 사회경제적 참가 요인을 알아보자.
4. 사회체육에 미치는 인구통계학적 참가 요인을 알아보자.
5. 사회체육에 미치는 사회환경적 참가 요인을 알아보자.

Ⅴ. 주요용어

건강
운동부족
체형
참가유형

성인병	참가양식
노화	참가동기
심폐지구력	근력

참고문헌

강신복 외(1997). 국민생활체육활동 참여실태조사. 문화체육부.

강신복 외(2000). 국민생활체육활동 참여실태조사. 문화체육부.

국민생활체육협의회(1991). 건강한 삶, 즐거운 인생: 국민체력향상프로그램 성인편. 서울 : 태창문화사.

김의수 외(1995). 운동과 성인병. 서울 : 태근문화사.

임번장(2004). 사회체육개론. 서울대학교출판부.

정성태 · 전태원(1994). 운동생리학 실험. 서울 : 태근문화사.

Wyrick, W.(1974). Biophysical perspective. In E. Gerber. J. Felshin, P. Berlin, & W. Wyrick(eds.). The American Woman in sport(pp. 401-529). Reading, MA: Addison-Wesley.

6장 | 사회체육의 사회심리적 참가요인

Ⅰ. 개요

사회체육 참가는 개인적 · 사회적 요인에 많은 영향을 미친다. 사회체육 참가활동은 생리적 · 사회심리적 · 사회경제적 · 인구통계학적 · 사회환경적 요인에 의해 영향을 받는다.

- 사회체육의 참가나 여가경험에 관한 요인은 객관적 · 주관적 측면에서 접근이 가능하다.
- 객관적 측면은 개인의 사회경제적 · 인구학통계학적 특성에 따른 사회체육 활동, 여가경험의 강도, 빈도, 수준의 차이의 요인이다.
- 주관적 측면은 사회환경적 특성에 따른 사회체육활동 참가, 여가참가에 영향을 미치는 요인이다.
- 인간은 사회적 동물이라는 말이 의미하듯이 개인의 생활은 사회를 배경으로 한 대인관계를 통하여 이루어진다.
- 사회체육활동 역시 대인관계를 통한 집단적 상황에서 효과가 증대된다.
- 개인의 사회체육활동 참가는 개인과 집단의 사회심리적 요인에 의하여 영향을 받는다.
- 사회체육에 미치는 참가 요인은 생리 · 사회심리 · 사회경제 · 인구통계학 · 사회환경적 참가가 있다.

본장은 사회체육 참가의 사회심리적 요인은 참가자 개인의 성격 · 동기 · 태도, 개인의 주관적 경험인지 등이 참가에 영향을 미친다. 사회체육의 사회심리적 참가 요인은 성격 · 동기 · 태도, 개인의 주관적 경험인지가 미치는 영향을 파악하고자 한다.

Ⅱ. 사회체육의 사회심리적 참가요인

사회체육의 사회심리적 참가요인에 있어서 성격, 동기, 태도에 따른 영향을 살펴보면 그 내용은 다음과 같다.

1. 성격

사회체육의 사회심리적 참가요인에 있어서 성격에 미치는 영향을 살펴보면 다음과 같다(임번장, 2004).

- 성격(personality)이란 일반적으로 특정 개인의 독특하고 일관성 있는 행동을 의미한다.
- 광의의 관점에서 성격은 인간 행동의 저변에 내재해 있는 생물적 · 심리적 · 사회적 요인의 조직체이며 심리학적 용어인 개성이나 철학적 용어인 인격 등의 개념을 모두 포함하는 보다 광의의 인간 행동체계로 정의된다(Allprt, 1937)

▷ 성격 특성에 따른 스포츠 및 사회체육 참가에 대한 연구를 살펴보면 다음과 같은 성격을 지닌 사람들에게서 스포츠와 사회체육활동 참가율이 높은 사실을 알 수 있다(Smith & Theberge, 1987).

① 외향적 성격을 지닌 사람 : 단체 스포츠에 참가하는 비율이 높다.

② 자의식, 자아 유능감, 자아 존중감이 강하고 자기조절 능력이 강한 사람이 야외 레크리에이션, 광의의 여가활동에 참가하는 비율이 높다.

③ 감정조절과 균형유지를 포함한 심리적 안정감이 뛰어난 사람

④ 내적 조절, 성취감, 결단력, 자신이 속해 있는 환경에 대한 지배를 비롯하여 성취욕구가 강하고 효율성을 강조하는 성격을 지닌 사람

⑤ 새로운 경험에 대한 욕구, 새로운 사람에 대한 관심, 모험심 자극에 대하여 강한 호기심을 지닌 사람

- 여가활동 및 놀이의 심리적 관계를 다룬 이론에 따르면, 인간은 심리적 욕구에 의하여 놀이에 참가하며 이와 같은 개인의 심리적 참가 욕구는 본질적으로 성격으로부터 출발한다고 설명하고 있다.
- 사회체육과 같은 집단 활동을 선택하게 될 때, 개인의 성격이 활동의 종류나 장소, 시간 및 동반자 결정에 있어 중요한 역할을 담당한다.

- 성격은 고정불변의 것이라기보다는 다양한 사회생활과정을 통하여 형성되고 변화된다.
- Iso-Ahola(1980)는 여가활동 참가와 성격에 관한 여러 연구 결과를 종합적으로 분석하면서 새로운 여가 기능을 배우게 되면 자신감이 향상되어 자아정체성을 확립하는 기반으로 작용한다.
- 자신감은 여가활동 참가를 결정하는 데 있어 중요한 역할을 된다고 주장하고 있다.
- 개인의 성격적 특성은 여가나 사회체육활동의 참가정도와 참가율에 영향을 미친다.
- 사회체육 참가는 사회에 대한 개인의 심리적 적응이라는 측면에서 중요한 의미를 지니고 있다.
- 성공적인 사회체육 참가 경험은 차후 활동의 재 참가 결정요인이나 활동을 즐기고자 하는 동기요인으로 작용하여 개인의 성격과 연관성을 가지게 된다.

2. 동기

사회체육의 사회심리적 참가요인에 있어서 동기에 미치는 영향을 살펴보면 다음과 같다(임번장, 2004).

- 동일한 상황에서 인간의 행동은 선택의 방향, 강도, 지속성이 매우 다양하게 나타난다.
- 인간행동을 예측하기 위해서는 개인의 동기를 파악해야 한다.
- 구체적으로 왜 사람들이 신체활동이나 스포츠에 참가하는가?
- 왜 특정인은 운동참가에서 중도 탈락하는가?
- 일반적으로 동기는 인간의 행동을 발현시키고 활성화시키며, 행동을 지속시키거나 제지시키는 심리적 요인을 말한다.
- 인간의 스포츠 참가 동기를 조사한 연구들은 일반적으로 아마추어의 경우 내적 요인이 동기에 지배적인 역할을 한다고 주장한다.
- Wankel과 Thompson(1977)은 청소년에 있어서 스포츠 참가나 내적 즐거움에 영향을 미치는 가장 중요한 요인은 운동기능 향상이나 개인적 성취감 및 활동으로부터 기인되는 흥분과 같은 내적 요소이다.
- 보상이나 사회적 승인과 같은 외적 요인은 별로 중요하게 고려되지 않는다고 보고하고 있다.
- Alerman과 Wood(1976)는 스포츠활동에 참가하는 아동의 일차적 동기요인은 유능감, 도전, 친화에 대한 욕구임을 규명하였다.
- 아동의 스포츠 참가 목적이나 만족 역시 성인과 마찬가지로 내적인 동기에 있음을 제시하였다.

- 현대 스포츠는 승리를 지나치게 강조하고 있다.
- 사회적 승인이나 금전적 보상과 같은 외적 동기 요인을 중요시하고 있다.
- 그러나 이러한 상황에서도 개인이 갖는 만족감, 자긍심은 운동수행의 구심점이 되며 특히 사회체육활동 참가의 중심적 동인이 되다.
- 내적 동기가 스포츠 활동 참가 · 지속에 있어서 중요한 요소이다.
- 개인이 사회체육활동에 적극적으로 참가하거나 지속하려면, 일정량의 내적 동기 수준이 유지되도록 배려하여야 한다.
- Dishman, Ickes와 Morgan(1980)은 지속적 스포츠 참가에 관한 연구에서 외적 강화에 못 이겨 스포츠 활동에 참가하는 사람과 동기 유발 수준이 낮은 사람이 스포츠 프로그램에서 중도 탈락한다고 보고하였다.
- Oldridge(1979)는 사람이 운동으로부터 중도 탈락하는 이유는 동기부족과 같은 심리적 이유에 기인한다고 연구 결과를 제시하고 있다.
- Maslow는 대부분의 인간은 특정 행동을 취하거나 또는 억제하는 내재적인 힘을 통해 생리적 안전, 소속, 애정, 존경 , 자아실현의 욕구를 충족한다고 하였다.
- 욕구는 대체로 지속적이며 어떤 상황에서의 행동은 여러 욕구가 서로 종합적으로 상호작용한 결과로 나타난다.
- 인간행동의 선택과 행동이 유지되는 정도는 인간행동을 촉발 또는 지속시키는 욕구의 정도에 따라 결정된다.
- 개인의 욕구는 사회체육 참가에 영향을 미치는 주요 동기 요인으로 작용한다.

3. 태도

사회체육의 사회심리적 참가요인에 있어서 태도에 미치는 영향을 살펴보면 다음과 같다(임번장, 2004)

- 태도란 자세 혹은 몸가짐을 의미하는 용어로서 Spencer(1896)에 의해 심리학 분야에 도입된 이래 다양한 의미로 사용되어져 왔다.
- Allport(1937)는 태도란 후천적으로 형성된 일정한 대상상황에 대한 마음가짐이며 일정 방식으로 반응하려는 행동양식이라고 주장하였다.
- 인지적 · 형태주의적 측면에서 Krech와 Crutcheld(1948)는 태도란 개인이 접촉하고 있는 세계의 어느 측면에 대한 동기적 · 정서적 지각 및 인지적 심리작용의 지속적인 준비상태라고 주장하였다.

• 오늘날 태도는 대상에 대한 마음가짐으로서 경험에 의하여 형성되며 개인의 사고와 행동을 결정하는 경향성으로 정의되고 있다.
• 개인의 행동에 대하여 지시적 · 역동적인 영향을 미치는 태도는 감정, 인지, 행동의 3가지 요소로 구성되고 직접적으로 관찰할 수는 없으나 언어적 표현이나 외현적 행동을 통하여 간접적으로 추정할 수 있는 가설적 구성개념이다.

▷ 태도의 기능에 대하여 정신분석학적인 관점, 대상적 상호작용론적 관점, 그리고 인지론적 관점에서 강조하는 측면이 각기 다르다. 일반적으로 태도는 다음과 같은 중요한 기능을 지닌다 (Katz, 1960: McGuire, 1969).

① 환경에 순응하고 생활변화에 대처하는 적응기능
② 특정한 태도를 갖고 자신이나 사회현실을 바라볼 때 느끼게 되는 심리적 고통으로부터 사진을 방어하는 자기방어 기능
③ 내면화된 가치나 이상적 자아를 적극적으로 표출하려는 가치 표현기능
④ 지식이나 사물을 평가하는 탐구기능

• 일반적으로 성인을 대상으로 한 연구 결과는 사회체육에 대한 긍정적인 태도가 사회체육 참가에 긍정적인 영향을 미친다고 보고하고 있다.
• Sonstroem(1978)은 사회체육활동에 대한 일반적 태도가 지속적 운동참가를 예견할 수 있는 중요한 요인이라고 제시하고 있다.
• Kenyon(1968)은 호의적인 운동 태도와 지속적 운동참가의 관계에 대한 연구에서 운동을 통한 만족은 지속적 운동참가에 영향을 미친다고 지적하고 있다.
• Robinson(1977)은 도시 거주자를 대상으로 한 연구에서 게임이나 스포츠에 대한 높은 만족이 스포츠 관람, 능동적 스포츠 활동, 사냥 및 낚시는 물론, 카드놀이 및 여타의 게임과 유의한 상관관계가 있다고 하였다.
• 스포츠 대한 놀이 지향적 태도는 비공식적 참가 및 비조직적참가와 관련이 있는 반면, 조직적 참가는 흔히 승리를 강조하는 성향을 유도한다고 보고하고 있다.
• 사회체육활동 참가와 관련된 또 다른 측면에서의 접근은 운동이 건강에 미치는 영향에 대하여 특정 개인이 지니고 있는 신념과 운동 프로그램 참가자를 예측하여 주지는 않는다.
• 건강에 대한 신념은 운동프로그램에 지속적으로 참가하고 있는 사람이 수행한 운동의 양과 긍정적으로 관련되어 있다고 주장하고 있다.
• 운동과 건강의 밀접한 관계를 믿는 개인과 그러한 관계를 강하게 부인하는 개인간에는 사회체육 참가에 있어서 차이가 있다.

4. 주관적 경험

사회체육의 사회심리적 참가요인에 있어서 주관적 경험에 미치는 영향을 살펴보면 다음과 같다(임번장, 2004).

- 사회체육활동의 경험은 양적 · 질적 차원을 반영하는 척도를 사용하여 측정될 수 있다.
- 사회체육참가 경험은 개인에 따라 다양하고, 주관적 · 일시적 · 의식적인 인지(perception)에 따라 크게 영향을 받는다.
- 대다수 개인은 이러한 사회체육활동의 경험을 주관적으로 정의한다.
- 예를 들어 일부의 사람은 사회체육활동 경험을 일상생활의 모든 측면으로부터 멀어지는 것으로 인지한다.
- 반면, 다른 일부의 사람은 사회체육활동 참가경험을 경쟁에서 승리하거나 특정 상황에서 새로운 기능을 습득하는 최상의 경험으로 인지한다.
- 개인의 여가나 사회체육에 대한 경험은 개인적 특성, 활동상황, 활동시간과 같은 일반적 결정요인이 개재된다.
- 개인에 있어서 사회체육 참가 경험의 특징 중 가장 중요한 것은 참가자 스스로가 느끼는 인지된 자유이다.
- 자발적으로 여가나 사회체육에 참가할 때, 개인이 느끼는 자유는 강렬하다.
- 반면, 타임의 강요와 같은 외부적 요인에 의하여 타율적으로 사회체육에 참가하게 될 때는 자유를 거의 인지하지 못하는 것으로 여겨진다.
- 사회체육활동이나 여가에 대한 개인의 주관적 정의는 과거의 경험이나 사회적 영향에 따라 달라진다.
- 주관적 정의는 개인적이고 상황적이며 시간적인 조건에 따라 참가활동에 대한의미가 개인마다 달라진다는 뜻이다.
- 그러나 사회체육 참가 경험은 주관적인 측면뿐만 아니라, 대다수 참가자가 공통적으로 인식하는 객관적인 차원도 함께 존재한다.
- 사회체육 참가에 있어서 주관적 경험의 구성 요인은 인지된 자유뿐만 아니라, 적성에 대한 적합성, 목표에 대한 지향성 등이 있다.
- 주관적 구성요인은 상호 연관성을 지니고 있다.
- 특히 인지된 자유는 다른 주관적인 경험의 구성요인에 직접적인 영향을 미친다.
- 개인이 스스로 활동의 참가 여부를 결정하지 못한 경우 활동이 여가나 사회체육활동으로 인식되지 않는다.

- 개인이 여가나 사회체육 참가 이전에 선택의 자유를 갖게 되면 나머지 요인은 활동에 대한 인식을 높여 주게 된다.
- 인지된 자유는 여가나 사회체육활동의 인식에 있어서, 활동이나 참가여부를 결정해 주는 중요한 요인이다.
- 인지된 자유는 개인의 사회체육 참가에 상당히 중요한 의미를 갖는다.
- 자유의 박탈은 소위 심리적 저항이라 할 수 있는 긴장상태를 조성하여 개인으로 하여금 박달당한 자유를 회복하기 위하여 노력하거나 박탈된 상태에 대하여 심리적인 저항을 촉발시키는 요인으로 작용한다.
- 인지된 자유는 사회체육 참가를 즐거운 활동으로 경험하게 하는 핵심적 요소이다.
- 때문에 사회체육활동을 조직, 운영하는 책임을 진 사람은 참가자의 자유를 증대시키기 위한 노력을 기울여야 한다.

▷ 대체로 자유의 위협에 대한 개인의 반응은 다음과 같다.

① 강요된 현실에 대하여는 실망하고 박탈된 자유에 대하여는 강한 매력을 느낀다.
② 박탈된 자유(또는 선택권)를 되찾으려는 행동을 시도한다.
③ 박탈된 자유를 되찾을 수 있을 것이라고 생각되는 관련 활동에 참가함으로써 상실을 보상한다.
④ 적대적이고 공격적인 성향과 행동을 나타낸다.

▷ 인지된 자유의 정도를 높일 수 있는 방안은 다음과 같다.

① 활동에 있어서 선택의 폭이 커지면 참가자는 보다 자유롭게 활동을 선택할 가능성이 높아진다. 그러나 지나치게 많은 선택의 폭이 주어지면 참가자에게 혼란을 초래할 가능성이 높기 때문에 적절한 양의 선택 사항을 제공하여야 한다.
② 선택 가능한 대안이 각기 독립적으로 제공될 경우보다는 일관성 있게 결합되어 제공될 경우에 인지된 자유가 증대된다.
③ 부정적인 대안보다 긍정적인 대안 중에서 선택을 결정할 경우 활동에 대한 자유는 증대된다. 그러므로 개인의 적성을 고양시켜 주는 대안 중에서 선택을 결정하도록 기회를 제공하면 자유가 증대된다.
④ 활동에 소요되는 비용은 참가자가 느끼는 자유와 반비례한다. 참가비용이 증대함에 따라 참가자가 느끼는 자유의 양은 감소한다.

Ⅲ. 요약

사회체육 참가요인에 있어서 사회심리적 참가의 성격 · 동기 · 태도, 개인의 주관적 경험인지가 참가에 미치는 요인에 대하여 요약하면 다음과 같다.

- 개인이 갖는 만족감, 자긍심은 운동수행의 구심점이 된다.
- 특히 사회체육활동 참가의 중심적 동기가 된다.
- 내적 동기가 스포츠 활동 참가 · 지속에 있어서 중요한 요소이다.
- 개인이 사회체육활동에 적극적으로 참가하거나 지속하려면, 일정량의 내적 동기 수준이 유지되도록 배려하여야 한다.
- 사회체육활동에 대한 일반적 태도가 지속적 운동참가를 예견할 수 있는 중요한 요인이다.
- 사회체육에 대한 긍정적인 태도가 사회체육 참가에 긍정적인 영향을 미친다.
- 운동을 통한 만족은 지속적 운동참가에 영향을 미친다.
- 사회체육참가 경험은 개인에 따라 다양하다.
- 주관적 · 일시적 · 의식적인 인지에 따라 크게 영향을 받는다.
- 인지된 자유는 여가나 사회체육활동이나 참가여부를 결정해 주는 중요한 요인이다.
- 인지된 자유는 사회체육 참가를 즐거운 활동으로 경험하게 하는 핵심적 요소이다.
- 사회체육활동을 조직하고 운영하는 책임자는 참가자의 자유를 증대시키기 위한 노력을 기울여야 한다.

▷ 스포츠와 사회체육활동 참가율이 높은 성격은 아래와 같다.

- 외향적 성격을 지닌 사람은 단체 스포츠에 참가하는 비율이 높다.
- 자의식, 자아 유능감, 자아 존중감이 강한 성격은 여가활동에 참가하는 비율이 높다.
- 자기조절 능력이 강한 사람은 야외 레크리에이션, 광의의 여가활동에 참가하는 비율이 높다.
- 감정조절과 균형유지를 포함한 심리적 안정감이 뛰어난 사람이 사회체육활동에 참가하는 비율이 높다.
- 내적 조절, 성취감, 결단력, 자신이 속해 있는 환경에 대한 지배를 비롯하여 성취욕구가 강하다.
- 효율성을 강조하는 성격을 지닌 사람이 사회체육활동에 참가하는 비율이 높다.
- 새로운 경험에 대한 욕구, 새로운 사람에 대한 관심, 모험심 자극에 대하여 강한 호기심을 지닌 사람이 사회체육활동에 참가하는 비율이 높다.

Ⅳ. 학습문제

1. 사회체육활동에 사회심리적 참가요인 중 성격이 미치는 요인을 알아보자.
2. 사회체육활동에 사회심리적 참가요인 중 동기가 미치는 요인을 알아보자.
3. 사회체육활동에 사회심리적 참가요인 중 태도가 미치는 요인을 알아보자.
4. 사회체육활동에 사회심리적 참가요인 중 주관적 경험이 미치는 요인을 알아보자.

Ⅴ. 주요용어

성격
동기
태도
주관적 경험
자의식
자아 유능감
자아 존중감
인지된 자유

참고문헌

임번장(2004). 사회체육개론. 서울대학교출판부.

Alderman, R. B., & Wood, N. L.(1976). An analysis of incentive motivation in young Canadian athletes. *Canadian Journal of Applied Sport Sciences*, 1, 169-176.

Allport, G. W.(1937). Presonalty - *A psychological interpretation.* NY: Holt and Company.

Dishman, R. K.(1982). Psychobiologic predicters of exercise behavior In J. G. Partington, T. orlick, & J. H. Salmela(eds.). *Sport in Perspective.* Ottawa: Coaching Association of Canada.

Iso-Ahola, S. E.(1980). *The social psychology of leisure and recreation.* Dibuque, IA: Wm. C. Brown.

Katz, D.(1960). The functional approach to the study of attitude. *Public Opinion Quarterly*, 24, 163-204.

Kenyon, G. S.(1968). A Conceptual model for characterizing physical activity. *The Research Quarterly*, 39(1), 96-105.

Krech, D., & Crutchfield, R. S.(1948). *Theory and problems of social psychology.* New York: McGraw Hill.

McGuire, W. J.(1969). the nature of attitudes and attitudes change. In G. Lindsey and E. Aronson(eds.). *The Handbook of Socual Research Journal*, 8, 435-445.

Oldridge, N. B.(1979). Compliance of post-myocardinal infraction patients to exercise programs. *Medicline and Science in Sport and Exercise*, 11, 56-70.

Robinson, , J. P.(1977). How Americans use time: *A social-psychological analysis of everyday behavior.* New York: Praeger.

Smith, D. H. & Theberge, N.(1987). *Why people recreate*: An overview of research(pp. 25-54). Champaign, IL: Life Enhancement Publications.

Sonstroem, R. J.(1978). Physical education and attraction sacle: Rationale and research. *Medicine and Science in Sport and*

Exercise, 10, 97-102.야

Spencer, H.(1986). *The principle of sociology*. Lodon: Appleton.

Wankel, L. M. & Thompson, C. E.(1977). Motivating people to physically active: Self-persuasion versus balanced decision making. *Journal of Apploed Social Psychology*, 7, 332-340.

7장 | 사회체육의 사회경제적 참가요인

Ⅰ. 개요

개인은 정치 · 경제 · 교육 · 종교 등 사회체계 및 제도와 끊임없이 영향을 받는다. 개인은 사회적으로 자신의 역할 및 행동의 범주, 가치관 등을 확립해 나간다.

- 사회계층, 교육수준, 소득수준과 같은 사회경제적 요인은 특정 사회에서 희소가치를 불평등하게 배분하는 기제이다.
- 동일한 범주에 속해 있는 사람은 서로 유사한 가치지향 및 사회적 성향을 공유하는 특성을 보인다.
- 사회체육 활동에 참가자도 사회체계 및 제도에 끊임없이 영향을 받는다.
- 사회체육 참가자의 활동 종목, 프로그램 선택, 참가집단 내의 사회적 · 심리적 상호과정, 참가의 지속 여부 등은 사회계층, 교육수준, 소득수준 등과 같은 사회경제적 요인과 밀접한 관계를 지닌다.
- 사회체육 참가의 사회경제적 요인은 사회계층, 교육수준, 소득수준에 영향을 받는다.

본장은 사회체육활동 참가 중 사회경제적 요인의 사회계층, 교육수준, 소득수준에 대해 살펴보고자 한다.

Ⅱ. 사회체육의 사회경제적 참가요인

사회체육의 사회경제적 참가요인에 있어서 사회계층, 교육수준, 소득수준에 따른 영향을 살펴보면 그 내용은 다음과 같다.

1. 사회계층

사회체육의 사회경제적 참가요인에 있어서 사회계층에 따른 영향을 살펴보면 그 내용은 다음과 같다(임번장, 2004)

- 사회 구성원은 사회집단에서 일정한 지위를 점유하고 부여된 역할을 수행하며 살아간다.
- 사회 구성원의 지위와 역할은 사회의 특정 가치기준에 따라 상이하게 평가되고 위계적 서열구조를 형성한다.
- 사회는 구성원이 향유하는 가치의 서열에 따라서 몇 개의 층으로 범주화되거나 혹은 구획화 할 수 있는데 이를 사회계층이라고 한다(임번장, 1994a).
- 일반적으로 사람은 사회적 배경, 혈통, 성, 연령에 의하여 상이하게 평가되고 불평등한 대우를 받는다.
- 사회적으로 우수한 사람일수록 수입, 재산, 권력에서 보다 높은 지위를 차지한다.
- 또한 희소 가치가 있는 물질적 · 정신적 혜택을 향유할 수 있다.
- 사회계층은 교육과 직업에 대한 접근 및 결혼 상대자의 선택과 같은 비교적 중요한 문제에서부터 사회체육활동과 같은 신체적 · 정신적 건강과 관련된 삶의 기회에 이르기까지 직 · 간접적으로 많은 영향을 미친다.
- 일반적으로 스포츠 활동 참가는 사회계층과 밀접한 관련이 있다.
- 미국에 있어서 상위계층이 매우 높은 스포츠 활동 참가율이나 스포츠 경기 관람률을 보이고 있다.
- 건강을 위한 신체단련도 평균 이상의 수입, 교육수준, 직업적 지위를 지닌 사람이 주로 실행하는 것으로 나타났다.
- 하류계층의 사람은 육체노동에 많이 종사함에도 불구하고, 고소득자에 비하여 사회체육활동참가율이 저조하였다.
- 또한 점심식사 시간이나 퇴근 후, 주말 혹은 휴가시에도 조직적인 스포츠 참가를 거의 하지 않는 것으로 나타났다.
- 이러한 행동유형은 개인의 생애주기 전반에 걸쳐 나타나는 현상으로 보고되고 있다(Coakley, 1998).
- Mclntosh(1979)는 계층에 따른 스포츠 참가정도에 관한 연구결과에서 중산층 이상의 학생들이 대교 경기에 보다 많이 참가하는 경향이 있는 것으로 보고하고 있다.

예외적으로 하류계층의 청소년이 학교에서 축구경기에 참가하는 경우가 있으나, 사회경제적 계층이 낮은 청소년은 교내 체육 프로그램에 더 적게 참가하는 경향이 있다.

- 우리나라는 사회체육 참가에 있어서 계층별로 많은 차이를 보이고 있는데, 상류계층에 속하는 사람(31.0%)이 중류계층(21.5%)이나 하류계층에 속하는 사람(19.1%)보다 사회체육 참가율이 높게 나타나고 있다(구창모, 1985).
- 선호하는 스포츠 종목에서도 사회계층에 따라 많은 차이를 보이고 있다.
- 상류계층은 아이스 하키 · 골프 · 테니스 등에 주로 참여한다.
- 중류계층은 풋볼 · 야구 · 볼링 · 사냥 등에 주로 참여한다.
- 하류계층은 격투기 스포츠, 즉 권투나 레슬링과 같은 종목을 선호하고 있음이 Stone(1957)에 의해 보고되었다.
- 이러한 선호 현상은 시간이 경과함에 따라 변화한다.
- 10년후 야구는 비록 모든 계층이 선호했지만 특히 하류계층에서 더 많이 선호하는 것으로 보고되었다(Stone, 1957).
- 우리나라의 경우 상류계층은 테니스 · 골프 · 수영 같은 경제적 여유를 필요로 하느는 개인 스포츠에 높은 참가율을 보이고 있다.
- 하류계층은 축구 · 야구 · 복싱 · 씨름 등과 같이 단체 스포츠 및 투기 스포츠의 참가율이 높은 것으로 나타났다(구창모, 1985).

2. 교육수준

사회체육의 사회경제적 참가요인에 있어서 교육수준에 따른 영향을 살펴보면 그 내용은 다음과 같다(임번장, 2004)

- 교육수준과 여가 또는 사회체육참가 간의 관계를 주제로 한 연구는 비교적 꾸준히 수행되어 왔다.
- Meuller와 Gurin(1960)은 야외 여가활동 참가유형에 관한 연구와 야외 여가활동 재원에 고나한 연구에서 직업이 상이하여도 교육수준이 유사하면 여가나 사회체육 참가율이 비슷하다 보고하고 있다.
- Neulinger(1974)는 개인의 교육수준이 직업이나 여가활동의 특성을 결정한다고 하였다.
- 산업사회에서 교육정도는 지위나 역할을 결정하는 주요인이 된다.
- 교육적 배경은 개인의 여가유형을 좌우한다.
- 교육수준이 높은 사람은 여가나 사회체육활동에 참가할 잠재성을 보다 많이 지니고 있다.

- Wippler(1968)는 여과활동과 관련된 사회경제적 지위 변인을 분석한 결과 교육수준이 여가행동에 가장 중요하 결정요인이라는 사실을 발견하였다.
- 교육은 개인의 여가행동이나 사회체육참가에 영행을 미치는 매우 중요한 요인이라 할 수 있다.

3. 소득수준

사회체육의 사회경제적 참가요인에 있어서 소득수준에 따른 영향을 살펴보면 그 내용은 다음과 같다(임번장, 2004)

- 소득수준은 사회체육 참가를 결정하는 데 있어 매우 중요한 변인이다.
- 그러나 소득은 일반적으로 여가참가를 저해하는 중요한 속박 요인이거나 여가 활동 선택에 있어 충분조건보다 필요조건으로 인식되고 있다.
- 현대 자본주의 사회는 여가나 스포츠 참가비용은 사용자 부담이 원칙이기 때문에 경비는 참가에 중요한 영향을 미친다.
- 사회체육 참가자에게 경제적인 부담을 주는 비용은 여가에 대한 태도나 사체육활동 참가율에 영향을 미치는 요인이 된다.
- 일반적으로 고소득층은 저소득층보다 상대적으로 여가 및 사회체육활동 참가 비율이 높다.

Ⅳ. 요약

사회체육활동 참가에 있어서 사회경제적 요인의 사회계층, 교육수준, 소득수준이 참가에 미치는 영향에 대하여 요약하면 다음과 같다.

- 사회계층별 스포츠 참가정도는 중산층 이상의 학생들이 학교별 대항경기에 보다 많이 참가하는 경향이 있다.
- 하류계층의 청소년이 학교에서 축구경기에 참가하는 경우가 있으나, 사회경제적 계층이 낮은 청소년은 교내 체육 프로그램에 더 적게 참가하는 경향이 있다.
- 교육수준이 높은 사람은 여가나 사회체육활동에 참가할 잠재성을 보다 많이 지니고 있다. 교육수준이 여가행동에 가장 중요한 결정요인이다.
- 교육은 개인의 여가행동이나 사회체육참가에 영행을 미치는 매우 중요한 요인이다.
- 소득수준은 사회체육 참가를 결정하는 데 있어 매우 중요한 변인이다.

- 사회체육 참가자에게 경제적인 부담을 주는 비용은 여가에 대한 태도나 사회체육활동 참가율에 영향을 미치는 요인이 된다.
- 일반적으로 고소득층은 저소득층보다 상대적으로 여가 및 사회체육활동 참가 비율이 높다.

Ⅵ. 학습문제

1. 사회체육의 사회경제적 참가요인 중 사회계층의 참가요인을 알아보자.
2. 사회체육의 사회경제적 참가요인 중 교육수분의 참가요인을 알아보자.
3. 사회체육의 사회경제적 참가요인 중 소득수준의 참가요인을 알아보자.

Ⅴ. 주요용어

사회계층
교육수준
소득수준
상류계층
중류계층
하류계층

참고문헌

구창모(1985). 사회계층에 따른 스포츠 선호도에 관한 연구. 석사학위논문. 서울 대학교 대학원.

임번장(1994a). 스포츠사회학개론. 서울 : 동화문화사.

임번장(2004). 사회체육개론. 서울대학교출판부.

Coakley, J. J.(1998). *Sport in Society*: Issues and controversies(6th ed.). New York: McGraw-Hill.

Mclntosh, P.(1979). *Fair play*: Ethics in sport and physical education. London : Heinemann

Neulinger, J.(1974). *The psychology of leisure*. Springfield, IL: Charles C. Thomas.

Stone, G. P.(1957). *Some meanings of american sport*. Proceedings of the 60th annual meeting of the College Physical Education Association(pp. 5-16). Columbus, OH.

Wippler, R.(1968). Socia determinaten het vrijetijdsgedrag(Social determinannts of leisure behavior). Groningen, Netherlands: Van Gorcum.

8장 | 사회체육의 인구통계학적 참가요인

Ⅰ. 개요

사회체육 참가의 인구통계학적 요인은 개인의 사회적 지위나 역할에 대한 범주를 의미하는 데, 사회인구학적 요인 또는 사회적 배경요인이라고 한다.

- 인구통계학적 요인은 사회에서 개인에게 주어진 역할과 연계된 일련의 규범적 기대라는 의미가 있다.

사회체육 참가를 결정하는 데 인구통계학적 요인은 매우 중요한 요소로 평가된다.

- 개인적 차원의 사회체육 참가요인은 생리적 · 사회심리적 · 사회경제적 요인이 있다.
- 사회적 차원의 사회체육 참가요인은 인구통계학적 요인이다.

본 장은 사회체육활동 참가에 있어서 인구통계학적 요인의 성 · 연령 · 출생서열이 참가에 미치는 영향을 살펴보고자 한다

Ⅱ. 사회체육의 인구통계학적 참가요인

사회체육의 인구통계학적 참가요인에 있어서 성별, 연령별, 출생서열에 따른 영향을 살펴보면 그 내용은 다음과 같다.

1. 성

사회체육의 인구통계학적 참가요인에 있어서 성별에 따른 영향을 살펴보면 그 내용은 다

음과 같다(임번장, 2004).

- 여가나 사회체육활동 참가에 있어서 성(gender)은 남성과 여성의 참가행동 유형을 변별해 주는 주요 요인이다.
- 사회체육 참가에 있어서 연령과 성적 요인은 생물학적 구성요소이다.
- 그러나 사회 내에서 성의 실체는 생물학적 존재보다 사회적 구성 요소의 의미를 갖게 된다.
- 사회집단 내에서 모든 구성원은 일정한 성적 동질성을 갖는다.
- 일반적인 사회에서 남녀간 성 역활은 매우 상이한 차이가 나타난다.
- 남성은 높은 지위를 추구하며 일에 있어서 보다 많은 보수를 지급받는 직업을 선호하는 데 비하여 여성은 남성보다 가정 중심적이다.
- 이것은 남녀 양성이 선호하는 직업 유형의 차이를 설명하는 근거가 된다.
- 결과적으로 자신에게 주어진 자유재량시간을 활용함에 있어도 상이한 면모를 보여 준다.
- 남성과 여성의 사회적 역할 차이는 여가의 의미와 기능 그리고 사회체육의 참가유형에도 영향을 미친다.
- Smith와 Theberge(1987)는 과거 20년간 수행된 다양한 캐나다의 전국 표본 연구조사를 개관하면서 성별에 따른 여가와 스포츠 활동 참가에 대한 연구에서 일관되게 다음과 같은 결론이 도출되고 있는 사실을 보고하였다.
- 첫째, 남성의 사회체육 참가는 시간과 비율에서 여성보다 높으며, 특히 상대적으로 체력을 많이 요구하는 종목에서 남녀 차이가 크게 나타난다.
- 둘째, 여성은 남성보다 덜 활동적이고 덜 경쟁적이며 위험부담이 적은 레크리에이션적 활동에 주로 참가하고 있다.
- 문화관광부에서 여가활동유형을 조사한 결과, 운동 및 체육활동으로 여가 시간을 활용하고 있는 비율이 남성 17.1%, 여성 7.4%로 나타났다.
- 사회체육활동에 있어서 남성이 여성에 비하여 월등한 참가 비율을 나타냈다(강신복 외, 2000:53-55).
- 반면, 음악 및 영화감상이라고 응답한 비율은 남성 6.9%, 여성 12.5%였다.
- 남성은 여성보다 사회체육활동에 많이 참가하고 있다.
- 상대적으로 여성은 여가시간 활용에 있어서 비활동적인 성향을 보이고 있다.
- 성을 단일 변인으로 파악하지 않고, 성과 생활주기와 사회계층을 관련지어 사회체육 참가를 분석한 연구도 있다.
- Angrist(1967)는 취업 여성의 여가참가 유무와 여가활동 참가 형태가 결혼여부와 자녀의 연령 등 사회 관계로부터 영향을 받는다.
- 개인적 요소보다 생애주기(Life cycle)와 관련된 역할에 의하여 영향을 받는다고 보고하고 있다.

- Weyle-Willett(1977)은 취업주부와 전업주부 사이에 여가와 사회체육활동에 대한 인식이 서로 상이하다고 지적하고 있다.
- 취업주부는 전업주부보다 자유시간을 더욱 많이 원하고 있다.
- 그러나 취업주부는 여가활동보다 업무와 관련된 활동에서 더 많은 만족감을 느끼고 있다고 보고하고 있다.

2. 연령

사회체육의 인구통계학적 참가요인에 있어서 연령별에 따른 영향을 살펴보면 그 내용은 다음과 같다(임번장, 2004)

▷ 연령은 2가지 측면에서 여가행동이나 스포츠참가에 영향을 미치는 결정요인으로 작용한다.

첫째, 연대기적 연령은 개인이 현재까지 살아온 물리적인 시간을 기준으로 한 나이이다. 물리적인 시간은 개인의 신체적 · 정신적 상태나 발달에 중요한 영향을 미친다.

둘째, 사회적 연령은 음주 허용 연령이나 운전면허 소지 가능 연령과 같이 사회가 개인의 나이에 사회활동과 관련된 의미를 부여한 연령을 의미한다.

- 연령과 사회체육활동에 대한 연구에서는 일반적으로 사회적 연령보다는 연대기적 연령에 기초하여 연구가 진행하기 때문에 연령의 사회적 · 문화적 · 개인사적인 측면이 간과되기 싶다.
- 특히 노년층을 대상으로 사회체육과 연령의 관계를 연구할 때 고려해야할 사항이다.
- 노년층이 사회체육활동에 참가하지 않는 이유는 체력저하와 같은 연대기적 연령에 기인한 요인이 있다.
- 또한 사회체육을 노년층이 즐기기에는 적합하지 않은 여가활동이라고 규정한 사회적 연령으로부터 파생되는 문제 때문일 수 있다.
- 연령을 기준으로 한 연구는 사회적인 변인이나 개인의 성격에 기초한 변인을 함께 고려하여야 한다(Smith & Therberge, 1987).
- 일반적으로 사춘기까지는 연령이 증가할수록 스포츠나 여가활동에 소요되는 시간이 증대되고 이후로는 감소된다고 한다.
- 미국의 성인을 대상으로 연구한 Robinson(1977)은 스포츠 참가에 있어 20세 이후에 큰 폭의 감소를 나타내며 이후 50세까지 점진적인 감소추세를 보인다고 보고하고 있다(Smith & Theberge, 1987).
- 다른 국가를 대상으로 한 연구에서도 비슷한 결과를 보여 주고 있다.

- 폴란드(Wohl, 1969), 영국과 캐나다(Hall, 1973), 프랑스(Dumazedier, 1973), 체코슬로바키아(Lopata, 1968), 덴마크(Riiskjar, 1984), 네덜란드(Rijsdorp, 1960) 등 국가의 연구에서도 스포츠나 야외 레크리에이션의 참가는 젊은 층에서 가장 활발히 나타나며 연령이 증가함에 따라 감소한다는 결과를 보고하고 있다.
- 연령은 각 사회의 문화에 따라 다른 의미로 받아들여진다.
- 연대기적 연령과 달리 사회적 연령은 각 사회의 특정 유형에 따라 변한다.
- 평균연령이 40세 이하이던 중세시대에 있어서 35세의 의미와 현재 북미나 유럽에 있어서 35세의 의미는 사회적으로 많은 차이가 있는 것이다.
- 사회적 연령은 개개의 사회 발달단계에 부합되어 나타나며, 사회적 연령은 연대기적 연령과 더불어 사회체육의 참가나 유형에 큰 영향을 미친다.

3. 출생서열

사회체육의 인구통계학적 참가요인에 있어서 출생서열에 따른 영향을 살펴보면 그 내용은 다음과 같다(임번장, 2004)

- 출생서열은 1960년대 후반부터 위험 스포츠에 참가하는 사람의 특성을 구별하는 과정에서 시작된 연구주제이다.
- 동일한 형제에 대한 부모의 양육태도의 차이로 인한 장자, 차자의 사회적 · 심리학적 특성을 전제로 하여 신체에 대한 위험도가 높은 스포츠에 대한 참가정도를 규명한 것이다(임번장, 1994a).
- Nisbett(1968)은 대학선수와 프로야구 풋볼 선수를 대상으로 한 연구에서 장남은 차남보다 신체적 접촉 또는 부상의 위험이 잠재되어 있는 스포츠에 참가하기를 꺼려하고 있다는 사실을 발견하였다.
- Gould와 Landers(1972)는 장남은 위험 스포츠에 참가하는 것을 선호하지 않으며 실제로 적게 참가하고 있다고 보고하였다.
- Landers(1979)는 스포츠 활동과 출생서열에 관한 문헌을 개괄하면서 일반적으로 위험성을 내재하고 있거나 두려움을 자아내는 활동이 아니라면 장남은 대개 차남보다 성취수준이 높다고 하였다.
- 이런 사실을 "양육과정에서 장남에 대한 모친의 과보호 때문"이라고 주장하였다.
- Landers(1979)는 여성의 출생서열과 스포츠 참가에 있어, 오빠가 있는 여학생은 그렇지 않은 여학생보다 남성적인 성격특성을 지니며 소위 남성취향 스포츠에 많이 참가

하고 있다는 결과를 제시하고 있다.

- 이를 모형효과(modeling effect) 때 문에 일어난 현상으로 해석하고 있다.
- 오빠는 여동생에게 중요타자(significant others)로 간주되며 사회화 과정에서 자신이 추구하여야 할 모델로 작용한다.
- 가족 구조 내의 형제 · 자매 관계는 스포츠 사회화에 주요한 영향을 미치며, 여자보다 남자에게 더욱 두드러지게 나타난다.

Ⅳ. 요약

사회체육활동 참가에 있어서 인구통계학적 성, 연령, 출생서열이 사회체육 참가에 미치는 영향에 대하여 요약하면 다음과 같다.

- 성과 사체육활동 참가에 있어서 성(gender)은 남성과 여성의 참가행동 유형을 변별해 주는 주요 요인이다.
- 남성과 여성의 사회적 역할 차이는 여가의 의미와 기능, 사회체육의 참가유형에도 영향을 미친다.
- 남성은 여성보다 사회체육활동에 많이 참가하고 있다. 상대적으로 여성은 여가시간 활용에 있어서 비활동적인 성향을 보이고 있다.
- 연령과 체육활동은 일반적으로 사회적 연령보다는 연대기적 연령에 기초하며, 연령의 사회적 · 문화적 · 개인사적인 측면이 간과되기 싶다.
- 연령은 각 사회의 문화에 따라 다른 의미로 받아들여진다. 연대기적 연령과 달리 사회적 연령은 각 사회의 특정 유형에 따라 변한다.
- 사회적 연령은 개개의 사회 발달단계에 부합되어 나타난다. 사회적 연령은 연대기적 연령과 더불어 사회체육의 참가나 유형에 큰 영향을 미친다.
- 출생서열과 스포츠 활동은 일반적으로 위험성을 내재하고 있거나 두려움을 자아내는 활동이 아니라면 장남은 대개 차남보다 성취수준이 높다.
- 오빠는 여동생에게 중요타자(significant others)로 간주되며 사회화 과정에서 자신이 추구하여야 할 모델로 작용한다.
- 가족 구조 내의 형제 · 자매 관계는 스포츠 사회화에 주요한 영향을 미치며, 여자보다 남자에게 더욱 두드러지게 나타난다.

Ⅳ. 학습문제

1. 사회체육의 인구통계학적 참가요인 중 성적 참가요인을 알아보자.

2. 사회체육의 인구통계학적 참가요인 중 연령적 참가요인을 알아보자.

3. 사회체육의 인구통계학적 참가요인 중 출생서열의 참가요인을 알아보자.

Ⅴ. 주요용어

성	사회적 연령
연령	모형효과
출생서열	중요타자
연대기적 연령	

참고문헌

강신복 외(2000). 국민생활체육황동 참여 실태조사. 문화관광부.

임번장(1994a). 스포츠사회학개론. 서울 : 동화문화사.

임번장(2004). 사회체육개론. 서울대학교출판부.

Angrist, S. S.(1967). Role constellations as a variable in women's leisure activities. *Social Force*, 45(3), 423-431.

Dumazedier, J.(1973). Report to a symposium on sport and age. In O. Grupe, D. Kurz, & J. M. Teipel(eds). *Sport in modern world-change and problems*(pp. 198-199). New York: Springer-Verlag.

Gould, D. R & Landers. D. M(1972). *Dangerous sport participation: A replication of Nisbett`s birth order findings.* Unpublished paper presented at the North American Society for Psychology in Sports and Physical Activity, Houston, TX.

Hall, M. A.(1973). *Women and physical rereation: A causal analysis.* Paper presented at the Women and Sport Symposium, University of Birmingham. Birmingham, England.

Lopata, L.(1968). The structure of time and the share of physical education in the case of industial workers and cooperative farmers in the C.S.S.R. *International Review of Sport Sociology*, 3, 17-37.

Nisbett. R. E.(1968). Birth order and participation in dangerous sports. *Journal of Personality and Social Psychology*. 8(4). 351-353.

Riiskjar, S.(1984). *Participation in different forms of sport among the adult population*: Toward new participation structures in sport. Paper presented at the Olympic Scientific Congress, Eugene. OR.

Rijsdrop, K.(1960). *Sports als jhon-menseliijke activiteit [Sport as activity of youth]*. Groningen, Netherlands: Wolters.

Robinson. J. P.(1977). *How Americans use time:Asocial-psychological analysis of everyday behavior*. New York: Praeger.

Smith, D, H., & Theberge, N(1987). *Why people recreate: An overview of research*(pp.25-54). Champaign, IL: Life Enhancement Publications.

Wohl, A.(1969). Engagement in sports activity on the part of workers of large industrial establishments in People's Poland. *International Review of Sport Sociology,* 4. 83-127.

4장 | 사회체육의 사회환경적 참가요인

Ⅰ. 개요

- 최근 사회체육의 대중화 및 보편화 현상이 가속화됨에 따라 아동과 청소년, 성인, 노인에 이르기까지 전생애에 걸쳐 여가나 사회체육활동 참가에 대한 관심이 고조되고 있다.
- 사회환경적 영역에서 체계적인 학문적 접근이 활발히 진행되고 있다.
- 여가나 사회체육활동 참가는 사회성원 모두가 다함께 경험하는 것이 아니다.
- 개인의 사회환경적 특성에 따라 특수한 상황에서 선별적으로 이루어지는 복잡한 사회학습과정이다.
- 사회체육 참가는 다양한 변인이 존재하며 이러한 변인은 사회체육 프로그램의 참가나 선택에 직 · 간접적으로 영향을 미친다.
- 사회체육활동 참가에 있어서 사회환경적 특성의 인적, 물리적 사회체육 참가요인이 미치는 영향을 학습하고자 한다.

Ⅱ. 사회체육의 사회환경적 참가요인

사회체육의 사회환경적 참가요인에 있어서 인적 · 물리적 요인에 따른 영향을 살펴보면 그 내용은 다음과 같다.

1. 인적 요인

사회체육의 사회환경적 참가요인에 있어서 인적 요인의 가족, 동료집단, 지도자에 따

른 영향을 살펴보면 그 내용은 다음과 같다(임번장, 2004)

- 사회체육 참가는 지리적 조건, 사회새태적 조건, 인구, 정치, 경제, 과학기술, 교육, 문화등 무수한 사회적 변인에 의해 영향을 받는다.
- 그러나 일정형태의 사회체육 프로그램에 대한 참가는 무엇보다도 개인의 의사결정에 달려 있다.
- 개인의 의사결정은 특정 운동형태에 대한 개인의 선호 및 선택의 다양한 국면에서 타인에게 영향을 받게 된다.
- 사회화 과정 속에서 개인은 자신만의 독특한 경험을 축적하고 그러한 경험은 개인의 적성에 영향을 미치게 된다.
- 이와 같은 적성은 특정 개인의 사회체육 참가에 결정적인 영향력을 행사한다.
- 스포츠 참가와 역할학습 과정에서 개인에게 가장 큰 영향력을 행사하는 요인은 중요타자(significant others) 혹은 준거집단(reference group)이다.
- 사회화 주관자로는 가족, 동료, 지도자가 있다.
- 사회화 주관자는 태도, 가치관 및 행동에 큰 영향을 미친다.

1) 가족

- 개인의 사회화는 출생 이후부터 지속적으로 이루어진다.
- 가족은 최초의 사회화가 이루어지는 곳이며, 일생을 통하여 가장 중요한 사회화 주관자로 기능한다(Leonard,1980).
- 가족은 여러 가지 측면에서 사회체육활동 참가와 밀접하게 관련을 맺고 있다.
- 가족은 사회체육 참가의 지속성을 결정하는 요인으로 작용한다.

(1) 부모

- 가족 구성원 중 부모와 형제 · 자매의 영향은 다음과 같다.
- 사회체육활동에 대한 부모의 영향력은 부모가 역할모형으로서 사회체육활동에 참가하거나 관심과 격려를 수반할 때 발생한다.
- McPherson(1972)은 대학생의 스포츠 참가요인에 관한 연구에서 스포츠에 대한 최초의 관심은 가족으로부터 영향을 받으며, 부모의 격려가 가장 큰 영향을 미친다고 보고하고 있다.
- Pudelkiewicz(1970)는 스포츠에 대한 부모의 긍정적인 평가가 자녀의 스포츠에 대한 관심을 유발한다고 하였다.

• Snyder와 Spreitzer(1974)는 스포츠에 대한 부모의 관심이나 배우자의 관심은 스포츠 참가와 긍정적인 관계가 있음을 발견하였다.
• Kenyon과 Grogg(1970)가 Wisconsin 대학 운동 선수를 대상으로 한 스포츠 참가의 배경 요인에 관한 연구 결과에 의하면, 부모, 형제, 친구, 코치 등 여러 사회화 주관자 중에서 부모의 영향이 가장 컸던 것으로 보고하고 있다(임번장, 1994a).
• 부모의 스포츠에 대한 관심과 격려는 자녀의 스포츠 참가에 큰 영향을 미치며 특히 가족 구성원 중 부친은 가장 중요한 사회화 주관자로 작용한다.

(2) 형제 · 자매
• 부모의 사회체육활동 참가, 지지, 격려가 자녀의 사회체육 참가에 의미있는 영향을 미친다.
• 형제 · 자매간의 사회체육활동 영향력도 참가의 주요 요인으로 간주되고 있다.
• 예를 들면 스포츠에 참가하고 있는 형제나 누이는 동생에 대한 역할모형으로 작용될 수 있다.
• 형제 · 자매 관계가 스포츠 참가에 영향을 미치는 주된 이유는 연령차가 적어 유년기로부터 놀이 상대로서 주변에서 긴밀한 관계를 유지하기 때문이다.
• 형제 · 자매 관계가 상호 작용하기 때문에 사회화 과정에서 부모와 별개의 영향력을 행사한다.
• 형제 · 자매가 스포츠 참가에 미치는 영향은 주로 형제자매의 수와 출생서열에 집중된다.
• 동일한 형제에 대한 부모의 양육 태도 차이로 인해 장남이 차남에 비해 잠재적인 부하 정도와 심리적 의존도가 높은 스포츠에 참가하는 비율이 낮다는 것이다.
• 가족구조 내에서의 형제자매 관계는 사회체육 참가에 중요한 영향을 미치며 남자에게 국한된다.
• Martin과 Dubbert(1982)는 가정이나 사회로부터의 사회체육 참가에 대한 지지나 강화는 참가를 증진시키는 데 있어서 일관성 있는 관계가 있음을 제시하였다.
• 예를 들면 배우자가 참가자의 운동습관을 긍정적으로 지지하는 피험자는 운동에 대하여 중립적이거나 부정적인 배우자를 둔 피험자에 비해 사회체육활동에 대한 참가와 지속율이 2배 정도 높은 것으로 나타났다.
• 지지와 비지지의 구체적인 의미가 항상 명백하지는 않지만 대체적으로 적극적인 지지자일 수 록 배우자의 사회체육 참가를 권장하며 참가자의 운동수행에 대하여 긍정적 피드백을 제공한다.
• 적극적인 지지자일 수 록 배우자의 사회체육 운동 목표에 대해 적극적으로 지원한다는 사실이 밝혀져 있다.
• 사회화 주관기관인 가족 중 부모, 형제자매, 배우자는 사회체육활동 참가를 결정하는 중요한 인적 요인임을 알 수 있다.

2) 동료집단

- 동료집단은 동년배로서 공통의 관심을 지니고 있는 친우 집단을 뜻한다.
- 대부분 운동기능 학습이나 운동 능력의 평가 및 기회는 어린시절 친구 사이에서 일어난다.
- 친구의 영향은 사회체육활동 참가라는 사회화 경험을 갖게 한다.
- 동료집단이 사회화 과정에서 미치는 영향력에 대하여 Loy와 McPherson, Kenyon(1978)은 다음과 같이 요약 설명하고 있다.
- 동료집단은 취학 전 아동에 있어 빈번히 사회화 주관자가 되며 가족 또는 학교에서 학습한 가치 또는 행동양식, 기능, 관념 등을 강화하거나 거부한다.
- 아동기 동료집단은 평등관계, 혈연관계에 대한 경험을 제공한다.
- 어린이가 부모나 다른 권위적인 인물로부터 독립할 수 있도록 도와 주며, 핵가족 내에서는 경험할 수 없는 태도, 가치의 경험을 접할 수 있게 한다(임번장, 1994a).
- 어린시절 아동은 동료와의 상호작용을 통하여 사회성과 자신감을 형성하며 이러한 동료와의 상호작용은 생애주기에 있어서 후기의 발달단계인 청년기와 성인 기까지 지속적인 영향을 미친다.
- 사회화 주관자인 가족의 영향은 사춘기에 이르면 동료집단에 흡수되고 차츰 성장해 감에 따라 그 영향력이 감소되며 동료집단이 전 생애주기를 통하여 중요 사회화 주관자가 된다.
- 동료집단과 사회체육활동 참가의 관계에 대한 경험적 연구는 그리 많지 않은데 Greendorfer(1977)는 여성의 경우 가족이 유년기의 중요한 사회화의 주관자이니 성장해감에 따라 그 영향이 차츰 감소된다고 보고하고 있다.
- 여성동료가 생애의 전단계를 통하여 중요 사회화 주관자로 작용한다고 한다.
- Gettman, Pollock과 Ward(1983), Wankel과 Thompson(1977)은 동료들로부터 비교적 많은 정신적 격려 및 지원을 받은 개인은 그러한 지원을 받지 못한 개인에 비하여 사회체육 프로그램에서 중도탈락(drop out)하는 비율이 낮다는 사실을 제시하였다.
- 동료집단이 특정 개인의 지속적 운동 참가에 영향을 미치는 사회적 변인임을 입증 하였다.

3) 지도자

- 조직체의 활동, 유지, 발전에 있어 가장 중요한 역할 담당자는 지도자이다.
- 지도자는 사회체육 참가를 효율적으로 관리하고 시설의 활용가치를 극대화시킨다.
- 지도자는 운동 프로그램의 효율적 운영 등 역할을 수행함으로써 사회체육 참가에 중요한 요인으로 작용한다.
- Kenyon과 McPherson(1978)은 캐나다의 헬스클럽 회원을 대상으로 한 건강 및 생활양식에

관한 연구에서 지도자가 헬스클럽 회원의 지속적인 참가에 영향을 미치는 주요인이다.

- 사회체육 프로그램 실행의 성공적 완수를 위한 핵심 주체라고 보고하고 있다.
- 사회체육 참가자 측면에서 지도자에 대한 만족도가 운동참가를 증진시키는데 중요한 요인으로 작용하고 있음을 알 수 있다.
- 사회화 주관자인 지도자는 지도자로서의 자질과 품격을 갖추어야 한다.
- 인격체를 지도하는 사회체육 지도자는 참가자와 원만한 대인관계 능력을 지녀야 한다.
- 사회체육 지도자는 운동기능과 지도기법을 구비해야 한다.
- 지도자는 우선적으로 자질을 갖추어야 하며, 개인의 사회체육 참가에 영향을 미치는 중요한 요인으로 작용한다.

2. 물리적 요인

사회체육의 사회환경적 참가요인에 있어서 물리적 요인의 시설, 프로그램에 따른 영향을 살펴보면 그 내용은 다음과 같다(임번장, 2004)

- 사회체육활동 참가 요인은 프로그램과 시설 같은 물리적 환경 요인있다.
- 환경적 요인이 사회체육활동 참가나 지속적 참가에 영향을 미친다.
- 체육활동은 단기간에 효과를 얻을 수 없다.
- 지속적이고 규칙적인 활동을 통해 생리적 · 신체기능적 · 정신적 · 사회적 발달과 증진을 가져올 수 있다.
- 운동은 심리적 · 생리적 한계를 극복하여야만 하는 것이기 때문에 대부분의 사람들은 매우 고통스러워하며 쉽게 싫증을 느끼게 된다.
- 체육활동 참가 동기와 관련하여 효과가 즉시 나타나지 않기 때문에 개개인의 의지만으로는 지속적으로 신체단련을 실행하기란 매우 힘들다.
- 이러한 물리적 관점에서 프로그램의 내용과 형태는 사회체육활동 참가자들에게 중요한 의미를 갖는다.
- 사회체육 시설과 장소의 근접성과 편이성은 사회체육활동 참가에 결정적인 요인으로 작용한다.

1) 시설

- 사회체육 시설은 단지 운동을 성립시키는 물리적인 공간만을 말하는 것이 아다.
- 사회체육 시설은 사회체육활동 프로그램의 목적과 목표의 성취를 위해 활동의 능률과 효과를 최대로 높이고 보다 쾌적하며 안전하게 운동이 실행될 수 있도록 설치 ·

관리되는 물리적 환경을 말한다.

- 국민생활체육활동 참여실태조사(강신복 외, 2000: 145)에 따르면, 사회체육 참가를 위한 개선방안을 묻는 질문에 체육시설 확충 · 개방이라고 응답한 비율이 54.0%로 나타났다.
- 시설개방에 대한 응답율이 전체 응답항목 6개 중 1위로 나타나, 현재 일반인들이 사회체육활동에 참가하는 시설관련 문제를 가장 심각하게 받아들이고 있다는 사실을 나타내 주고 있다.
- 대부분의 사회체육 활동 참가에 관한 연구는 일반적으로 체육시설이 주거지역에 인접해 설치되어 있을 때 효과적으로 활성화될 수 있다는 사실을 제시하고 있다.
- 많은 선행연구의 결과(Andrew et al., 1981; Hanson, 1977)에 따르면, 사회체육 시설은 운동 장소의 근접성과 편이성은 활동에 참가하려는 개인의 동기를 유발하는 유인체로 작용한다.
- 사회체육 시설은 참가자의 활동 지속성에도 영향을 미치는 중요 변인임을 지적하고 있다.
- 사회체육 시설에 대한 근접이 용이하지 못할 경우 결과적으로 지속적인 참가가 저하될 수 있음을 시사해 주고 있다.
- 사회체육 시설의 편이성은 주차시설, 샤워시설, 음식점과 같은 부대시설, 편의시설이 사회체육활동에 대한 초기 및 지속적 참가 결정에 영향을 미치는 중요한 요인으로 지적되고 있다.
- 규모가 작고 이웃과 독립되어 있거나 근무지역 내에 소재한 시설일수록 운동 참가자의 편이성이 한층 높기 때문에 사회체육활동 참가율 및 운동 지속성을 증가 시킬 수 있다.

2) 프로그램

- 프로그램은 조직과 단체의 효율적 운영에 기초가 되는 기본운영 계획을 말하며, 기획과 평가 그리고 수행의 내용을 포함한다.
- 사회체육활동 참가에 관한 연구는 프로그램에 대한 만족의 정도가 활동 참가에 중요한 영향을 미치는 요인임을 지적하고 있다.
- 예를 들어 Yamaguchi(1988)는 사회체육 클럽 참가 지속성에 관한 연구에서 프로그램 만족도는 참가자의 사회체육 클럽 재가입 의사 결정에 가장 큰 영향을 미치는 요인임을 제시하였다.
- 스포츠 활동은 개인의 생활영역 안에서 각자의 욕구와 취미, 흥미에 따라 행하여지는 자발적인 신체활동이다.
- 사회체육 프로그램은 성, 연령, 계층, 지역에 따라 개인의 욕구를 충족시킬 수 있는 내용으로 개별화되어야 한다.
- 사회체육 프로그램은 개인의 특성에 따른 신체활동의 목적, 흥미, 수준에 의해 지속적이고 자발적인 참가를 유도한다.

- 사회체육 프로그램은 참가자 위주로 계획하여 실행한다면 특정 개인의 지속적인 운동 참가를 제고시키고 중도 탈락을 최소화하는 데 기여할 것이다.
- 사회체육 프로그램 참가자 개인의 만족도는 개인이 관련 활동을 계속할 것인지 그만둘 것인지를 결정하는 중요한 변인임에 틀림이 없다.

Ⅲ. 요약

사회체육활동 참가에 있어서 사회환경적 특성의 인적, 물리적 사회체육 참가요인이 미치는 영향을 요약하면 다음과 같다.

- 부모의 스포츠에 대한 관심과 격려는 자녀의 스포츠 참가에 큰 영향을 미친다.
- 스포츠 참가에 가족 구성원 중 부친은 가장 중요한 사회화 주관자로 작용한다.
- 사회화 주관자의 가족 구성원 중에 부모, 형제자매, 배우자가 사회체육활동 참가를 결정하는 중요한 인적 요인이다.
- 동료들로부터 비교적 많은 정신적 격려 및 지원을 받은 개인은 지원을 받지 못한 개인에 비해 사회체육 프로그램에서 중도탈락(drop out)하는 비율이 낮다.
- 동료집단이 특정 개인의 지속적 운동 참가에 영향을 미친다.
- 사회체육 지도자에 대한 만족도가 운동참가를 증진시키는데 중요한 요인으로 작용하고 있다.
- 사회체육 시설은 사회체육활동에 대한 초기 및 지속적 참가 결정에 영향을 미치는 중요한 요인이다.
- 사회체육 프로그램은 참가자 개인의 만족도에 영향을 미친다.
- 사회체육 프로그램은 사회체육 활동을 계속할 것인지 그만둘 것인지를 결정하는 중요한 변인이다.

Ⅳ. 학습문제

1. 성인병을 일으키는 생활습관과 예방책에 대하여 설명하시오.
2. 사회체육활동에 영향을 미치는 개인의 성격적 특성에 대하여 설명하시오.
3. 사회체육활동 참가자의 인지된 자유를 확대시키는 방안에 대하여 설염하시오.

4. 사회계층이 사회체육 참가에 미치는 영향에 대하여 설명하시오.
5. 사회계층이 사회체육 참가에 미치는 원인에 대하여 설명하시오.
6. 성별에 따른 사회체육 참가 유형에 대하여 설명하시오.
7. 가족 구성원이 사회체육 참가에 미치는 영향을 설명하시오.

V. 주요용어

가족
건강관리
교육수준
근력 향상
내배엽
노화방지
동기
동료집단
물리적 요인
사회경제적 요인
사회계층
사회심리적 요인
사회환경적 요인
생리적 요인
성
성격
성인병 예방
소득수준
시설
심폐지구력 향상
연령
외배엽
인구통계학적 요인
인적 요인
주관적 경험
중배엽
지도자
체력유지
체형유지
출생서열
태도
프로그램

참고문헌

임번장(1994a). 스포츠사회학개론. 서울: 동화문화사
임번장(2000). 사회체육개론. 서울대학교출판부.
임번장(2004). 사회체육개론. 서울대학교출판부.

Andrew, G. M. et al.(1981). Reason for dropout form exercise program in postcoronnary patients. *Medicine and Science in Sport and Exercise*, 13: 164-164.

Gettman. L. R., Pollock, M. L., & Ward, A.(1983). Adherence to unsupervisde exercise. *Physican Sports Medicine*, 11(10). 56-66.

Greendorfer, S.(1978). Socialization into sport, In C. A Oglesby(ed.). *Women and sport: From myth to reality*(pp. 155-140). Philadelphia, PA: Lea & Febigger.

Kenyon, G. S. & Grogg. T. M.(1970). *Contemporary Psychology of sport,* Chicago, IL: The Athletic Institute.

Kenyon, G. S., & McPherson, B. D.,(1978). The sport role socialization process in four industrialzed countries. In F. Landry and W. Orban(ed.). *Sociology of sport. Miami,* FL: Symposium Specialists.

Leonard, W. M.(1980). *A sociological perspective of sport.* Minneapolis, MN. : Burgess.

Loy, J. W., McPherson, B. D., & Kenyon, G. S.(1978). Sport and social system. Reading, MA: Addison-Weasley.

Martin, J. E. & Dubbert, P. M.(1982). Exercise applications and promotion in behavioral medicine: Current status and future direction. *Journal of Consulting and clinical Psychology*. 50:1004-1017.

McPherson, B. D.(1972). *Socialization into the role of sport consumer:* The construction and testing of a theory and causal model. Doctoral dissertation. University of Wisconsin, WI.

Pudelkiewicz, E.(1970). Sociological problems of sports in housing estates. *International Review of sport Sociology*, 5, 7-103.

Snyder, E. E. & Spreitzer, E. A.(1974). Orientations toward work and leisure as predictors of sport involvement. *Research Quarterly, 45(4)*, 398-406.

Wnakel, L. M., &Thomson, C. E.(1977). Motivating people to physically active: Self-persuasion versus belanced decision making. *Journal of Applied Social Psychology,*7, 332-340.

Yamaguchi,Y.(1988). *A Study of adherence to a fitness club:* A user's perspective. Seoul Olympic Scientific Congress Proceedings Vol.1.

10장 | 사회체육의 직접적 참여

Ⅰ. 개요

- 세계는 국가간 경쟁력을 "국민의 여가를 어떻게 활용하느냐"에 따라 결정된다고 판단하고 있다. 미국 · 일본 등 주요 스포츠선진국은 레저스포츠를 급성장하는 고부가가치 산업으로 인정하고 있다. 우리나라는 지속적인 경제성장을 통해 국민들의 생리적 · 물질적인 욕구가 충족됨으로써 문화적 · 정신적 · 감성적 욕구충족을 필요로 하고 있다.
- 산과 바다를 가다보면 흔히 산악자전거, 번지점프, 암벽등반, 패러글라이딩, 래프팅, 윈드서핑 등 새로운 레저스포츠의 선호도가 변화하고 있다.
- 특히 주5일 근무제 이후 레저스포츠는 우리 생활에 의식주 다음으로 매우 중요한 자리를 차지하고 있다.
- 레져스포츠는 개인 · 가족 · 직장동료 · 연인간 행복을 가져다주는 좋은 여가활동으로 인식되고 있다.
- 레저스포츠란 "leisure+sports"의 합성어로 사회체육, 생활스포츠, 여가체육 등 용어와 비슷한 개념으로 사용되고 있다.
- 레저스포츠는 학문적 용어라기보다 사회적으로 일상화된 용어로서 "삶의 질을 향상시키기 위하여 자발적으로 행하여지는 여가형 스포츠"이다.
- 레저스포츠는 생성하고 소멸되는 주기가 매우 빠르기 때문에 일정한 기간 지속적으로 유지되고 발전되는 종목은 현재 약 60개 종목 정도가 있다.
- 현재 국내에서 성행하는 레저스포츠를 분류하면 크게 3가지 유형으로 분류된다.
- 육상레저스포츠는 등산, 인라인스케이팅, 암벽등반, 사이클링, 서바이벌게임, 산악자전거, 클레이사격, 스포츠클라이밍, 오리엔티어링스노보드, 사냥, 카트, 번지점프, 트레킹, 사륜오토바이, 자전거묘기, 다트, 오트캠핑, 오토바이경주, 스트리트보드, 석궁,

백패킹, 휠맨, 모터보드, 라켓볼, 오토바이묘기, 스케이트보드 등이 있다.

- 수상레저스포츠는 웨이크보드, 수상오토바이, 윈드서핑, 스킨스쿠버, 낚시, 래프팅, 카누, 카약, 워트스래드 등이 있다.
- 항공레저스포츠는 패러글라이딩, 모형항공, 행글라이딩, 스카이다이빙, 추경량항공기, 모터패러글라이딩, 열기구 등이 있다.
- 대한레저스포츠협회가 2008년 실시한 국내 레저스포츠 실태조사에서 육상레저스포츠는 연간 약 300만명, 사업 및 단체는 약 5,000개가 활동하고 있다.
- 수상레저스포츠는 연간 약 1,000만명, 사업 및 단체는 약 5,400개가 활동하고 있다.
- 항공레저스포츠는 연간 약 3,4천명, 사업 및 단체는 약 770개가 활동하고 있다.
- 레저스포츠를 국가전략사업으로 육성하고 있다.
- 레저스포츠산업은 정부차원의 정책적 지원기반이 취약하고 전문인력 부족 등으로 질적 · 양적 측면에서 선진국에 비해 매우 미흡한 실정이다.
- 문화체육관광부가 레저스포츠를 부가가치가 높은 중요한 산업으로 인식하게 되었다.
- 2008년 레저스포츠 시설지원금이 처음으로 마련되어 발전의 기초를 다져나가고 있다.
- 문화체육관광부는 레저스포츠의 체계적 육성을 위해 레저스포츠시설에 대한 현황조사와 레저스포츠의 안전한 이용활동을 위해 전문지도자 및 심판요원 등 전문인력을 양성할 계획이며 레저스포츠의 활성화를 위한 기반 구축에도 역점을 둘 예정이다.
- 레저스포츠는 하루가 다르게 새로운 종목이 생겨나고 있다.
- 레저스포츠 종사자는 약 13만명이 종사하고 있다.
- 레저스포츠 업체는 약 15,000개가 운영중에 있다.
- 전국 130개 대학에서 매년 레저스포츠 전공자가 약 3,000명이 배출되고 있다.
- 레저스포츠는 경제적으로 하나의 새로운 산업군으로 태동하고 있다.
- 사회체육활동 참여는 삶의 질을 향상시키는 복지활동이다.
- 사회체육활동 참여는 개인의 사회적 완성을 추구하는 여가문화 활동이다.
- 사회체육활동 참여 확대는 스포츠 소비 증가와 밀접하게 관련되어 있다.
- 사회체육활동 참여 확대는 스포츠 소비지출이 증가하고 총소비지출 부문에서 차지하는 비율도 증가하게 된다.

본 장에서는 2003년에 실시한 국민생활체육활동 참여 실테조사 결과와 2005년도 자율평가대상사업 성과지표 조사결과를 기초로 우리나라 국민의 사회체육활동의 직접적 참여 실태를 알아보고자 한다.

Ⅱ. 사회체육의 직접적 참여

1. 사회체육 참여율

2008년 국민의 규칙적 체육활동 참여여부 및 빈도 실태조사에서 나타난 결과는 다음과 같다.

- 전혀 참여하지 않는다(53.2%)
- 주3회 참여한다(9.5%)
- 주1회 참여한다(8.2%)
- 매일 참여한다(6.9%)
- 주2회 참여한다(6.4%)
- 주5회 참여한다(5.5%)
- 한달에 2~3회 참여한다(4.4%)
- 주4회 참여한다(3.8%)
- 주6회 참여한다(2.1%) 순으로 나타났다.

표 10-1. 규칙적 체육활동 참여여부 및 빈도(%)

2007		2008	
사회체육 참여 유형	%	사회체육 참여 유형	%
주1회 참여한다	13.9	주1회 참여한다	8.2
주2~3회 이하 참여한다	13.3	주2회 참여한다	6.4
주2~3회 참여한다	24.0	주3회 참여한다	9.5
주4~5회 참여한다	12.0	주4회 참여한다	3.8
매일 참여한다	8.1	주5회 참여한다	5.5
전혀 참여하지 않는다	28.6	주6회 참여한다	2.1
		매일 참여한다	6.9
		한달에 2~3회 참여한다	4.4
		전혀 참여하지 않는다	53.2

자료 : 체육백서(2008). 문화체육관광부.

2. 사회체육 참여 비교

1) 연도별 사회체육 참여 비교

▷ 연도별 사회체육 참여율 비교 실태조사 내용은 다음과 같다.

- 2003년 사회체육 참여율 77.5%로 나타났다.
- 2006년 사회체육 참여율 71.3%로 나타났다.
- 2008년 사회체육 참여율은 46.8%, 2003년과 2006년보다 매우 낮은 수준이다.
- 2008년 사회체육활동 참여율이 큰 폭으로 감소하였다.
- 이유는 경제 위기감, 고용불안, 실업율 증가 등 복합적 요인의 결과이다.
- 2008년 8~9월의 "9월 위기설"이 공공연하게 회자되었다.
- 사오정과 조기퇴직의 본격화로 인한 고용불안 요인이 작용하였다.
- 청년 실업률의 지속적인 증가 등이 작용하였다.
- 이러한 복합적 요인이 체육활동 참여에 부정적 영향을 미친 것으로 판단된다.
- 경제위기가 체육활동 참여율 저하 결과로 초래하였다.
- 규칙적 체육활동 참여율이 IMF 직후 조사시점인 2000년에 감소로 돌아섰다.
- 2008년 규칙적 체육활동 참여율 저하는 조사연령대가 10세까지 확대되었다.
- 10대의 규칙적 체육활동 참여율이 전체평균에 미치지 못했다
- 10대 조사대상자 수의 확대가 참여율 저하로 이어진다는 결과이다.

표 10-2. 연도별 생활체육 참여율 비교(%)

연도	1989	1994	1997	2000	2003	2006	2008
참여율	48.3	56.7	62.2	65.9	77.5	71.4	46.8

자료 : 체육백서(2008). 문화체육관광부.

▷ 연도별 월2~3회 이상 사회체육 참여빈도 비교 실태조사 내용은 다음과 같다.

- 2000년 이후 월2~3회, 주1회 이하의 참여율은 감소 추세로 나타났다.
- 주4~5회, 주6회 참여율은 증가 추세로 나타났다.
- 최소 주2~3회 이상 체육활동에 참여해야 건강증진에 효과가 있다는 인식이 확대되었기 때문이다.
- 단순히 체육활동 참여 확대 정책보다는 "스포츠7330 캠페인"과 같은 올바른 참여를

유인하는 정책이 필요하다.
- 참여 효과 극대화를 위한 올바른 방향의 정책 추진이 요구된다.

표 10-3. 연도별 월2~3회 이상 사회체육 참여빈도 비교(%)

연도별	월2~3회	주1회	주2~3회	주4~5회	주6회	매일
1994	13.9	19.8	27.9	7.9	-	30.5
1997	16.1	21.6	27.8	15.1	-	19.4
2000	25.4	24.0	25.3	10.8	-	14.5
2003	23.5	25.2	25.7	11.0	-	14.7
2006	18.7	19.5	33.6	16.8	-	11.4
2008	9.5	17.5	33.9	20.0	4.4	14.8

자료 : 체육백서(2008). 문화체육관광부.

2) 참여종목

▷ 2008년 사회체육 참여종목 실태조사 결과를 살펴보면 다음과 같다.
- 걷기 29.9%로 가장 높게 나타났다.
- 보디빌딩 14.2%, 등산 13.6%로 나타났다.
- 축구 8.6%, 배드민턴과 수영 5.6% 순으로 나타났다.

▷ 연도별 참여종목을 비교하면 다음과 같다.
- 등산, 육상 · 조깅 · 속보, 축구, 체조 · 줄넘기, 보디빌딩 · 헬스, 농구, 배드민턴, 수영, 볼링 등이 주류를 이루고 있다.
- 2008년도 조사결과에서 걷기 참여율이 가장 높게 나타났다.
- 보디빌딩 참여율이 증가는 일명 "몸짱" 만들기에 효과적인 운동종목으로 선호도가 높기 때문이다.

표 10-4. 연도별 참여종목 비교표

연도별	1순위	2순위	3순위	4순위	5순위	6순위
1986	육상 조깅	축구	체조 줄넘기	등산	테니스	배드민턴
1989	체조 줄넘기	축구	육상 조깅	등산	농구	배드민턴
1994	육상 조깅	체조 줄넘기	등산	볼링	농구	테니스
1997	등산	농구	체조 줄넘기	배드민턴	수영	볼링
2000	등산	체조 줄넘기	농구	축구	보디빌딩 헬스	수영
2003	육상 조깅 속보	등산	보디빌딩 헬스	체조 줄넘기	수영	축구
2006	등산	축구	육상 조깅 속보	배드민턴	보디빌딩	체조 줄넘기
2008	걷기	보디빌딩 헬스	등산	축구	배드민턴	수영

자료 : 체육백서(2008). 문화체육관광부.

3) 1회 운동시간

- 2008년 사회체육 활동의 1회 평균 참여 운동시간은 92.9분으로 나타났다.
- 2006년 사회체육 활동의 1회 평균 참여 운동시간은 95.0분으로 나타났다.
- 2008년은 2006년보다 사회체육 활동의 1회 평균 참여 운동시간은 감소하였다.

▷ 2008년 사회체육 참여시 운동시간을 비교한 조사내용은 다음과 같다.

- 60분~90분 미만은 40.8%로 나타났다.
- 120분~180분 미만은 20.9%로 나타났다.
- 90분~120분 미만은 13.8%로 나타났다.
- 30분~60분 미만은 12.0%로 나타났다.
- 180분 이상은 11.8%로 나타났다.
- 30분 미만은 0.8% 순으로 나타났다.

표 10-5. 운동시간 분포도(%)

운동시간	분포도
30분 미만	0.8
30분~60분 미만	12.0
60분~90분 미만	40.8
90분~120분 미만	13.8
120분~180분 미만	20.9
180분 이상	11.8
평균(분)	92.9

자료 : 체육백서(2008). 문화체육관광부.

4) 운동시간대

▷ 2008년 연도별 운동시간대 분포도 비교 조사내용은 다음과 같다.

- 평일 참여하는 운동시간대는 저녁 34.9%, 아침(새벽포함) 18.7%로 나타났다.
- 오전 9.5%, 일정하지 않음 9.5%, 오후 9.3%, 점심 2.4% 순으로 나타났다.
- 휴일에 참여하는 운동시간대는 일정하지 않음 51.2%, 저녁 13.1%로 나타났다.
- 오전 12.4%, 아침(새벽포함) 8.9%, 오후 9.5%, 점심 0,.8% 순으로 나타났다.

표 10-6. 운동시간대 분포도(%)

운동시간대	분포도	
	평일	휴일
아침(새벽포함)	18.7	8.9
오전 시간대	9.5	12.4
점심시간	2.4	0.8
오후 시간대	9.3	9.5
저녁 시간대	34.9	13.1
불규칙	9.5	51.2

자료 : 체육백서(2008). 문화체육관광부.

▷ 연도별 운동에 참여하는 시간대를 비교해 본 결과 다음과 같이 나타났다.

- 아침 시간대 참여율은 감소하는 경향이 있다.
- 참여시간이 일정하지 않다는 응답율은 증가하는 경향이 있다.
- 아침(새벽) 시간대의 운동참여율 감소 경향은 출근과 업무의 부담 때문이다.
- 2008년 불규칙한 시간대의 운동참여가 큰 폭으로 증가하였다.
- 이것은 파트타임직의 증가, 무직자, 실직자의 증가와 상관관계가 높다.
- 점점 다양해지는 라이프스타일의 변화 때문인 것으로 판단된다.

표 10-7. 연도별 운동시간대 분포도 비교(%)

연도별	아침(새벽)	오전	점심	오후	저녁
1986	423.	9.8	4.1	19.4	14.6
1989	35.9	11.4	3.1	17.0	17.8
1991	24.7	16.8	3.4	19.0	25.2
1994	34.9	11.7	3.2	21.0	12.9
1997	26.6	13.1	3.9	15.5	19.2
2000	24.1	14.2	1.8	19.8	17.6
2003	17.0	11.0	2.3	15.3	16.4
2006	12.7	13.9	1.4	20.7	20.4
2008	13.8	11.0	1.6	9.4	30.4

자료 : 체육백서(2008). 문화체육관광부.

주 : 2008년 운동시간대가 평일과 휴일로 구부하여 조사하였기 때문에 평균치로 환산하였음.

5) 운동장소

▷ 2008년 운동장소 비교 실태조사에서 나타난 결과는 다음과 같다.

- 집주변 35.3%로 가장 많았다.
- 학교 운동장 19.8%로 나타났다.
- 상업스포츠시설 17.5%로 나타났다.
- 공공체육시설 7.5%로 나타났다.
- 학교체육시설 5.4%로 나타났다.

• 집 안 3.0%로 나타났다.
• 운동하는 장소를 살펴보면 집 주변 시설을 가장 많이 활용하고 있다.
• 공원, 공터, 약수터, 등산로, 골목 등의 집 주변시설을 많이 사용하고 있다.
• 이것은 접근성이 높고 운동경비가 필요하지 않기 때문이다.
• 또한 증가일로에 있는 걷기 운동장소로 적합하기 때문이다.
• 학교운동장이 주요 운동장소로 활용되고 있는 것으로 나타났다.
• 학교시설의 개선 때문인 것으로 판단된다.
• 학교운동장 인조잔디사업, 학교복합화사업, 학교공원화사업 등 때문이다.
• 학교시설의 주민개방율도 높아졌기 때문인 것으로 판단된다.

▷ 2008년 연도별 운동장소 비교 실태조사에서 나타난 결과는 다음과 같다.
• 집안에서 운동은 감소하는 추세에 있다.
• 집주변, 학교운동장, 상업스포츠시설이 운동장소로 선호하고 있다.
• 집안에서 운동참여가 감소하는 이유는 다양한 생활체육활동 욕구를 충족시키는데 제약이 때문인 것으로 판단된다.

표 10-8. 연도별 운동장소 비교(%)

연도별	집안	자연환경야외	집주변	상업스포츠시설	학교운동장	직장체육시설	공공체육시설	학교체육시설
1989	-	13.0	29.1	14.9	30.9	4.0	7.3	-
1991	-	-	37.6	29.1	21.9	7.4	4.1	-
1994	-	9.5	38.8	24.9	21.6	2.9	2.4	-
1997	-	7.9	42.2	23.4	18.5	2.9	5.1	-
2000	-	8.9	40.8	23.5	20.0	2.6	4.3	
2003	8.6	11.4	32.7	19.9	12.5	3.7	11.2	-
2006	5.2	7.2	24.5	24.8	18.1	2.8	17.3	-
2008	3.0	-	35.3	17.5	19.8	-	7.5	5.4

자료 : 체육백서(2008). 문화체육관광부.

6) 운동경비

▷ 2008년도 운동경비 실태조사에서 나타난 결과는 다음과 같다.

- 월 평균 운동경비는 없다 43.3%로 나타났다.
- 월 평균 운동경비가 3~6만원 미만은 22.8%로 나타났다.
- 월 평균 운동경비가 6~10만원 미만은 7.8%로 나타났다.
- 월 평균 운동경비가 10~15만원 미만은 7.4%로 나타났다.
- 월 평균 운동경비가 15~20만원 미만은 1.5%로 나타났다.
- 월 평균 운동경비가 20~25만원 미만은 1.4%로 나타났다.
- 월 평균 운동경비가 25~30만원 미만은 0.2%로 나타났다.
- 월 평균 운동경비가 30만원 이상은 0.9%로 나타났다.
- 결과는 운동경비를 전혀 지출하지 않거나 소액 지출이 많다는 것을 의미한다.
- 이러한 경향은 경기침체로 인한 여가활동비용의 감소 때문이다.
- 운동경비가 필요하지 않은 걷기와 등산의 참여율이 높게 나타나는 이유이다.

표 10-9. 운동경비 분포도(%)

운동경비	분포도
없다	43.3
3만원 미만	14.6
3~6만원 미만	22.8
6~10만원 미만	7.8
10~15만원 미만	7.4
15~20만원 미만	1.5
20~25만원 미만	1.4
25~30만원 미만	0.2
30만원 이상	0.9

자료 : 체육백서(2008). 문화체육관광부.

3. 운동참여와 비참여

▷ 2008년도 운동참여 이유 실태조사에서 나타난 결과는 다음과 같다.

- 운동에 참가하는 이유는 건강유지 및 증진 52.2%로 가장 많았다.

• 체중조절 및 체중관리 17.3%로 나타났다.
• 스트레스 해소 10.1%로 나타났다.
• 여가선용 7.7%로 나타났다.
• 개인의 즐거움 5.1%로 나타났다.
• 대인관계 및 사교 3.3%로 나타났다.

표 10-10. 운동 참여 이유(%)

구분	건강유지	체중조절 체중관리	스트레스해소	여가선용	개인의 즐거움
참여율(%)	52.0	17.3	10.1	7.7	5.1

자료 : 체육백서(2008). 문화체육관광부.

▷ 2008년도 운동 불참 이유 실태조사에서 나타난 결과는 다음과 같다.
• 운동 비참여 주된 이유는 일이 바빠서와 시간이 부족해서 54.2%로 나타났다.
• 게을러서 20.0%로 나타났다.
• 신체허약 8.4%로 나타났다.
• 흥미와 관심결여 5.9%로 나타났다.
• 시설부족 3.5%로 나타났다.
• 동반자 부재 3.2%로 나타났다.
• 경제사정 2.6%로 나타났다.
• 정보부재 1.6%로 나타났다.
• 지도자 부재 0.6%로 나타났다.

표 10-11. 운동 비참여 이유(%)

구분	바빠서 시간 부족	게을 러서	신체 허약	흥미 관심 결여	시설 부족	동반자 부재	경제 사정	정보 부재	지도자 부재
비참여율 (%)	54.2	20.0	8.4	5.9	3.5	3.2	2.6	1.6	0.6

자료 : 체육백서(2008). 문화체육관광부.

▷ 연도별 규칙적 체육활동 비참여 이유 비교 조사내용은 다음과 같다.

- 규칙적 비참여 주요 이유는 "일이 바빠서/시간이 없어서" 가장 많았다.
- 1994년 59.4%에서 2008년 54.2%로 나타나 가장 높게 나타났다.
- 사회체육활동 그 자체보다 건강체력증진의 수단으로 인식되는 경향이 높다.
- 이러한 인식은 시간이 없으면 참여하지 않아도 되는 활동으로 규정된다.
- 여가시간의 증가에도 불구하고 시간이 없어서 체육활동에 참여하지 못한다는 응답이 여전히 높게 나타났다.
- 사회체육은 여가시간에 이루어지는 선택적 활동이 아니다.
- 사회체육은 심신의 건강증진, 삶의 질 향상과 행복 등과 직접 관련되어 있는 필수활동이다.
- 사회체육은 필수활동으로 인식시킬 수 있는 홍보활동이 요구된다.

표 10-12. 연도별 규칙적 체육활동 비참여 이유 비교(%)

구분	바빠서 시간 부족	게을러서	신체 허약	동반자 부재	시설 부족	지도자 부재	정보 부재	흥미 관심 결여	경제 사정
1986	61.9	–	6.7	2.7	–	–	7.5	17.6	3.5
1989	59.2	–	12.6	2.8	–	–	8.1	13.4	–
1991	53.4	–	9.2	3.1	–	–	5.4	13.8	5.4
1994	59.4	16.0	9.0	2.8	–	–	4.6	6.3	2.0
1997	52.4	–	6.4	4.4	–	–	2.0	3.9	3.2
2000	39.1	20.8	5.8	7.1	1.9	0.2	0.2	1.1	1.1
2003	48.0	26.8	8.1	3.2	4.3	0.3	1.3	5.1	2.8
2006	44.6	21.5	13.8	2.2	2.8	2.4	0.2	11.7	1.3
2008	54.2	20.0	8.4	3.2	3.5	0.6	1.6	5.9	2.6

자료 : 체육백서(2008). 문화체육관광부.

4. 희망 운동 종목

▷ 2008년도 희망 운동 종목 실태조사 내용은 다음과 같다.

- 향후 참가해 보고 싶은 운동 종목은 수영 17.8%로 가장 높게 나타났다.
- 골프 7.2%, 요가 6.5%로 나타났다.
- 보디빌딩 6.0%, 등산 5.9%로 나타났다.
- 걷기 4.7%, 테니스 3.7%, 배드민턴 3.5% 등의 순으로 나타났다.

표 10-13. 희망 운동 종목(%)

순위	희망 운동종목	분포도
1	수영	17.8
2	골프	7.2
3	요가	6.5
4	보디빌딩/헬스	6.0
5	등산	5.9
6	걷기	4.7
7	테니스	3.7
8	배드민턴	3.5

자료 : 체육백서(2008). 문화체육관광부.

▷ 연도별 희망 운동 종목 비교 실태조사 내용은 다음과 같다.

- 수영에 대한 선호도가 전반적으로 가장 높게 나타났다.
- 골프, 등산, 헬스, 요가 등이 꾸준히 선호되고 있는 것으로 나타났다.
- 수영 선호도가 높은 이유는 비교적 신체제약과 운동기술의 제약이 적어 초기 진입이 용이하기 때문인 것으로 판단된다.
- 수영은 신장과 근력 등 체격과 체력에 따른 제약요인이 적다.
- 수영은 남녀노소 누구나 참여가 용이하고 편리하다.
- 수영은 사전 기술을 습득하지 않아도 참여가 가능하다.
- 수영은 운동기술이 부족한 누구나 참여가 용이하다.
- 수영은 운동제약 요인이 가장 적어 희망종목으로 선호되고 있다.

표 10-14. 연도별 희망 운동 종목 비교(%)

연도별	테니스	수영	볼링	에어로빅 미용체조	골프	육상	축구	등산	스쿼시	헬스	요가
1986	15.2	5.2	6.1	6.8	4.3	3.2	2.9	6.8	-	-	-
1989	4.0	12.3	5.9	7.4	-	-	4.0	9.1	-	-	-
1991	20.0	19.9	7.0	5.5	4.9	4.2	4.1	3.4	-	-	-
1994	20.0	20.4	8.6	5.3	2.7	4.2	3.8	5.2	-	-	-
1997	7.9	21.3	4.4	4.5	7.1	4.2	3.8	5.2	-	-	-
2000	8.0	22.5	2.6	-	6.1	1.7	2.8	4.8	-	-	-
2003	4.9	17.0	1.1	1.0	8.0	6.8	2.5	9.0	5.7	4.3	-
2006	5.1	15.6	-	2.3	11.6	2.5	3.3	3.9	3.6	2.3	7.2
2008	3.7	17.8	0.8	2.2	7.2	0.6	3.4	5.9	2.0	8.0	8.5

자료 : 체육백서(2008). 문화체육관광부.

Ⅲ. 요약

현대사회에서 일과 여가생활은 인간생활을 구성하는 중심축이다. 여가생활은 인간의 삶의 질 향상에 기본적임 필수요소들이다. 우리나라 국민의 사회체육활동의 직접적 참여 조사내용을 요약하면 다음과 같다.

1. 사회체육 참여율

▷ 2008년 국민의 규칙적 체육활동 참여여부는 다음과 같다.
- 전혀 참여하지 않는다 53.2%로 나타났다.
- 주3회 참여한다 9.5%로 나타났다.
- 주1회 참여한다(8.2%) 순으로 나타났다.

▷ 2008년 국민의 규칙적 체육활동 빈도는 다음과 같다.
- 매일 참여한다 6.9%로 나타났다.
- 주2회 참여한다 6.4%로 나타났다.
- 주5회 참여한다 5.5%로 나타났다.
- 한달에 2~3회 참여한다 4.4%로 나타났다.
- 주4회 참여한다 3.8%로 나타났다.
- 주6회 참여한다 2.1% 순으로 나타났다.

2. 사회체육 참여 비교

1) 연도별 사회체육 참여 비교

연도별 사회체육 참여율은 다음과 같다.

- 2003년 사회체육 참여율은 77.5%로 나타났다.
- 2006년 사회체육 참여율은 71.3%로 나타났다.
- 2008년 사회체육 참여율은 46.8%로 나타났다.
- 2008년 사회체육 참여율은 2003년과 2006년보다 매우 낮은 수준이다.
- 이유는 경제 위기감, 고용불안, 실업율 증가 등 복합적 요인의 결과이다.
- 복합적 요인이 사회체육활동 참여율에 부정적 영향을 미친 것으로 판단된다.

- 경제위기가 사회체육활동 참여율 저하 결과로 초래하였다.
- 규칙적 사회체육 참여율이 IMF 직후 조사시점인 2000년에 감소로 돌아섰다.
- 2000년 이후 월2~3회, 주1회 이하의 참여율은 감소 추세로 나타났다.
- 그러나 주4~5회, 주6회 참여율은 증가 추세로 나타났다.
- 주2~3회 이상 체육활동에 참여해야 건강증진에 효과가 있다는 인식이 확대되었기 때문이다.

2) 참여종목

연도별 사회체육 참여종목에 대한 내용은 다음과 같다.

- 2008년 사회체육 참여종목은 걷기 29.9%로 가장 높게 나타났다.
- 보디빌딩 14.2%, 등산 13.6%, 축구 8.6%, 배드민턴과 수영 5.6%으로 나타났다.
- 연도별 참여종목은 등산, 육상 · 조깅 · 속보, 축구, 체조 · 줄넘기, 보디빌딩 · 헬스, 농구, 배드민턴, 수영, 볼링 등이 주류를 이루고 있다.

3) 1회 운동시간

연도별 사회체육 참여 1회 운동시간에 대한 내용은 다음과 같다.

- 2008년 사회체육 참여 운동시간은 1회 평균 운동시간은 92.9분으로 나타났다.
- 2006년 사회체육 참여 운동시간은 1회 평균 운동시간은 95.0분으로 나타났다.
- 2006년보다 약간 감소하였다.
- 사회체육 참여 1회 운동시간에 대한 구체적인 내용은 다음과 같다.
- 사회체육 참여 1회 운동은 60분~90분 미만 40.8%로 나타났다.
- 120분~180분 미만 20.9%로 나타났다.
- 90분~120분 미만 13.8% 순으로 나타났다.
- 사회체육 참여 운동시간은 30분~60분 미만 12.0%로 나타났다.
- 180분 이상 11.8%로 나타났다.
- 30분 미만 0.8% 순으로 나타났다.

4) 운동시간대

2008년 사회체육 참여 운동시간대 분포에 대한 내용은 다음과 같다.

▷ 평일

- 저녁 34.9%로 나타났다.

- 아침(새벽포함) 18.7%로 나타났다.
- 오전 9.5%로 나타났다.
- 일정하지 않음 9.5%로 나타났다.
- 오후 9.3%로 나타났다.
- 점심 2.4% 순으로 나타났다.

▷ 휴일

- 휴일에 참여하는 운동시간대는 일정하지 않음 51.2%, 저녁 13.1%로 나타났다.
- 휴일에 참여하는 운동시간대는 오전 12.4%, 아침(새벽포함) 8.9%로 나타났다.
- 휴일에 참여하는 운동시간대는 오후 9.5%, 점심 0,.8% 순으로 나타났다.
- 운동에 참여하는 시간대는 아침 시간대 참여율은 감소하는 경향이 있다.
- 참여시간이 일정하지 않다는 응답율은 증가하는 경향이 있다.
- 아침(새벽) 시간대의 운동참여율 감소 경향은 출근과 업무의 부담 때문이다.
- 2008년 불규칙한 시간대의 운동참여가 큰 폭으로 증가하였다.
- 이것은 파트타임직의 증가, 무직자, 실직자의 증가와 상관관계가 높다.
- 점점 다양해지는 라이프스타일의 변화 때문인 것으로 판단된다.

5) 운동장소

2008년 사회체육 참여 운동장소에 대한 내용은 다음과 같다.

- 운동장소는 집주변을 운동장소로 활용한다가 35.3%로 나타났다.
- 학교 운동장 19.8%, 상업스포츠시설 17.5%로 나타났다.
- 공공체육시설 7.5%, 학교체육시설 5.4%, 집 안 3.0%로 나타났다.
- 운동하는 장소를 살펴보면 집 주변 시설을 가장 많이 활용하고 있다.
- 공원, 공터, 약수터, 등산로, 골목 등 접근성이 높은 곳을 선호하고 있다.
- 운동경비가 필요하지 않는 장소를 선호하고 있다.
- 또한 증가일로에 있는 걷기 운동장소로 적합하기 때문이다.
- 학교운동장이 주요 운동장소로 활용되고 있다.
- 학교시설의 개방과 개선 때문인 것으로 판단된다.
- 학교운동장 인조잔디사업, 학교복합화사업 때문인 것으로 판단된다.
- 또한 학교공원화사업 등 학교시설의 주민개방율도 높아졌기 때문이다.
- 운동장소는 집안에서 운동하는 것은 감소하는 추세에 있다.

- 집주변, 학교운동장, 상업스포츠시설이 운동장소로 선호하고 있다.
- 집안에서 운동참여가 감소하는 이유는 다양한 사회체육활동 욕구를 충족시키는데 제약이 따르기 때문인 것으로 판단된다.

6) 운동경비

2008년 사회체육 참여 운동경비에 대한 내용은 다음과 같다.

- 2008년 운동경비는 월 평균 운동경비는 없다 43.3%로 나타났다.
- 월 평균 운동경비가 3~6만원 미만 22.8%, 6~10만원 미만 7.8%로 나타났다.
- 10~15만원 미만 7.4%, 15~20만원 미만 1.5%로 나타났다.
- 월 평균 운동경비가 20~25만원 미만 1.4%, 25~30만원 미만 0.2%로 나타났다.
- 월 평균 운동경비가 30만원 이상은 0.9%로 나타났다.
- 운동경비를 전혀 지출하지 않거나 소액 지출자가 많다는 것을 의미한다.
- 이러한 경향은 경기침체로 인한 여가활동비용의 감소 때문이다.
- 운동경비가 필요하지 않은 걷기와 등산 종목의 참여율이 높게 나타났다.

3. 운동 참여와 비참여

사회체육 참여와 비참여 대한 내용은 다음과 같다.

▷ 사회체육 참여
- 사회체육 참여 이유는 건강유지 및 증진 52.2%로 가장 많았다.
- 체중조절 및 체중관리 17.3%로 나타났다.
- 스트레스 해소 10.1%로 나타났다.
- 여가선용 7.7%로 나타났다.
- 개인의 즐거움 5.1%로 나타났다.
- 대인관계 및 사교 3.3% 순으로 나타났다.

▷ 사회체육 비참여
- 사회체육 비참여 이유는 일이 바빠서와 시간이 부족해서 54.2%로 나타났다.
- 게을러서 20.0%로 나타났다.
- 신체허약 8.4%로 나타났다.
- 흥미와 관심결여 5.9%로 나타났다.

- 시설부족 3.5%로 나타났다.
- 동반자 부재 3.2%로 나타났다.
- 경제사정 2.6%로 나타났다.
- 정보부재 1.6%로 나타났다.
- 지도자 부재 0.6% 순으로 나타났다.

4. 희망 운동종목

▷ 2008년도 사회체육의 희망 운동종목에 대한 내용은 다음과 같다.

- 2008년도 사회체육의 희망 운동종목은 수영 17.8%로 나타났다.
- 사회체육의 희망 운동종목은 골프 7.2%, 요가 6.5%
- 사회체육의 희망 운동종목은 보디빌딩 6.0%, 등산 5.9%
- 사회체육의 희망 운동종목은 걷기 4.7%, 테니스 3.7%
- 사회체육의 희망 운동종목은 배드민턴 3.5% 순으로 나타났다.

▷ 연도별 사회체육의 희망 운동종목에 대한 내용은 다음과 같다.

- 연도별 희망 운동 종목은 수영 선호도가 가장 높게 나타났다.
- 이유는 비교적 신체제약과 운동 기술적 제약이 적어 초기 진입이 용이하기 때문인 것으로 판단된다.
- 골프, 등산, 헬스, 요가 등이 꾸준히 선호되고 있는 것으로 나타났다.

Ⅳ. 학습문제

1. 우리나라 국민의 사회체육 참여율을 알아보자.
2. 연도별 사회체육 참여율을 설명하시오.
3. 우리나라 국민의 사회체육 참여종목을 알아보자.
4. 우리나라 국민의 사회체육 참여시 1회 운동시간을 알아보자
5. 우리나라 국민의 사회체육 참여 운동시간대을 알아보자
6. 우리나라 국민의 사회체육 참여시 운동장소를 알아보자.
7. 우리나라 국민의 사회체육 참여시 운동경비가 알아보자.
8. 우리나라 국민의 사회체육 참여시 희망하는 운동종목을 알아보자.

V. 주요용어

신체제약
운동제약
희망종목
레저스포츠
육상레저스포츠
등산
인라인스케이팅
암벽등반
사이클링
서바이벌게임
산악자전거
클레이사격
스포츠클라이밍
오리엔티어링스노보드
사냥
카트
번지점프
트레킹
사륜오토바이
자전거묘기
다트
오트캠핑
오토바이경주
스트리트보드
석궁
백패킹
휠맨
모터보드
라켓볼
오토바이묘기
스케이트보드
수상레저스포츠
웨이크보드
수상오토바이
윈드서핑
스킨스쿠버
낚시
래프팅
카누
카약
워트스래드
항공레저스포츠
패러글라이딩
모형항공
행글라이딩
스카이다이빙
초경량항공기
모터패러글라이딩
열기구
체중조절
체중관리
상업스포츠
학교체육시설
공공체육시설

참고문헌

문화체육관광부. 2004 체육백서. (주)계문사.
문화체육관광부. 2005 체육백서. (주)계문사.
문화체육관광부. 2008 체육백서. (주)삼한정보기획.

11장 | 사회체육의 간접적 참여

Ⅰ. 개요

오늘날 지속적인 경제성장을 통해 국민들의 생리적 · 물질적인 욕구가 충족됨으로써 문화적 · 정신적 · 감성적 욕구 충족을 필요로 하고 있다.

- 사회체육활동 참여는 삶의 질을 향상시키는 복지활동이다.
- 사회체육활동 참여는 개인의 사회적 완성을 추구하는 여가문화 활동이다.
- 사회체육활동 참가의 증가는 스포츠 소비와 밀접하게 관련되어 있다.
- 사회체육활동 증가에 따라 스포츠 소비 지출이 증가하고 총 소비지출 부문에서 차지하는 비율도 증가하게 된다.

본 장에서는 2003년과 2008년에 실시한 국민생활체육활동 참여 실테조사 결과와 2005년도 자율평가대상사업 성과지표 조사결과를 기초로 우리나라 국민의 생활체육활동의 간접적 참여 실태를 파악하여 알아보고자 한다.

Ⅱ. 사회체육의 간접적 참여

1. 문화예술과 스포츠 관람

2007년 문화예술 및 스포츠 관람 참여실태 조사한 내용을 살펴보면 다음과 같다.

- 2007년 공연 · 전시 · 스포츠를 1회 이상 관람한 사람은 15세 이상의 인구 54.3%로 나타났다.
- 2004년은 51.0%로 나타났다.
- 음악 · 연주회, 영화를 보기 위해 공연장을 찾은 경우가 86.8%로 가장 많았다.
- 전시장 관람 36.6%, 스포츠 관람 18.4%로 나타났다.
- 세부적으로 보면 전시장 관람 4.5% 증가하였다.
- 그러나 공연장 관람 0.6%, 스포츠 관람 1.1% 감소하였다.
- 전시장 관람은 4.5% 증가하였다.
- 공연장 관람은 0.6%, 스포츠 관람은 1.1% 감소하였다.
- 성별 스포츠 관람 비율은 남자가 여자보다 2.5배 높았다.
- 스포츠 관람은 남성이 선호하는 여가활동으로 인식되고 있다.
- 연령별 20대는 문화예술 관람과 스포츠 관람 비율이 77.5%로 가장 높았다.
- 60세 이상은 21.9%로 가장 낮은 것으로 나타났다.
- 고령화 사회에 직면하면서 노인의 여가 활성화와 스포츠 관람 확대를 위한 정책적 지원이 요구된다.

표 11-1. 문화예술 및 스포츠 관람

(단위 : %, 회)

구 분	계	공연장이용	전시장	스포츠관람
2000	39.9	32.6	11.7	9.5
2004	51.0	87.4	32.1	19.5
2007	54.3	86.8	36.6	18.4
남자	53.6	83.2	33.9	26.6
여자	55.0	90.2	39.1	10.8
15~19세	76.6	93.3	32.5	13.6
20~29세	77.5	94.7	25.5	20.9
30~39세	67.7	86.6	43.3	19.9
40~49세	52.1	84.1	39.4	18.3
50~59세	37.5	79.2	38.1	17.3
60세 이상	21.9	67.8	45.6	13.9

출처 : 한국의 사회지표(2007). 통계청

2. 운동경기 관람 유형

2008년 국민사회체육 참여 실태조사에서 나타난 내용을 살펴보면 다음과 같다.

- 2007년 운동경기를 직접 관람한 사람은 전체 14.5%로 나타났다.
- 경기장에 가서 직접 관람한 경험이 없는 사람은 85.5%로 나타났다.

1) 관람종목

▷ 2008년 경기장에 직접 가서 관람한 경기종목을 살펴보면 다음과 같다.

- 야구 48.7%로 가장 많았다.
- 축구 43.6%로 나타났다.
- 배구3.7%로 나타났다.
- 관람 운동종목은 야구와 축구의 선호도가 가장 높게 나타났다.
- 2008년 야구 관람은 전년대비 21.6% 상승하였다.
- 반면 축구는 2008년 전년대비 5.1% 감소하였다.
- 야구 관람율 증가는 부산 야구 관람인구의 급증에 있다.
- 또한 베이징올림픽대회 금메달을 획득한 대표팀의 선전이 주요 요인이었다.
- 축구 관람율 감소는 2002월드컵 이후 올림픽대회 성적 부진이 주요인이었다.

표 11-2. 2008년 관람종목 분포(%)

구 분	야구	축구	농구	배구
%	48.7	43.6	8.1	3.7

자료 : 체육백서(2008). 문화체육관광부

▷ 연도별 관람 경기종목에 대한 내용을 살펴보면 다음과 같다.

- 야구는 1994년까지 증가하였다가 2008년 다시 증가하였다.
- 축구는 1997년에 비해 2008년은 2배 증가하였다.
- 배구는 2006년까지 증가하였다가 2008년 감소하였다.

표 11-3. 연도별 관람종목 분포(%)

연도별	배구	야구	축구	농구
1986	4.6	48.3	25.2	5.8
1989	6.0	43.2	24.4	6.6
1991	6.4	44.7	19.3	14.3
1994	3.5	59.2	18.3	9.5
1997	3.4	54.8	20.1	11.6
2000	1.7	45.1	32.4	10.5
2003	1.7	37.4	41.5	10.3
2006	1.1	27.1	48.7	12.3
2008	3.7	48.7	43.6	8.1

자료 : 체육백서(2008). 문화체육관광부

2) 경기관람 빈도

연도별 운동경기의 평균 관람 빈도에 대한 연도별 비교 결과는 다음과 같다.

- 1년에 1~2회 정도 관람율은 지속적인 증가 추세에 있다.
- 반면 다른 관람 빈도율은 일관된 경향이 나타나지 않았다.
- 2008년 경기관람 빈도 결과에서 1년에 1~2회 관람비율이 전년대비 12.6% 상승한 것으로 나타났다.
- 2008년 관람객이 500만명을 돌파해 1997년 이후 13년만에 역대 두번째로 많은 관중을 동원한 프로야구의 영향이 매우 컸던 것으로 해석된다.

표 11-4. 연도별 경기관람 빈도 비교(%)

연도별	1년에 1~2회	3~4개월에 1~2회	1개월에 1~2회	1주일에 1~2회
1991	63.2	24.1	10.6	2.1
1994	54.2	24.4	18.3	3.0
1997	54.0	26.7	14.5	4.8
2000	59.1	15.3	23.1	2.5
2003	70.1	20.5	8.7	0.7
2006	70.0	18.6	10.0	1.4
2008	82.6	11.2	5.9	0.6

자료 : 체육백서(2008). 문화체육관광부

3) 경기관람을 못하는 이유

▷ 2008년 경기장 가서 직접 경기를 관람하지 못하는 이유를 비교한 내용을 살펴보면 다음과 같다.

- 시간이 부족해서 37.3%로 나타났다.
- 관심 또는 흥미가 없어서 24.1%로 나타났다.
- TV로 보는 것이 더 좋아서 12.6%로 나타났다.
- 근처에 경기장이 없어서 12.1%로 나타났다.
- 경제적으로 여유가 없어서 9.9%로 나타났다.

표 11-5. 2008년 경기관람을 못하는 이유(%)

구 분	빈도(%)
시간이 부족해서	37.3
관심 또는 흥미가 없어서	24.1
TV로 보는 것이 더 좋아해서	12.6
근처에 경기장이 없어서	12.1
경제적으로 여유가 없어서	9.9
모름/무응답	3.4
시설이 좋지 않아서	0.5
같이 갈 사람이 없어서	0.1

자료 : 체육백서(2008). 문화체육관광부

▷ 연도별로 경기를 직접 관람하지 못하는 이유를 비교한 내용을 살펴보면 다음과 같다.

- 전반적으로 시간이 부족해서, 관심과 흥미가 없어서, 근처에 경기장이 없어서, TV로 보는 것을 좋아해서가 높게 나타났다.
- 2008년 조사결과는 2006년보다 시간이 부족해서가 9.6% 증가하였다.
- 반면 경제적 여유가 없어서는 4.7% 감소하였다.
- 관심 또는 흥미가 없어서는 9.1% 감소하였다.
- 주5일 근무제 시행으로 여가시간이 증가하고 있는 현상과 대조적인 결과가 나타났다.
- 이유는 고물가, 저임금, 조기퇴직, 은퇴 등 경제 불안으로 2가지 직업을 가진 사람이 증가하고 있어 심리적 여유가 없는 것으로 판단된다.

표 11-6. 연도별 경기관람을 못하는 이유(%)

구 분	1989	1991	1994	1997	2000	2003	2006	2008
시간이 부족해서	48.1	34.1	41.8	35.7	36.0	33.0	27.7	37.3
경제적으로 여유가 없어서	6.2	7.4	4.4	7.2	5.5	8.4	5.2	9.9
근처에 경기장이 없어서	17.6	18.4	22.4	18.7	18.1	14.7	13.8	12.1
TV로 보는 것이 더 좋아해서	22.9	14.6	11.2	12.7	10.0	12.9	13.3	12.6
관심 또는 흥미가 없어서	5.1	25.6	20.3	25.7	30.5	27.4	33.2	24.1
기타	–	–	–	–	–	3.5	6.9	0.6

자료 : 체육백서(2008) 문화체육관광부

3. 체육활동 참여에 영향을 미치는 요인

▷ 2008년도 체육활동 참여에 영향을 미친 주체에 대한 조사에서 나타난 결과는 다음과 같다.

- 체육활동을 하는 데 가장 큰 영향을 미친 주체는 스스로 43.1%로 나타났다.
- 다음으로 친구 26.0%, 가족 · 친지 22.6%로 나타났다.
- 직장 · 지역사회 2.7%, 체육 동호인 2.2%, 대중매체 1.9%로 나타났다.
- 지도자와 학교교사 0.7%, 의사 0.2% 순으로 나타났다.

표 11-7. 2008년 체육활동 참여에 영향을 준 주체 비교(%)

구 분	2008(%)
가족 • 친지	22.6
친구	26.0
지도자(교사 • 코치)	0.7
대중매체	1.9
직장 및 지역사회	2.7
체육동호인 조직	2.2
스스로	43.1

자료 : 체육백서(2008). 문화체육관광부

▷ 연도별 체육활동 참여에 영향을 미친 주체에 대한 조사에 나타난 결과는 다음과 같다.

- 전반적으로 스스로, 친구, 가족 · 친지의 영향을 가장 많이 받는 것으로 나타났다.
- 2008년도 조사결과에서 두드러진 특징은 스스로 알아서 체육활동에 참여하는 비율

이 매우 높게 나타났다.

- 반면 대중매체의 영향력이 큰 폭으로 감소했다.
- 이러한 결과는 개인의 체육활동 참여 의지가 중요한 것으로 해석할 수 있다.

표 11-8. 체육활동 참여에 주체 비교(%)

구 분	2000	2003	2006	2008
가족 · 친지	23.3	25.0	22.5	22.6
친구	26.7	23.3	26.2	26.0
지도자(교사 · 코치)	2.7	1.6	3.0	0.7
대중매체	6.0	8.6	9.2	1.9
직장 및 지역사회	6.8	7.6	5.7	2.7
체육동호인 조직	3.9	2.6	5.0	2.2
스스로	30.5	31.5	28.3	43.1

자료 : 체육백서(2008). 문화체육관광부

Ⅲ. 요약

우리나라 국민의 사회체육활동의 간접적 참여 실태를 파악한 내용을 요약하면 다음과 같다.

1. 문화예술과 스포츠 관람

- 2007년 공연 · 전시 · 스포츠를 1회 이상 관람한 15세 이상의 인구의 54.3%, 2004년 51.0%로 나타났다.
- 음악 · 연주회, 영화 공연장을 찾은 경우가 86.8%로 가장 많았다.
- 전시장 관람 36.6%, 스포츠 관람 18.4%로 나타났다.
- 성별 스포츠 관람 비율은 남자가 여자보다 2.5배 높았다.
- 스포츠 관람은 남성이 선호하는 여가활동으로 인식되고 있다.
- 연령별 20대는 문화예술관람과 스포츠관람 비율이 77.5%로 가장 높았다.
- 60세 이상은 21.9%로 가장 낮은 것으로 나타났다.
- 고령화사회의 노인의 여가활성화와 스포츠관람 확대를 위한 정책적 지원이 요구된다.

2. 운동경기 관람 유형

- 2008년 국민사회체육 참여 조사에서 2007년 운동경기를 직접 관람한 사람은 전체 14.5%로 나타났다.
- 경기장에 가서 직접 관람한 경험이 없는 사람은 85.5%로 나타났다.

1) 관람종목

- 2008년 경기장에 직접 가서 관람 경기종목은 야구 48.7%, 축구 43.6%, 배구 3.7%로 나타났다.
- 연도별 경기장에 직접 가서 관람한 경기종목은 야구는 1994년까지 증가하였다가 2008년 다시 증가하였다.
- 축구는 1997년에 비해 2008년은 2배 증가하였다.
- 배구는 2006년까지 증가하였다가 2008년은 감소하였다.

2) 경기관람 빈도

- 연도별 운동경기의 평균 관람 빈도는 1년에 1~2회 정도 관람율은 지속적인 증가 추세에 있다.
- 그러나 다른 관람 빈도율은 일관된 경향이 나타나지 않았다.
- 2008년 경기관람 빈도 결과에서 1년에 1~2회 관람비율이 전년대비 12.6% 상승한 것으로 나타났다.
- 2008년 관람객이 500만명을 돌파해 1997년 이후 13년만에 역대 두번째로 많은 관중을 동원한 프로야구의 영향이 매우 컸다.

3) 경기관람을 못하는 이유

- 2008년 경기장 가서 직접 경기를 관람하지 못하는 이유는 시간이 부족해서 37.3%로 나타났다.
- 관심 또는 흥미가 없어서 24.1%, TV로 보는 것이 더 좋아서 12.6%로 나타났다.
- 주변에 경기장이 없어서 12.1%, 경제적으로 여유가 없어서 9.9%로 나타났다.
- 연도별 경기를 직접관람하지 못한 이유는 시간이 부족해서, 관심과 흥미가 없어서, 근처에 경기장이 없어서, TV로 보는 것을 좋아해서가 높게 나타났다.
- 2008년 조사결과는 2006년보다 시간이 부족해서가 9.6% 증가하였다.
- 반면 경제적 여유가 없어서는 4.7%, 관심 또는 흥미가 없어서는 9.1%로 감소하였다.
- 주5일 근무제 시행으로 여가시간이 증가하고 있는 현상과 대조적인 결과가 나타났다.
- 이유는 고물가, 저임금, 조기퇴직, 은퇴 등 경제 불안으로 2가지 직업을 가진 사람이 증가하고 있어 심리적 여유가 없는 것으로 판단된다.

3. 체육활동 참여에 영향을 미치는 요인

- 2008년도 체육활동 참여에 영향을 미친 주체에 대한 실태조사는 체육활동을 하는 데 가장 큰 영향을 미친 주체는 스스로 43.1%, 친구 26.0%, 가족 · 친지 22.6%로 나타났다.
- 직장 · 지역사회 2.7%, 체육 동호인 2.2%, 대중매체 1.9%로 나타났다.
- 지도자와 학교교사 0.7%, 의사 0.2% 순으로 나타났다.

Ⅳ. 학습문제

1. 사회체육의 간접적 참여에 대한 스포츠 관람율을 설명하시오.
2. 사회체육의 간접적 참여에 대한 운동경기 관람 유형을 설명하시오.
3. 사회체육의 간접적 참여에 대한 관람종목을 설명하시오.
4. 사회체육의 간접적 참여에 대한 경기관람 빈도를 설명하시오.
5. 사회체육의 간접적 참여에 대한 경기관람을 못하는 이유를 설명하시오.
6. 사회체육의 간접적 참여에 영향을 미치는 요인을 설명하시오.

Ⅴ. 주요용어

공연장 관람
스포츠 관람
전시장 관람문화예술관람
친구
가족
친지
생리적 욕구
물질적 욕구
문화적 욕구
정신적 용구
감성적 욕구
고물가
저임금
조기퇴직
은퇴
지역사회
체육 동호인
스포츠 관람

참고문헌

문화체육관광부. 2004 체육백서. (주)계문사.

문화체육관광부. 2005 체육백서. (주)계문사.

문화체육관광부. 2008 체육백서. (주)삼한정보기획.

3부

사회체육의 활성화

12장 | 사회체육의 참여

Ⅰ. 개요

우리나라는 사회체육을 효율적으로 진흥시키기 위한 다양한 정책 사업을 추진하고 있다. 사회체육에서 추구하는 가장 중요한 목표 중 하나는 생활체육 참여율을 높이는 데 있다. 국민에게 생활체육 참여기회를 균등하게 제공하고자 하는 노력이 지속적으로 이루어져야 한다.

- 1998년 IMF로 인해 2000년 사회체육 참여율이 약간 감소한 것을 제외하고 주2~3회 이상 사회체육 참여율이 꾸준히 증가하는 추세를 보이고 있다.
- 2008년 사회체육 참여율이 2006년 대비 9.9% 감소한 것으로 나타났다.
- 사회체육 참여율 감소 이유는 글로벌 경제위기 고조, 고용불안, 실업율 증가 등이 복합적으로 작용한 결과로 판단된다.
- 다시 말해, 2008년 조사 당시 "9월 위기설"이 공공연하게 확산되었다.
- 사오정과 조기퇴직의 분격화로 인한 고용불안, 청년 실업률의 지속적인 증가 등이 복합적으로 사회체육활동 참여율에 부정적 영향을 미쳤다.
- 사례로 2006년 대비 2008년 사회체육활동 참여율 감소폭이 50대 16.1%, 20대 15.0%로 나타났다.
- 이 결과는 고용불안과 청년실업 문제가 반영된 결과로 해석된다.
- 경제위기가 사회체육활동 참여율 저하를 초래한다는 사실을 입증하고 있다.
- IMF 직후 2000년 조사에서 증가 일오에 있던 규칙적 사회체육활동 참여율이 감소로 돌아섰던 선례가 있다.
- 2008년 규칙적 사회체육활동 참여율 저하 이유는 2008년 조사연령대가 10세까지 확대된 것에도 원인이 있다.

- 기존의 조사는 10대의 규칙적 사회체육활동 참여율이 전체 평균에 미치지 못했다.
- 이 결과는 10대 조사 대상자 수의 확대가 참여율 저하로 이어진다는 결과이다.
- 경제 불황기에 사회체육 참여기회 확대를 위해 국가적인 차원에서 적극적으로 추진해야 할 것으로 판단된다.
- 국민의 심신의 건강을 유지하고 증진시키기 위해 정책적 배려가 있어야 한다.

II. 사회체육의 참여 정책

1. 사회체육 참여 변화

1) 사회체육 참여기회 확대

사회체육에서 추구하는 가장 중요한 목표중의 하나는 사회체육 참여율을 높이는데 있다. 우리나라는 사회체육 참여기회 확대를 위해 다음과 같은 육성사업을 추진하고 있다.

- 우리나라는 사회체육 참여확대를 위해 모든 국민에게 사회체육 참여기회를 균등하게 제공하고자 하는 노력이 지속적으로 이루어져 왔다.
- 이러한 정책적 노력에 힘입어 주2~3회 이상 사회체육 참여율이 <표 12-1>과 같이 꾸준히 증가하는 추세를 보이고 있다.
- 1989년 27.2%에서 1997년 38.8%까지 증가추세를 유지하다가 1998년 IMF로 인해 참여율이 33.4%(2000년 조사결과)로 약간 감소하였다.
- 그러나 2003년에 다시 39.8%로 증가하는 추세를 보이고 있다.

표 12-1. 주2회 이상 사회체육활동 참여율 변화(%)

연도별	1989	1991	1994	1997	2000	2003	2006	2008
참여율	27.2	34.7	37.6	38.8	33.4	39.8	44.1	34.2

※ 2006녀까지 매 3년 주기조사가 이루어졌으나 2006년부터 2년주기로 조사가 이루어짐.

2) 사회체육동호인 육성

우리나라는 사회체육동호인 육성을 위해 사회체육동호인클럽과 사회체육동 종목별 연합회 결성 정책을 추진하고 있다.

- 엘리트체육에 비해 상대적으로 낙후된 사회체육의 균형적 발전을 위해서 시설, 프로그램, 지도자, 홍보 등 생활체육 기반조성을 위한 투자가 집중적으로 이루어져 왔다.
- 이로 인해 사회체육 발전을 위한 기반이 어느 정도 조성되어 가고 있다.
- 정부와 민간단체인 국민생활체육회는 사회체육동호인클럽을 육성시키기 위한 청책적 노력을 기울여 왔다.
- 등록된 사회체육 동호인클럽 수와 사회체육종목별연합회 수가 지속적인 증가 추세를 보이고 있다.
- <표 12-2> 사회체육동호인클럽과 <표 12-3> 사회체육동 종목별 연합회 결성현황을 살펴보면 다음과 같다

표 12-2. 사회체육동호인클럽의 증가

구분	클럽수	동호인수	인구대비
1998	31,257	1,173,837	2.7%
1999	36,904	1,322,476	2.9%
2000	41,986	1,442,145	3.0%
2001	46,051	1,559,242	3.4%
2002	52,020	1,776,604	3.7%
2003	64,665	2,176,221	4.5%
2004	73,802	2,449,948	5.1%

자료 : 체육백서(2004). 문화체육관광부

표 12-3. 사회체육동 종목별 연합회 결성현황

종목별연합회	시. 도종목별연합회	시. 군. 구연합회
1991 - 6종목	1991 - 10종목 (100개연합회)	1991 - 통계없음
1997 - 16종목	1997 - 42종목 (230개연합회)	1997-50종목 (2,102연합회)
2002 - 40종목	2002 - 63종목 (441개연합회)	2002-84종목 (3,326연합회)
2003 - 44종목	2003 - 65종목 (524개연합회)	2003-109종목 (3,847연합회)
2004 - 46종목	2004 - 67종목 (548연합회)	2004-109종목 (4,479연합회)

자료 : 체육백서(2004). 문화체육관광부

2. 사회체육 참여 형태

우리나라 국민의 사회체육 참여를 유도하기 위해 지역자치단체별 사회체육교실을 운영하고 있으며, 또한 사회체육광장과 다양한 사회체육교실을 운영하고 있다.

1) 지역자치별 사회체육교실

지역자치단체의 연도별 사회체육교실 운영 현황을 살펴보면 다음과 같다.

표 12-4. 지역자치단체의 연도별 사회체육교실 운영 현황(교실수)

구분	계	2002	2003	2004	2005	2006	2007	2008
서울	5,007	561	561	561	1172	745	808	599
부산	1,341	110	151	220	227	252	154	227
대구	1,339	80	76	80	270	270	277	286
인천	650	90	85	92	107	83	97	96
광주	844	127	132	125	125	113	109	113
대전	810	98	98	98	144	98	116	158
울산	578	81	81	80	82	80	87	87
경기	3,888	564	575	544	539	562	595	509
강원	1,093	145	145	145	156	168	180	154
충북	1,284	164	164	165	192	207	186	206
충남	1,427	176	176	209	209	209	236	212
전북	2,008	290	299	316	248	248	248	359
전남	1,368	195	195	198	195	195	195	195
경북	1,532	217	217	217	217	233	194	237
경남	2,184	234	234	248	300	377	396	395
제주	479	76	72	77	58	75	68	53
계	25,832	3,208	3,261	3,375	4,241	3,915	3,946	3,886

자료 : 체육백서(2008). 문화체육관광부

2) 사회체육 광장

연도별 사회체육광장 사업추진 현황을 살펴보면 다음과 같다.

표 12-5. 연도별 사회체육광장 사업추진 실적

구분		2001	2002	2003	2004	2005	2006	2007	2008
사업	개소수	500	500	500	500	500	500	520	520
	회수	140,016	142,816	137,074	140,892	142,672	157,322	166,180	88,609
	참가인원	6,024,524	5,370,996	4,703,464	4,943,438	5,029,846	5,452,284	5,955,870	4,818,484

자료 : 체육백서(2008). 문화체육관광부

3) 다양한 사회체육교실 운영

(1) 어린이 체능교실 및 청소년체련교실

우리나라 지역자치단체별 어린이 체능교실과 청소년체련교실의 참가 현황을 살펴보면 다음과 같다.

표 12-6. 2008년 지역별 사회체육프로그램 참가 현황

구분	어린이체능교실	청소년체련교실
서울	51,694	54,206
부산	85,020	42,430
대구	86,848	44,128
인천	87,136	73,246
광주	31,296	32,576
울산	1,239	1,278
경기	15,366	11,576
강원	90,531	39,184
충북	27,106	22,725
충남	12,355	15,758
전북	78,928	72,204
전남	82,000	90,050
경북	85,340	76,334
경남	70,395	62,128
제주	7,211	14,516
합계	825,288	670,772

자료 : 체육백서(2008). 문화체육관광부

(2) 장수대학 및 여성사회체육강좌

우리나라 지역자치단체별 사회체육프로그램 참가에 있어서 장수대학과 여성생활체육강좌 참여 현황을 살펴보면 다음과 같다.

표 12-7. 2008년 지역별 사회체육프로그램 참가 현황

구분	장수체육대학	여성체육강좌
서울	58,346	1,000
부산	78,820	51,570
대구	79,399	44,636
인천	1,429	1,296
광주	26,400	63,360
대전	11,901	18,468
경기	38,176	10,747
강원	64,919	62,955
충북	38,148	35,904
충남	20,367	12,561
전북	96,593	20,395
전남	100,025	85,300
경북	95,931	45,899
경남	268,788	41,765
제주	13,492	10,050
합계	1,005,164	528,012

자료 : 체육백서(2008). 문화체육관광부

(3) 레크리에이션교실

우리나라 지역자치단체별 사회체육프로그램 참가에 있어서 레크리에이션 참여 현황을 살펴보면 다음과 같다.

표 12-8. 2008년 지역별 사회체육프로그램 참가 현황

구분	레크리에이션교실
서울	918
부산	2,600
대구	3,245

인천	80
광주	2,800
대전	805
울산	2,400
경기	1,675
강원	1,828
충북	610
충남	10,635
전북	1,029
전남	460
경북	1,000
경남	320
제주	950
합계	31,355

자료 : 체육백서(2008). 문화체육관광부

(4) 클럽대항청소년체육대회 및 직장체육지도자 강습회

우리나라 지역자치단체별 사회체육프로그램 참가에 있어서 클럽대항청소년체육대회와 직장체육지도자 강습회 참여 현황을 살펴보면 다음과 같다.

표 12-9. 2008년 지역별 사회체육프로그램 참가 현황

구분	클럽대항청소년체육대회	직장체육지도자 강습회
서울	2,300	30
부산	2,700	89
대구	2,665	89
인천	2,333	100
광주	1,107	80
대전	1,730	124
울산	1,679	60
경기	3,094	40
강원	3,198	266
충북	10,625	100
충남	11,649	200
전북	2,254	50
전남	1,111	100
경북	6,200	150
경남	3,212	124
제주	500	0
합계	56,387	1,602

자료 : 체육백서(2008). 문화체육관광부

3. 사회체육 참여기회 확대

1) 시 · 도 사회체육교실

우리나라 지역자치단체별 사회체육교실 운영 현황 내용을 살펴보면 다음과 같다.

- 우리나라 시 · 도 사회체육교실은 스포츠교실 운영 1만개소 확대 정책이 추진되었다.
- 지방자치단체가 지역특성에 맞는 주민 선호 종목을 중심으로 학교체육시설, 체육공원등 근린생활체육 시설을 활용하여 운영하고 있다.
- 사회체육교실은 소규모 지역 단위로 생활체육 참여기회를 제공하여 생활체육의 일상화를 확산하기 위한 사업이다.
- 사회체육교실은 2002년(3,208개소), 2003년(3,261개소), 2004년(3,373개소)가 운영 되었다.

우리나라 지역자치단체별 사회체육교실 연도별 운영 현황을 살펴보면 아래의 <표 12-10>의 내용과 같다.

표 12-10. 시 • 도 사회체육교실 연도별 운영 현황(사회체육교실 수)

연도별	계	서울	부산	대구	인천	광주	대전	울산	경기
2002	3.208	561	110	80	90	127	98	81	564
2003	3.261	561	151	76	85	132	98	81	575
2004	3.374	561	220	80	92	125	98	80	544

연도별	강원	충북	충남	전북	전남	경북	경남	제주
2002	145	164	176	290	195	217	234	76
2003	145	164	176	299	195	217	234	72
2004	145	165	209	316	198	217	248	77

자료 : 체육백서(2004). 문화체육관광부

2) 사회체육광장

- 사회체육광장은 지역주민이 가장 가까운 곳에서 손쉽게 생활체육에 참여할수 있도록 마을 단위의 기초적인 참여환경을 제공해 주는 사업이다.
- 사회체육광장 사업의 목적은 전 국민의 생활체육 참여기회를 확대하고 체육활동의 생활화로 건강한 삶을 유지하도록 하는 데 있다.

- 지역주민의 체력향상 및 이웃간 이해증진을 유도하여 지역 주민의 화합과 건전한 여가 풍토를 조성하는데 있다.
- 사회체육광장은 사업의 효율적 운영을 위해 다양한 홍보매체를 활용하여 운영에 관한 정보를 제공한다.
- 사회체육광장은 주민관심 및 참여를 유도하고 지역의 사회체육 관련 대학교(전문대)와 협조하여 사회체육광장을 체육전공 학생들의 현장 실습 장소로 활용토록 하고 있다.
- 사회체육광장은 자원봉사자 활용을 통해 광장 운영 장소를 지속적으로 확대시켜 나감으로써 사업을 활성화시켜 나가고 있다.
- 2004년 사회체육광장은 전국 500개소에 사회체육광장지도자 500명이 배치되었다.
- 사회체육광장이 설치된 각 지역의 일정한 장소에서 연중 지속 운영되고 있다.
- 또한 매일 아침 6~7시 전후에 프로그램이 실시되고 있다.
- 사회체육광장의 기본 프로그램은 참여자 전원을 대상으로 실시하는 준비 체조로 택견, 스트레칭, 민속생활체조를 지도하고 있다.
- 사회체육광장의 선택 프로그램은 배드민턴, 게이트볼, 축구, 에어로빅, 족구, 테니스 등 지역실정 및 장소에 적합한 생활체육 종목 중 참여자가 희망하는 종목을 지도하고 있다.
- 사회체육광장은 주로 야외에서 이루어지기 때문에 장마나 태풍 등 기후에 따라 참여인원이 유동적이라는 한계가 있다.
- 사회체육 참여 확산의 중심사업으로 자리 잡고 있다.

표 12-11. 연도별 사회체육광장 사업추진 실적

1993	1994	1995	1996	1997	1998
50개소	302개소	256개소	381개소	404개소	402개소
62.788회	109.165회	95.285회	146.737회	162.099회	148.412회
2.958.783명	4.639.698명	3,848,978명	6,163,892명	6,614,786명	5,629,935명

1999	2000	2001	2002	2003	2004
500개소	500개소	500개소	500개소	500개소	500개소
149,012회	145,148회	140,016회	142,816회	137,074회	140,892회
7,008,138명	5,500,018명	6,024,524명	5,370,996명	4,703,464명	4,943,438명

자료 : 체육백서(2004). 문화체육관광부

3) 다양한 사회체육교실 운영

▷ 어린이체능교실 및 청소년체련교실

- 어린이와 청소년들이 체육참여를 통해 올바른 신체성장과 정신발달을 도모하고 있다.
- 건전한 여가선용의 기회를 가질 수 있도록 하기 위해 추진하는 사업이다.
- 16개 시 · 도와 해당 지역 사회체육협의회가 공동으로 주관하고 있다.
- 2004년 어린이체능교실에는 약 108만명, 청소년체련교실에는 약 102만명이 참가하였다.

▷ 장수체육대학 및 여성사회체육강좌

- 스포츠소외계층이라 할 수 있는 노인과 여성의 사회체육 참여 확산을 도모하 는 사업이다.
- 지방비와 국민체육진흥기금의 지원에 의해 이루어지고 있다.
- 2004년 장수체육대학 약 62만명, 여성생활체육강좌 약 44 만명이 참가하엿다.

▷ 레크리에이션교실

- 이 사업은 지역주민과 소외계층에게 체육활동에 놀이적 요소를 가미한 레크리에이션 프로그램을 보급하는 것이다.
- 건강한 신체와 명랑한 사회분위기를 조성하기 위해 추진되고 있다.
- 수용시설 및 복지관 등 소외계층을 방문하여 사회체육과 레크리에이션 활동을 보급한다.
- 사회체육에 대한 인식을 제고하는 것을 주요내용으로 하고 있다.
- 2004년 레크리에이션교실에는 1만6천명이 참가하였다.

▷ 클럽대항청소년체육대회

- 이 사업은 클럽활동을 통해 청소년의 건전한 놀이문화를 육성하는 것이다.
- 청소년 상호간 우의를 증진하며 협동심을 배양한다.
- 동시에 대회참가를 통한 성취감과 사회성 발달을 꾀하기 위해 추진되고 있다.
- 서울시종목별연합회 주관으로 대한체육회 산하경기단체에 선수등록 사실이 없는 만 13세~19세의 남녀 청소년을 대상으로 한다.
- 학생 및 근로청소년들이 많이 참가할 수 있는 시기를 선택하여 청소년이 선호하는 종목 중 2종목을 선정하여 클럽 간 대항전을 개최하고 있다.
- 2004년 클럽대항청소년체육대회에는 4만4천명이 참가하였다.

▷ 직장체육 지도자강습회

- 직장의 체육담당자에게 직장체육 운영방법 등과 같은 전문지식을 교육함으로써 직장체육 활성화를 도모하기 위한 사업이다.
- 서울시생활체육회 주관으로 직장, 지역체육지도자, 직장체육부서장 등을 대상으로 시행되고 있다.
- 새로운 종목의 개발과 체험 등을 통해 체육활동의 질적 발전을 꾀하고 있다. 2004년 직장 체육지도자강습회에는 1,832명이 참가하였다.

표 12-12. 2004년 지역별 생활체육프로그램 운영 현황

구분	어린이 체능교실	청소년 체련교실	장수 체육대학	여성생활 체육강좌	레크리에 이션교실	클럽대항청소년 체육대회	직장체육 지도자 강습회
	인원	인원	인원	인원	인원	인원	인원
서울	22,000	26,550	33,000	11,469	934	650	140
부산	25,836	11,251	51,389	35.856	240	1.890	80
대구	3.428	2.398	1.759	1.570	378	1.488	80
인천	93.941	129.414	1.325	1365	83	1.580	100
광주	1.003	1.105	1.038	2.006	969	1.090	50
대전	21.264	6.690	17.760	23.680	100	2.000	524
울산	610	544	5.815	21.203	2.350	1.433	60
경기	38.674	17.633	60.748	27.722	2.661	4.791	46
강원	258.772	107.125	45.112	44.261	1.500	10.143	200
충북	47.452	40.560	25.663	37.370	500	5.896	100
전북	76.735	38.741	65.806	8.517	468	3.128	100
전남	97.312	82.045	72.066	89.235	355	858	100
경북	116.129	95.940	93.460	88.468	1.500	3.920	80
경남	88.348	85.595	67.100	19.333	280	3.239	80
제주	117.038	319.831	6.621	17.618	2700	400	–
합계	1084562	1017702	617,678	443,314	15,685	44,341	1,32

자료 : 체육백서(2004). 문화체육관광부

▷ 사회체육 동계스포츠 교실

- 사회체육 동계스포츠 교실은 각 운동종목에 대한 기초 기술이 부족하여 사회체육에 참여하지 못하는 사람들에게 기초적인 운동기능을 학습시켜준다.
- 사회체육에 참여할 수 있는 개인적 능력을 갖출 수 있도록 기회를 제공해 주는 사업이다.
- 동계스포츠 교실 사업은 스키, 스케이팅 종목의 초보자 교실을 운영하여 동계스포츠 활동을 활성화한다.

- 동절기 사회체육 참여를 지속시켜 나가는 것을 목적으로 하고 있다.
- 사회체육 동계스포츠 교실 운영은 매년 동절기에 적절한 스키장 및 스케이트장을 정하여 국민생활체육 전국연합회가 주관하여 운영하고 있다.
- 특히 불우청소년들에 대한 참여기회를 우선적으로 제공하고 있다.
- 스키와 스케이트를 접해보지 못한 초보자를 주요 대상으로 한다.
- 교육내용은 스키와 스케이팅의 기본자세와 기본동작, 안전교육 등 기초 기능을 중심으로 하고 있다.

표 12-13. 동계스포츠 교실 연도별 사업추진 실적

구분	2000	2001	2002	2003	2004
사업추진	2종목, 5회 530명	2종목,4회 430명	2종목,4회 463명	2종목,4회 437명	2종목,4회 400명

자료 : 체육백서(2004). 문화체육관광부

▷ 유명선수 사회체육교실

- 유명선수 사회체육 교실은 참여자의 동기유발을 위해 시작된 사업이다.
- 청소년들에게 잘 알려져 있는 유명선수를 강사로 초빙하여 직접 지도 받을 수 있는 기회를 제공하고 있다.
- 청소년들이 선호하는 종목을 중심으로 유명한 선수가 사회체육을 직접 가르칠 수 있는 장을 마련하여 운영하고 있다.
- 이 사업의 목적은 유명선수 사회체육교실을 통한 청소년 사회체육의 활성화, 성인 사회체육 기반 조성, 청소년의 기초체력 증진 및 전인교육 실천에 있다.
- 따라서 지역 출신 유명선수의 적극적 참여를 유도하여 유명선수 사회체육교실의 점진적 확대 · 운영을 도모해 나가고 있다.
- 유명선수 생활체육교실은 매년 3월~12월까지 지속적으로 운영되고 있다.
- 2004년 12월 현재 개설되어 있는 종목 및 교실 수는 축구, 탁구, 농구, 배드민턴, 테니스 5종목에 96개(축구 70교실 , 탁구 10교실 , 농구 5교실, 배드민턴 5교실, 테니스 3교실)교실에 총 503,364명이 참가했다.
- 각 교실에는 지도자 수당 및 교육 용품 등을 지원하고 유명선수 사회체육교실 참가자를 대상으로 종목별 대회를 개최하고 있다.

표 12-14. 유명선수 사회체육교실 연도별 사업추진 실적

구분	교실수	지원용품	대회개최(축구)	하계캠프	지도자 교 육	교재제작
1995	14	7종 9955점	1회 대전11클럽참가	8.11~20 부산, 춘천,순천 11교실600명		
1996	24	6종 12008점	1회 천안11클럽참가	7.28~30 충북괴산 10교실650명	12.5~7 아산시도고면 24교실77명	지도자용 5.500부
1997	26	5종 8337점	1회 청주23클럽참가	7.28~30 충북괴산 26교실460명	12.3~5 아산시도고면 26교실78명	지도서 200부
1998	29	5종 8530점	1회 춘천26클럽참가	8.8~10 26교실 520명	-	-
1999	36 축구32 탁구4	8종 10301점	2회개최 전주30클럽참가 서울32클럽참가	-	12.17~19 양평 32교실9명	-
2000	41 축구35 탁구6	11종 11089점	-	-	-	-
2001	42 축구35 탁구7	9종 7326점	-	-	-	-
2002	49 축구35/탁구7/농구5 /배드민턴 2	9종 8593점	-	-	-	-
2003	80 축구65/탁구7/농구8 배드민턴5 /테니스3	8종 20705점	-	-	-	-
2004	96 축구70/ 탁구10/ 농구5/ 배드민턴5/ 테니스3	10종 8720점	-	-	-	-

자료 : 체육백서(2004). 문화체육관광부

▷ 가족운동의 날

- 사회체육은 혼자서 참여하는 것보다 가족단위로 참여할 때 참여의 지속성이 유지되고 효과도 크다.
- 특히 청소년들이 가족 단위의 사회체육에 함께 참여함으로써 체육활동을 통한 건강증진 및 건전한 여가선용 등 개인적 효과를 성취하는 데 있다.
- 또한 건전 청소년 육성이라는 사회적 효과까지 거둘 수 있다.
- 가족운동의 날 사업은 온 가족이 함께 운동할 수 있는 기회를 제공해 주는 사업이다.
- 거주지역 인근 학교체육시설을 활용하여 청소년들의 규칙적인 체육활동 참여를 유도한다.
- 청소년과 가족구성원이 함께 참여할 수 있는 가족단위 사회체육프로그램을 보급하여 건전한 여가 풍토 조성에 기여하고 있다.

⇨ 가족운동의 날 사업을 효율적으로 운영해 나가기 위한 추진 방침은 다음과 같다.

첫째, 체육관 등 체육시설이 있는 학교를 "가족운동의 날 운영 학교"로 지정 활용한다.

둘째, 시 · 도별 2개소를 지정 운영하되 인접학교가 함께 참여할수 있도록 추진한다.

셋째, 『가족운동의 날』이 모범적으로 운영되는 시 · 도에 1개소씩 확대 운영할 수 있도록 추가적으로 지원한다.

넷째, 학교체육시설 및 공공체육시설을 중심으로 손쉽게 참여할 수 있는 가족 단위의 생활체육 프로그램을 운영한다.

다섯째, 시 · 도(시 · 군 · 구)생활체육회가 주관하여 학교 및 공공 체육시설을 중심으로 운영한다.

여섯째, 『가족운동의 날』행사를 개최하여 가족구성원간의 협동심과 단결력을 배양토록 운영한다.

- 가족운동의 날은 매년 4~6월과 9~11월의 6개월간 전국65개 지정학교에서 운영되며 해당학교 지도교사 65명과 사회체육지도자 130명이 배치 · 활용된다.
- 운영방법은 해당 학교의 특별활동시간 및 방과 후 시간을 활용하여 청소년 과외체육활동을 지원하거나 해당학교 청소년 및 학부모를 중심으로 『가족운동의 날』행사를 개최하는 방식으로 이루어진다.

표 12-15. 2004년 가족운동의 날 운영 현황

구분	총 계		청소년 과외체육		가족운동의 날 행사	
	횟수	인원	횟수	인원	횟수	인원
서울	159	7,517	149	5.789	10	1.728
부산	109	20.270	101	17.990	8	2.280
대구	104	13.054	96	10.154	8	2.900
인천	104	35.197	96	24.221	8	10.976
광주	112	11.167	104	5.400	8	5.767
대전	104	8.905	96	5.758	8	3.147
울산	105	17.720	97	13.400	8	4.320
경기	112	19.696	104	14.145	8	4.491
강원	106	13.967	98	12.353	8	1.614
충북	104	26.871	96	23.871	8	3000
충남	124	18.666	116	14.236	8	4.430
전북	109	7.349	101	4.690	8	2.659
전남	110	22.351	102	13.505	8	8.846
경북	107	31.273	99	25.033	8	5.754
경남	108	30.264	100	24.510	8	5.754
제주	110	12.247	102	10.145	8	2.102
합계	1.787	296.454	1.657	225.200	130	71.254

자료 : 체육백서(2004). 문화체육관광부

표 12-16. 가족운동의 날 연도별 사업추진 실적

구 분	1998	1999	2000	2001	2002	2003	2004
운영기간	3개월	6개월	6개월	6개월	6개월	6개월	6개월
추진실적	16개소 385회 57,952명	16개소 482회 69.756명	16개소 480회 66.652명	18개소 465회 71.077명	36개소 972회 167.164	48개소 1.302회 257.563	65개소 1.787회 296.454

체육백서(2004). 문화체육관광부

Ⅲ. 요약

사회체육 참여정책에 대한 사회체육 참여변화, 사회체육 참여형태, 사회체육 참여기회 확대에 대한 내용을 요약하면 다음과 같다.

1. 사회체육 참여 변화

- 사회체육에서 추구하는 가장 중요한 목표중의 하나는 사회체육 참여율을 높이는데 있다.
- 우리나라는 사회체육 참여기회 확대를 위해 다음과 같은 육성사업을 추진하고 있다.
- 우리나라는 사회체육 참여확대를 위해 모든 국민에게 사회체육 참여기회를 균등하게 제공하고자 하는 노력이 지속적으로 이루어지고 있다.
- 사회체육 참여기회 확대제공 사업은 지역주민이 손쉽게 이동하여 참여할 수 있도록 사업시행 범위를 확장하여야 한다.
- 특히 농어촌 지역의 주민들이 참여 기회를 가질 수 있도록 사업예산을 확대해 나가야 한다.
- 또한 사업시행 전에는 반드시 적절한 시행 장소와 시설여건에 대한 정비가 이루어져야 한다.
- 우리나라는 사회체육동호인 육성을 위해 사회체육동호인클럽과 사회체육동 종목별 연합회 결성 정책을 추진하고 있다.
- 엘리트체육에 비해 상대적으로 낙후된 사회체육의 균형적 발전을 위해서 시설, 프로그램, 지도자, 홍보 등 생활체육 기반조성을 위한 투자가 집중적으로 이루어져 왔다.
- 정부와 민간단체인 국민생활체육회는 사회체육동호인클럽을 육성시키기 위한 청책적 노력을 기울여 왔다.
- 등록된 사회체육 동호인클럽 수와 사회체육종목별연합회 수가 지속적인 증가 추세를 보이고 있다.

2. 사회체육 참여 형태

- 우리나라 국민의 사회체육 참여를 유도하기 위해 지역자치단체별 사회체육교실을 운영하고 있다.
- 또한 사회체육광장과 다양한 사회체육교실을 운영하고 있다.
- 어린이 체능교실 및 청소년체련교실을 운영하고 있다.
- 장수대학 및 여성사회체육강좌를 운영하고 있다.
- 레크리에이션교실을 운영하고 있다.

• 클럽대항청소년체육대회를 운영하고 있다.

3. 사회체육 참여기회 확대

• 우리나라 시 · 도 사회체육교실은 스포츠교실 운영 1만개소 확대 정책이 추진되었다.
• 지방자치단체가 지역특성에 맞는 주민 선호 종목을 중심으로 학교체육시설, 체육공원 등 근린생활체육시설을 활용하여 운영하고 있다.
• 사회체육교실은 소규모 지역 단위로 사회체육 참여기회를 제공한다.
• 사회체육교실은 체육의 일상화를 확산하기 위한 사업이다.
• 사회체육교실은 2002년(3,208개소), 2003년(3,261개소), 2004년(3,373개소)가 영 되었다.
• 사회체육광장은 지역주민이 가장 가까운 곳에서 손쉽게 생활체육에 참여할수 있도록 마을 단위의 기초적인 참여환경을 제공해 주는 사업이다.
• 사회체육광장 사업의 목적은 전 국민의 생활체육 참여기회를 확대하고 체육활동의 생활화로 건강한 삶을 유지하도록 하는 데 있다.
• 지역주민의 체력향상 및 이웃간 이해증진을 유도하여 지역 주민의 화합과 건전한 여가 풍토를 조성하는데 있다.
• 어린이와 청소년들이 체육참여를 통해 올바른 신체성장과 정신발달을 도모하고 있다.
• 건전한 여가선용의 기회를 가질 수 있도록 하기 위해 추진하는 사업이다.
• 16개 시 · 도와 해당 지역 사회체육협의회가 공동으로 주관하고 있다.
• 2004년 어린이체능교실에는 약 108만명, 청소년체련교실에는 약 102만명이 참가하였다.
• 스포츠소외계층이라 할 수 있는 노인과 여성의 사회체육 참여 확산을 도모하는 사업이다.
• 지방비와 국민체육진흥기금의 지원에 의해 이루어지고 있다.
• 2004년 장수체육대학 약 62만명, 여성생활체육강좌 약 44 만명이 참가하였다.
• 레크리에이션교실 사업은 지역주민과 소외계층에게 체육활동에 놀이적 요소를 가미한 레크리에이션 프로그램을 보급하는 것이다.
• 2004년 레크리에이션교실에는 1만6천명이 참가하였다.
• 클럽대항청소년체육대회 사업은 클럽활동을 통해 청소년의 건전한 놀이문화를 육성하는 것이다.
• 청소년 상호간 우의를 증진하며 협동심을 배양한다.
• 2004년 클럽대항청소년체육대회에는 4만4천명이 참가하였다.
• 직장체육 지도자강습회느 직장의 체육담당자에게 직장체육 운영방법 등과 같은 전문지식을 교육함으로써 직장체육 활성화를 도모하기 위한 사업이다.

- 2004년 직장 체육지도자강습회에는 1,832명이 참가하였다.
- 사회체육 동계스포츠 교실은 각 운동종목에 대한 기초 기술이 부족하여 사회체육에 참여하지 못하는 사람들에게 기초적인 운동기능을 학습시켜준다.
- 사회체육에 참여할 수 있는 개인적 능력을 갖출 수 있도록 기회를 제공해 주는 사업이다.
- 유명선수 사회체육 교실은 참여자의 동기유발을 위해 시작된 사업이다.
- 청소년들에게 잘 알려져 있는 유명선수를 강사로 초빙하여 직접 지도 받을 수 있는 기회를 제공하고 있다.
- 청소년들이 선호하는 종목을 중심으로 유명한 선수가 사회체육을 직접 가르칠 수 있는 장을 마련하여 운영하고 있다.
- 장소와 시설을 새롭게 마련하는 것이 어려우면 이를 보유하고 있는 단체의 협조를 얻을 수 있도록 행정적 지원이 제공되어야 한다.
- 새로운 운영 프로그램을 개발하여 현장을 지원하고 지역주민의 자발적 참여를 이끌어 낼 수 있는 다각적인 노력을 경주하여야 한다.
- 특히 지역 내 청소년의 참여가 신장될 수 있도록 청소년 참여기회를 확대 제공하고 지역특성 및 지역주민의 선호에 적합한 시행 방법을 고안하여 창조적으로 적용시켜 나가려는 노력이 필요하다.

Ⅳ. 학습문제

1. 사회체육 참여 변화에 대해 기술하시오.
2. 사회체육 참여기회 확대 제공 사업에 대해 설명하시오.
3. 사회체육동호인 육성 및 지원 사업에 대해 설명하시오.
4. 직장체육활동 육성 사업에 대해 설명하시오.
5. 사회체육 참여 형태에 대해 기술하시오.
6. 지역자치별 사회체육교실에 대해 설명하시오.
7. 사회체육 광장에 대해 설명하시오.
8. 다양한 사회체육교실 운영에 대해 설명하시오.
9. 어린이 체능교실 및 청소년체련교실에 대해 설명하시오.
10. 장수대학 및 여성사회체육강좌에 대해 설명하시오.
11. 레크리에이션교실에 대해 설명하시오.

12. 클럽대항청소년체육대회에 대해 설명하시오.
13. 사회체육 참여기회 확대에 대해 기술하시오.
14. 시 · 도 사회체육교실 운영에 대해 설명하시오.
15. 사회체육 광장에 대해 설명하시오.
16. 다양한 사회체육교실 운영에 대해 설명하시오.

V. 주요용어

조기퇴직
고용불안
실업률
참여변화
참여형태
참여기회
어린이체능교실
청소년체련교실
장수대학
여성사회체육강좌
레크리에이션교실
클럽대항청소년체육대회
사회체육광장

참고문헌

문화체육관광부. 2004 체육백서. (주)계문사.
문화체육관광부. 2005 체육백서. (주)계문사.
문화체육관광부. 2008 체육백서. (주)삼한정보기획.

13장 | 사회체육의 동호인클럽 육성

Ⅰ. 개요

사회체육동호인 육성사업의 초점은 21세기를 향한 선진화된 체육구조로서 스포츠클럽화를 지향한다. 사회체육동호인 클럽 육성의 핵심 과제는 국민사회체육의 기본적 활동단위 조직을 전문클럽화해 나가는 것이다.

- 기존의 사회체육동호인 클럽보다 훨씬 광범위한 기능과 역할을 수행할 수 있는 조직적 역량을 갖추도록 하는 것이다.
- 전국종목별연합회 육성 사업은 동호인클럽 구심단체의 역할을 증대시킨다.
- 사회체육 동호인클럽 활동의 구심체인 전국연합회를 육성 · 지원하여 "국민 1인1스포츠 갖기 운동" 확산을 도모해 나가는 데 목적이 있다.
- 2004년 씨름과 우슈 종목의 동호인조직의 중심체인 전국종목별연합회가 행·재정적인 측면에서 크게 발전해 왔다.
- 우리나라의 동호인클럽이나 종목별연합회는 선진국의 스포츠클럽과 비교해 볼 때 자생력이 미흡하고 역할과 기능도 매우 미약한 실정이다.
- 전국종목별연합회 육성사업은 2003년부터 동호인 행사 지원사업으로 통합되어 운영되고 있다.

본장은 사회체육의 동호인클럽 육성정책에 있어서 전국종목별연합회 육성, 사회체육대회 개최, 동호인클럽 육성, 동호인클럽 사랑방 운영에 대해 알아보고자 한다.

Ⅱ. 동호인클럽 육성정책

1. 전국종목별연합회 육성

• 동호인클럽은 사회체육의 자율적 발전을 도모하고 투자를 효율화하며 합리적 운영 체제를 구축하는데 있어 핵심 대상이 되고 있다.
• 전국종목별연합회가 사회체육동호인클럽의 연합체로서 지역 · 클럽간 체육교류활동을 가능케 하는 등 중요한 역할을 담당하고 있다는 데에서 알 수 있다.
• 전국종목별연합회 발전은 동호인클럽 육성을 통해 생활체육 참여 인구를 확대시키는 원동력이 되고 있다.
• 전국종목별연합회 육성 사업의 운영 방침은 생활체육 종목별 동호인클럽 활동의 구심체를 확대하고 있다.
• 신규종목별연합회 결성을 유도하며, 동호인의 체력증진 및 생활체육 참여 기회 확대를 위한 전국규모 대회지원을 활성화 하는 것이다.
• 동호인클럽의 체계적 관리 체제를 정비하고 전국 연합회가 재정 자립도를 확보 할 수 있도록 지원하는 것이 중점 운영 방향이다.
• 전국종목별연합회 육성 사업의 지원대상은 사회체육전국종목별연합회 46개 단체이다.
• 사회체육전국종목별연합회 46개 단체는 축구, 육상, 배드민턴, 게이트볼, 자전거, 스케이팅, 윈드서핑, 탁구, 테니스, 배구, 족구, 사격, 궁도, 스키, 스킨스쿠버, 볼링, 택견, 생활체조, 풋살, 합기도, 패러글라이딩, 정구, 승마, 보디빌딩, 줄다리기, 야구, 농구, 국무도, 골프, 당구, 검도, 태권도, 단학기공, 등산, 씨름, 스쿼시, 종합무술, 하키, 익스트림게임, 인라인하키, 낚시, 트라이애슬론, 수영, 라켓볼, 인라인스케이팅, 우슈 등이 있다.
• 주요지원사업은 종목별연합회의 전국규모대회, 종목별 초보자 및 지도자 강습회 등이다.

▷ 전국종목별연합회 활성화를 위한 지도사업은 다음과 같다.
• 전국연합회 결성 종목의 시도연합회 확대 결성 유도
• 전국연합회 사무처직원 실무교육 실시
• 전국연합회에 대한 업무 지도 강화

▷ 신규 동호인클럽 결성 확대를 위한 방안은 다음과 같다.
• 국민 참여도가 높은 종목
• 향후 동호인 확산이 충분히 예상되는 종목

- 자연친화 및 극기 종목
- 레저스포츠를 확대

표 13-1. 연도별 전국종목별연합회 대회지원 및 참가규모 현황

구분	1994	1995	1996	1997	1998	1999	2000	2001	2002	2003
대회 종목수	11	14	14	14	16	21	30	33	39	40
대회수	20	20	22	32	34	42	86	95	117	121
참가 규모	20,873	15,639	20,177	26,554	22,058	32,315	54,601	50,400	72,473	82,236

자료 : 체육백서(2004). 문화체육관광부

2. 사회체육대회 개최

1) 종목별 동호인 행사

- 종목별 동호인 행사는 체육활동 참여자에게 자신의 기량을 스스로 확인할 수 있는 기회를 제공한다.
- 종목별 동호인 행사는 자신의 수준과 비슷한 사람들과 경쟁을 통해 만족스러운 경험을 갖도록 하는 것은 지속적인 참여 유인책으로 매우 효과적이다.
- 이러한 맥락에서 종목별 동호인 행사 지원은 생활체육의 지속적 참여를 격려하는 강력한 동기 부여 사업이 되고 있다.
- 종목별 동호인 행사 지원 사업은 전국 종목별 동호인 행사를 지원하여 체육의 생활화 운동 확산을 도모하고 종목별 동호인 대회를 내실 있게 운영함으로써 동호인이 참여하는 권위 있는 전국 대회로 육성하고자 하는 것이 목적이다.
- 종목별 동호인 행사 지원 사업은 전국연합회별 동호인 행사개최를 지원하고, 지방의 생활체육진흥을 위해 지역 분산 개최를 권장하며, 종목별 지방 동호인클럽의 신규육성 및 친선 교류 기회가 확대되도록 운영되고 있다.
- 종목별 동호인 행사 지원은 전국일원에서 종목별로 연중 개최되며 전국종목별연합회가 주관하여 대회를 운영하고 국민생활체육협의회가 대회운영을 행·재정적으로 지원해 주고 있다.
- 종목별 장관기대회는 시 · 도 지역예선을 거쳐 시 · 도 대항전 경기방식을 원칙으로 하되 종목 특성상 시 · 도 대항전이 불가한 경우는 클럽대항으로 운영하고 있다.
- 종목별 동호인 행사 지원 사업은 2003년부터 전국종목별연합회 육성 사업과 통합되어 운영되고 있으며 사업추진실적은 <표 13-2>와 같다.

표 13-2. 연도별 종목별 동호인 행사 지원 사업추진 실적

구분	1996	1997	1998	1999	2000	2001	2002	2003	2004
대회 종목수	13	13	15	14	15	15	21	40	42
대회수	14회	13회	15회	14회	15회	15회	21회	121회	124회
참가 규모	15.727	13.476	15.758	13.970	14.635	12.436	21.067	82.236	87.031

자료 : 체육백서(2004). 문화체육관광부

2) 국민체육문화축제

- 세계 대부분 국가에서 생활체육대회는 승패의 경연장 보다는 친선과 즐거움 추구를 위한 축제 형식을 지향하고 있다.
- 국민체육문화축제는 체육행사와 문화 행사가 어우러진 지역단위의 축제이다.
- 국민체육문화축제는 지역실정에 맞는 행사 프로그램을 통해 지역주민들의 체육활동 참여기회를 확대한다.
- 국민체육문화축제는 체력향상과 여가선용을 도모한다.
- 국민체육문화축제는 종목별 동호인 저변확대를 도모한다
- 국민체육문화축제는 사회체육 활성화에 기여한다.
- 국민체육문화축제는 건전한 사회분위기 조성 및 지역주민간 화합의 장에 목적을 두고 있다.
- 국민체육문화축제는 체육과 문화행사를 연계한 지역체육 · 문화축제로 승화시켜 나간다.
- 국민체육문화축제는 각 시 · 도청과 협력하여 지역별 축제로 개최한다.
- 국민체육문화축제는 해당 지역주민의 선호종목 및 지역별 특성에 맞는 프로그램으로 축제를 운영토록 하고 있다.
- 국민체육문화축제는 매년 4~11월 중 시 · 도별로 계획을 수립하여 시행한다.
- 시 · 도생활체육회 및 시 · 도종목별연합회가 주관하여 운영하고 있다.
- 전국종목별연합회가 결성되고 동호인수가 많은 종목을 우선 선정하여 축제를 운영하고 있다.
- 행사비의 일부를 정부 및 지방자치단체가 보조해 주고 있다.
- 사회체육 활성화를 위해 육성이 필요하다고 인정되는 종목을 선정하여 국민체육 문화축제 프로그램으로 채택하고 있다.

3) 국민사회체육전국한마당축전

- 국민사회체육전국한마당축전은 16개시도가 함께 하는 축제로 2001년부터 시작되었다.
- 1년에 한번 전국의 사회체육동호인들이 한자리에 모여 기량을 겨루고 친선과 화합을 도모하는 행사이다.
- 동호인 개개인의 명예와 성취감 고취 기회를 제공하고 지역 · 계층간 우정과 화합을 통한 국민통합 기회를 마련하였다.
- 사회체육 실천으로 개인적 삶의 질 향상과 건강한 복지사회 실현을 목적으로 하고 있다.
- 축전은 체육, 문화, 관광이 어우러지는 종합축전으로 개최되었다.
- 언론기관가의 협조를 통해 대국민 홍보활동을 전개하고 민속경기 채택으로 전통 놀이 문화의 계승기반을 마련한다.
- 국제사회체육 교류행사와 병행실시 한다는 방침아래 추진되고 있다.
- 매년 각 시도별로 순회개최되며, 2001년부터 추진된 사업 내용은 <표 13-3>과 같다.
- 체육경기외에 다양한 지역문화행사와 연계한 상설 프로그램으로 환영음악회, 윌드스타 쇼, 전국노래자랑 등이 열린다.
- 학술행사는 지역대학을 중심으로 생활체육 세미나가 개최된다.
- 주변행사는 내고향 특산물 전시회 및 먹거리 장터, 사회체육종목시연, 민속놀이체험, 가족체험, 연예인 스포츠 스타 싸인회 등의 프로그램이 운영되고 있다.
- 국민생활체육전국한마당축전은 2004년부터 전국 국민생활체육대축전이란 사업으로 추진되고 있다.

표 13-3. 연도별 국민사회체육전국한마당축전 현황

연 도	기간/장소	참가인원	실 시 종 목
2001	6.15~6.17 (제주)	30.000명 (16개 시 · 도 임원 · 선수 8.321명 포함)	- 일반종목(14개) : 축구//육상/배드민턴/게이트볼/탁구/배구/족구/궁도/택견/생활체조/자전거/볼링/정구 - 장애인종목(2개): 론볼링/게이트볼 - 시범종목(1개) : 당구
2002	4.26~4.28 (충북, 청주)	40.000명 (16개 시 · 도 임원 · 선수 12.932명 포함)	- 일반종목(22개) : 축구/육상/배드민턴/게이트볼/정구/탁구/테니스/당구/합기도/스킨스쿠버/풋살/페러글라이딩/보디빌딩/사격/검도 - 민속종목(3개): 택견, 줄다리기.궁도 - 장애인종목(2개):골볼, 좌식배구

연 도	기간/장소	참가인원	실 시 종 목
2003	6.14~6.16 (경남, 마산)	60.000명 (16개 시・도 임원・선수 22.312명 포함)	- 일반종목(24개) : 축구/육상/배드민턴/게이트볼/정구/탁구/테니스/당구/합기도/스킨스쿠버/풋살/페러글라이딩/보디빌딩/사격/검도/태권도 등 - 민속종목(4개): 택견/줄다리기/궁도/국무도 - 시범종목(3개):인라인스케이팅/X-게임/등산
2004	5.29~5.31 (광주 광역시)	59.000명 (16개 시・도 임원・선수 21.732명 포함)	- 일반종목(25개): 축구/육상/배드민턴/게이트볼/탁구/테니스/야구/농구/자전거/탁구/당구/검도/합기도/스킨스쿠버/풋살/페러글라이딩/보디빌딩/사격/등산/검도/태권도/대학동아리 등 - 민속종목(4개):택견/줄다리기/궁도/국무도 - 장애인종목(3개): 론볼링/휠체어 탁구/게이트볼

자료 : 체육백서(2004). 문화체육관광부

3. 동호인클럽 육성

1) 사회체육대회

표 13-4. 사회체육대회 종목・대회수・참가인원치 현황

구분	2001	2002	2003	2004	2005	2006	2007	2008
대회종목수	15	21	40	42	43	43	45	46
대회수	15	21	121	124	123	128	129	124
참가규모(명)	12,436	21,067	82,236	87,031	99,547	11,8789	12,5113	132,754

자료 : 체육백서(2004). 문화체육관광부

2) 사회체육동호인 리그

표 13-5. 동호인클럽 전담지도자 배치 현황

지역	지도자수	지역	지도자수	지역	지도자수	지역	지도자수
서울	25	광주	5	강원	18	전남	22
부산	16	대전	5	충북	12	경북	23
대구	8	울산	5	충남	16	경남	20
인천	10	경기	31	전북	14	제주	4

자료 : 체육백서(2008), 문화체육관광부

표 13-6. 연도별 지역동호인클럽리그 운영 사업추진 현황

연도별	추진현황			종목
	개소수	대회수	참가인원	
2002	232	54,849	2,460,885	5
2003	232	61,779	2,438,816	5
2004	233	74,527	2,588,620	5
2005	233	98,448	2,697,198	5
2006	234	105,246	3,412,834	5
2007	234	112,798	3,990,392	5
2008	234	115,394	3,995,645	2

자료 : 체육백서(2008), 문화체육관광부

표 13-7. 연도별 시・도 종목별대회 지원실적

구분	2002	2003	2004	2005	2006	2007	2008
대회수(회)	393	409	385	376	441	592	738
참가규모(명)	151,060	175,861	179,433	180,767	208,834	303,862	325,868

3) 전국동호인클럽

표 13-8. 시・도별 인구대비 전국동호인클럽 현황

구분 / 지역	인구수	전국동호인클럽		
		클럽수	회원수	회원율(%)
합계	48,497,166	95,075	2,985,253	6.2
서울	10,034258	10,168	315,375	3.1
부산	3,591,677	5,514	163,512	4.6
대구	2,547,186	3,951	133,765	5.3
인천	2,603,480	5,150	176,530	6.8
광주	1,440,096	3,382	86,516	6.0
대전	1,469,304	2,856	235,856	16.1
울산	1,097,679	3,847	95,434	8.7
경기	10,954,856	19,790	630,472	5.8
강원	1,473,661	3,825	107,340	7.3
충북	1,485,544	6,325	163,924	11.0
충남	1,921,046	5,623	173,163	9.0
전북	1,793,980	3,042	95,336	5.3
전남	1,820,250	4,451	123,352	6.8
경북	2,662,822	7,530	219,714	8.4
경남	3,090,575	6,764	188,875	6.1
제주	541,752	2,857	75,089	13.9

자료 : 체육백서(2008), 문화체육관광부

※ 인구수는 2008년말 기준 추계인구수이며, 회원율은 인구대비 회원수 비율임.

4) 지역직장동호인클럽

표 13-9 시・도별 지역직장동호인클럽 현황

구분 / 지역	인구수	지역		직장	
		클럽수	회원수	클럽수	회원수
서울	10,034258	7,032	213,977	3,136	101,398
부산	3,591,677	4,453	136,674	1,061	27,838
대구	2,547,186	3,650	128,202	301	5,563
인천	2,603,480	4,403	157,307	747	19,223
광주	1,440,096	3,068	77,830	314	8,686
대전	1,469,304	2,107	175,818	749	6,038
울산	1,097,679	3,600	98,721	247	5,713
경기	10,954,856	18,444	597,801	1,346	32,671
강원	1,473,661	3,487	99,372	338	7,968
충북	1,485,544	4,552	123,312	1,773	40,612
충남	1,921,046	4,306	154,089	1,317	19,074
전북	1,793,980	2,503	78,326	539	17,010
전남	1,820,250	3,586	96,787	865	26,565
경북	2,662,822	6,293	177,974	1,237	41,740
경남	3,090,575	5,219	137,073	1,545	51,802
제주	541,752	2,435	64,879	422	10,210

자료 : 체육백서(2008), 문화체육관광부 / 인구수는 2008년말 기준 추계인구수임.

표 13-10. 즐거운 주말리그 전담지도자 배치 현황

지역	지도자수	지역	지도자수	지 역	지도자수	지역	지도자수
서울	25	광주	5	강원	18	전남	22
부산	16	대전	5	충북	12	경북	23
대구	8	울산	5	충남	15	경남	20
인천	10	경기	31	전북	14	제주	4

자료 : 체육백서(2004), 문화체육관광부

표 13-11. 즐거운 주말리그 연도별 사업추진 실적

구분	1999년	2000년	2001년	2002년	2003년	2004년
추진 실적	223개소 41.145회 2.296.899	233개소 47.061회 2.183.021	233개소 48.105회 2.216.693	233개소 54.849회 2.460.885	233개소 61.779회 2.438.816	233개소 74.527회 2.588.620
종목	사회체육 종목중 5종목 선택실시	사회체육 종목중 5종목 선택실시	사회체육 종목중 5종목 선택실시	사회체육 종목중 5종목 선택실시	사회체육 종목중 5종목 선택실시	사회체육 종목중 5종목 선택실시

자료 : 체육백서(2004), 문화체육관광부

- 즐거운 주말리그 사업의 운영 방침은 기초자치단체의 사회체육 정착화를 도모하기 위해 지역별 실정과 지역주민의 선호도를 고려해 시 · 군 · 구별로 5종목을 자율적으로 선택하여 실시되고 있다.
- 시 · 군 · 구 사회체육회를 통하여 지역별 동호인클럽간 정기 교류전을 실시하고 지역주민에게 사회체육 서비스를 직접 제공하여 시 · 군 · 구협의회의 활성화를 도모하고 있다.
- 사업은 지역별로 연중 운영하되 매 주말에 실시되며 지역별, 종목별 특성에 맞는 공공체육시설을 활용하고 있다.

3. 동호인 한마음 리그

- 연중 지속되는 사회체육동호인 한마음리그는 사회체육의 지속저 참여를 보장하는 가장 효율적인 방법이다.
- 자발적인 사회체육 참여 분위기를 조성하고 종목 간 연계와 발전을 이루도록 하는데 기여한다.
- 동호인 한마음리그 사업의 목적은 종목별 동호인 클럽의 활성화를 위한 지역간 교류활동의 정례화와 종목별 동호인클럽 교류 촉진을 동한 동호인 참여 확산에 있다.
- 연차적으로 운영종목의 확대를 유도하고 전국 종목별 동호인이 참가하는 동호인 축제로 운영되고 있다.
- 동호인 한마음 리그는 2004년 12월 현재 3종목(축구, 탁구, 배드민턴)을 운영하고 있다.
- 리그운영 규모는 축구가 234개 시 · 군 · 구 리그, 16개시 · 도 리그, 결승리그로 운영되고 있다. 탁구와 배드민턴은 17개시 · 도리그와 결승리그로 운영되어 연간 총 4,904개 지역클럽에서 125,763명의 동호인이 참여하고 있다.
- 각 종목별 리그 운영 현황은 <표 13-12> <표 13-13> <표 13-14>와 같다.

표 13-12. 2003~2004년 축구리그 운영 현황

	2003년			2004년		
구 분	일 정	장 소	규 모	일 정	장 소	규 모
시·군·구 리그	3~4월	각 시·군·구	223개 시·군·구 리그	3~6월	각 시·도	234개 시·군·구 리그
시·도 리그	7~8월	각 시·도	17개 시·도 리그경기 (2개 리그)	5~8월	각 시·도	18개 시·도 리그 서울, 경기 (2개 리그)

	2003년			2004년		
구 분	일 정	장 소	규 모	일 정	장 소	규 모
권역별 리그	8~10월	각 권역	5개 권역별 리그		※권역 리그 폐지	
최종 결승	11월 8-9일	충남 공주 종합운동장	13개팀 400명	9월/11-12일	전북 무주 공설운동장	18팀 630여명

자료 : 체육백서(2004), 문화체육관광부

표 13-13. 2003~2004년 탁구리그 운영 현황

2003년				2004년			
구 분	일 정	장 소	규 모	구 분	일 정	장 소	규 모
시・도 리그	5~10월	각 시・도	17개 시, 도리그 서울 (2개 리그)	시・도 리그	3~10월	각 시・도	17개 시・도 리그 서울 (2개 리그)
최종 결승	11월	춘천호반 체육관	91팀 637명	최종 결승	11월	제주 서귀포	100팀 1.244명

자료 : 체육백서(2004), 문화체육관광부

표 13-14. 2003~2004년 배드민턴리그 운영현황

2003년				2004년			
구 분	일 정	장 소	규 모	구 분	일 정	장 소	규 모
시・도 리그	8~10월	각 시・도	17개 시도리그 서울 (2개 리그)	시・도 리그	6~10월	각 시・도	17개 시도 서울 (2개 리그)
최종 결승	11월	울산	50개팀 800명	최종 결승	11월	강원	70개팀 850명

자료 : 체육백서(2004), 문화체육관광부

- 동호인 한마음 리그의 운영으로 축구, 탁구, 배드민턴 동호인의 저변확대와 클럽활동이 활성화되고 지역클럽간의 교류 정례화하여 생활체육 붐이 조성 될 것으로 기대되고 있다.
- 그러나 동호인 리그는 전문체육의 정규리그에는 포함되어 있지 않아 경기단체의 관심이 매우 적은 실정이다.

- 국내 전문체육의 종목별 정규리그와의 연계 운영 방안이 고려되어야 한다.
- 정규리그를 1 · 2 · 3부 리그 등으로 구분하여 동호인클럽이 함께 참여할 수 있는 방안이 마련되어야 할 것이다.

4. 동호인클럽 사랑방 운영

- 동호인클럽 사랑방은 지역별, 종목별 동호인클럽을 효율적으로 육성 • 지원하기 위한 기초사업이다.
- 사회체육동호인클럽의 등록을 유도하고 이들을 효율적으로 관리하는데 중점을 두고 있다.
- 동호인클럽 사랑방 운영 사업은 시 · 도 종목별 동호인 활동에 대한 행 · 재정적 지원을 바탕으로 동호인클럽 자율등록체제를 구축하고 있다.
- 동호인 클럽관리 전산화 추진과 등록된 동호인클럽에 대한 시설이용, 지도자 정보편의 제공 및 클럽간의 교류활동의 중계 역할을 담당하고 있다.
- 동호인클럽 사랑방은 연중 지속 운영되고 있으며 전국일원을 대상으로 16개 시·도별 동호인클럽을 조사하여 등록하고 있다.
- 동호인클럽의 자율등록은 대회 참가에 따른 신청서를 통하여 이루어지고 있다.
- 시 · 도종목별대회에 참가신청서를 작성하여 제출하면 시 · 도 등록 전담요원이 컴퓨터에 등록(입력)후 전송하여 중앙협의회 주 전산기에 저장하는 방식으로 이루어진다.
- 사업을 통해 동호인클럽 자율등록제가 정착되고 신규 동호인 클럽 결성이 확대되며 지역 사회체육 활성화가 이루어 질 것으로 기대된다.
- 동호인클럽의 자율등록제가 올바르게 정착되려면 등록된 동호인클럽에 대한 질을 평가하기 위한 절차와 이에 따른 지원책이 마련되어야 한다.
- 동호인클럽 육성 및 활동 지원을 위해 시행되고 있는 각 단위사업들은 앞서 살펴본 바와 같이 사회체육의 구심체를 형성하는 중요한 사업들이다.
- 국민체육진흥 정책은 국민 모두가 지속적으로 체육활동에 참여함으로써 건강하고 행복한 삶을 영위하는 데 있다.
- 개인이나 민간단체가 자율적으로 체육진흥을 도모해 나아갈 수 있는 사회 분위기를 조성해 나가야 한다.
- 사회체육동호인클럽은 국민들에게 체육활동 참여 동기 부여를 통해 자율적 체육활동 참여를 위한 사회 분위기를 조성해 나가는 구심점이 되고 있다.
- 사회체육 동호인은 사회체육진흥의 핵심 주체로서 중요한 역할을 담당하고 있다.

Ⅲ. 요약

사회체육동호인 클럽 육성의 핵심 과제는 국민생활체육의 기본적 활동단위 조직을 전문클럽화를 지향하는 것이라 할 수 있다. 사회체육동호인 육성 사업의 초점은 21세기를 향한 선진화된 체육구조로서 스포츠클럽화를 지향함으로써 기존의 사회체육동호인 클럽보다 훨씬 광범위한 기능과 역할을 수행할 수 있는 조직적 역량을 갖추도록 하는 것이다. 동호인 클럽 육성 및 지원의 기본 방향을 제시하면 다음과 같다.

▷ 스포츠클럽화의 기반환경을 구축하는 것이다.

- 현재 지역사회 사회체육동호인 조직의 활동 및 운영조건을 개선하여 스포츠클럽화의 기반을 구축하는 것이 필요하다.
- 외적 조건은 스포츠클럽화를 위한 법과 제도, 체육시설, 행 · 재정적 지원, 협력체계 구축 등이 있다.
- 내적 조건은 스포츠클럽의 조직화 및 전문화, 경영· 관리 능력, 자립화 능력 등을 들 수 있다.

▷ 동호인클럽의 관리 지원 및 협력체계를 구축하는 것이다.

- 국민사회체육활동은 학교체육을 바탕으로 사회체육과 엘리트 체육이 연계 운영되고 공동으로 발전하는 것이 바람직하다.
- 청소년 시절의 학교체육 경험이 청년기 이후의 지역사회 사회체육활동과 직장체육 활동의 근간이 된다.
- 우수한 엘리트선수 육성의기반이 되기 때문에 매우 중요하다고 할수 있다.

▷ 동호인클럽의 기능 및 역할을 강화시키는 것이다.

- 국민사회체육 단위 조직을 전문클럽화 한다는 것은 지역사회 차원에서 운영되는 스포츠클럽이 유아에서 노인에 이르기까지 스포츠 회원을 광범위하게 수용하여 다양한 프로그램을 운영한다는 것을 의미한다.
- 스포츠클럽 활동을 통하여 지역사회 사회체육 · 학교체육 · 엘리트체육이 밀접한 관계를 형성해 나간다는 것을 위미한다.
- 이러한 업무를 원만히 수행할 수 있도록 동호인클럽의 기능과 역할이 강화되어야 한다.

▷ 동호인클럽의 경영능력 및 전문화를 고양시키는 것이다.

- 스포츠 클럽화의 중요한 목표 중 하나는 지역 사회에서 독자적으로 운영할 수 있는

체육시설을 갖춘 스포츠클럽을 육성하는 것이다.

- 스포츠클럽은 확보된 체육시설을 바탕으로 적극적으로 재정 자립을 달성해 나가는 것이다.
- 지역사회의 스포츠클럽은 성인 · 노인 · 아동 · 청소년 등의 스포츠 지도 분야에서 전문적 지도자를 확보하여야 한다.
- 클럽경영에서 탁월한 행정 관리자를 고용하여 전문성을 높이도록 해야 한다.

Ⅳ. 학습문제

1. 전국종목별연합회 육성에 대해 설명하시오.
2. 사회체육대회 개최에 대한 새로운 방안을 설명하시오..
3. 동호인클럽 리그에 대한 새로운 방안을 설명하시오.
4. 동호인클럽 사랑방 운영에 대한 새로운 설명하시오.

Ⅴ. 주요용어

동호인클럽	동호인리그
스포츠클럽	주말리그
전문클럽화	한마음리그

참고문헌

문화체육관광부. 2004 체육백서. (주)계문사.
문화체육관광부. 2005 체육백서. (주)계문사.
문화체육관광부. 2008 체육백서. (주)삼한정보기획.

14장 | 사회체육의 직장체육과 소외계층 육성

Ⅰ. 개요

직장체육활동의 육성과 활성화를 위해 찾아가는 사회체육서비스의 사회체육정책은 맞춤형 프로그램 정책으로서 매우 필요하다.

- 찾아가는 사회체육 서비스 사회체육 정책은 지도자가 전국의 직장 · 단체 등을 직접 순회 방문하여 적극적으로 사회체육을 보급함으로써 직장체육 활성화가 이루어 질 것이다.
- 찾아가는 사회체육 서비스 사회체육 정책은 직장 · 단체를 대상으로 사회체육지도자가 직접 현장에 방문하여 양질의 프로그램을 지도 · 보급함으로써 사회체육에 대한 이해와 참여의식을 고취시키고 사회체육 참여를 확산시킬 수 있다.
- 찾아가는 사회체육 서비스 사회체육 정책은 지역주민을 대상으로 사회체육 참여방법에 대해 알려주고 운동프로그램을 제공해 줌으로써 보다 실질적인 참여가 이루어질 것으로 보인다.
- 찾아가는 사회체육 서비스 사회체육 정책은 개인에게 적합한 프로그램을 권장 · 지도하여 지역사회 사회체육 활성화에 기여할 수 있다.
- 찾아가는 사회체육 서비스의 지도내용은 생활체조, 레크리에이션 체조, 직장 및 가정 내에서 쉽게 할 수 있는 운동종목과 체조 · 배드민턴 · 탁구 · 배구 등의 사회체육활동 프로그램이 요구된다.
- 사회체육지도자가 지도 가능한 사회체육활동 종목과 직장 단체에서 특별히 원하는 프로그램, 그리고 여성을 위한 사회체육 프로그램 등이 필요하다.
- 사회체육지도자 1명을 시 · 도별로 고정 배치하여 사회체육프로그램 순회 지도를 전담할 필요가 있다.
- 각 시· 도의 직장과 단체 현황을 파악하고 직장 · 단체장에게 공문을 발송하여 적극 참여를 유도할 수 있는 사회체육정책이 요구된다.
- 찾아가는 사회체육 서비스 사회체육 정책은 직장 단체를 찾아다니며 적극적인 체육

활동 서비스를 전개함으로써 상대적으로 낙후되었던 직장체육 활성화에 기여할 수 있는 맞춤형 사회체육활동이라 할 수 있다.

- 직장과 단체의 자발적 참여 의사 없이는 성과를 거두기 어렵기 때문에 직장 체육의 가치와 필요성을 인식시킬 수 있는 홍보 활동이 반드시 이루어져야 한다.

본장은 사회체육 육성정책에 있어서 직장체육의 찾아가는 사회체육서비스, 직장 동호인클럽 전국리그와 소외계층 육성을 위해 게이트볼 보급 및 경기장 건설 지원, 소외계층 운동용구 보내기, 장애인 사회체육 지원, 노인 · 주부 등 소외계층 사회체육 프로그램 운영에 대해 알아보고자 한다.

II. 직장체육활동 육성

1. 찾아가는 사회체육서비스

- 우리나라는 찾아가는 사회체육 서비스 사업은 2003년까지 찾아가는 사회체육지도자가 주도적으로 담당하였다.
- 그러나 2004년부터 찾아가는 사회체육지도자 제도가 없어지고, 전일제 사회체육지도자 사업에 통합되어 운영되고 있다.
- 찾아가는 사회체육지도자 제도는 맞춤형 프로그램으로서 다시 부활되어 추진되어야 할 필요성이 제게되고 있다.
- 우리나라의 과거 연도별 찾아가는 사회체육서비스 추진실적 현황은 <표 14-1>과 같다.
- 현재 우리나라는 2004년부터 전일제 사회체육 활동 실적 현황은 <표 14-2>와 같다.

표 14-1. 찾아가는 사회체육 서비스 연도별 추진실적

구분	1996	1997	1998	1999	2000	2001	2002	2003
프로그램 순회지도	703회 80.306명	808회 67.123명	848회 66.898명	856회 77.461명	1.019회 79.639명	1.120회 75.932명	1.415회 89.912명	2.204회 127.409명
상담실	12시 · 도 2.573회 61.318명	12시 · 도 3.602회 47.372명	13시 · 도 3.862회 43.372명	13시 · 도 3.542회 43.675명	13시 · 도 3.149회 54.605명	13시 · 도 3.591회 55.895명	233시 군•구 653,743명	233시 군•구 115.688회 1.019.220

자료 : 체육백서(2008). 문화체육관광부.

표 14-2. 2004년 전일제 사회체육 활동 실적

시·도	지도종목수	지도장소	참여인원(명)	행사지원실적(회)
합계	393	2.476개소	736143665	12.009
서울	43	독립문초교외303개소	539.176	1.960
부산	35	영진복지관외170개소	488.485	316
대구	23	두류테니스장외97개소	219.059	235
인천	21	창영복지관외 76개소	381.979	200
광주	25	효덕자치센터외 85개소	346.902	353
대전	15	원광수양원외 75개소	260.889	292
울산	21	다운동장치센터외 93개소	485.410	178
경기	32	진인선우너외 540개소	966.193	1.231
강원	25	호반초교외 112개소	308.731	1.083
충북	18	청원노인요양원외 106개소	328.966	458
충남	20	유관순체육관외 153개소	498.973	428
전북	25	종합경기장외 138개소	502.090	1.630
전남	32	돌산체육관외 195개소	671.539	2.187
경북	16	경주시민운동장외 103개소	679.210	456
경남	25	올림픽체육관외 179개소	770.673	718
제주	17	청소년수련원외 35개소	166.390	284

자료 : 체육백서(2008). 문화체육관광부.

2. 직장 동호인클럽 전국리그

- 직장체육 육성의 핵심 과제는 직장 동호인클럽을 육성하여 집단 활동을 활성화 시켜 나가는 일이다.
- 직장내 동호인클럽 육성은 연중 지속되는 직장 동호인클럽 전국리그를 통하여 이루어지고 있다.
- 직장 동호인클럽 전국리그 사업의 목적은 전국 종목별 직장 동호인대회를 지원하여 직장인 1인1스포츠 갖기 운동을 유도함으로써 직장체육 활성화에 기여하고자 하는 것이다.
- 전국 직장동호인 클럽 리그의 운영은 직장체육 활성화 일환으로 직장인이 쉽게 참여할 수 있는 종목을 선정하여 시 · 도(시·군·구)리그→권역리그→결승리그로 운영을 유도하고 있다.
- 전국 또는 지역 스폰서십을 유치할 수 있도록 하고 있다.
- 현재 직장 동호인클럽 전국리그가 운영되고 있는 종목은 축구, 배드민턴, 탁구, 테니스,

족구, 볼링, 야구 등 7개 종목이다.

- 2004년 직장 동호인클럽 전국리그 종목별 운영 사업은 <표 14-3>과 같다.
- 연도별 직장 동호인클럽 전국리그 참가규모 현황은 <표 14-4>와 같다.

표 14-3. 2004년 직장 동호인클럽 전국리그 종목별 운영 사업

종목	행사명	기 간		참가규모
축구	제6회FILA컵 국민생활체육 전국직장인 축구대회	예선	본선	
배드민턴	2004국민생활체육 전국직장대항배드민턴대회	4~7월	9.10~9.12	104팀 3.970명
탁구	제8회국민생활체육협의회 장기전국직장인탁구대회	6~9월	10.23~24	352팀 4.231명
테니스	2004국민생활체육 전국직장인테니스대회	3~8월	9.11~12	410팀 3.173명
족구	제8회 국민생활체육 전국직장인 족구대회	5~9월	12.4~5	88팀 792명
볼링	제7회국민생활체육협의회장배전국직장 클럽리그볼링대회	3~8월	9.18~19	3.684팀 29.472명
야구	2004국민생활체육 전국직장대항야구대회	7~8월	8.21~22	1.005팀 3.015명
계	7종목	4~10월	11.13~28	5.856팀 493978명

자료 : 체육백서(2008). 문화체육관광부.

표 14-4. 직장 동호인클럽 전국리그 연도별 참가규모

구분		1997	1998	1999	2000	2001	2002	2003	2004
참가 규모	클럽수	2.821	2.573	3.188	3.125	3.150	3.599	5.856	
	인 원	162.872	30.288	25.044	32.225	33.184	39.814	49.978	

자료 : 체육백서(2008). 문화체육관광부.

Ⅲ. 소외계층 체육활동

1. 게이트볼 보급 및 경기장 건설 지원

- 우리나라의 노인 사회체육시설과 프로그램은 매우 빈약하다.
- 최근 널리 보급된 게이트볼은 노인들의 신체활동 조건에 적합하여 노인 참여자가 크게 증

가하고 있다.

- 정부는 노인들의 사회체육 참여여건을 개선하여 노년기 건강증진과 삶의 질 향상에 기여하고자 게이트볼 지원사업을 적극적으로 추진하고 있다.
- 게이트볼 보급 지원사업은 게이트볼 초보자를 대상으로 시 · 도별 순회지도(연간 20회 이상)를 하였다.
- 게이트볼 용기구 및 소식지를 발간 · 보급하였다.
- 전국대회(연 2회) 개최를 통하여 게이트볼 동호인간의 우의를 도모할 수 있도록 하고 있다.
- 사업은 체육활동 소외계층인 노인과 청소년들에게 게이트볼 종목을 보급함으로써 사회체육 참여 기회제공 및 건강증진에 기여하고 있다.
- 게이트볼 경기장 건설지원 사업은 증가일로에 있는 게이트볼동호인의 수요에 부응하여 전용 게이트볼장 건설을 지원함으로써 소회계층인 노인층의 복지향상과 건전한 사회풍토 조성을 목적으로 활발히 추진되고 있다.
- 게이트볼 경기장은 지자체가 부지를 확보하고, 국고와 지방비 각 5억원씩 10억원을 지원하여 건설되고 있다.
- 16개 시 · 도별로 전국규모 대회 개최가 가능한 전천후구장 1개소를 건설하는데 목표를 두고 2004년까지 12개소에 대한 지원이 이루어졌다.
- 게이트볼 경기장 건설지원 연도별 추진실적 현황은 <표 14-6>과 같다.

표 14-6. 게이트볼 경기장 건설지원 연도별 추진실적

구분	1998	2000	2001	2002	2003	2004
실적	수원구장 7면 건설	전주구장 8면 건설	2개소 제주 8면 남해 10면	2개소 담양 8면 대전 8면	3개소 광주 8면 천안 9면 의성 8면	3개소 울산 4면 강원 4면 인천 8면

자료 : 체육백서(2008). 문화체육관광부.

2. 소외계층 운동용구 보내기

- 정부는 전국 사회복지시설의 소외계층에게 체육용구를 지원하여 체육활동을 통한 여가활동 여건을 조성하며 명랑하고 활기찬 미래에 대한 용기를 주기 위하여 운동용구 지원 사업을 추진하고 있다.
- 지원대상 단체는 보건복지부 등 유관기관에 등록된 단체를 근거로 선정하고 있다.
- 운동용품 지원은 사전에 실시한 설문조사 결과를 활용하거나, 대상별 희망 용품 등

을 고려하여 지원하고 있다.

- 지원대상 시설에 사회체육지도자를 파견하여 지원용품을 활용할 수 있도록 프로그램 순회 지도를 병행하여 실시하고 있다.
- 2004년말 현재 전국 사회복지시설 655개소(아동 · 근로복지시설 160개소, 노인복지시설 178개소, 장애인복지시설 241개소, 부녀 · 부랑인복지시설 76개소)에 운동용구가 보내졌다.
- 그 동안 재정적 어려움 등으로 사회체육에 참여할 수 없었던 사람들에게 참여기회가 주어지게 되었다.

3. 장애인 사회체육 지원

- 장애인 사회체육 지원 사업은 한국장애인복지진흥회를 통하여 장애인들의 사회체육 활동을 지원하는 사업이다.
- 사업의 목적은 사회체육 활동을 통해 장애인들의 건전한 여가활용과 건강하고 명랑한 사회활동 참여를 유도하여 함께 하는 사회, 더불어 사는 사회 분위기를 조성하고, 장애인 누구나가 쉽게 사회체육에 참여할 수 있는 환경을 조상하는데 있다.

▷ 사업 추진방침은 다음과 같다.

- 사회체육교실 운영을 통한 지속적인 체육활동 유지 및 운동용품 지원으로 체육활동의 질적 향상을 도모한다.
- 사회체육대회를 개최·지원하여 대회 참가를 통한 체육활동의 동기유발과 참여인구의 저변확대를 이룬다.
- 장애인 사회체육 환경병화와 욕구에 부응한 계절스포츠교실 운영으로 다양한 장애인 사회체육 프로그램을 제공한다.
- 지도자 통합 연수교육을 통한 지도자간의 상호 정보교환 및 장애인과 함께하는 사회체육 분위기를 조성해 나가는 것이다.

표 14-7. 2004년 장애인 사회체육 지원사업

사업명	사업실적
장애인사회체육 프로그램보급	・종　목 : 휠체어농구, 좌식배구, 양궁, 스킨스쿠버 ・보급처 : 전국 300개소 장애인체육관 및 관련단체
사회체육교실운영	・기　간 : 2004.2~11월 ・종　목 : 볼링 외 102종목 28교실 ・참여인원 : 3.238회 68.730명 참가 ・용품구입 : 게이트볼 등 20종 2.944점

사회체육대회	• 회수 및 참가인원 : 50개 대회 12.417명
장애인계절스포츠 교실	• 수상스키교실 운영 –기간 : 2004.6~10월(매주 수요일) –장소/인원 : 가평수상스키장/그늘수상스키장/26회 390명
전국사회체육지도자 통합연수	• 기 간 : 2004.7.6~9.22 • 장 소 및 인원 : 청평에덴스포츠타운, 60명
장애인 특수학교 체육용품 지원	• 16개교 18종 88점 지원

자료 : 체육백서(2008). 문화체육관광부.

- 장애인 사회체육 지원사업은 서울 등 11개 지역에서 연중 운영되며 한국장애인복지진흥회가 주관하고 있다.
- 지원내용은 장애인 사회체육 프로그램 보급, 사회활체육 교실운영, 사회체육 대회지원, 계정 스포츠교실 운영 등이다.
- 이러한 사업은 장애인들이 사회체육 활동을 통해 신체기능의 균형적 회복과 체력 향상을 이루도록 하며, 일반인과 더불어 살아가는 사회환경 조성에 기여할 것으로 기대된다.

4. 노인、주부 등 소외계층 사회체육 프로그램 운영

- 노인 · 주부 등 소외계층 사회체육 프로그램은 사회체육 활동 대상에서 소외되기 쉬운 노인과 주부를 대상으로 특별히 운영되는 사업이다.
- 사업의 목적은 사회체육 소외계층인 노인, 주부를 대상으로 폭 넓은 체육활동 참여기회를 제공하고 가족단위 체육활동 생활화를 유도하여 건강하고 화목한 가정 및 사회 분위기를 조성하는 데 있다.
- 사업은 시 · 도 생활체육협의회에서 프로그램 운영을 주관하되 지역실정에 맞는 종목과 쉽게 배울 수 있는 운동프로그램을 선정하여 온 가족이 흥미를 가지고 즐겁게 참여할 수 있도록 운영되고 있다.
- 매년 4~12월 중 시·도별 10일간) 16개 시·도별 공공체육시설 등 경기장에서 체육활동 참여를 원하는 노인과 주부 각100명이 참여하고 있다.
- 프로그램은 각 시 · 군 · 구협의회에 배치된 사회체육지도자를 활용하여 이루어지며, 수영, 배구, 배드민턴, 탁구, 게이트볼, 볼링, 테니스, 에어로빅, 요가, 농구, 스쿼시 등 지역실정에 적합한 종목을 위주로 운영되고 있다.
- 운영일정은 시·도 및 시·군·구 실정에 따라 정하며, 기간은 2박 3일씩 4회 이상 실시하고 있다.

Ⅳ. 요 약

사회체육 육성정책에 있어서 직장체육의 찾아가는 사회체육서비스, 직장 동호인클럽 전국리그와 소외계층 육성을 위해 게이트볼 보급 및 경기장 건설 지원, 소외계층 운동용구 보내기, 장애인 사회체육 지원, 노인 · 주부 등 소외계층 사회체육 프로그램 운영에 대한 내용을 요약하면 다음과 같다.

- 직장체육 육성을 위해서는 경영진의인식을 개선하기 위한 노력이 꾸준히 전개되어야 한다.
- 직장체육 환경의 복지화, 직장체육 내용의 다양화, 직장체육 활동의 조직화 및 직장체육 지원의 극대화가 이루어져야 한다.
- 직장체육을 보다 효과적으로 발전시켜나가기 위해서 개별기업들이 모여 있는 산업공단지역을 중심으로 거시적인 사회체육 환경을 조성하여야 한다.
- 지역 근로자의 사회체육 참여를 증진시키기 위한 방안이 강구되어야 한다.
- 최근 밀집된 대단위 산업공단 근로자들과 지역민의 복지에 대한 요구가 강하게 표출되고 있다.
- 산업공단지역의 근로자들은 열악한 근무환경에서의 건강유지와 생활의 질적 향상과 주5일근 무제 등에 따른 여가 욕구의 충족을 위한 방안이 적극적으로 모색되어야 할 것이다.
- 산업공단으로 인한 지역주민의 주거환경 폐해에 대한 보상적 차원과 생활환경 개선 욕구의 충족을 위해 산업공단 내에 사회체육 환경을 조성하고 활성화시키기 위한 방안이 적극적으로 모색되어야 할 것이다.
- 직장체육 육성을 위해 구체적으로 추진되어야 할 과제와 추진방법을 요약하여 제시하면 <표 14-5>와 같다.

표 14-5. 직장체육 육성을 위한 과제와 추진방법

추진과제	추진방법
체육시설 설치 및 운영	· 법령에 준한 직장체육시설 설치 유도 · 중앙정부 및 지방자치단체, 국민체육진흥공단의 예산지원 · 직장체육시설의 지역주민 개방 · 직장체육시설의 지역동호인 공동 운영
프로그램의 개발 · 보급	· 지역대학 체육관련학과와 협력 지원 · 직장 생활체육 참가자의 욕구조사를 기초로 수요자 중심 프로그램 개발 보급 · 공공 생활체육 프로그램 서비스 확장
체육지도자의 배치 · 활용	· 직장 및 지역생활체육지도자 배치 협조 · 지역대학의 체육지도자 및 자원봉사자 배치 협조 · 지역대학 체육대학생의 현장실습장 제공

동호인클럽 육성 · 지원	• 직장생활체육동호인의 직장체육동호인클럽 등록 • 동일종목의 지역생활체육동호인 조직과 교류 및 협력 확대
과학적 건강관리 체계 구축	• 지역대학 체육관련학과의 스포츠과학 혜택 제공 협력 • 체계적 과학적인 건강관리 서비스 제공 • 건강체력센터의 활용
안정적 재정 확보	• 직장체육진흥을 위한 자체 재정 자립도 확보°정부 및 지방자치단체, 국민체육진흥공단의 재정보조 확보

현재 시행되고 있는 소외계층 지원사업의 개선뿐 아니라 향후 소외계층의 체육활동 참여를 증진시키기 위한 구조적 발전 방안으로는 다음과 같다.

첫째, 장애인이 참여하는 사회체육 현장에서는 장애인 편의를 위한 체육시설 설치가 이루어져야 하며, 다양한 신체적 장애자를 고려한 배려가 체육시설 설치 시 고려되어야 한다.

둘째, 체육활동에 처음 참가하게 되는 스포츠 초보자를 체육활동의 소외계층에 포함시켜 이들이 체육활동 현장에서 기능적 미숙과 환경적 부적응 등의 이유로 스포츠 활동을 그만두게 되는 문제점을 해소해 나갈 수 있는 대책을 마련하여야 한다.

셋째, 소외계층 체육활동 지원을 전담할 전문가를 확보해야한다.

사회복지적 차원에서 소외계층 체육활동 지원이나 장애인을 위한 특수체육활동 지원 모두 전문적 소양과 자격이 필요한 분야이다. 소외계층 지원사업의 활성화와 발전적 운영을 위한 전문가가 확보 되어야 한다.

V. 학습문제

1. 직장체육활동 육성에 대한 방안을 알아보자.
2. 찾아가는 사회체육서비스에 대해 알아보자.
3. 직장 동호인클럽 육성에 에 대해 알아보자.
4. 소외계층 체육활동 지원 육성에 대한 방안을 기술하시오.
5. 소외계층 운동용구 보내기 육성에 대한 방안을 기술하시오.
6. 장애인 사회체육 지원에 대한 방안을 기술하시오.
7. 노인 · 주부 등 소외계층 사회체육 프로그램 운영에 대한 방안을 기술하시오.

Ⅵ. 주요용어

순회지도

직장체육

동호인클럽

소외계층

기회제공

건강증진

참고문헌

문화체육관광부. 2004 체육백서. (주)계문사.
문화체육관광부. 2005 체육백서. (주)계문사.
문화체육관광부. 2008 체육백서. (주)삼한정보기획.

15장 | 사회체육의 지도자와 홍보 육성

Ⅰ. 개요

사회체육의 활성화와 보급화에 있어서 가장 우선적으로 해결해야 할 것은 사회체육지도자의 육성과 전문성 그리고 관리체계이다.

- 사회체육지도자의 효율적 관리와 활용을 위한 정책방안이 마련되어야 한다.
- 사회체육지도자 공동운영제를 실시를 위한 정책이 요구된다.
- 사회체육자원봉사단 운영체제를 갖추어야 한다.
- 지역단위별 사회체육지도자 배치를 위한 정책적 배려가 있어야 한다.
- 범국민 사회체육 캠페인 운동을 전개하여야 한다.
- 사회체육 공익광고 제작을 실시하여야 한다.
- 사회체육정보센터 운영을 적극적으로 추진하여 건강유지 및 증진에 필요한 정보를 제공할 수 있도록 해야 한다.
- 특히 정보 서비스는 미래 사회체육의 환경변화를 예상하여 적극 추진되어야한다.
- 최근 각광 받고 있는 인터넷을 이용하여 사회체육 정보를 필요로 하는 사람에게 전달체계를 구축해야 할 것이다.
- 텍스트, 이미지, 소리, 동영상 등 멀티미디어의 형태로 전달하는 체계를 확립하고 기술적 발전을 도모해야 한다.
- 정보의 서비스는 대국민 복지 정책의 중요한 부문이 될 것이다.

본 장은 사회체육의 활성화와 보급화를 위한 사회체육지도자의 활용과 사회체육정보센터 운영을 보다 효율인 육성정책을 알아보고자 한다.

Ⅱ. 사회체육지도자의 효율적 관리 및 활용

1. 사회체육지도자 공동운영제

- 체육지도자 공동운영제란 일종의 체육지도자 뱅크(bank)로 설명 되어질 수 있다.
- 각급 연수원을 통하여 정부에서 배출한 유자격 생활체육지도자와 지도역내 체육지도가 가능한 인력들의 정보를 수집 보관하여, 체육지도자가 필요한 사람이나 단체에 적절한 지도자를 공급할 수 있도록 체육지도자의 수요 공급 체계를 구축해 나가는 사업이다.
- 사업의 목적은 체육지도 인력을 확보하고 원활한 수급체계를 구축하여 사회체육활동을 체계적으로 지원함으로써 체육지도자의 효율적 관리와 활용을 도모하는 것이다.

▷ 사업의 추진방침 다음과 같다.

첫째, 사회체육지도자 양성 기관과 지도자에 대한 데이터를 공유하고 사회체육지도자 데이터베이스를 구축하는 것이다.

둘째, 등록된 지도자의 현장 배치를 주선하며 사회체육 지도자 개별등록제를 지속적으로 운영하는 것이다.

셋째, 언론매체(소식지, 인터넷)를 통한 지속적인 홍보 활동을 전개하고 인터넷 홈페이지(사회체육지도자 구직, 구인란)를 지고자 관리에 적극 활용하는 것이다.

- 체육지도자 공동운영제 사업은 연중 지속 운영되며 국민생활체육회가 사업을 주간하고 있다.
- 체육지도자 공동운영제 등록대상은 유자격 사회체육지도자, 현장지도자, 경기지도자, 체육관련 학과 대학생 등이다.
- 아직까지는 유자격 사회체육지도자의 전국적 분포가 고르지 못한 상황을 고려해 체육지도가 가능한 인력을 파악하여 부족한 지도 인력을 보완하는 역할을 수행하는 정도이다.
- 사업의 지속적 운영을 통해 양질의 지도인력을 확보함으로써 생활체육을 활성화시키고 사회체육지도자 관리 및 배치의 효율화를 이룩할 수 있을 것으로 기대된다.

표 15-1. 체육지도자 데이터베이스 구축 현황

구분	계	1급	2급	3급
사회체육지도자	79.396명(74종목)	382명	4.753명	74.396명
경기지도자	14.958명(49종목)	474명	14.484명	

2. 사회체육 자원봉사단 운영

- 사회체육자원봉사단 운영 사업은 유자격 사회체육지도자로 충당할 수 없는 분야에서 사회체육 운영 인력을 확보하고 인력활용을 극대화하기 위해 추진되고 있다.
- 대부분의 선진국에서도 스포츠클럽들은 자원봉사자를 적극 활용함으로써 클럽활동의 활성화와 예산절감을 이루고 있다.
- 사회체육자원봉사단 운영은 사회체육 지도인력을 광범위하게 확보하여 체계적 · 효율적으로 관리를 하는 데 있다.
- 사회체육 활성화를 도모하고 자발적인 사회체육 봉사활동 분위기를 조성하며 봉사자의 적극적 참여를 유도하는 것이 목적이다.
- 지역별 사회체육 자원봉사자 모집을 확대하고 봉사활동을 전개하며 자원봉사자를 사회체육 현장의 적재적소에서 활용할 수 있도록 하고 있다.
- 사회체육자원봉사단 운영은 시·도 생활체육협의회(시·도 자원봉사단)에서 연중 지속 운영되며 대상은 지역별 체육관련 학과 대학생, 유자격 사회체육지도자, 현장지도자, 우수선수출신, 체육교사, 체육교수 등이다.
- 각 시 · 도 생활체육협의회에서는 지역별 사회체육 자원봉사단 모집 및 구성, 사회체육 자원봉사활동 전개, 우수자원봉사자 선정 시상, 자원봉사단 평가 등의 업무를 추진하고 있다.
- 사업의 기대 효과로는 충분한 지도 인력의 확보를 통한 사회체육 활성화, 사회체육 지도자를 활용한 다양한 프로그램 운영, 사회체육 현장에 자원 봉사제도 정착, 지역 내 체육지도 가능 인력의 최대한 활용, 그리고 현장지도자의 원활한 수급체계 확보 등이다.
- 특히 사회체육에서 자원봉사자의 활용은 공공예산의 절감 효과를 가져올 수 있기 때문에 사회체육 투자의 경제적 효율성을 높여줄 것으로 기대된다.

3. 지역단위 사회체육지도자 배치

- 지역단위 사회체육지도자 배치 사업은 각 지역주민의 사회체육 활동을 지도 · 육성할 유자격 지도자를 행정 구역별로 배치 운영하는 것이다.
- 사업의 목적은 사회체육의 전국적 확산을 통해 국민의 사회체육참여 확대를 도모하고 건전한 사회건설에 이바지하며 청년층 체육인을 위한 일자리 창출을 도모하는데 있다.
- 지역단위 사회체육지도자 채용관련 업무는 시 · 도 생활체육회가 주관하여 공정한 채용계획과 절차를 통해 우수한 지도자원을 확보하고, 1년 단위로 계약을 체결하고 있다.
- 근무지는 시 · 군 · 구협의회가 관리 · 시행토록 하고 있으며, 시 · 도 및 시 · 군 · 구

청과 유기적인 협조체제를 유지하면서 지도자 관리 및 활동 예산 지원 등에 대해 상호 협력하고 있다.

- 전국 234시 · 군 · 구에 사회체육지도자가 정식 유급 직원으로 연중 배치되어 있다.
- 사회체육동호인 육성, 관리, 사회체육 프로그램 보급, 사회체육 현장지도 등의 역할을 수행하고 있다.
- 1년 단위로 고용 계약을 하는 지도자 외에도 시간제(Part-Time) 사회체육지도자 등을 배치하여 활용하고 있다.
- 사업은 지역사회 사회체육 활성화는 물론 젊은 체육인의 일자리 창출에도 기여하고 있다.

Ⅲ. 사회체육과 홍보

- 사회체육에 있어서 홍보사업은 사회체육 참여자뿐만 아니라 비참여자의 참가를 촉진시키는데 목적이 있다.
- 사회체육 홍보는 국민의 사회체육에 대한 올바른 인식과 각자의 적성과 형편에 맞는 종목의 선택 가능성을 확대시켜 준다는 점에서 중요하다.
- 사회체육 홍보는 정보의 홍수 속에서 접하게 되는 수많은 스포츠 정보 중에서 참여자가 자아실현과 건강증진을 위해 자신에게 필요한 스포츠 프로그램을 선택하여 참여할 수 있도록 유도하는데 그 목표가 있다.

1. 범국민생활체육 캠페인 전개

- 정부는 다양한 언로매체를 활용하여 사회체육 참여에 대한 국민의식을 높이고자 범국민사회체육 캠페인을 전개하고 있다.
- 범국민 사회체육캠페인은 중앙 신문사 및 잡지사를 대상으로 사회체육에 관한 이미지 광고를 게재하고 있다.
- 사회체육 정책, 사회체육프로그램, 참여방법 및 효과, 외국의 사례, 뉴 스포츠, 동호인 활동사항 등을 주제로 주1회 캠페인 기사를 게재하는 방식으로 진행되고 있다.
- 특히 신분에 사회체육 고정지면을 확보하고 광고 및 지속적인 사회체육 기사게재로 사회체육에 대한 범국민적 인식을 제고하고 있다.
- 정부는 국민생활체육회를 통해 국민생활체육지를 제작하여 지역별, 종목별 사회체육 동호인활동 소식과 사회체육에 관한 다양한 정보를 제공하고 있다.

표 15-2. 범국민사회체육캠페인 연도별 추진실적

구분(연도)	홍보실적
1999	• 캠페인기사 50회 게재 • 캠페인 광고기사 4회 게재
2000	• 중앙일간지 캠페인기사 42건 게재 • 활체육 캠페인 광고 5회 • 사회체육 동호인 활용수첩제작 • 배포로 홍보효과 극대화
2001	• 중앙일간지 및 스포츠신문사에 캠페인 기사 205회 게재 • 사회체육 참여 캠페인 광고 29회 게재
2002	• 중앙일간지 및 스포츠신문사에 캠페인 기사 210회 게재 • 사회체육 참여 캠페인 광고 37회 게재
2003	• 중앙일간지 및 스포츠신문사에 캠페인 기사 232회 게재 • 사회체육 캠페인 광고 37회 게재
2004	• 중앙일간지 및 스포츠신문사에 캠페인 기사 268회 게재 • 사회체육 캠페인 광고 23회 게재

2. 사회체육 공익광고 제작

표 15-3. 사회체육 공익광고 현항업

구분	방영내용	매체 및 횟수	방영수
1999	사회체육 공익광고	KBS 2TV 한국스포츠TV	21회 270회
2000	〃	YTN KBS 2TV MBN	31회 21회 93회
2001	〃	YTN	151회
2002	〃	KBS 2TV MBC TV SKY KBS MBC-라디오	18회 9회 545회 25회
2003	〃	KBS 2TV MBC TV MBC-라디오	15회 32회 71회
2004	〃	KBS 2TV MBC TV MBC-라디오	12회 12회 56회

- 사회체육 공익광고 사업은 사회체육 참여 확산을 위해 공익광고 방송을 통하여 홍보 활동을 효율적으로 전개하는 사업이다.
- 사업의 목적은 TV와 라디오 등에 사회체육 소개 공익광고를 방송하여 홍보 효과를 극대화하고 사회체육 참여와 관련된 TV 및 라디오 광고를 방송함으로서 사회체육에 대한 국민의식 제고와 참여인구를 확산하는데 있다.
- 공중파, 케이블, 위성방송을 망라하며, 시청률에 따른 등급별 광고(A-C급)를 균형 있게 추진해 나가고 공익광고 방송을 20초물과 30초물로 구분 제작하여 매체별 특성을 고려한 효율적 방영이 이루어지도록 하고 있다.
- 공익광고는 사회체육으로 건강한 신체와 건전한 사회를 구현하고, 범국민적 사회체육 참여 확대로 복지국가를 건설하며, 사회체육 현장 동호인들의 활력적인 삶을 홍보하는 내용으로 구성되어 있다.
- 공신력 있는 홍보를 통해 사회체육의 공론화 장을 마련하고, 사회체육의 필요성과 중요성에 대한 범국민적 공감대를 형성해 나가고 있다.

3. 사회체육정보센터 운영

- 사회체육정보센터 운영 사업은 국민이 원하는 다양한 사회체육 정보를 빠르고 정확하게 전달하기 위한 정보전달 및 유통 환경을 구축하는 것이다.
- 21세기의 인류사회가 정보화 사회로 변화되면서 정보를 효과적으로 다룰 수 있는 각종 통신기기와 정보통신망이 날마다 새롭게 등장하고 인터넷이 정보사회의 중심을 이루고 있다.
- 정부는 사회체육 정보를 신속하고 정확하게 공유하는 e비지니스 기반을 조성하고 사회체육 정보의 증가에 따른 효율적 관리체계를 확립하여 양질의 정보서비스를 제공하기 위해 사회체육정보센터를 설치 · 운영하고 있다.

Ⅳ. 요 약

- 정부가 양성한 사회체육지도자를 적극 활용함은 물론 지도자의 역량을 극대화하고 유자격지도자의 부족 현상을 보완하며 사회체육 투자예산을 경제적으로 운영할 수 있도록 하는 효율적 방안이 요구되고 있다.

• 정부가 배출한 유자격 사회체육지도자가 적절한 곳에 활용될 수 있도록 수요 · 공급 체계를 구축하는 일이 우선되어야 한다.
• 유자격 사회체육지도자의 신상정보와 체육시설 및 체육활동 현장 등이 연계될 수 있도록 체계를 갖추고 이와 같은 관리 운영 체계를 널리 홍보하여 배출된 지도자와 체육시설이 체육현장에서 유용하게 활용될 수 있도록 해야 할 것이다.
• 사회체육의 지속적인 운영에 도움을 줄 수 있는 자원봉사자의 적극적 활용이 필요하다.
• 인근대학의 체육계학과와 협력하여 자원봉사 활동을 유도할 수 있을 것이다.
• 체육지도 분야가 아니더라도 사회체육 운영에 필요한 자원봉사자를 각 분야에서 광범위하게 모집 활용하는 것이 필요하다.
• 여가확산에 따른 시대적 변화로 사회체육의 중요성이 증가할수록 폭 넓은 역량과 리더십을 갖춘 사회체육지도자가 요구되고 있다.
• 사회체육지도자는 운동 기능을 가르치고 대회를 운영하는 것 외에 지도자로서 중요한 역할을 수행 할 수 있어야 한다.
• 사회체육지도자는 운동 기능만을 전수하는 단순한 기능인이 아니다.
• 사회체육지도자는 체육에 관한 폭 넓은 지식과 정보, 교양과 인격, 풍부한 현장지도 경험, 전문적인 상담기술 그리고 선문적 기능을 겸비한 지식근로자(Knowledge Worker)가 되어야 한다.
• 배출된 사회체육지도자는 체육지도자에 대한 보수교육과 훈련, 그리고 지도자의 자기계발이 지속적으로 요구되고 있다.
• 사회체육 홍보 및 정보 서비스 사업의 발전방향은 모든 국민이 사회체육 정보를 손쉽게 접할 수 있도록 하는 기반을 구축하고 다양한 정보전달 수단을 확보하는 데 있다.
• 사회체육 홍보와 정보 서비스 선진화를 위해서는 새로운 시대적 감각과 새로운 기술의 활용을 통한 효율적인 방법을 변화 있게 적용해 나가는 것이 필요하다.

▷ 2가지 중요한 과제는 TV홍보매체로 적극 활용하는 것과 디지털콘텐츠를 통한 정보전달 체계를 구축하는 것이다.

첫째, 사회체육 정보 관리체계를 확립하는 것이다. 사회체육 참여 및 사회체육 정보 수요의 증가 추세에 적절하게 대처하기 위하여 다양한 정보를 체계적으로 수집 · 보관 · 유지 · 갱신하는 사회체육 정보 관리체계를 확립하고 기능을 발전시켜 나가야 한다.

둘째, 사회체육 정보 유통체계를 확립하는 것이다. 사회체육 정보가 수요자에게 유효하게 전달될 수 있는 정보 전달 체계를 확보해야한다.

셋째, 미래 복지 사회를 향한 대국민 사회체육 정보는 일반 대중에게 사회체육활동을 영위토록 하기 위한 가장 긴요하고 기본적인 토대가 될 것이다.

V. 학습문제

1. 사회체육지도자의 효율적 관리 및 활용에 대해 기술하시오.
2. 사회체육지도자 공동운영제에 대해 설명하시오.
3. 사회체육자원봉사단 운영에 대해 설명하시오.
4. 지역단위 사회체육지도자 배치에 대해 설명하시오.
5. 사회체육과 홍보 육성 방안에 대해 기술하시오.
6. 범국민 사회체육 캠페인 전개에 대해 설명하시오.
7. 사회체육 공익광고 제작과 홍보 방안에 대해 설명하시오.
8. 사회체육정보센터 운영에 대해 설명하시오.

Ⅵ. 주요용어

공동운영제
언로매체
홍보사업
사회체육캠페인
국민의식
지식근로자
공중파
케이블
위성방송

4부

사회체육의 기본구성 요소

16장 | 사회체육 시설

Ⅰ. 개요

사회체육 활성화를 위해서는 다양한 프로그램의 개발 및 보급, 지도자의 양성 및 배치, 참가자의 의식 고취 등 제반 여건이 갖추어져야 하지만 가장 우선적으로 요구되는 과제는 사회체육 공간의 확보 및 시설 확충이다.

체육시설은 사회체육 참가자의 운동 욕구를 충족하기 위한 공간 및 환경으로서 사회체육 활성화를 도모하기 위한 선결 요건이다.

사회체육 시설은 사회체육 참가자로 하여금 보다 적극적이고 활발한 사회체육활동 기회와 공간을 제공함으로써 궁극적으로 참가자의 삶의 질을 한층 제고시킬 수 있는 기반이 된다.

- 오늘날 생활수준의 향상과 여가시간의 증대로 인하여 일반대중의 사회체육 참가 욕구가 한층 증대되고 있다.
- 사회체육 시설은 단순히 참가자의 욕구 충족을 위한 수단으로서의 물리적 기능뿐만 아니라, 복지사회 이념 구현을 목적으로 하는 복지시설로서의 의미와 가치를 지니고 있다.
- 사회체육 시설은 일반대중의 적극적인 사회체육 참가 유도를 위한 절대적 요건으로서 "국민체육진흥법"과 "체육시설의 설치 · 이용에 관한 법률" 등에서 그 중요성이 제도적으로 규정되고 있다.
- 사회체육 시설은 특정 집단이 아닌 일반대중의 건전한 여가선용과 체육 · 스포츠활동 참가를 촉진한다.
- 사회체육 시설은 궁극적으로 삶의 질 향상을 도모하기 위한 사회체육활동의 기본요건이다.
- 사회체육 시설은 설치 목적에 따라 공공체육시설, 민간체육시설, 직장체육시설로 구분된다.

- 사회체육활동을 위해 개방되는 학교체육 시설을 제한적으로 포함시킬 수 있다.
- 사회체육 시설은 지역간 사회체육시설의 부족 및 지역간 불균형과 같은 양적 측면의 문제점이 대두되고 있다.
- 사회체육 시설은 효율적인 시설관리 및 운영 미흡 등으로 질적 측면의 문제점도한 대두되고 있다.
- 실제로 지역사회에 기반을 두고 있는 공공체육시설은 시설의 유지 및 관리가 제대로 이루어지지 않아 노후된 상태로 방치되어 있는 경우가 많다.
- 또한 대부분의 시설관리 주체는 지역주민의 시설이용 편의 제공보호를 더 중시하는 경직된 관행을 지속하고 있다.
- 이는 전문적이 시설관리 인력이 부족하고, 시설 유지 및 관리에 필요한 예산이 적정 수준으로 책정되어 있지 않은 데 원인이 있다.
- 그 외에도 지역 내 직장체육 시설과 학교체육 시설이 지역주민의 사회체육활동에 적극적으로 활용되지 못하고 있는 실정이다.
- 국민체육진흥법상 학교체육시설은 적극 개방토록 명문화되어 있다.
- 현실적으로 학교수업과 시설관리 및 보수 등의 이유로 개방이 저조하다.
- 직장체육시설은 직장의 구성원에게만 제한되어 지역주민이 사용하기에는 현실적으로 어려운 실정이다.
- 상업체육 시설은 사용료가 비교적 비싸 일반 주민 다수가 자주 이용하기에는 경제적인 부담이 따르고 있다.
- 그 동안 생활수준 향상에 따른 여가시간의 증대, 건강과 체력에 대한 관심 고조 등으로 인하여 국민의 체육활동에 대한 욕구가 높아지고 있다.
- 나아가 체육활동 참가의 우선 조건으로서 국민의 절대 다수가 다양한 체육시설의 확충과 개방을 요구하고 있다.
- 그러나 이와같은 국민적 관심과 요구에 비하여 손쉽게 이용할 수 있는 사회체육 시설은 매우 부족한 실정이다.
- ‘86 아시안게임, ’88 서울올림픽 대회를 성공적으로 개최한 우리 나라는 그 동안 체육인구의 저변확대를 꾀하기 위하여 대회 경기시설 및 공간의 정비 · 확충 그리고 대회 후 시설 개방 정책을 적극 추진하여 왔다.
- 뿐만 아니라 종합체육 시설을 포함한 다양한 영리 · 비영리 사회체육 시설을 다수 건립하여 왔다.
- 그러나 이와 같은 가시적 성과에도 불구하고 아직도 다양한 체육 시설 및 공간 부족, 체육시설의 대도시 편중 심화, 쾌적치 못한 환경, 불합리한 시설 유지 · 관리, 낮은

체육시설 활용도 등 사회체육 시설과 관련된 여러 가지 문제점을 안고 있다.

- 따라서 구미 체육 선진국에 비해 상대적으로 열악한 우리의 체육 시설 및 공간과 같은 제반 환경을 개선하기 위한 다각적인 노력이 절실히 요구된다.
- 본 장에서는 사회체육 시설의 개념 및 유형을 알아보고 사회체육 시설 계획, 사회체육 시설의 활용도 제고, 관리 및 운영 서비스, 안전 등에 대해서 살펴보고자 한다.

Ⅱ. 사회체육 시설의 이해

1. 사회체육 시설의 개념

사회체육시설의 개념에 대한 내용을 살펴보면 다음고 같다(임번장, 2004).

- 사회체육 시설은 참가자, 지도자, 프로그램이 상호 유기적 관계를 이루어 사회체육의 장(場)을 구성하는 사회체육의 가장 중요한 요소이다.
- 체육활동의 주체는 사회체육 참가사이다.
- 사회체육 시설은 사회체육 참가자가 체육활동에 참가할 수 있도록 구체적 활동의 장을 마련해 주는 객체이다.
- 사회체육 시설은 참가자의 목적 달성을 위한 기능을 정상적으로 수행하는 데 필요한 환경을 말한다.
- 사회체육 시설은 사회체육 참가자가 적극적이고 건전한 체육 활동을 즐기기 위한 필수적 환경 요인이다(허현미, 1996).
- 사회체육 시설은 사회체육의 목적을 효율적으로 달성하기 위하여 공공 및 민간단체가 설치한 제반 물리적 환경이라 할 수 있다.
- 사회체육 시설의 목적은 사회체육의 목표가 달성될 수 있도록 환경을 조성하여 사회체육활동을 최선으로 지원해 주는 데 있다.
- 사회체육 시설은 사회체육 기능을 원활히 수행할 수 있도록 구비되어야 한다.
- 사회체육 시설은 사회체육활동을 위한 단순한 물리적 공간을 의미하는 것이 아니다.
- 사회체육의 목적이나 목표를 효율적으로 달성하고 보다 쾌적하고 안전하게 참가할 수 있도록 설치 · 관리되는 환경을 지칭한다.
- 사회체육 참가자가 체력과 건강을 유지 · 증진을 실행하는 신체활동에 필요한 인위적인 공간과 시설물을 의미한다(체육부, 1987).

- 사회체육 시설은 사회체육 이념에 기초한 목적과 목표를 달성하고, 사회체육활동 기능의 원활한 수행에 요구되는 물리적 공간과 지속적인 사회체육활동을 제공하기 위하여 설비된 물적 조건을 총칭하는 개념이다.

2. 사회체육 시설의 기능

사회체육 시설이 지니는 여러 가지 기능을 살펴보면 다음과 같다(임번장, 2004).

▷ 사회체육 참가자의 참가욕구를 충족시켜 줌으로써 건강과 체력을 유지·증진시킬 수 있는 장(場)으로 기능한다.

- 최근 여가활동으로서 사회체육에 대한 관심 증대와 건강 및 체력에 대한 사회적 경각심에 기인한 지역주민의 참가욕구가 날로 증대되어 가고 있다.
- 사회체육 시설은 이러한 사회 구성원의 신체활동 욕구충족을 위한 체육 장으로서 기능한다.

▷ 단조로운 일상생활로부터 얻게 되는 스트레스 해소 공간으로 기능한다.

- 각종 스트레스는 삶의 질을 저하시키는 첫째 요인으로 자공하고 있다.
- 사회체육 시설은 스트레스를 건전하게 해소시킬 수 있는 체육활동의 장으로서 기능한다.

▷ 사회체육 참가자간의 상호 유대와 인간관계를 촉진시키도록 기능한다.

- 현대사회는 산업화, 도시화, 개인주의 등으로 지역주민 간 공동체적 결속의 기회를 점차 감소시키고 있다.
- 지역사회의 사회체육 시설은 지역주민에게 자연스러운 만남의 장을 제공함으로써 상호 유대와 인간관계를 촉진시키도록 기능한다.

▷ 지역사회 주민의 건전한 여가생활 영위를 위한 활동의 장으로 기능한다.

- 현대사회는 대중의 여가문화를 퇴폐 향락적이고 배타적인 활동이 만연하고 있다.
- 사회체육 시설은 여가문화를 건전하고 생산적인 활동으로 전환·확산시키는 기능을 한다.

▷ 생활주변의 환경 개선을 통해 부수적으로 지역사회 주거가치 상승 기능이 있다.

- 지역사회 내에 설치된 사회체육 시설은 지역사회 환경을 개선시킨다.
- 지역사회 내에 질 높은 문화공간으로 기능하여 주거가치를 상승시키는 부수적 효과를 발휘한다.

3. 사회체육 시설의 분류

사회체육 시설은 운동이 행하여지는 장소, 이용자의 연령, 이용자의 생활영역, 이용자의 신체적 특성, 시설의 설치 목적에 따라 분류하면 다음과 같다(임번장, 2004).

1) 운동을 행하는 장소를 기준으로 실외체육시설과 실내체육시설로 나눌 수 있다.
- 실외 체육시설은 육상경기장, 축구 · 야구경기장, 테니스장, 골프장, 경마장, 실외수영장, 사이클경기장, 스키장, 수상경기장(예: 요트, 보트, 조정, 카누, 모터보트, 수상스키)등이 있다.
- 실내 체육시설은 체육관, 실내 수영장, 실내 스케이트장 등이 있다.

2) 이용자의 연령에 따라 아동용, 청소년용, 성인용, 노인용 시설로 구분한다.
3) 이용자의 생활영역 권에 따라 근린체육시설, 광역체육시설로 구분한다.
4) 이용자의 신체적 특성에 따라 장애인용, 정상인용 체육시설로 구분한다.
5) 설치 목적에 따라 공공, 학교, 직장, 민간체육 시설로 구분한다.

▷ 일반적으로 사회체육 시설의 유형을 구분할 때는 설치 목적에 따른 공공、학교、직장、민간체육시설로 구분한다.

4. 사회체육 시설의 요건

사회체육시설의 기본 요건에 대한 내용을 살펴보면 다음과 같다(임번장, 2004).

▷ 사회체육 참가자의 요구수준에 부합해야 한다.
- 참가자로 하여금 사회체육활동 욕구가 유발되도록 시설 외부 및 내부 환경을 조성해야 한다.
- 특히 고려해야 할 사항으로는 청결성, 시각적 조화가 이루어져야 한다.

▷ 모든 대상이 함께 이용할 수 있는 다양한 시설 및 용구를 갖추어야 한다.
- 최근 가족단위 체육활동 참가 인구가 증가 추세에 있다.
- 부모, 어린이 등이 함께 참가할 수 있는 다양한 체육활동시설 및 용구를 갖추어야 한다.

▷ 다목적 시설 및 용구를 갖추어야 한다.
- 단일 시설 및 용구라도 여러 가지 목적으로 사용이 가능하도록 설계와 구조를 고려해야 한다.

• 사회체육 시설을 설치할 경우 사회체육 참가자의 욕구나 흥미를 유발할 수 있도록 한다.

▷ 관리ㆍ운영이 용이하여야 한다.
• 비록 매력있는 시설 및 용구라 하더라도 효율적인 관리나 운영이 이루어지지 않으면 안된다.
• 장시간 사용하지 못하거나 쉽게 파손되지 않도록 해야 한다.

▷ 참가자의 안전성을 고려하여 시설 및 공간이 계획되어야 한다.
• 훌륭한 시설과 공간이라도 안전사고에 대한 예방 대책이 수립되지 않으면 이용률이 저하된다.

▷ 시설의 접근성을 고려하여야 한다.
• 사회체육의 참가기회 확대를 위해 다양한 연령층과 계층이 보다 쉽게 접근이 가능하도록 설계되고 건립되어야 한다.

Ⅲ. 사회체육시설의 유형

1. 공공체육시설

공공체육시설에 대한 내용을 살펴보면 다음과 같다(임번장, 2004).

• 공공체육시설이란 사회 구성원의 적극적이고 건전한 체육활동을 장려하고 일반대중을 위하여 국가ㆍ지방자치단체, 공공법인단체 등의 지원으로 설치ㆍ운영ㆍ 유지되는 체육시설을 말한다.
• 공공법인단체 체육시설은 대한체육회, 국민생활체육회, 국민체육진흥공단, 한국마사회 등의 지원으로 설치ㆍ운영ㆍ유지되는 체육시설을 말한다.
• 공공체육시설은 일반대중의 사회체육활동의 장으로서 기능과 역할을 한다.
• 공공체육시설은 국민의 건강과 체력유지ㆍ증진의 장으로 기능과 역할을 한다.
• 공공체육시설은 자생체육 단체 육성의 장으로서 기능과 역할을 한다.
• 공공체육시설은 지역주민 상호 교류의 장으로서 기능과 역할을 한다.
• 공공체육시설은 사회체육 활성화를 위해 체육활동을 전개할 수 있는 공간과 시설 확충이 우선적으로 이루어져야 한다.
• 현재 공공경기장의 시설이용은 경기관람 이외는 시설보호 위주의 소극적 관리방식

과 운영 프로그램의 미비로 일반대중의 활발한 접근이 어려운 실정이다.

- 우리나라는 체육이 성적주의와 경기력 향상 정책으로 엘리트체육 위주의 풍토로 우선시 되고 있다.
- 경기력 향상 위주의 정책은 체육의 참가 기회를 모든 사람에게 균등하게 배분되지 못하는 요인이 되기도 한다..
- 공공체육시설은 일반대중의 시설 이용도가 높으므로 효용성이 다른 시설에 비해 매우 크다.
- 공공체육시설은 국민 요구에 부응하는 시설이어야 한다.
- 공공체육시설은 경기나 행사목적이 아닌 다기능 복합시설로 설치되어야 한다.
- 공공체육시설은 지역사회 주민의 평생체육활동의 장으로서 상시 개방되어야 한다.
- 공공체육시설은 공공성을 최대한 보장한다는 의미에서 일반대중에게 위치선정, 사용시간 등에 있어서 균등한 혜택을 부여해야 한다(이학동, 1993).
- 공공체육 시설은 전 국민을 대상으로 건설되어야 함에도 불구하고 경기 위주의 시설, 즉 대규모 경기장 건립에 편중되어 온 것이 현실이다.
- 공공체육시설은 선수의 경기력 향상에 기여하는 바가 크다.
- 공공체육시설은 경기대회 개최를 통하여 일반 국민에게 체육에 대한 이해와 체육활동 참가 동기를 유발시킴으로써 국민체육진흥에 많은 공헌을 하기 때문이다.
- 공공체육시설은 현재 국민체육활동 참여 욕구에 부응할 수 있는 체육시설이 크게 부족한 실정이다.
- 공공체육시설 확충이 필연적으로 요구된다.(체육부, 1986: 439).
- 공공체육시설은 공공경기시설, 근린체육시설, 동네체육시설, 광역체육시설 등으로 분류한다.
- 광역체육시설은 심신수련장, 수렵장, 해수욕장, 윈드서핑장, 하이킹 코스, 자연 탐방로, 자전거 도로, 야영장 등으로 분류된다.

1) 공공경기시설

- 공공경기시설은 경기력 향상을 위한 가종 경기대회 개최 및 선수 양성이나 훈련시설로 활용(이학동, 1993) 되는 것이 일차적 목적이다.
- 공공경기시설은 지역사회 주민에게 적극 개방하여야 한다.
- 공공경기시설은 시 · 군 · 구 단위의 지역주민 체육행사 개최와 자생 체육단체활동을 포함하여 다양한 문화행사와 기념행사를 위한 다목적 활용이 가능한 시설이다.

2) 근린체육시설

- 근린체육시설은 사회체육의 주요 기본시설로서 지역주민의 일상생활 권역 내에 위치하는 시설이다.
- 근린체육시설은 지역주민이 일상생활 중 언제나 이용 가능하고 시설과 주거공간까지의 거리가 가까워 손쉽게 이용할 수 있는 장점이 있다.
- 근린체육시설은 막대한 건설비용이 소요되는 운동장이나 체육관 같은 대형 체육시설보다는 국민 누구나 저렴한 비용으로 손쉽게 사회체육활동에 참가할 수 있는 소규모 근린체육 시설을 설치하는 것이 바람직하다.
- 근린체육시설의 관리 주체는 저렴한 가격으로 지역 주민에게 개방하여 활용하는 방안을 강구할 수 있다.

▷ 지역주민이 여가를 효율적으로 활용할 수 있도록 공원, 산림, 유원지 같은 공간에 설치된 근린체육 시설은 지역 주민의 사회체육 활성화에 기여함을 목적으로 하며 다음과 같은 특징을 지닌다.

- 남녀노소 구분 없이 모든 계층이 함께 이용할 수 있다.
- 특별한 지식 · 기술 · 도구 등에 의존하지 않고 간단한 설명서나 시동자의 안내에 따라 편리하게 이용할 수 있다.
- 비교적 시설 설치가 간단하여 많은 예산 투자 없이 기존 여가 및 휴식공간에 부설이 가능하다.
- 일정한 기준에 의거 자기 체력을 진단 · 평가할 수 있다.

3) 동네체육시설

- 동네체육시설은 최근 전국 읍 · 면 · 동 · 리 단위에 1개 소씩 설치를 목표로 범 국가적 추진 사업을 벌이고 있는 체육시설을 의미한다.
- 동네체육시설의 설치 장소는 등산로, 약수터, 고수부지, 마을공터, 도시자연공원, 아파트 단지 내 등이다.
- 동네체육시설은 미취학 아동이 주로 이용하는 놀이터, 학생이나 성인이 이용하는 지역사회 체육시설 등으로 분류 할 수 있다.
- 동네체육시설의 설치와 관리는 각 구청의 생활체육과에서 담당하고 있다.
- 동네체육시설은 체육단체, 여성단체, 청소년단체, 노인단체 등에 위탁 운영하고 있다.
- 동네체육시설의 설치에 따른 이용 비용은 전액 국고와 지방비에서 지원되며 사용료는 무료이다(이학동. 1993).

4) 광역체육시설

- 광역체육시설은 광역 생활권 거주자가 당일 왕복이나 숙박을 통하여 활용 가능한 체육시설이다.
- 광역체육시설은 주거지역과의 거리는 다소 멀지만 자연친화 기회를 제공하고 근린체육 시설에서 맛볼 수 없는 다양한 프로그램을 체험할 수 있는 장점을 지니고 있다.(체육부, 1986).
- 오늘날 사회체육의 전개 양상은 종래의 놀이 중심형 소극적 활동에서 스포츠 중심의 적극적 활동으로 변모하고 있다.
- 특히 해양, 산악, 창공 등 자연 환경을 이용한 레저 · 스포츠형 관광위락 활동이 점차 큰 비중을 차지하고 있다.
- 레저 · 스포츠활동의 등산, 스키, 골프, 수렵, 행글라이딩, 페러글라이딩 등 항공 및 내륙성 공간을 대폭 개발 · 확충하여야 한다.
- 해양성 레저 · 스포츠활동의 스킨스쿠버다이빙, 낚시, 해수욕장 등 공간을 대폭 개발 · 확충하여야 한다.
- 각종 공원, 산악, 해양, 문화재 등을 종합적으로 상호 연계한 사계절을 모두 즐길 수 있는 광역 사회체육 시설을 적극 개발할 필요가 있다.
- 광역체육시설은 심신수련장, 스키장, 골프장, 수렵장, 해수욕장, 윈드서핑장, 하이킹코스, 자연탐방로, 자전거도로, 야영장 등이 있다.

▷ 심신수련장

지역사회 생활권 내에 위치하고 도심지역에서 접근이 용이한 지역에 청소년 수련시설과 같은 사회교육 및 레크레이션 시설을 개발 · 설치하여 자연 속에서의 집단활동을 통하여 건전국민 육성을 목적으로 하는 시설이다.

▷ 수렵장

- 최근 레저, 스포츠 형태가 다양해짐에 따라 수렵 인구가 증가하고 있다.
- 수렵인의 활동 욕구 충족응 위하여 수렵에 적합한 지역응 선정 · 개발하여 확충하는 추세에 있다.
- 또한 이들 지역의 적정 동물서식 밀도를 유지하기 위하여 포획물의 제한, 동시이용한도제, 지구별 격년 · 윤번 이용제 등을 시행하고 포획물의 인공증식을 확대하는 한편, 불법수렵 활동을 처벌할 수 있도록 관련 법 조항을 강화하고 있다.

▷ 해수욕장 및 윈드서핑장

- 삼면이 바다로 둘러 쌓여 있는 우리 나라는 하계 레저 · 스포츠활동에 필요한 해수욕장 시설이 갖추어져 있다.
- 최근 요트와 서핑의 복합적 묘미를 체험할 수 있는 윈드서핑의 수요가 증가하고 있다.
- 해수욕장은 태양과 백사장, 윈드서핑은 수면과 바람을 바탕으로 한 자연환경 및 자연입지형의 레저 · 스포츠이다.
- 해수욕장은 이용면에서 볼때 단일 계절형 시설이므로 윈드서핑 시설과 연계시켜 다계절 이용 사회체육 및 레크레이션 지구로 개발하는 것이 바람직하다.
- 자연공원과 지정 관광지 내에 있는 해수욕장을 우선적으로 개발 · 정비하는 것이 바람직하다.
- 소규모 해수욕장은 해당지역 자치단체의 주관하에 지역단위로 관리 · 운영하는 것이 일반적이다.

▷ 하이킹 코스 및 자연 탐방로

- 최근 단체 관광보다 몇몇 사람이 소규모 집단을 형성하여 자연 경관을 산책하며 감상을 통한 심신 단련을 목적으로 하는 도보 여행의 수요가 증가하고 있다.
- 이러한 시설로는 하이킹 코스나 자연 탐방로를 들 수 있다.
- 하이킹이나 자연탐방을 목적으로 하는 도로는 이용자를 자연 환경으로 유인하여 풍부한 체험을 습득하도록 계획되어야 하기 때문에 코스 설계가 일차적인 관건이다.
- 하이킹 코스의 경우 자연 변화가 흥미롭게 이루어지면서 안정하고 쾌적한 기분을 느낄 수 있도록 설계하는데 거리는 전정 10~20km, 자연 탐방로는 5~10km 정도면 가능하다.
- 휴식이나 보행속도의 저하를 고려하여 소요시간 3~4시간, 길이 5~6km가 적당하다.
- 도로 폭은 등산로 1.0m 산책로 1.5m 가 표준으로서 단조로운 직선형보다 곡선형이 바람직하며 경사는 5% 정도가 적당하다(체육부. 1986: 483)
- 부대시설은 이용 편의시설과 자원 보호시설을 들 수 있다.
- 부대시설은 이용자의 각종 편의제공을 위한 안내판, 화장실, 휴게소, 전망대 시설과 산림 보호 및 관리 · 운영시설 · 위험방지 시설이 있다.

▷ 자전거 도로

- 교통수단의 한 유형인 자전거 타기가 레저 · 스포츠활동으로 발전하면서 모든 연령층에서 선호하고 있어 자전거 도로시설의 설치가 급속한 증가 추세에 있다.
- 자전거는 대기오염의 주범인 자동차에 비하여 환경 친화적인 무공해 교통수단이다.
- 뿐만 아니라 자연과 함께 즐길수 있는 건전 레저 · 스포츠활동으로서 각광 받고 있다.

• 자전거 이용 활성화에 관한 법률(벌률 제4870호, 1995년 1월 5일 제정) 제5조자전거 이용시설의 정비 계획에 의하면 특별시장 · 광역시장 또는 시장 · 군수는 대통령이 정하는 바에 의해서 자전거 이용시설의 정비계획을 수립하여 행정자치부 장관의 승인을 얻도록 하고 있다.
• 이는 자전거를 도시 교통문제 해결을 위한 교통수단 및 국민건강증진 차원에 적극 활용하고자 하는 의도를 담고 있다.
• 자전거 도로의 유형은 자전거 전용도로, 자전거, 보행자 겸용 도로, 자전거 자동차 겸용도로 등 3가지로 구분된다.
• 자전거 전용도로는 자전거 교통만을 위하여 타교통과 분리 설치된 도로 분리대, 연석, 기타 이와 유사한 시설물에 의하여 차도 및 보도와 구분하여 설치된 도로를 말한다.
• 우리나라의 경우 하천 · 공원 · 고수부지 등에 설치하여 자전거 전용통행에 이용한다.
• 자전거 · 보행자 겸용도로는 보도가 설치된 도로에서 자전거와 보행자가 보도의 통행권을 공유하는 도로이다.
• 자전거뿐만 아니라 보행자도 통행할 수 있도록 보도에 노면표시 경계석 기타 유사 시설물을 설치하여 자전거의 통행공간이 보행자와 구분되도록 건설한다.

▷ 야영장
• 야영장은 광역체육 시설 이용시 필요한 주요 기반시설이다. 야영장은 설치목적에 따라 다소 차이가 있다.
• 이용자의 심신수련과 건강증진 측면이 강조되기 때문에 체육시설의 설치 목적과 동일하며, 대부분 그 부대시설로서 설치가 강조되고 있다.

▷ 야영장의 선정조건은 목적에 따라 다르나 시장조건, 경제조건, 활동조건, 안전조건, 생활조건 등이 충족되어야 한다.
• 시장조건 : 이용자층의 소득수준, 여가선용 수준 수용 가능 인원 등의 요소
• 경제조건 : 용지확보 건설 유지.관리 등의 요소
• 활동조건 : 부지내 · 외에서 행해지는 각종 레저.스포츠 활동 요소
• 안전조건 : 부지내 · 외에서의 활동상 재해, 유해물 및 구급 피난 등의 요소
• 생활조건 : 야영 생활을 영위할수 있는 기본적 생활 편의 조건(체육부.1986)

2. 직장체육 시설

- 직장체육시설이란 국가 및 지방자치단체의 기관, 국 · 공영 또는 투자관리 기업체, 공공단체, 민간기업체 등 각급 직장에서 해당 직장인의 건강 증진 및 여가• 선용을 위한 체육활동에 이용될수 있도록 설치 · 운영되는 시설을 말한다.
- 직장체육시설은 직장인의 체육 · 스포츠 활동 욕구를 충족시켜 줄 뿐만 아니라 일반인의 체육활동 참가기회 확대 및 국민체력 향상에 크게 기여한다(임번장, 1992b).
- 경제활동 인구의 활동공간 대부분이 직장임을 감안할 때 직장체육 시설은 직장인의 체육활동 참가의 일차적 조건뿐만 아니라 근로복지를 위한 핵심 시설이다.

▷ 직장체육 시설 확충의 기본 방향은 다음과 같다.

① 직장체육 시설의 확충을 위해서는 직장 특성과 여건을 고려하여 직장 규모별로 표준모형을 설정하여 이를 기준으로 체육시설을 설치한다.

② 직장인의 체육활동 참가기회 확대를 위해서는 직장인이 손쉽게 찾을수 있는 체육시설이 제공되어야 한다. 이를 위해서 기업뿐만 아니라, 중앙정부 또는 지방자치단체의 적극적이 지원방안이 요구된다.

③ 가족이 함께 이용할 수 있는 체육시설을 설치하도록 권장하여야 한다. 이러한 시설 은 직장인 가족의 건강 및 체력향상을 도모하고 애사심을 고취시킬 뿐만 아니라, 노사간 화합 분위기를 조성할 수 있기 때문이다. 대기업의 경우에는 자체 기금으로 직장 생활권에 있는 체육시설뿐만 아니라, 광역생활권에 있는 자체 부지나 연수원 공간을 이용하여 가족단위로 이용 가능한 체육시설 설치를 적극 권장한다.

④ 직장체육시설은 직장생활권 내에 설치함으로써 활용도를 극대화할 수 있으나 인구 밀집지역에 위치한 직장의 경우는 체육시설을 설치하기 위한 부지확보에 어려움이 따른다.따라서 각 기업체에서는 직장 주위의 공공, 학교 그리고 민간 체육시설의 활용을 검토하여 시설 이용계획을 수립하여야 한다. 또한 중소기업의 경우 독자적인 체육시설의 설치가 어렵기 때문에 기업체 간 공동으로 시설을 설치하는 방안을 강구한다.

▷ 직장체육 시설의 기능 및 역할은 다음과 같다 (체육부, 1986)

① 직장인의 체육활동에 대한 욕구 충족

② 직장인의 건강 및 체력증진 기회 확대

③ 직장인의 건전 여가활동 기회 제공

④ 노사 화합의 기회 제공
⑤ 근무의욕 제고를 통한 결근율 및 이직율 감소
⑥ 기업의 생산성 향상

- 직장체육시설은 직장인에게 능동적 체육활동 참가를 가능케 하는 일차적 요건이다.
- 직장체육시설은 직장인의 근로의욕 고취 및 바람직한 문화생활 영위를 위한 직장 내 복지시설이다.
- 직장체육시설은 국민체육진흥법상의 기준시설을 설치 · 운영하여 해당 직장인의 건강증진 및 여가선용을 위한 장이 되도록 노력하여야 한다.

3. 민간체육시설

민간체육시설에 대한 내용을 살펴보면 다음과 같다(임번장, 2004).

- 민간체육시설이란 개인, 기업, 법인, 사회단체, 체육단체 등이 있다.
- 민간체육시설은 일반대중을 대상으로 설치하는 체육시설로서 영리 민간체육 시설과 비영리 민간체육 시설로 구분된다(임번장, 2004).

▷ 영리 민간체육시설
- 영리 민간체육시설은 스포츠센터 등과 같이 개인 또는 영리 단체에서 이윤 추구를 목적으로 운영하는 상업 체육 시설을 의미한다.
- 영리 민간체육시설은 건립 초기에 거액의 투자비가 소요된다.
- 영리 민간체육시설은 사업 초기에 투자비를 회수하기 위하여 대부분 회원제로 운영된다.
- 영리 민간체육시설은 일반인들이 쉽게 이용할 수 없는 단점을 지니고 있다.

▷ 비영리 민간체육시설
- 비영리 민간체육시설은 YMCA, 한국사회체육센터, 국민체육진흥공단, 국민생활체육회 등이 있다.
- 비영리 민간체육시설은 개인 또는 사회단체나 체육단체가 일반대중의 체육활동을 장려한다.
- 비영리 민간체육시설은 대국민 봉사를 목적으로 설치 · 운영하며 영리가 주목적이 아닌 사회봉사를 위한 체육시설을 말한다.
- 비영리민간체육센터의 경우 운영주체가 공공 사회기관이나 공익기관이다.

- 이들 단체는 선교, 체육활동의 보급 및 촉진 또는 기금 운용을 목적으로 한다.
- 영리 민간체육센터에 비하여 저렴한 비용으로 체육활동 및 각종 프로그램을 제공하고 있다.
- 비영리 민간체육센터는 체육활동뿐만 아니라 다양한 문화 프로그램을 운영하고 있다.
- 비영리 민간체육센터는 일반대중으로부터 많은 호응을 받고 있다.
- 그러나 민간체육센터를 건립하는 데 소요되는 비용부담이 크기 때문에 일부 재력보유 단체에서만 건립 · 운영하고 있는 실정이다(이학동, 1993)

4. 등록체육시설

등록체육시설에 대한 내용을 살펴보면 다음과 같다(임번장, 2004).

- 등록체육시설의 설치, 이용에 관한 법률에 따른 등록 체육시설업은 골프장, 요트장, 조정장, 카누장, 빙상장, 경륜장, 경마장 등 비교적 규모가 큰 체육시설이다.
- 종합체육시설은 수영장 시설을 갖춘 체육시설을 말한다..
- 신고체육시설업은 수영장, 체육도장, 볼링장, 테니스장, 골프연습장, 롤러스케이트장, 체력단련장, 당구장 등을 말한다.

▷ 민간체육 시설의 기능 및 역할은 다음과 같다.
- 일반대중의 다양한 체육활동 욕구충족
- 일반대중의 체육활동 참가 기회 확대
- 체육활동을 통한 여가선용 기회 증대

▷ 민간체육시설 확충의 기본방향은 다음과 같다.

첫째, 민간체육 시설을 모든 국민이 저렴하고 손쉽게 이용할 수 있도록 기본 체육시설에 대한 비영리 시설투자가 확대되어야 한다.

둘째, 시설의 지역 안배를 고려하여 각 지역 주민의 수요에 부응하는 체육시설이 설치되도록 배려한다. 지역 특성을 고려한 각종 사회체육 및 여가시설을 갖추되 대도시 편중에 대한 각종 분산 방안을 강구한다.

셋째, 체육시설 투자에는 막대한 재원이 소요된다. 공공체육 시설을 설치하기 위한 정부재정은 한계가 있기 때문에 체육시설을 위한 지속적인 투자에는 많은 어려움이 따른다. 체육시설의 효과적인 설치를 위해서는 민간기업의 투자를 유도할 수 있는 적극적인 행, 재정적 지원방안이 강구되어야 한다.

5. 학교체육시설

학교체육시설에 대한 내용을 살펴보면 다음과 같다(임번장, 2004).

- 학교체육시설은 각급 학교의 정과체육 및 과외자율체육활동의 장으로서뿐만 아니라, 지역주민 체육활동 공간으로서의 기능과 역할을 분담한다.
- 학교 운동장 및 체육관 같은 학교체육 시설을 지역 주민에게 상시 개방하여 이용을 극대화함으로써 지역주민의 체육 참여율을 제고시킨다.
- 학교체육 시설은 수업 및 과외활동의 성과에 큰 영향을 미치기 때문에 체육은 타 교과목과 달리 시설의 유무가 교육의 성패를 좌우한다(체육부, 1986).

▷ 학교체육 시설의 역할은 다음과 같다.

- 정과체육 학습의 장
- 과외자율 체육활동의 장
- 교내경기 활동의 장
- 지역주민 체육활동의 장

- 학교체육시설이 역할을 다하기 위해서는 사회체육활동과 연계하여 운영하는 것이 바람직하다.
- 사회체육 활성화는 지역내의 학교체육시설 이용 극대화를 통하여 상호 유기적인 관계를 형성할 때 가능하다.
- 지역사회 주민을 비롯한 민간자본뿐만 아니라, 국가 차원에서 학교체육시설에 대한 적극적인 투자가 이루어져야 한다.
- 지역내 사회체육시설을 종합적으로 파악하여 초 · 중 · 고등학교 및 대학교의 학교체육시설 활용 극대화 방안을 마련하는 것이 바람직하다.
- 기존의 학교 옥상과 지하실 등을 간이체육활동 시설로 개 · 보수함으로써 해당 학교체육의 발전은 물론, 자발적인 지역주민의 참가를 유도하여 지역사회 체육활동을 촉진한다(淺見裕雄 外, 1984).
- 사회체육과 학교체육 시설의 연계강화를 위해서는 학교체육 시설의 부지 확보가 필요하다.
- 우선적으로 시설 및 공간 관련 법규를 강화하고 학교체육 시설 설치 기준령을 정비해야 한다.
- 기존 체육시설 부지의 용도변경을 규제하고 시설 공간의 입체적 환경을 조성한다.

- 학교의 여건, 학습자의 특성, 지역별 특성에 따른 새로운 기준령을 제정해야 한다.
- 운동 종목별 체육시설 설치 기준령은 성, 연령 및 학교에 따라 차등화되어야 한다.
- 예컨대, 초등학교는 놀이 위주, 중학교는 게임 위주, 고등학교는 스포츠 위주, 대학교는 평생체육 및 레저스포츠활동 위주로 단계화, 특성화 교육이 이루어지도록 배려한다.
- 학교체육시설은 지역 주민이 자연스럽게 접근할 수 있도록 관리체계가 확립되어야 한다.
- 학교 단위로 학교시설관리위원회를 구성하여 운영하는 방법도 바람직하다.

Ⅳ. 체육시설의 현황

1. 사회체육시설 확충

사회체육시설 확충에 대한 내용을 살펴보면 다음과 같다(임번장, 2004).

- 국 · 공유지 · 도시공간의 유휴지 · 공원 및 하천부지 등을 사회체육 시설 공간으로 활용하도록 유도하고 기존 체육시설을 보완하여 활용도를 높이는 방안l 요구되고 있다.
- 기존시설은 참가자의 욕구수준에 부합할 수 있도록 정비 · 보완함으로써 사회체육시설 활용도를 높여야 한다.
- 대단위 국토 조성과 아파트 건립지역은 형식적인 체육시설 설치를 지양하고 현실적으로 이용 가능한 시설을 설치하도록 종합 계획을 수립이 필요하다.
- 특히 신도시 개발지역은 적정 체육공간의 확보와 시설의 설치를 의무화하도록 규정을 강화하여야 한다.
- 이미 해당지역에 설치되 있는 기존 체육시설에 대하여 용도변경을 규제함으로써 기존 체육시설의 보존 및 존속을 최대로 보장하여야 한다(한국체육시설협회, 1991)

2. 다목적 체육시설의 설치

다목적 체육시설에 대한 내용을 살펴보면 다음과 같다(임번장, 2004).

- 가장 조직적이고 효율적인 체육시설은 다목적 체육시설이다.
- 미래사회는 레저스포츠의 수요가 다양화되고 대형화될 전망이다.

- 사회체육시설은 복합 스포츠센터와 같은 다목적 종합 체육시설이 건립되어야 한다.
- 다목적 복합시설은 한 가지 용도로만 사용되는 시설에 비하여 시설 투자비용 및 유지 · 관리비를 절감할 수 있다.
- 다양한 시설 및 기구를 종합적으로 활용함으로써 참가자의 체육활동 욕구를 효과적으로 충족시킬 수 있다.
- 장소 선정의 세심한 배려와 다목적 이용 가능한 시설 및 설비를 도입 · 설치하도록 계획한다.
- 예를 들면 체육관 바닥은 농구 · 배구 · 핸드볼 · 배드민턴 등 각종 구기활동이 모두 가능하도록 경기장 라인을 표시하고 그물 칸막이를 장치하여 둘레에는 육상트랙을 설치하는 방안이다.
- 체육관은 농구 · 배구 · 체조 · 음악콘서트 · 미술전람회 같은 특별행사를 개최할 수 있도록 설계되어야 한다.
- 실내식당은 영사실 · 집회실 · 강의실로 활용 가능하도록 설계한다.
- 다양한 프로그램뿐만 아니라 각종 단체 · 개인 및 가족 등 단체 이용이 가능하도록 설계되어야(Badmin, Coombs & Rayner, 1992)

3. 이용시간의 극대화

체육시설 이용시간 극대화에 대한 내용을 살펴보면 다음과 같다(임번장, 2004).

- 연중 무휴로 이용이 가능한 체육시설이 되도록 설계한다.
- 실외 체육시설의 경우 사계절 내내 이용이 가능하도록 설계한다.
- 체육시설 운영시간을 참가자의 요구 시간대에 부합되도록 조정한다.
- 예를 들면 새벽 · 야간 · 심야에 이용이 가능하도록 운영 시간대를 조정하여 연장 개장하는 경우를 들 수 있다.
- 우리나라 실외체육시설의 대부분은 특정 계절에 한하여 이용될 수 있도록 설치되어져 있는 경우가 많다.
- 스키장의 경우 최근 겨울철뿐만 아니라 골프장 · 수영장 · 야외수련장 · 자연학습장 등 부대시설을 설치하여 사계절 이용이 가능하도록 시설을 구비하는 경향이 나타나고 있다.

4. 체육시설 관리 · 운영의 합리화

체육시설 관리 및 운영에 대한 내용을 살펴보면 다음과 같다(임번장, 2004).

- 사회체육 공간과 시설 이용은 일반적으로 계획된 승인제 · 회원제 · 요금제 · 예약제 같은 제도적 장치를 통하여 합리적으로 관리 · 운영함으로써 많은 참가가 이루어질 수 있도록 배려한다.
- 민간체육시설은 이용자 중심의 자생체육 동호인 조직을 결성하여 자유적 통제가 가능하도록 유도한다.
- 공공체육시설은 설비 및 시설의 유지 · 관리를 위하여 상업체육시설은 이윤추구를 위하여 시설 이용자에게 적정 사용요금을 부과하여야 한다.
- 지역주민의 이용률을 향상시키기 위해 저렴한 가격을 유지하도록 여건을 조성한다.
- 시설이용에 대한 예약제를 통하여 사회체육시설 이용의 효율성을 제고시킨다.
- 시설 이용자의 불만과 갈등이 발생하지 않도록 사전에 예방한다.
- 공공체육시설의 설치는 체육 및 건축 전문가에게 시설의 형태 · 규격 · 재료 · 부대시설에 대한 자문과 협력을 얻어 전문지식의 결의로 야기되는 각종 기술상의 문제점을 보완한다.
- 하천부지를 이용한 지역주민 체육시설인 한강 고수부지의 체육공간 및 시설은 지역주민이 도보, 자전거, 롤러스케이트, 스케이트보드 등을 이용하여 접근이 용이하도록 진입로를 다수 신설함으로써 시설활용을 제고시키는 방안을 강구한다.
- 시설 이용의 활성화를 위해 소극적인 관리 · 운영방식에서 벗어나 적극적인 체육시설 사업운영체제로 전환하여야 한다.
- 시설에 대한 제도 및 홍보활동을 강화하고 고객 유치를 위한 경영체지 도입을 적극 추진하여야 한다.

5. 수변(水邊) 체육시설 개발

수변체육시설 개발에 대한 내용을 살펴보면 다음과 같다(임번장, 2004).

- 우리나라는 삼면이 바다로 둘러싸여 있어 해수면이 방대하다.

- 다양한 하천이나 저수지 등 천혜의 사회체육 환경 여건을 지니고 있다.
- 동해 · 남해 · 서해와 주요 하천 및 저수지 수면과 주변 공간을 사회체육 시설로 개발함으로써 사회체육 공간을 확보 할 수 있다.
- 간이 수영장 건설, 해수욕장, 낚시터의 개발을 추진함과 동시에 탈의실. 샤워장 및 기타 편의시설을 설치하도록 장려한다.
- 각종 수상 및 수중 스포츠를 활성화가기 위해서는 선박장을 설치하도록 한다.
- 수변지역의 선박장을 이용한 보트, 모터보트, 수상스키, 카누, 요트, 윈드서핑, 스킨수쿠버다이빙, 낚시 등을 통하여 자연과 접촉하면서 모협심과 자립심을 고취하고 건강증진 기회를 제공한다.
- 수변지역의 체육시설의 개발은 사회체육의 새로운 영역이 개발 · 확보될 수 있다(한국체육시설협회, 1991:122)

6. 민간체육시설의 유치

민간체육시설의 유치에 대한 내용을 살펴보면 다음과 같다(임번장, 2004).

- 민간체육시설은 비영리 민간체육시설과 영리 민간체육시설로 구분된다.
- 비영리 민간체육시설은 공공단체 구성원이나 기업체 피고용인을 위한 자생체육동호인조직 시설과 직장체육시설을 의미한다.
- 영리 민간체육시설은 이윤추구를 목적으로 하는 상업체육 시설을 의미한다.
- 비영리 민간체육시설의 투자를 유도하기 위해서는 세제상의 혜택, 공과금의 경감, 시설부지 확보를 위한 지원 및 시설 자금 등의 재정지원을 통하여 기업자본이나 공공자금을 체육시설 투자로 유도한다.
- 이윤 추구를 목적으로 하는 민간 상업체육시설은 설치기준 완화와 조세감면 등 각종 세제 혜택을 통하여 체육부문에 대한 투자를 확대해 나가도록 한다.
- 설치기준의 완화는 사회체육 시설이 허가제에서 신고제 또는 자유업으로 법률이 개정되는 변화를 말한다.
- 세제 혜택의 방안으로는 운영비 중 전기요금의 누진세율 인하, 상 · 하수도 요금의 공업용수 사용요금 적용, 체육시설 및 용 기구 구입 시 특소세 면제, 골프장 · 스키장의 특소세 면제 등을 들 수 있다(한국체육시설협회, 1991).

Ⅴ. 체육시설의 현황

1. 체육시설의 개념

- 체육시설은 체육활동의 터전으로써 운동을 통하여 건강과 즐거움을 추구하는 공간이며 사회체육 활성화와 프로그램 운영을 위하여 반드시 있어야 하는 필수요건이다.
- 체육시설을 기반으로 사회체육은 국민의 건강과 체력을 증진하고, 다양한 운동욕구를 충족하며, 생활의 삶의 질 향상에 직간접적으로 기여한다.
- 체육시설은 포괄적으로 "운동에 필요한 물적인 여러 가지 조건을 인공적으로 정비한 시설과 용기구 및 용품을 포함한 조형물"로 정의함으로써 운동장소로 그 의미를 확장하고 있다.
- 반면 합의의 개념으로 체육시설은 "운동학습을 위한 각종 장소"로 규정함으로써 체육시설의 공간적 개념을 좀 더 부각시키고 있다.
- 그러나 체육시설은 효과적이며, 보다 쾌활하고, 적합하며, 안전한 운동활동을 전제로 설치 · 관리되는 일정한 공간적 범위를 가지는 물적 환경으로 정의하는 것이 보다 보편적이다.

2. 체육시설의 종류

- 체육시설을 운동종목 및 시설형태에 따라 구분하고 있다.
- 운동종목에 따라 축구장, 수영장, 골프장, 궁도장 등 45개의 시설과 기타 국내 또 국제적으로 행하여지는 운동종목의 시설로서 문화체육관광부장관이 정하는 것으로 규정하고 있다.
- 운동종목과 시설형태별 체육시설의 종류는 다음의 <표 16-1>과 같다.
- 설치주체나 운영주체에 따라 공공체육시설과 민간체육시설로 구분하고 있다.
- 1994년 체시법이 개정되면서 공공체육시설이라는 용어가 법령에 공식적으로 사용되기 시작하였다.
- 체시법은 공공체육시설을 시설의 주용 이용자와 이용목적에 따라 전문체육시설, 사회체육시설, 직장체육시설 등 3가지로 구분하고 있다.

표 16-1. 운동종목별 · 시설형태별 체육시설의 종류

구분	체육시설의 종류
운동종목	골프장, 골프연습장, 궁도장, 게이트볼장, 농구장, 당구장, 라켓볼장, 룰러스케이트장, 배구장, 배드민턴장, 벨로드롬, 볼링장, 봅슬레이장, 빙상장, 사격장, 세팍타크로장, 수상경기장, 수영장, 무도학원, 무도장, 스쿼시장, 스키장, 승마장, 썰매장, 씨름장, 아이스하키장, 야구장, 양궁장, 자동차경주장, 조정장, 체력단련장, 체육도장, 체조장, 축구장, 카누장, 탁구장, 테니스장, 펜싱장, 하키장, 핸드볼장 그밖에 국내 또는 국제적으로 치러지는 운동종목의 시설물로서 문화체육관광부장관이 정하는 것
시설형태	운동장, 체육관, 종합체육시설

자료 : 체육백서(2008). 문화체육관광부.
출처 : 체육시설의 설치 · 이용에 관한 법률시행령 별표1

표 16-2. 전국 시 · 도별 공공체육시설 현황

단위 : 개소수

구분	전국	서울	부산	대구	인천	광주	대전	울산	경기
전국	12,336	2,169	548	291	447	238	274	209	2,354
육상경기장	187	3	3	3	2	3	2	3	30
축구경기장	467	53	15	15	12	6	10	14	100
하키장	11	1	1	1	1	-	-	-	2
야구장	52	8	2	3	1	1	1	-	9
사이클경기장	11	1	1	1	1	-	1	-	1
테니스장	430	51	4	14	4	9	5	1	90
씨름장	28	-	1	1	-	-	1	1	5
동네체육시설 (간이운동장)	9,531	1,814	477	218	389	189	215	171	1,886
체육관	529	100	15	13	12	14	16	5	90
수영장	427	1	-	1	2	2	2	4	41
룰러스케이트장	243	87	2	11	7	6	13	4	42
사격장	100	17	9	2	7	1	2	1	14
국궁장	21	-	1	1	1	-	-	1	1
양궁장	206	8	2	3	7	2	3	3	35
승마장	27	1	11	2	1	1	1	1	3
골프연습장	12	1	2	2	-	1	1	-	1
조정카누장	39	23	-	-	-	3	-	-	2
요트장	6	-	1	-	-	-	-	-	1
빙상장	9	-	1	-	-	-	-	-	1

자료 : 체육백서(2008). 문화체육관광부 / 2008년 12월말 기준

구분	전국	강원	충북	충남	전북	전남	경북	경남	제주
전국	12,336	843	457	676	785	807	927	1,098	213
육상경기장	187	22	13	13	13	18	21	26	12
축구경기장	467	28	11	8	41	35	28	77	14
하키장	11	1	1	1	–	–	1	1	–
야구장	52	5	3	1	2	3	5	6	2
사이클경기장	11	1	1	–	1	1	–	1	–
테니스장	430	45	17	25	39	41	28	53	4
씨름장	28	3	–	–	4	2	6	3	1
동네체육시설 (간이운동장)	9,531	560	330	458	527	595	765	794	143
체육관	529	41	26	25	37	35	32	48	20
수영장	427	77	20	116	88	27	4	31	11
롤러스케이트장	243	11	6	4	12	8	14	14	2
사격장	100	6	8	4	5	4	6	13	1
국궁장	21	4	2	1	1	2	4	2	–
양궁장	206	29	13	19	12	32	11	24	2
승마장	27	2	2	–	–	1	1	–	–
골프연습장	12	2	–	–	2	–	–	–	–
조정카누장	39	4	1	–	–	1	–	4	1
요트장	6	1	2	–	–	1	–	–	–
빙상장	9	1	1	1	1	1	1	1	–

자료 : 체육백서(2008). 문화체육관광부 / 2008년 12월말 기준

3. 전문체육시설

- 전문체육시설은 국내 · 외 경기대회의 개최와 선수훈련 등에 필요한 운동장 · 체육관 등의 체육시설을 말한다.
- 체시법 제5조는 국기와 지방자치단체의 설치 의무를 규정하고 있다.
- 이에 따라 특별시 · 광역시 및 도에는 국제경기대회 및 전국규모의 종합경기대회를 개최할 수 있는 체육시설을 설치하도록 하고 있다.
- 시 · 군 · 구에는 시 · 군 · 구 규모의 종합경기대회를 개최할 수 있는 체육시설을 설치하도록 하고 있다(체시법시행령 제3조).

4. 사회체육시설

- 사회체육시설은 국민의 거주지와 가까운 곳에서 쉽게 이용할 수 있는 체육시설이다.
- 지역자치단체의 시 · 군 · 구에 지역주민이 균등하게 이용할 수 있는 실내 · 외 체육

시설을 국가와 지방자치단체로 하여금 설치 · 운영하도록 하고 있다.

- 지역자치단체의 읍 · 면 · 동에 지역주민이 균등하게 이용할 수 있는 실내 · 외 체육시설을 국가와 지방자치단체로 하여금 설치 · 운영하도록 하고 있다.

1) 시 · 군 · 구

체육관, 수영장, 볼링장, 체력단련장, 테니스장, 에어로빅장, 탁구장, 골프연습장, 게이트볼장 등의 실내 · 외 체육시설 중 지역주민의 선호도와 입지여건 등을 고려하여 설치할 수 있다.

2) 읍 · 면 · 동

테니장, 배드민턴장, 운동장, 골프연습장, 게이트볼장, 롤러스케이트장, 체력단련장 등의 실내 · 외 체육시설 중 지역주민의 선호도와 입지여건 등을 고려하여 설치할 수 있다.

5. 직장체육시설

직장체육시설은 직장의 장이 직장인의 체육활동을 위하여 설치하는 체육시설로서 상시 근무하는 직장인이 500인 이상의 직장에는 체시법시행령 별표1의 체유기설 중 2종 이상의 체육시설을 설치하도록 하고 있다.

6. 민간체육시설

민간체육시설은 체육단체 · 사회복지단체 · 종교단체 · 민간단체 또는 개인이 영리목적이 아닌 일반인의 체육활동 또는 그 기관의 고유목적을 위하여 설치 · 운영하는 모든 비영리 체육시설과 개인 · 영리단체 또는 기업에서 영리목적으로 설치 · 운영하는 모든 상업용 체육시설로 정의할 수 있다.

표 16-3. 전국 시 • 도별 등록 및 신고체육시설업 현황

단위 : 개소수

구분	전국	서울	부산	대구	인천	광주	대전	울산	경기
전국	38,664	8,658	2,482	1,646	2,178	1,074	1,132	749	7,954
등록시설계	332	–	5	2	4	–	2	3	117
신고시설계	38,332	8,568	2,482	1,646	2,178	1,074	1,132	749	7,837

구분	전국	강원	충북	충남	전북	전남	경북	경남	제주
전국	38,664	1,586	1,163	1,562	1,749	1,628	2,232	2,333	628
등록시설계	332	48	20	10	12	21	31	19	38
신고시설계	38,332	1,538	1,143	1,552	1,737	1,607	2,201	2,314	590

자료 : 체육백서(2008). 문화체육관광부

표 16-4. 전국 시・도별 등록체육시설업 현황

단위 : 개소수

구분	전국	강원	충북	충남	전북	전남	경북	경남	제주
전국등록시설계	332	48	20	10	12	21	31	19	38
골프장	311	37	19	10	11	21	31	18	38
스키장	19	10	1	–	1	–	–	1	–
자동차경주장	2	1	–	–	–	–	–	–	–

구분	전국	서울	부산	대구	인천	광주	대전	울산	경기
전국등록시설계	332	–	5	2	4	–	2	3	117
골프장	311	–	5	2	4	–	2	3	110
스키장	19	–	–	–	–	–	–	–	6
자동차경주장	2	–	–	–	–	–	–	–	1

자료 : 체육백서(2008). 문화체육관광부

표 16-5. 전국 시・도별 신고체육시설업 현황

단위 : 개소수

구분	전국	서울	부산	대구	인천	광주	대전	울산	경기
신고시설계	38,332	8,568	2,482	1,646	2,178	1,074	1,132	749	7,837
요트장	4	–	–	–	–	–	–	–	–
빙상장	38	8	5	3	1	1	2	–	6
승마장	70	–	1	–	–	–	–	–	221
종합체육시설	203	81	16	10	2	5	6	2	50
수영장	606	67	31	23	20	14	20	18	165
체육도장	13,026	2,317	878	777	763	344	359	310	3,211
골프연습장	6,356	1,595	314	302	279	131	186	223	1,667
체력단련장	6,064	1,480	497	308	280	199	218	137	1,247
당구장	22,519	4,632	1,129	737	1,317	781	607	495	5,326
썰매장	135	5	–	2	3	2	2	1	36
무도장	53	18	1	–	3	–	–	–	22
무도학원	1,206	168	62	127	36	81	53	33	204

구분	전국	강원	충북	충남	전북	전남	경북	경남	제주
신고시설계	38,332	1,538	1,143	1,552	1,737	1,607	2,201	2,314	590
요트장	4	-	-	-	-	1	-	2	1
빙상장	38	3	1	1	1	2	2	1	1
승마장	70	4	2	9	3	2	4	2	22
종합체육시설	203	1	3	3	5	3	12	3	1
수영장	606	50	19	33	18	30	37	40	21
체육도장	13,026	391	364	518	528	432	760	928	146
골프연습장	6,356	225	178	189	181	170	315	283	118
체력단련장	6,064	170	191	210	194	164	326	373	70
당구장	22,519	869	738	937	1,068	964	1,233	1,426	260
썰매장	135	29	10	10	6	8	10	10	1
무도장	53	-	1	-	-	1	3	2	2
무도학원	1,206	35	23	45	38	53	102	89	57

자료 : 체육백서(2008). 문화체육관광부

Ⅵ. 공공체육시설 지원 현황

- 우리나라의 체육시설은 그 동안 정부의 지속적인 투지로 양과 질적임 측면에서 괄목할 만한 성장을 이루었다.
- 그러나 국민의 다양한 체육활동 욕구를 충족하기에는 부조한 실정이다.
- 정부는 국민의 건전한 여가선용과 사회체육활동을 증진하기 위하여 국민이 주거지역에서 쉽게 접근할 수 있는 사회체육시설과 엘리트선수의 육성을 위한 전문체육시설의 건설을 지원해 왔다.
- 각종 국제경기대회 개최를 계기로 국제수준의 체육시설을 확충하고 있다.
- 정부가 지원하고 있는 공공체육시설의 종류와 기준은 다음 <표 16-6>과 같다.

표 16-6. 공공체육시설 지원 대상 및 기준(2008년도)

시설명		목표	지원금액 지원기준	주요시설	비고
시군기본 체육시설	운동장	164개 시 • 군 1개소	국고, 지방비 각50%	축구장, 육상트랙	균특회계
	체육관	164개 시 • 군 1개소	국고, 지방비 각50%	구기가능 시설	균특회계
동계체육시설 (실내빙상장)		164개 시 • 도별 1개소 (서울 • 경기 2개소)	국고, 지방비 각50%	피겨, 아이스하키, 쇼트트랙 종목 가능 시설	균특회계

시설명	목표	지원금액 지원기준	주요시설	비고
종목별체육시설	지자체 필요 체육시설	국고, 지방비 각50%	수영장, 테니장, 축구장, 승마장, 하키장, 씨름장, 양궁장 등	균특회계
체육시설리모델링	노후 체육시설 현대화	국고, 지방비 각50%	10년이상 경과된 노후시설(운동장, 체육관 등) 리모델링	균특회계
전국체전시설	전국체전 개최지역 미보유(규격미달) 시설	국고, 지방비 각50%	미보유하거나 규격미달로 신규건설이 필요한 시설 등	균특회계
생활체육공원	전국 232개 시・군・구에 1개소	국고, 지방비 각50%	다목적구장, 테니스장, 농구장, 실외수영장, 롤러스케이트장, 게이트볼장, 체력단련장, 산책로, 휴게실, 녹지공간 등	균특회계
국민체육센터	시・군・구 단위에 1개소 건립	국고, 지방비 각50%	다목적체육관, 체력단련장, 수영장 등 민간스포츠센터수준의 각종 체육시설 등	균특회계
국민체육센터	전국 232개 시・군・구별 1개소 건립	개소당 30억원 내외	다목적체육관, 체력단련장, 수영장 등 민간스포츠센터 수준의 종합체육시설	체육기금
운동장 생활체육시설	초・중・고・대학교 및 공설운동장(토사) 중심 지속 추진	개소당 3.5억원 기금 3.5억원 지방비1.5억원	운동장, 트랙, 야간조명시설 등	체육기금
농어촌체육시설	읍・면지역 대상	개소당 7.5억원 기금 26.6%~80% 지방비 20%~73.4%	다목적구장, 실내형복합시설(커뮤니센터, 운동 센터)	체육기금
길거리농구대 (농구장)	2000년 종료	개소당 20백만원 기금, 지방비 각 50%	농구장 등	체육기금
동네체육시설	2001년 종료	개소당 10~20백만원 기금, 지방비 각 50%	잔디운동장, 우레탄시설	체육기금
게이트볼 전용경기장	16개 시・도별 1개소 (2006년 종료)	개소당 5억원 기금, 지방비 각 50%	게이트볼전용구장 1개소 10면	체육기금
족구장	16개 시・도별 1개소 (2007년 종료)	개소당 1 도는 5억원 기금, 지방비 각 50%	족구전용경기장	체육기금

인조잔디구장	초・중・고 (2008년 종료)	개소당 2.8억원 기금, 교육부 교부세 70%,지방비 30%	인조잔디, 트랙 등	체육기금
마을단위 생활체육시설	전국 3,512개 읍・면・동 단위에 2개소(2008년 종료)	개소당 10~20백만원 기금, 지방비 50%	농구장, 게이트볼장, 배드민턴 장, 간이운동시설, 체력단련기구, 휴게시설 어린이 놀이터, 산책로 등	체육기금

자료 : 체육백서(2008). 문화체육관광부.

1. 전문체육시설

- 우리나라는 지방체육진흥을 위해 시 · 군 지역 기본체육시설의 기반을 조성하고 건전한 여가공간 마련 및 선수육성을 위한 훈련시설 확보를 목적으로 다양한 전문체육시설 조성지원사업을 추진하고 있다.
- 시 · 군 지역 기본체육시설, 종목별 전문체육시설, 전국체전 개최를 위한 시설 등의 심규 조성사업, 기존시실의 활용도 제고를 위해 2005년 신규상업으로 추진하고 있는 리모델링 사업 등이 포함되어 있다.

1) 운동장

- 운동장은 2008년 현재 총 140개 시 · 군에에서 확보하여 85%의 보유율을 나타내고 있다.
- 2008년도에는 계속사업으로 충남 아산 등 8개소에 142억원이 지원되었다.
- 국고 지원은 국가균형발전특별회계를 통하여 지원된다. 지원규모는 사업계획서를 토대로 기획재정부와 협의하여 책정되고 있다.

표 16-7. 연도별・지역별 운동장 지원 현황

(단위 : 개소, 백만원)

구분	확보대상	미확보	확보	1982~2000			01	02	03	04	05	06	07	08
				지원	자체	계								
부산	1	1	0	0	0	0	-	-	-	-	-	-	-	-
대구	1	1	0	0	0	0	-	-	-	-	-	-	-	-
인천	2	2	0	0	0	0	-	-	-	-	-	-	-	-
울산	1	1	0	0	0	0	-	-	-	-	-	-	-	-

구분	확보 대상	미 확보	확보	1982~2000			01	02	03	04	05	06	07	08
				지원	자체	계								
경기	31	8	23	20	2	22	–	–	–	–	하남	–	–	–
강원	18	1	17	17	0	17	–	–	–	–	–	–	–	–
충북	12	1	11	9	2	11	–	–	–	–	–	–	–	–
충남	16	4	12	10	0	10	부여	–	–	아산	–	–	–	–
전북	14	0	14	11	1	12	–	임실	–	순창	–	–	–	–
전남	22	1	21	16	1	17	–	–	구례	무안	–	–	–	–
경북	23	3	20	15	3	18	–	–	–	–	–	–	울릉 경산	–
경남	20	0	20	16	4	20	–	–	–	–	–	마산	–	–
제주	2	0	2	2	0	2	–	–	–	–	남제주	–	–	–
합계	163	23	140	116	13	129	1	1	1	4	2	1	3	–

자료 : 체육백서(2008). 문화체육관광부.

2) 체육관

- 체육관은 2008년 현재 총 130개 시 · 군에서 79% 확보율을 나타내고 있다.
- 2008년도에는 계속사업으로 경기도 광주 등 8개소에 101.억원이 지원되었다.
- 신규사업으로 대구 등 11개소에 101억원이 지원되었다.
- 국고 지원은 국가균형발전특별회계를 통하여 지원된다.
- 지원규모는 자치단체 사업계획서를 토대로 기획재정부와 협의하여 책정되고 있다.

표 16-8. 연도별 • 지역별 체육관 지원실적

(단위 : 개소, 백만원)

구분	확보 대상	미 확보	확보	1982~2000			00	01	02	03	04	05	06	07	08
				지원	자체	계									
부산/기장	1	0	1	0	1	1	–	–	–	–	–	–	–	남구	–
대구/달성	1	0	0	1	0	1	–	–	–	–	–	–	–	–	대구
인천/강화옹진	2	1	1	0	1	1	–	–	–	–	–	–	–	–	–
울산/울주	1	0	1	1	0	1	–	–	–	–	–	–	–	–	–
경기	31	3	28	18	8	24	–	–	–	–	–	하남	–	광주 의왕 안양	–
강원	18	1	17	11	2	13	–	고성	양구	–	–	–	영월 철언	–	원주
충북	12	5	7	4	1	5	–	–	–	단양	–	영동	–	–	청주
충남	16	4	12	9	0	9	당진	–	–	–	–	–	–	계룡예산	–

전북	14	3	11	8	1	9	–	–	–	–	–	–	–	부안남원 익산	장수
전남	22	7	15	8	2	10	구례진도	신안	–	–	–	담양	–	–	장흥 고흥 화순 영암
경북	23	8	15	11	3	14	–	–	–	–	–	김천	–	경산	영천 상주
경남	20	1	19	14	4	17	–	–	–	–	남해	–	–	함안	진주
제주	2	0	2	2	0	2	–	–	–	–	–	–	–	추자우도	–
합계	163	33	130	87	20	107	3	2	1	1	1	5	0	9	

자료 : 체육백서(2008). 문화체육관광부.

※ 2000년 이후 신규 지원 시 · 군이며, 2003년부터 학교체육관은 통계자료에서 제외.

3) 종목별 전문체육시설

종목별 전문체육시설은 자치단체 여건에 맞는 전문경기장 및 전지훈련시설 확충을 목적으로 추진되고 있다.

표 16-9. 종목별 전문체육시설 지원현황

단위 : 억원

구분	2003	2004	2005	2006	2007	2008
지원금	15	54.5	65	311.7	421.9	419

자료 : 체육백서(2008). 문화체육관광부.

2008년의 지역별 전문체육시설 조성사업 지원실적은 다음의 <표 16-9>와 같다.

표 16-10. 지역별 전문체육시설 지원실적

(단위 : 개소수, 백만원)

지역	시설	지원금	비고
인천	인천대공원체육시설(축구장)	500	인천
광주	첨단체니스장 조성	210	광산
대전	수영장	840	대전
	롤러장	600	대전
경기	축구장	108	양평

지역	시설	지원금	비고
강원	스키점프경기장	20,850	평창
	크로스컨트리경기장	1,900	평창
	종목별경기장	600	원주
	인조잔디구장	500	속초
	대관령육상전지훈련장	400	평창
	사이클경기장	1,700	양양
	카누슬라럼경기장	400	화천
충북	인조잔디구장	240	진천
충남	보조축구장	270	계룡
전북	인공암벽장	255	익산
	인조잔디구장	330	장수
전남	실내수영장	350	목포
	배구보조경기장	300	목포
	실내수영장	500	광양
	웨이트트레이닝센터	500	나주
	축구보조경기장	500	고흥
	국민에코스포츠시설	1,000	보성
	궁도장	300	진도
	하키장	300	담양
	국궁장	300	장성
경북	축구장	270	예천
경남	통영스포츠파크	300	통영
	거창스포츠	3,958	거창
	거제스포츠파크	200	거제
	시립테니스장	1,106	마산
	승마장	300	함안
제주	남부전지훈련센터	1,000	제주
	전천후게이트볼장	240	제주
	전지훈련장 조성	400	제주
	축구장 조성	400	제주
계	35개소	41,929	

자료 : 체육백서(2008). 문화체육관광부.

4) 전국체전시설

- 전국체육대회의 성공적인 개최를 위해 유치 시 · 도의 미보유(규격미달 등) 경기장 확보를 목적으로 추진되고 있다.
- 2008년에는 전남 21개소에 117억원, 대전 1개소에 68억원, 경남 1개소에 50억원, 경기 1개소에 30억원 등 총 265억원이 일반회계로 지원되었다.

표 16-11. 지역별 전문체육시설 지원실적

(단위 : 백만원)

개최 년도	지역	지원 금액	지원대상
1982	경 남	1,200	마산야구장(1,200)
1983	인 천	200	종합운동장(200)
1984	대 구	2,000	종합운동장(500), 수영장(1,500)
1985	강 원	4,500	춘천종합운동장(3,000), 벨로드롬(500), 원주운동장(500), 강릉운동장(500)
1987	광주 · 전남	7,000	광주체육관(2,800), 목포운동장(400), 체육관(600), 수영장(1,700), 나주사격장(700), 밸로드롬(800)
1989	경 기	3,000	성남로울러장(300), 의정부벨로드롬(700), 안양수영장(2,000)
1990	충 북	7,000	청주수영장(3,600), 로울러장(1,430), 궁도장(170), 사격장(1,100) 음성벨로드롬(600)
1991	전 북	8,000	전주수영장(2,500), 벨로드롬(1,500), 롤러스케이트장(1,000), 승마장(500), 군산체육관(1,500), 이리운동장(1,000)
1992	대 구	3,943	사격장(360), 로울러장(1,010), 롤러스케이트장(1,000), 승마장(1,168), 궁도장(300), 조정카누장(250)
1993	광 주	4,000	수영장(4,000)
1994	대 전	4,913	수영장(2,736), 벨로드롬(2,177)
1998	제 주	5,500	제주체육관 4개소(2,300), 동흥 · 조천 · 한경 · 인덕 · 표퓻선체육관(2,000), 서귀포궁도장(600), 서귀포테니스장(600)
2001	충 남	14,537	천안종합운동장(12,750), 천안실내체육관(750), 보령오트장(750), 예산운동장(500)
2002	제 주	2,500	제주시 주경기장 및 야구장보수(1,250), 서귀포 롤러스케이트장(750), 제주유도체육관(500)
2003	전 북	19,200	전북임실도립사격장(6,000), 전주실내수영장(11,200), 전주롤러스케이트장(1,000), 부안요트장(1,000)
2004	충 북	12,100	청주운동장(2,500), 청주유도장(2,000), 청주다이빙장(1,000), 충주체육관(2,500), 충주요트장(500), 제천하키장(1,100), 제천정구장(500), 진천운동장(1,500), 진천카누장(500)
2005	울 산	31,100	종합운동장(17,000), 수영장(11,000), 테니스장(1,000), 롤러스케이트장(1,400), 사격장(700)
2006	경 북	15,000	실내수영장(2,800), 실내체육관(7,550), 테니스장(900), 롤러스케이트장(710), 종합운동장 조명탑(670), 태권도경기장(1,500), 종합스포츠센터(870)
2007	광 주	14,200	핸드볼경기장(4,877), 정구장(349), 하키장(500), 사격장(475), 월드컵경기장증축(1,724), 수영장보수(1,800), 태권도장보수(1,768), 승마장보수 등 10개소(2,707)
2008	전 남	23,000	사격장(3,9670, 나주인라인롤러장(1,905), 여수종합경기장보수(7,387), 승마경기장보수(2,797), 목포하키장(1,316), 목포수영장보수(1,181), 사이클경기장보수 등18개소(4,437)

자료 : 체육백서(2008). 문화체육관광부.

2. 사회체육시설

- 사회체육시설의 공간 확충은 지역주민이 집주변에서 손쉽게 접근하여 이용할 수 있는 복합형 신규체육시설을 적극적인 조성과 기존체육시설의 이용 활성화를 극대화하는 데 있다.
- 우리나라는 국민체육센터, 사회체육공원, 마을단위체육시설, 운동장사회체육시설, 농어촌 복합체육시설설 등의 시설 확충을 지원하고 있다.
- 1997년의 지방스포츠센터로부터 출발하여 1999년에는 보급형스포츠센터로 운영되었고, 2000년부터는 국민체육센터로 그 명칭이 바뀌었다.
- 사회체육서비스 공급의 지역적 균형을 도모하기 위해 1998년부터 시 · 도별로 1개소씩 연차적으로 착공하여 2001년까지 건립하는 것으로 계획되었다.
- 그러나 2001년 8월 문화관광부의 "사회체육활성화 대책"에서 일반 대중이 값싸고 손쉽게 이용할 수 있는 도시형 종합체육공간 확보를 목적으로 시 · 구 단위에 각 1개소씩 기존의 35개소를 포함하여 85개소를 건립하는 것으로 목표를 확대하였다.
- 또 다시 시 · 군 · 구에 각 1개소씩 건립하는 것으로 확대되었다.
- 국민체육센터는 지방자치단체와 국민체육진흥공단이 사업 시행주체가 된다.
- 국민체육센터는 지역적 특성을 고려하여 3가지 모델을 있다.
- 기본형은 수영장(4레인×25m), 체력단련장, 체력측정실 등의 시설을 갖추고 있다.
- 체육관복합형은 기본형에 실내체육관 시설을 갖추고 있다.
- 다목적 체육관형은 체육관복합형에 수영장을 제외한 시설을 갖추고 있다.

1) 국민체육센타

표 16-12. 국민체육센터 연도별 · 지역별 건립 지원 현황

구분	계		97	99	00	01	02	03	04	05	06	07	08
	수량	금액											
서울	3	150	강서				성동						
부산	7	216.5		서구			사하	금정	영도		남구		
대구	5	157.5		동구				경북대	달서	서구			
인천	5	157.5		계양		부평		남동	서구				

광주	5	157.5		광산		서구		북구	남구				
대전	5	142		유성			서구			대덕			중구
울산	4	119		중구		동구				북구			남구
경기	13	387		의왕 부천			광명 평택	가평	시흥 하남	화성 오산		양평	포천 안성
강원	11	329		춘천	원주			고성	인제 동해	강릉	평창	태백	속초 횡성
충북	8	255	제천		충주		보은	청원	음성	증평		영동	
충남	10	300		천안	공주대	금산	연기	서산	보령	논산	서천		태안
전북	9	287	익산		전주	군산	정읍	완주	남원	장수			부안
전남	12	365		강진 목포		무안		영광 곡성	나주	해남	구례	진도여수	장흥
경북	11	321		영주 군위			문경 경주	안동	포항	상주	경산	청도	칠곡
경남	11	323		진해 밀양		함안		의령	양산 진주	거제	거창	김해	통영
제주	5	142		제주	사귀포				북제주				남제주
계	124	3,809	3	17	5	7	10	13	16	12	6	7	13

자료 : 체육백서(2008). 문화체육관광부.

2) 사회체육공원

- 사회체육공원 조성사업은 녹지공간 속에 각종 사회체육시설을 집중 설치하였다.
- 선진국형의 쾌적한 체육활동 환경을 조성함으로써 국민사회체육을 활성화하고 있다.
- 휴식과 체육 및 레저활동을 겸할 수 있는 다목적 복합공간 조성을 목적으로 한다.
- 제2차 국민체육진흥 5개년계획에서는 전국 시 · 도 단위별로 각 1개소씩 시범적으로 설치 · 운영한 후 확대 추진하는 것으로 설정되었다.
- 그러나 2001년 1월 발표된 "사회체육공원 조성 기본계획"에서는 시 · 군 · 구 단위의 기초자치단체마다 1개소씩 확보하는 것으로 확대되었다.
- 2000년도에는 시범적으로 7개소에 대한 사업이 착수되었고, 2008년까지 총 143개소에 지원되었다
- 2008년에는 25개사업(신규 15개소, 계속 10개소)에 140억원 지원되었다.

표 16-13. 사회체육공원 연도별 · 지역별 지원실적

(단위 : 개소)

구분	계	00	01	02	03	04	05	06	07	08
서울	1	–	–	–	–	–	–	–	–	–
부산	3	–	–	–	–	기장	–	–	–	–
대구	2	–	–	–	–	달서구 남구	–	–	–	달성
인천	6	–	–	–	나동 계양	–	–	–	–	–
광주	1	–	–	–	서구 부구 광산	남구 동구	–	–	–	본청
대전	4	–	–	–	–	–	대덕구	–	–	–
울산	22	–	–	–	북구	중구	울주군	–	–	남구
경기	12	–	과천	가평 양평	안양 수원 평택	용인 부천 여주 시흥	연천 양주 김포	이천 가평 수원 광주	동두천 양주 포천 구리	양평
강원	12	화천	–	평창 고성 정선	인제 홍천 횡성	철원 춘천	동해	영월	–	원주
충북	10	–	충주	제천 단양 진천	옥천	청주 음성	–	청원 보은	충주	–
충남	10	부여	–	금산	당진	연기 천안 이산	계룡 홍성 논산	–	태안	–
전북	12	익산 진안	–	전주 순창	완주 장수 정읍 임실	무주 고창	–	김제	–	완주
전남	19	광양	해남	목포 곡엉	담양 함평 화순	무안 순천 신안 고흥	완도	장흥 강진	목포 영광	신안 곡성 보성
경북	16	안동	–	영주 영덕 봉화	고령 군위	상주 울진 경주 청송	예천	문경 경산	–	포항 의성 안동
경남	20	김해	진주	진해 밀양 함안 합천 거창	하동 거제	통영 고성 남해 산청	사천 의령 함양	–	고성	진해 양산 창녕
제주	5	–	제주	–	서귀포	북제주	–	제주	북제주	–
계	143	7	5	21	26	32	14	13	10	15

자료 : 체육백서(2008). 문화체육관광부.

3) 농어촌 복합체육시설

- 지금까지 체육시설 확충은 대부분 대도시와 중소도시에 편중되어 왔다.
- 사회체육 활성화 및 균등한 체육복지 실현을 위해 읍 · 면 단위 이하의 체육시설 보급을 위해 노력할 필요성이 대두되고 있다.
- "2006년 국민생활체육활동 참여실태조사"에 의하면 운동을 하고 싶으나 시설이 없다는 응답비율이 읍 · 면 이하와 농 · 임 · 어업에 종사하는 경우 높게 나타났다.
- 농어촌복합체육시설 조성지원사업은 체육시설이 없어서 사회체육활동에 참여하지 못하는 문제점이 있었다.
- 이를 극복하기 위해 한국마사회 경마수익금으로 지원되던 농어민문화체육센터의 대안사업으로 2006년부터 시범적으로 추진되고 있다.
- 공공체육서비스 혜택이 상대적으로 미치지 못하는 전국 읍 · 면 · 동 지역을 서비스 영역으로 한다.
- 국민체육진흥기금을 국민체육복지에 폭 넓게 환원하고 노령화 사회로 진입한 농어촌 체육복지 서비스에 효과적으로 대처한다.
- 도 · 농간 격차를 완화를 통하여 국민의 삶의 질 향상을 균형적인 발전을 도모하고 국민체육복지 구현을 목적으로 하고 있다.
- 2008년말 5개소가 건설 완료되어 운영중에 있으며, 16개소가 건설 및 사업 추진중에 있다.
- 2009년도부터 사업성과 평가를 통하여 확대여부 등 합리적 시행방안을 도출하고 있다.
- 지역적 특성을 고려하여 4가지 모델을 개발(주요시설 : 레크리에이션센터, 커뮤니티센터, 아쿠아센터, 다목적구장 등)하여 지원되고 있다.

표 16-14. 농어촌복합체육시설 연도별 • 지역별 지원실적

( ) : 지원금액 (단위 : 개/억원)

구분	개소수	'06년도 지원지역	'07년도 지원지역	'08년도 지원지역
서울	–	–	–	–
부산	–	–	–	–
대구	–	–	–	–
인천	–	–	–	–
광주	–	–	–	–
대전	–	–	–	–
울산	–	–	–	–
경기	5	남양주(3.5), 포천(5)	양주(5), 여주(5)	파주(5)
강원	2	삼척(6)	–	영월(6)
충북	–			
충남	–			

구분	개소수	'06년도 지원지역	'07년도 지원지역	'08년도 지원지역
전북	2	순창(5)	-	정읍(5)
전남	4	고흥(6)	영암군(6)	강진(4.5)., 신안(6)
경북	4	-	구미(4.5). 포항(5), 영주(6)	봉화(6)
경남	4	사천(6), 산청(6)	하동(6)	창녕(4.5)
제주	-	-	-	-
계	21(112.5)	7(37.5)	7(37.5)	7(37.5)

자료 : 체육백서(2008). 문화체육관광부

4) 마을단위 사회체육시설 설치

- 마을단위 사회체육시설 설치사업은 1990년부터 동네체육시설 이란 사업으로 전국 읍 · 면 · 동 단위에 1개소 이상 설치를 목표포 추진되어 왔다.
- 2002년부터는 마을단위 사회체육시설 설치사업으로 변경하여 전국 3,571개(2004년 1월1일) 읍 · 면 · 동 단위에 2~3개소 설치를 목표로 등산로, 약수터, 마을공터 등 인근 지역주민이 쉽게 이용할 수 있는 장소에 소규모 간이운동시설을 설치하는 것으로 추진되고 있다.
- 2002년도 142개소, 2008년 150개소 2008년 총 5,432개소에 국민체육진흥기금으로 지원되어 설치하였다.
- 마을단위 사회체육시설 연도별 · 지역별 지원실적은 다음의 <표 16-15>와 같다.

표 16-15. 마을단위 사회체육시설 연도별 • 지역별 지원실적

(단위 : 개소수)

구분	96까지	97	98	99	00	02	03	04	05	06	07	08	계
서울	576	12	34	64	64	5	18	16	13	39	14	17	872
부산	204	32	7	7	11	2	6	9	9	10	8	13	318
대구	93	4	-	-	21	1	3	5	5	4	4	5	145
인천	159	27	-	6	22	2	3	7	4	10	4	11	255
광주	53	11	-	9	-	6	6	3	7	1	3	9	108
대전	8	14	13	12	6	4	6	3	5	5	3	5	84
울산	-	50	12	9	6	9	5	3	2	2	5	2	105
경기	365	134	85	163	81	15	15	24	15	15	15	19	946
강원	140	-	23	14	21	13	7	9	7	12	10	9	265
충북	89	18	11	9	28	13	5	7	5	5	6	5	201
충남	131	9	15	15	15	10	19	9	5	8	9	3	248

전북	205	9	12	11	7	14	9	12	12	12	13	9	325
전남	186	28	65	19	36	26	21	14	14	14	15	19	457
경북	160	21	54	33	33	12	14	16	10	15	16	12	396
경남	279	17	61	36	56	14	18	14	11	10	14	10	540
제주	44	9	1	9	8	4	7	3	3	1	3	2	94
계	2,765	395	393	416	415	150	162	154	127	163	142	150	5,432

자료 : 체육백서(2008). 문화체육관광부

5) 운동장 사회체육시설

- 운동장 사회체육시설은 학교 및 사회체육활성화를 통한 체육인구 저변확대와 전문체육발전을 위한 기반 조성과 구민체육복지 향상을 위한 체육시설 인프라 구축을 목적으로 추진되었다.
- 1998년 공설운동장과 학교 운동장을 대상으로 천연잔디구장을 조성하기 시작하였다.
- 2000년부터 천연잔디구장과 잔디 · 우레탄 설치 지원사업으로 이원화하여 조성하였다.
- 운동장 사회체육시설 조성지원사업 추진실적 현황은 다음의 <표 16-16>과 같다.

표 16-16. 운동장 사회체육시설 조성지원사업 추진실적

(단위 : 개소수)

구분		서울	부산	대구	인천	광주	대전	울산	경기	강원	충북	충남	전북	전남	경북	경남	제주	계
천연잔디구장	98	–	1	–	–	2	–	–	5	4	3	1	4	3	7	6	1	37
	99	–	1	1	–	2	1	1	2	2	2	2	6	5	4	3	2	34
	00	1	–	–	–	–	–	–	1	2	–	–	1	2	1	3	2	13
	01	–	–	1	–	–	–	–	1	2	1	–	1	2	–	1	2	11
	계	1	2	2	–	4	1	1	9	10	6	3	12	12	12	13	7	95

구분		서울	부산	대구	인천	광주	대전	울산	경기	강원	충북	충남	전북	전남	경북	경남	제주	계
잔디우레탄	00	5	1	–	–	–	1	–	–	1	–	–	2	1	–	1	1	13
	01	6	2	2	1	2	3	1	9	2	2	4	5	2	4	3	2	50
	02	4	2	4	2	2	2	2	9	3	2	3	6	3	5	4	2	55
	03	12	12	8	3	5	4	4	10	5	4	6	6	7	9	11	3	109
	04	11	13	8	4	5	4	3	9	4	6	6	5	6	9	9	2	104
	05	10	11	8	4	6	5	5	11	6	6	7	6	8	10	9	4	116
	06	12	10	6	3	4	4	3	13	3	4	5	6	5	8	10	4	100
	07	16	14	8	6	6	5	4	18	9	5	8	5	10	12	12	3	141
	08	10	10	7	5	4	5	4	16	5	5	6	4	8	8	9	2	108
	계	86	75	51	28	34	33	26	95	38	34	45	45	50	65	68	23	796

출처 : 국민체육진흥공단 내부자료

6) 간이체육시설(농구장 · 족구장)

표 16-17. 간이체육시설(농구장 · 족구장) 지원현황

(단위 : 개소수)

구분		서울	부산	대구	인천	광주	대전	울산	경기	강원	충북	충남	전북	전남	경북	경남	제주	계
농구대	05	–	–	–	–	–	–	–	–	4	4	4	4	5	5	4	4	34
	06	–	–	–	–	–	–	–	–	3	2	1	2	1	2	1	1	13
	07	1	1	1	1	1	1	1	1	2	2	2	2	2	2	2	1	20
	08	–	–	1	1	1	–	–	2	3	–	1	2	3	1	2	3	20
	계	1	1	2	1	1	1	1	3	12	8	8	10	1	0	10	8	10
족구장	05	–	–	–	–	–	–	–	–	–	–	–	–	–	–	–	–	–
	06	5	–	–	–	–	1	–	–	1	–	1	1	–	–	1	–	5
	07	–	–	–	–	–	–	–	–	–	–	–	–	–	–	–	–	–
	계	5	–	–	–	–	1	–	–	1	–	1	1	–	–	1	–	5

자료 : 체육백서(2008). 문화체육관광부

7) 노인건강체육시설

- 노인건강체육시설 조성사업은 고령화 사회를 대비하여 노인들의 건강 및 여가선용을 위해 게이트볼장, 파크골프장, 휴게공간 등을 조성하는 사업으로 2004년부터 신규로 추진하고 있다.
- 2008년에는 대구 노인건강체육센터에 15억원, 강원 삼척 게이트볼장 2억원, 충남 서천 노인건강체육시설(게이트볼장, 파크골프장)에 4.6억원 충북 옥천 전천후게이트볼장 및 그라운드골프장에 2.5억원, 전남 장흥군 노인건강체육시설(게이트볼장)에 5억원이 국가균형발전특별회계로 지원되었다.

표 16-18. 노인건강 사회체육시설 연도별 · 지역별 지원실적

(단위 : 개소수, 백만원)

구분	계		04	05	06	07	08
	수량	금액					
대구	2	2,050				달성군	대구
광주	1	1,000	남구	남구			
강원	1	200					삼척시
충북	1	250					옥천시
충남	1	1,000				서천군	서천군
전북	1	350					
전남	1	500		장수군			장흥군
계	8	5,350					

자료 : 체육백서(2008). 문화체육관광부

3. 체육활동공간의 효율적 활용

- 생활수준 향상과 여가시간 증대로 구민들의 체육에 대한 관심이 증가함에 따라 공공체육시설을 포함한 체육시설의 수와 규모도 지속적으로 늘어나고 있다.
- 그러나 공공체유기설의 수와 규모가 증가하고 있는 만큼 국민의 체육수요를 충족시키고 설치목적에 효율적으로 운영 · 관리에 대해 실질적인 검토가 요구된다.
- 시설수가 과거에 비해 지속적으로 증가하고 있지만 공공체육시설에 대한 인지도가 낮고 시설활용도와 만족도가 민간체육시설에 비해 낮은 수준이다.
- 공공체육시설의 활용도와 서비스 수준에 대한 다양한 정책이 요구되고 있다.

Ⅶ. 요약

사회체육시설은 각종 사회체육활동 실천의 필수 구성요소로서 사회 구성원에게 적극적이고 건전한 사회체육 참가를 유도하여 참가자의 건강 증진, 정서 순화, 사회성 함양을 위한 동기 유발 기능을 담당한다. 사회체육 시설은 단지 운동을 성립시키는 물리적인 공간을 의미하는 것이 아니라, 사회체육의 목적이나 목표 달성의 효율성을 제고하며 보다 쾌적하고 안전하게 체육활동에 참가할 수 있도록 설치 · 관리되는 제 환경으로 정의된다.

- 사회체육시설은 운동 장소에 의한 분류, 이용자의 연령에 의한 분류, 이용자의 생활영역에 의한 분류, 이용자의 신체적 특성에 의한 분류, 설치 목적에 의한 분류 등으로 구분할 수 있다.
- 일반적으로 사회체육 시설의 유형은 공공체육시설, 민간체육시설, 직장체육시설로 구분되며 사회체육활동을 위해 개방되는 학교체육 시설이 제한적으로 포함된다.
- 사회체육 시설 계획은 참가자의 건강 증진뿐만 아니라, 체육활동 참가 시 발생할 수 있는 안전사고의 예방에 중점을 두고 기존 시설의 사전답사와 사전분석 작업을 통한 정보와 아이디어 제공이 선행되어야 한다.
- 사회체육 시설의 활용도를 제고하기 위해서는 먼저 사회체육활동 참가자의 용구수준에 부합될 수 있도록 시설을 정비 · 보완하는 시설 확충을 꾀하여야 한다.
- 또한 다목적 체육시설을 설치해야 하고 시설 활용 시간의 극대화를 꾀하여야 한다.
- 우리나라는 삼면이 바다로 둘러싸여 있으므로 수변체육시설을 적극 개발하여 확보하여야 한다.
- 사회체육시설 관리에는 물적 관리와 안전관리가 있으며, 운영 서비스는 시설대여 서

비스, 프로그램 서비스, 동호인 조직결성 서비스, 지도 서비스, 상담 서비스, 안내 서비스 등이 있다.

- 생활수준 향상과 여가시간 증대로 구민들의 체육에 대한 관심이 증가함에 따라 공공체육시설을 포함한 체육시설의 수와 규모도 지속적으로 늘어나고 있다.
- 그러나 공공체육시설의 수와 규모가 증가하고 있는 만큼 국민의 체육수요를 충족시키고 설치목적에 효율적으로 운영 · 관리에 대해 실질적인 검토가 요구된다.
- 시설수가 과거에 비해 지속적으로 증가하고 있지만 공공체육시설에 대한 인지도가 낮고 시설활용도와 만족도가 민간체육시설에 비해 낮은 수준이다.
- 공공체육시설의 활용도와 서비스 수준에 대한 다양한 정책이 요구되고 있다.

Ⅷ. 학습문제

1. 현대사회에 있어서 사회체육 시설의 중요성을 알아보자.
2. 사회체육 시설을 분류해 보자.
3. 학교체육 시설과 사회체육 시설의 연계방안을 알아보자.
4. 사회체육 시설 계획시 일반적인 고려 사항에 대하여 알아보자.
5. 실내 체육시설 계획시 고려해야 할 사항에 대하여 알아보자.
6. 실외 체육시설 계획시 고려해야 할 사항에 대하여 알아보자.
7. 실내 및 실외 체육시설 계획에 있어서 고려해야 할 사항을 비교해 보자.
8. 사회체육 시설의 활용도 제고 방안에 대하여 알아보자.
9. 사회체육 시설 관리에 대하여 알아보자.
10. 사회체육 시설의 운영 서비스에 대하여 알아보자.
11. 공공체육시설 현황을 알아보자.
12. 등록체육시설 현황을 알아보자.
13. 신고체육시설 현황을 알아보자.
14. 국민체육센타 시설에 대한 현황을 알아보자.
15. 사회체육공원 시설에 대한 현황을 알아보자.
16. 농어촌 복합체육시설에 대한 현황을 알아보자.
17. 마을단위 사회체육시설에 대한 현황을 알아보자.
18. 운동장 사회체육시설에 대한 현황을 알아보자.

19. 간이체육시설(농구장 · 족구장)에 대한 현황을 알아보자.
20. 노인건강체육시설에 대한 현황을 알아보자.

Ⅸ. 주요개념

대한체육회	동네체육시설
국민생활체육회	광역체육시설
국민체육진흥공단	공공체육시설
한국마사회	등록체육시설
근린체육시설	신고체육시설

참고문헌

문화체육관광부. 2004 체육백서. (주)계문사.

문화체육관광부. 2005 체육백서. (주)계문사.

문화체육관광부. 2008 체육백서. (주)삼한정보기획.

이광훈(1997). 서울시 자전거이용시설 기본구상: 정비 5개년 계획. 서울시정개발원.

이학동(1993). 서울시 미시설운동장부지 활용방안 연구. 서울시정개발원. 서울: 신광인쇄소.

임번장(1992d). 생활체육 프로그램 개발과 지도기법. 국민생활체육 상담원 중앙 연수교재. 국민 생활체육협의회. 서울: 태근문화사.

임번장(2004). 사회체육학개론. 서울대학교 출판부.

체육부(1986). 국민체육진흥장기계획.

체육부(1987). 체육지표설정을 위한 조사연구.

체육백서(2008). 문화체육관광부.

허현미(1996). 공공스포츠시설의 서비스 질 척도개발과 측정치 특성분석. 박사학위논문. 이화여자대학교 대학원.

한국체육시설협회(1991). 체육시설지침서.

Badmin, P., Coombs, M., & Rayner, G.(1992). *Leisure pooerational management Vol. 1: Facilities.* Longman in association with Institute of leisure and Amenity Management.

17장 | 사회체육 지도자

Ⅰ. 개요

과거 스포츠는 소질이 있고 강하며 능숙하고 부유한 사람들만의 전유물처럼 여겨졌었다. 경제성장으로 국민소득 증대와 생활수준 향상으로 사회체육인구는 폭발적으로 늘어나고 있다. 소득수준 향상은 여가증대와 체육 · 스포츠활동의 관심고조로 체육의 생활화는 심화되고 있다. 스포츠활동 참가자의 사회체육 내용과 수준에 대한 기대 상승이 필연적으로 예견되고 있다.

- 현대사회는 사회체육 참가자의 요구에 부응하기 위해 시설활용의 극대화, 프로그램 운영의 효율성을 도모하고 있다.
- 또한 사회체육지도자의 양성 및 확보는 사회체육진흥 및 발전에 시급히 선결되어야 할 과제이다.
- 사회체육은 성 · 연령 · 신체조건 · 직업 등에서 학교체육처럼 동일하거나 비슷한 대상을 상대로 하는 것이 아니다.
- 사회체육은 다양한 대상을 상대로 하기 때문에 지도가 결코 단순하지 않은 영역이다.
- 사회체육지도는 상당한 수준의 전문성을 요구하고 있다.
- 사회체육지도자 양성은 사회체육운동의 확산과 실천을 위한 전문적 자질의 배양에 역점을 두고 이루어져야 한다.
- 사회체육지도자는 사회체육 내용과 방법에 관한 기술과 기능을 전달하는 역할을 한다.
- 사회체육지도자는 사회체육 발전을 위해 주도적이며 발전적인 연구와 노력을 하는 사람이다.
- 사회체육지도자의 활동영역은 사회체육행정 · 시설관리, 프로그램 기획, 예산 · 인사관리 등을 관장하는 행정 · 관리 분야이다.

- 사회체육지도자는 사회체육활동 참가자를 대상으로 지도하는 분야가 있다.
- 사회체육지도자는 사회체육 발전을 위한 학문분야와 매스미디어를 통한 홍보 분야 등이 있다.
- 사회체육지도자는 사회체육 참가자의 건강과 체력에 맞는 과학적인 분석을 통한 운동처방 관련 분야가 있다.
- 사회체육지도자는 스포츠와 직 · 간접적으로 관련이 있는 스포츠산업 영역이 있다.

본 장은 사회체육 지도자의 필요성, 사회체육 지도자의 성격과 자질, 사회체육지도의 원칙, 사회체육 지도자의 활동영역, 사회체육 지도자의 전망, 사회체육 지도자의 효율적 활용방안에 대해 학습하고자 한다.

II. 사회체육 지도자의 자질과 활동 영역

1. 사회체육 지도자의 필요성

사회체육지도자의 필요성에 대한 내용을 살펴보면 다음과 같다.

- 현대사회는 경제성장, 여가증대, 운동부족에 따른 사회체육 필요성이 증가하고 있다.
- 현대사회는 건강한 생활을 영위하기 위한 삶의 질 향상을 요구하고 있다.
- 현대사회는 체육의 생활화 기반조성 등으로 체육인구가 증가하고 있다.
- 현대사회는 생활수준의 향상에 따라 스포츠에 대한 이해가 높아지고 있다.
- 현대사회는 체육활동의 내용과 방법이 다양화 · 전문화되고 있다.
- 사회체육시설은 활용 가치뿐만 아니라 안전성을 확보되어야 한다.
- 사회체육의 전문지도자는 체육프로그램 운영을 효율적으로 한다.
- 사회체육지도자는 체육활동에 참가자에게 운동효과를 극대화한다.
- 사회체육지도자는 체육활동에 참가자에게 운동을 합리적으로 하도록 한다.
- 사회체육지도자는 운동처방의 조언자로서의 역할도 하여야 한다.

2. 사회체육 지도자의 성격과 자질

1) 사회체육 지도자의 성격과 조건

사회체육지도자의 성격과 조건에 대한 내용을 살펴보면 다음과 같다(위성식, 2002).

- 현대사회는 사회체육의 수요가 증대됨에 따라 참가자가 증가할 것이다.
- 사회체육지도자는 체육문화를 선도하고 보급하는 주체자이다.
- 사회체육지도자는 체육에 대한 국민의 인식을 긍정적인 방향으로 유도한다.
- 사회체육지도자는 국민이 사회체육활동에 참여할 수 있도록 하는 사람이다.
- 사회체육지도자는 보다 많은 사람들이 사회체육활동에 참여할 수 있도록 노력하는 사람이다.
- 사회체육지도자는 체육활동의 요구수준이 다양화 · 전문화될 것으로 예상된다.
- 사회체육지도자는 운동기능만 전수하는 단순한 역할이 아니다.
- 사회체육지도자는 사회체육을 담당할 수 있어야 한다.
- 스포츠 참가동기는 참가자에 따라 운동경험, 건강상태, 연령, 가정환경, 직업, 경제적 사정 등에 따라 다르다.
- 사회체육 지도방법은 참가자의 조건에 따라 형태와 방법을 구체적으로 생각해야 한다.
- 사회체육지도자의 조건은 리더십 기능과 집단의 이해와 관련된 실질적 의미를 내포하고 있다.
- 사회체육지도자의 이상적인 조건은 사회적으로 신망이 있어야 한다.
- 사회체육지도자는 체육활동에 관한 관심과 이해를 가지고 직무를 수행해야 한다
- 사회체육지도자는 체육활동에 대한 열의와 전문적인 능력을 갖추어야 한다.

2) 사회체육지도자의 자질

사회체육지도자의 자질에 대한 내용을 살펴보면 다음과 같다(위성식, 2002).

- 사회체육은 건강과 운동문제를 해결하고, 복지를 향상시키는 것이다.
- 사회체육은 지도자에 의해 효율성이 증대된다.
- 사회체육지도자는 체육활동을 효과적으로 수행할 수 있어야 한다.
- 사회체육활동 목적은 자발적인 운동참여의 촉진에 의한 개인적 · 사회적 복지의 통합적인 발전으로 표현된다.
- 사회체육활동을 어떻게 구체화할 것인가는 지도자의 자질에 달려 있다.
- 사회체육지도자의 자질은 국가가 추구하고 있는 복지사회구현과 직결된다.
- 사회체육지도자의 자질은 사회체육의 목적과 목표를 효과적으로 달성하는 필수요소이다.

▷ 사회체육지도자의 자질은 다음과 같다.

- 사회체육지도자는 참가자가 어떠한 목적과 동기로 활동에 참가하였는가를 알 수 있는 능력과 수단을 갖추어야 한다.
- 사회체육지도자는 지도방법, 목적, 장래의 전망을 파악할 수 있는 능력을 갖추어야 한다.
- 사회체육지도자는 이론적 · 과학적으로 지도하는 지도력과 그것을 쉽게 전하는 표현력을 갖추어야 한다.
- 사회체육지도자는 주변상황을 정확히 판단하여 객관적으로 대응할 수 있는 능력을 갖추어야 한다.
- 사회체육지도자는 참가자를 중요하게 여기며, 공평하게 대응해주는 능력을 갖추어야 한다.
- 사회체육지도자는 사회체육활동의 주인공으로서 자발적으로 활동할 수 있는 지도력을 갖추어야 한다.
- 사회체육지도자는 철저한 준비와 열성적으로 지도할 수 있는 자세를 갖추어야 한다.

3. 사회체육지도의 원칙

사회체육지도자의 원칙에 대한 내용을 살펴보면 다음과 같다(위성식, 2002).

1) 자발성의 원칙

- 사회체육활동은 타인으로부터 강요없이 자신의 즐거움에서부터 시작된다.
- 사회체육 참가자는 자유롭게 선택하고 무엇에든 구속되어서는 안된다.
- 사회체육지도자는 체육활동을 의도적으로 강요하거나 의무화해서는 안된다.
- 사회체육지도자는 체육활동을 사회적인 압력을 가해서도 안된다.

2) 생활 속에서의 원칙

- 사회체육활동은 개인의 고유한 생활욕구에서 생겨나기 때문에 개인의 생활과 융합되어야 한다.

3) 지역성의 원칙

- 지역의 실태에 맞는 사회체육활동이어야 한다.
- 지역의 상황을 고려하지 않은 획일적인 것은 안된다.

4) 종합적인 원칙

- 사회체육활동은 일상생활과 분리된 것이 아니다.
- 사회체육 참가자의 개인생활은 다양한 측면을 가지고 있다.
- 사회체육활동의 발전은 다른 영역과 관련지어 실시하는 것이 중요하다.
- 사회체육 관련영역은 의학, 레크리에이션, 사회교육, 사회복지 등의 분야를 들 수 있다.

5) 개인적 흥미의 원칙

- 사회체육활동은 개인의 흥미에 기초를 두고 있다.
- 현대인은 자신의 흥미를 스스로 추구해 나갈 때 즐거움을 느끼게 된다.
- 사회체육의 지도는 어떻게 개인의 흥미를 유발시키느냐 하는 것이다.
- 개인이 흥미를 자각하고 있다고는 할 수 없다.
- 개인이 흥미를 자각할 수 있도록 도와 주는 것이 중요하다.
- 개인이 흥미를 발전시켜 즐거움을 느낄 수 있는 환경을 조성해야 한다.
- 사회체육의 지도원칙은 모든 사람을 대상으로 한다.
- 사회체육의 지도원칙은 스스로 하고 싶은 사람이라면 누구나 참가할 수 있도록 유도하고 지도해야 한다.

4. 사회체육지도자의 활동영역

사회체육지도자의 활동영역에 대한 내용을 살펴보면 다음과 같다(위성식, 2002).

1) 사회체육행정 지도자

- 사회체육행정 지도자는 정부와 정부지원 조직 및 단체에서 사회체육정책을 입안·수립·추진해 나가는 지도자이다.
- 사회체육조직은 문화관광부, 시·도 사회체육과, 각급 지방자치단체의 사회체육담당부서 등이 있다.
- 우리나라는 사회체육과 관련된 행정지도자들이 사회체육을 전공하지 않은 자로 구성되어 있다.
- 현재 우리나라 시·도 사회체육행정 지도자는 전문성이 결여되어 있다.
- 사회체육행정 지도자는 사회체육 진흥과 발전을 위한 신념과 적극성 그리고 전문성이 있어야 한다.
- 사회체육 발전은 지도자를 양성하고 있는 대학교육의 헌신적 연구와 노력이 있어야 한다.

• 사회체육은 누구나 다룰 수 있는 인간의 신체활동으로서만 취급하는 것이 아니다.
• 사회체육은 체육활동 참가자의 인간교육과 건강 및 복지를 포함하고 있는 전문영역이다.
• 사회체육은 체육행정조직과 단체의 전문화를 위해 노력해야 한다.

2) 사회체육경영관리 지도자

• 사회체육경영관리 지도자는 공공사회체육시설, 비영리 사회체육시설, 상업체육시설 등 법적인 업무, 시설관리, 프로그램 기획, 예산 등을 담당하는 지도자를 말한다.
• 우리나라는 사회체육시설이 지역간 불균형이 매우 높다.
• 사회체육경영관리지도자는 체육시설의 효율성을 높이기 위해 지도자의 양성이 필수적이다.
• 대학의 체육관련 학과는 다양한 사회체육시설에서 활동할 경영관리지도자 양성을 위한 전문교육이 이루어져야 한다.

3) 사회체육 실기지도자

• 실기지도자는 정부지원 조직 · 단체, 공공사회체육시설, 상업체육시설, 직장체육시설 등에서 사회체육활동 참가자에게 기술지도와 관리하는 지도자이다.
• 스포츠활동 참가자는 동기와 목적이 다양하기 때문에 기대에 부응하도록 지도해야 한다.
• 실기지도자는 기술지도에만 국한하지 말고 욕구에 부응할 수 있는 폭넓은 지식을 갖는 것이 중요하다.

4) 대상에 따른 전문지도자

• 사회체육은 전국민을 대상으로 이루어지는 체육활동이다.
• 사회체육은 개인의 삶의 질 향상과 복지사회구현을 위한 체육활동이다.
• 사회체육지도자는 대상에 따른 양성체계를 영역을 확대해야 한다.
• 사회체육의 관리 · 경영 합리화를 위해 특성별 특성에 맞는 지도자 양성이 필요하다.
• 대방별 특성에 따른 유아 · 아동 · 청소년 · 성인 · 여성 · 노인 · 장애인 · 여가활동 지도자 등 맞춤형 지도자 양성이 필요하다.
• 사회체육 전문지도자 영역을 더욱 전문화하고 활동영역을 확대할 필요가 있다.

5) 건강과학관리지도자

• 사회체육의 활성화와 스포츠활동의 확산으로 여가를 위한 스포츠 참여율이 높아지고 있다.
• 사회체육활동은 무조건 운동을 한다고 해서 건강해지고 모든 사람에게 좋은 것만은 아니다.
• 과학과 문명의 발달로 현대인의 건강을 저해하고 질병을 유발시키는 요인들이 많이 있다.

- 특히 현대사회의 사회병리적 현상으로 운동부족, 불규칙한 식생활, 스트레스, 환경오염 등이 있다.
- 건강 저해 요인들은 성인병, 순환기계통, 관절의 퇴행성 질환을 일으킨다.
- 운동은 체력단련에 국한된 것만이 아니라 질병을 예방하거나 치료하는 목적도 가지고 있다.
- 건강과학관리지도자의 활동영역은 개인의 성별 · 연령 · 환경 · 건강상태 · 체력특성에 맞는 운동처방 프로그램을 실시하여 질병을 예방하고 건강을 유지 · 증진시키는 것이다.
- 최근 건강체력단련, 신체미용 등에 대한 관심이 고조되고 있다.
- 종합병원의 스포츠의학센터, 중소병원의 스포츠(비만)클리닉, 스포츠센터, 헬스클럽 등에서 건강과학관리지도자들이 많이 활동하고 있다.

6) 여가 · 스포츠산업 종사자

- 현대사회는 스포츠활동이 생활화됨으로써 인간생활의 새로운 패러다임 형성되고 있다.
- 현대사회는 삶의 질 향상으로 스포츠산업에 보다 전문적인 인력을 요구하고 있다.
- 사회적 현상과 요구에 따라 스포츠산업 종사자의 활동영역은 다양하게 확대되고 있다.
- 스포츠산업 영역은 스포츠관련 정보분석, 스포츠마케팅, 이벤트, 에이전트, 스포츠용품의 개발 및 유통업, 각종스포츠 시설업, 교육업, 클럽업, 대여업, 관광여행업, 관련서비스업 및 저널리즘 등을 총망라하는 것이다.
- 미래의 유망산업으로 각광받고 있는 영역이다.
- 21세기 후기산업사회는 스포츠관련 분야가 중요한 산업으로 부상되어 있다.
- 스포츠 관련 분야는 삶의 질 향상에 지대한 영향을 미치는 훌륭한 도구가 되고 있다.
- 여가 · 스포츠산업 영역은 더욱 다양하게 확대되고, 중요성은 날로 증가하고 있다.

Ⅲ. 사회체육지도자의 활용

- 사회체육의 발전은 훌륭한 자질을 가진 사회체육지도자의 확보가 필수적이다.
- 사회체육지도자는 개인의 건전한 여가선용과 체육에 대한 인식을 개선시키는 역할을 담당한다.
- 사회체육지도자는 체육활동에 필요한 지식 · 기술을 가르칠 수 있는 신체적 · 정신적으로 건전하고 사명감을 가진 사람이다.
- 사회체육지도자는 인간의 이해, 철학적 바탕, 사회체육에 대한 전문적인 지식을 가져야 한다.

- 사회체육지도자로서 가져야 할 자질과 소양을 갖추어야 한다.
- 사회체육 인구의 증가와 사회체육시설 활용 가치를 극대화하기 위해 사회체육지도자의 필요성이 요구되고 있다.
- 사회체육 프로그램 운영을 효율성을 높일 수 있는 유능한 사회체육 지도자의 배치가 필연적으로 요구되고 있다.
- 사회체육지도자는 체육활동 참가자의 운동효과를 극대화시켜야 한다.
- 사회체육지도자는 체육운동의 합리성을 고양시킬 수 있으므로 지도자의 확보와 배치는 선결되어야 할 과제이다.
- 사회체육지도자의 실태를 보면 사회체육 전담지도자의 절대적 부족, 사회체육 지도자 양성체제의 미흡, 사회체육 지도자의 전문성 결여, 사회체육 지도자의 근무조건 부실 등과 같은 문제점을 안고 있다.
- 사회체육 여건의 개선을 위해 사회체육진흥의 중요한 결정요인인 지도자의 확보 및 효율적 활용에 대한 요구는 계속 증가할 전망이다.
- 사회체육지도자의 전문적 기술향상에 대한 요구는 지도자 양성교육 자체에 대한 질적 향상을 요구한다.
- 사회체육지도자의 전문성을 유지 · 향상시키기 위한 교육의 중요성도 더욱 부각될 것이다.
- 고도산업사회에서 전망되는 사회체육지도자 존중 및 처우개선책도 강구되어야 한다.
- 특히 IMF 경제 위기때 사회체육지도자는 대폭 증가 되었다는 점이다.

1. 사회체육지도자의 전망

- 사회체육지도자의 본질적 역할은 체육활동에 참가하는 국민의 운동요구를 극대화하는 것이다.
- 사회체육지도자 역할은 전면성 · 개별성 · 반복성 · 안정성 · 적합성 등 지도원리를 적용하여 효율적인 체육활동을 지도 · 관리하는 데 있다.
- 사회체육지도자의 수요는 체육인구의 증감에 영향을 받는다.
- 여가의 수요증대는 국민의 여가선용, 건강과 체력유지 · 증진을 위해 자발적으로 체육활동에 참가할 것으로 예상된다.
- 여가의 수요증대는 공공체육시설과 민간스포츠센터 프로그램을 참가할 것으로 예상된다.
- 체육활동 참가자 증가는 공공체육시설, 일반사설체육관, 헬스클럽, 민간스포츠센터 등 각종 현대화된 스포츠 시설도 증가될 추세이다.
- 체육활동 인구와 시설의 증대는 참가자의 기능지도, 프로그램 제공 · 관리를 효율적으로 집행할 수 있는 사회체육 전문지도자를 필연적으로 요구하게 된다.

- 환자의 치료를 위해 의사가 필요하듯이 체육활동 참가자의 운동기능 진단과 처방을 위한 지도자의 필요성은 한층 높아지게 될 것이다.
- 국민생활수준과 체육에 대한 인식의 향상은 사회체육지도 내용과 방법의 다양화 및 전문화를 요구한다.
- 21세기는 체육의 양적 팽창, 역할과 기능의 다양화, 내용 · 방법의 분화 및 다양화, 평생체육 체제의 도입 등 새로운 체육환경이 조성될 것이다.
- 당면 과제에 효율적으로 대처하기 위해서는 사회체육지도자의 전문지식과 기술이 더욱 요구된다.
- 레저 · 스포츠 산업의 발전으로 산업현장에서의 수요성향 분석, 판매, 광고 등을 위한 전문화된 체육인의 역량을 필요로 하게 된다.
- 체육전공자들의 연구역량이 일정 수준 이상으로 향상됨으로써 기업의 생산 · 판매 · 관리 등의 전문분야에도 배치될 것이다.
- 체육관계 정부부처와 공공 및 민간 체육단체의 체육활동을 위한 기획 · 지도 및 보급 담당 전문인력으로 활용될 것이다.
- 사회봉사 정신 증대는 사회봉사를 통한 자기실현을 도모하려는 풍토가 정착될 것으로 전망된다.
- 지역사회의 체육활동은 지역주민의 건강증진 및 연대감형성에 크게 기여함으로써 지역발전의 지속적인 원동력으로 작용할 것이다.
- 지역사회 체육인의 역할도 크게 고조될 것이며, 나아가 지역사회에서 존경받는 인사로 부각될 것이다.

2. 사회체육 지도자의 확보 및 효율적 활용방안

1) 사회체육 지도자 양성체계의 확립

- 스포츠 참여기회 확대와 스포츠 참여인구의 증가는 사회체육 지도자의 수요가 증가할 것이다.
- 사회체육지도자를 양성 · 확보하기 위해 체육지도자의 수요를 정확히 파악할 필요가 있다.
- 사회체육지도자 양성계획의 기초를 확보하고, 지도자 유형별로 양성 추진방향을 제시하여야 한다.
- 사회체육지도자 유형의 구분을 명확히 하고, 활동영역도 구체적으로 분석되어야 할 것이다.
- 사회체육지도자 수급계획 요인은 스포츠 참가지수, 공공 및 사설 스포츠센터의 시설, 민간체육 시설의 수, 사회체육 지도자의 이직률 및 퇴직률 등이다.

- 지역별 · 자격증별 · 종목별 참가자수의 정확한 추정, 사회체육 여건의 개선, 지도자 수급전망, 사회체육구조의 변화 등을 종합적으로 분석하는 체계적 · 지속적인 연구 체제를 구축할 필요가 있다.
- 사회체육학과의 지도자 교육체제를 검토하여 졸업생에 대한 자격증 부여와 임용 · 배치에 관한 것도 고려해야 할 것이다.
- 사회체육지도자 양성교육과정을 개선함으로써 전문적인 기능 및 지식을 바탕으로 사회체육에 대한 신념 · 열의 등을 고양시킬 수 있도록 교육내용의 차별화가 요구되고 있다.
- 사회체육지도자 양성시 운동경기 직접관람, 집단토론, 모의강습, 사례연구 등의 학습방법을 통한 사회체육현장에서 학습자를 효과적으로 지도할 수 있는 능력 신장에 중점을 두어야 한다.
- 사회체육현장에서 지도자의 교수기술, 학습평가 등에 무엇이 포함되어야 할 것인가를 판단하여 스스로 수행할 수 있도록 전문적인 지식 및 훈련내용이 포함되어야 한다.

2) 사회체육 지도자의 전문화

- 사회체육지도자가 수행하는 체육지도활동은 지도자의 자질에 의하여 결정된다고 할 수 있다.
- 사회체육지도자 양성정책의 궁극적 목표는 유능한 지도자를 확보하여, 역량을 최대한 발휘하는 데 있다.
- 사회체육현장의 변화에 적응력이 높은 지도자 연수교육이 되기 위해 융통성 있고 체계적인 프로그램을 개발하여 실시해야 할 필요성이 있다.
- 사회체육지도자의 역할변화와 특성 등을 고려하여 효과적 프로그램을 개발하고 지속적인 연구를 강화하여야 한다.
- 연수프로그램의 개발은 자격연수에 해당하는 개인적 교육프로그램 보다도 새로운 사회체육지도법, 학습방법, 사회체육 지도내용의 변화, 평가방법의 개선, 전문적 프로그램에 대한 연구 · 개발이 강화되어야 한다.
- 사회체육지도자의 자질향상을 위한 지도자연수는 기회의 폭을 대폭 확충하여야 한다.
- 내용을 개선하고 방법을 다양화 내지 강화하여야 할 것이다.
- 일반연수의 기회를 더욱 확대하여 적어도 4년 이내에 1회 정도는 모든 지도자들이 체계적인 재교육을 받도록 한다.
- 재교육기회를 확대하기 위하여 야간제 · 계절제 등 정시제 지도자교육과정을 증설하여야 한다.
- 사회체육지도자의 자격은 소정의 자격시험을 거침으로써 인정을 받도록 한다.
- 자격시험의 평가에는 특정개인의 운동기능이나 지식, 활동하는 지역사회 및 기관 · 단체, 주변으로부터 평가도 중요한 자료를 삼아야 한다.

- 자격시험은 해당 분야와 관련되는 학력정도와 해당 분야의 근무연한을 기준으로 하는데, 사회체육지도자의 경우 활동하는 것 자체가 자격시험의 일부로 받아들여져야 할 것이다.

3) 사회체육지도자의 효율적 배치

- 사회체육지도자 양성 · 확보 방안도 중요하지만, 확보된 지도자를 적재적소에 배치하는 문제이다.
- 사회체육지도자 자격을 취득한 사람은 전문성을 고려하여 신속하게 적소에 배치하는 방안을 모색하여야 할 것이다.
- 우리나라는 사회체육과 관련된 많은 시설과 기관이 있다.
- 사회체육지도자로 규정할 수 있는 많은 인재들이 해당분야와 기관에서 열심히 근무하고 있다.
- 사회체육지도자 전문성을 충분히 고려하여 인력이 수급되기보다는 우연성, 편의성, 재정적 부담을 줄이기 위해 이루어지는 경우가 적지 않다.
- 사회체육활동을 권장하고 바람직한 상태로 개선시키기 위해서는 전문적인 사회체육지도자를 필요한 자리에 적절히 배치 임용하는 일이다.
- 사회체육지도자 임용규정을 제정하여 지도자가 적재적소에 배치되도록 하는 제도적인 장치가 필요하다.
- 사회체육지도자 양성체제와 함께 현존 사회체육활동 분야나 유관 분야에 종사하는 인력에 대한 재교육 체제를 확립하여야 한다.
- 사회체육 관계시설이나 단체는 반드시 유자격 사회체육 지도자를 임용 · 배치하도록 한다.
- 사회체육지도자의 육성대책이 강구되어야 한다.
- 사회체육활동 현장에는 사회체육 지도자가 임용 · 배치되도록 의무규정을 두어야 한다.
- 사회체육지도자의 자질향상은 지도자의 사기진작을 위한 중요한 방안으로 추진되고 있는 지도자의 해외연수기회를 대폭 증대할 필요가 있다.

4) 사회체육 지도자의 근무조건 개선

- 사회체육지도자가 수행하는 사회체육활동의 질은 지도자의 자질과 사기에 의해 결정된다.
- 사회체육지도자 충원정책의 궁극적 목표는 유능한 지도자를 적소에 배치하여 역량을 최대한으로 발휘하는 일이다.
- 우수한 자질을 구비하고 있는 지도자는 만족할만한 근무조건을 제공하여 높은 사기와 사명감을 가지고 지도에 임할 수 있도록 한다.
- 사회체육지도자 자격에 대한 사회적 인식을 전환하고, 우수한 지도자를 확보하기 위해 국가정책 차원에서 강력한 의지와 결단이 요구된다.

- 현재의 사회체육지도자의 초임봉금은 일반학교의 체육교사보다 비교하여 볼 때 현저하게 낮은 수준에 머물러 있는 실정이다.
- 이런한 현상은 근무연한이 경과할수록 심화되고 있다.
- 현재 사회체육지도자가 받고 있는 처우를 개선하고, 지도자의 보수체계가 개선되어야 한다.
- 초임봉금은 일반 체육교사와 수준에서 책정하고, 호봉제를 도입하여 근무연한이 경과할 수 록 많은 봉금을 받도록 조정되어야 한다.

Ⅳ. 요약

1. 사회체육 지도자의 필요성

- 사회체육지도자는 체육 프로그램운영을 효율적으로 한다.
- 사회체육지도자는 체육활동 참가자에게 운동효과를 극대화한다.
- 사회체육지도자는 체육활동 참가자에게 생활의 합리성을 높일 수 있다.
- 사회체육지도자는 체육활동 참가자에게 운동처방의 조언자로서의 역할도 하여야 한다.

2. 사회체육 지도자의 성격과 자질

- 사회체육지도자의 이상적인 조건은 사회적으로 신망이 있어야 한다.
- 사회체육지도자는 스포츠에 관한 깊은 관심과 이해를 가지고 직무를 수행하는 열의와 능력이 있어야 한다.
- 사회체육지도자는 국가가 추구하고 있는 복지사회구현과 직결된다.
- 사회체육활동을 어떻게 구체화할 것인가는 사회체육지도자의 자질향상에 달려 있다.

3. 사회체육지도의 원칙

- 사회체육활동은 의학 · 레크리에이션 · 사회교육 · 사회복지 등 관련지어 실시하는 것이 중요하다.
- 사회체육의 지도는 어떻게 개인의 홍미를 유발시키느냐 하는 것이다.
- 사회체육행정지도자는 정부와 정부지원 조직 및 단체에서 사회체육정책을 입안 · 수립 · 추진해 나가는 지도자이다.

4. 사회체육지도자의 활동영역

- 사회체육행정지도자는 정부와 정부지원 조직 및 단체에서 사회체육정책을 입안 · 수립 · 추진해 나가는 지도자이다.
- 사회체육경영관리지도자는 공공사회체육시설, 비영리 사회체육시설, 상업체육시설 등 법적인 업무, 시설관리, 프로그램 기획, 예산 등을 담당하는 지도자를 말한다.
- 실기지도자는 정부지원 조직 · 단체, 공공사회체육시설, 상업체육시설, 직장체육시설 등에서 실제 사회체육활동 참가자에게 기술을 지도하고 관리하는 지도자이다.
- 사회체육의 관리 · 경영의 합리화를 위해 유아 · 아동 · 청소년 · 성인 · 여성 · 노인 · 장애인 · 여가활동 지도자 등 대상별 특성에 맞는 지도자 양성이 필요하다.
- 건강과학관리지도자의 활동영역은 개인의 성별 · 연령 · 환경 · 건강상태 및 체력특성에 맞는 운동처방 및 처치 프로그램을 실시하여 질병을 예방하고 건강을 유지 · 증진시키는 것이다.
- 21세기 후기산업사회는 스포츠관련 분야가 중요한 산업으로 부상되어 있다.
- 여가 · 스포츠산업 영역은 더욱 다양하게 확대되고, 중요성이 날로 증가하고 있다.

Ⅴ. 학습문제

1. 사회체육지도자의 필요성을 기술하시오.
2. 사회체육지도자의 성격과 자질을 설명하시오.
3. 사회체육지도자의 성격과 조건을 설명하시오.
4 사회체육지도자의 자질을 설명하시오.
5. 사회체육지도의 원칙을 기술하시오.
6. 자발성의 원칙을 설명하시오.
7. 생활 속에서의 원칙을 설명하시오.
8. 지역성의 원칙을 설명하시오.
9. 종합적인 원칙을 설명하시오.
10. 개인적 흥미의 원칙을 설명하시오.
11. 사회체육지도자의 활동영역을 기술하시오.
12. 사회체육 행정 지도자의 역할과 영역을 설명하시오.

13. 사회체육 경영관리 지도자의 역할과 영역을 설명하시오.
14. 사회체육 실기지도자의 역할과 영역을 설명하시오.
15. 대상에 따른 전문지도자의 역할과 영역을 설명하시오.
16. 건강과학관리 지도자의 역할과 영역을 설명하시오.
17 여가 · 스포츠산업 종사자의 역할과 영역을 설명하시오.
18. 사회체육 지도자의 전망에 대해 기술하시오.
19. 사회체육지도자의 확보 및 효율적 활용방안에 대해 기술하시오.
20. 사회체육지도자 양성체계의 확립에 대해 기술하시오.
21 사회체육지도자의 전문화에 대해 기술하시오.
22. 사회체육지도자의 효율적 배치에 대해 설명하시오.
23. 사회체육지도자의 근무조건 개선에 대해 설명하시오.

Ⅵ. 주요용어

경제성장
여가증대
운동부족
건강생활
기반조성
생활수준
정보분석
스포츠마케팅
이벤트
의학
레크리에이션
사회교육
사회복지
전면성
개별성
반복성
안정성
적합성
에이전트

참고문헌

위성식(2002). 신사회체육학개론. 대경북스

18장 | 사회체육 프로그램

Ⅰ. 개요

프로그램이란 조직과 단체의 효율적 운영의 기초가 되는 기획 · 수행 · 평가 등을 내용으로 한다. 사회체육 프로그램은 사회체육의 목적달성을 위해 이루어지는 실천적 내용의 총체이다. 사회체육활동의 구체적 실천을 위해 동기와 방법이 포함된 내용을 구성하는 것을 의미한다. 사회체육의 시설 · 지도자 · 체육현장의 참가자 등 사회체육의 전반적인 조건을 고려해야 한다.

- 사회체육 프로그램은 사회체육의 진행방향을 설정한다.
- 사회체육 프로그램은 모든 사람들의 합리적 · 효과적인 신체활동을 하는 구체적인 수단이다.
- 사회체육의 저변확대와 적극적인 참여유도를 위한 필수요소이기도 하다.
- 사회체육 프로그램은 국민 개개인의 체육활동을 실천할 수 있는 동기와 방법을 제시해 준다.
- 사회체육 프로그램은 국민의 합리적 · 효과적인 체육활동을 보장해주기 위한 구체적 수단이다.
- 사회체육 프로그램은 사회체육 참여를 증진시키기 위한 필수적 요인이다.
- 사회체육을 범국민운동으로 추진하기 위해 사회체육의 수요와 요구에 따른 새로운 프로그램 개발과 보급을 위한 노력이 필요하다.

본 장은 사회체육 프로그램의 기본방향, 사회체육 프로그램의 유형, 프로그램 내용의 구성원리, 사회체육 프로그램의 개발 · 보급에 대해 알아보고자 한다.

Ⅱ. 사회체육 프로그램

1. 사회체육 프로그램의 기본방향

1) 사회체육의 기본목적

사회체육 프로그램의 기본방향에 있어서 사회체육의 기본목적에 대한 내용을 살펴보면 다음과 같다.

- 사회체육의 기본목적은 참가자에게 정서적 안정과 심신의 건강증진을 하는 데 있다.
- 또한 참가자의 자발적인 운동참여, 신체운동을 통한 심신의 균형을 유지, 일상생활의 긴장해소에 있다.
- 사회체육의 기본목적은 참가자의 인격완성, 바람직한 사회태도와 습관을 길러 인간 품성을 개발하는 데 있다.
- 민주적 시민정신 함양, 개인권리, 사회통합을 위한 개인의 가치와 존엄성을 존중하는 데 있다.
- 공동체적 인간관계 형성, 이기적인 인간관계 탈피, 협동적 인간관계를 형성하는 데 있다.

2) 사회체육 프로그램 기본방향

사회체육 프로그램의 개발과 보급에 따른 기본방향은 다음과 같이 이루어져야 한다.

- 사회체육 프로그램 기본방향은 국민의 신체활동 및 건강관리에 대한 욕구를 최대한 수용해야 한다.
- 클럽별 동호인과 개인별로 손쉽게 즐길 수 있는 다양하고 여가선용에 적합한 내용이어야 한다.
- 성별 · 연령별 · 신체적 특성에 적합한 과학적 · 체계적 구성과 세분화 · 구체화되어 모든 사람이 효과적인 신체활동을 할 수 있어야 한다.
- 개발된 프로그램의 활용을 극대화할 수 있도록 각종 매체를 적극적으로 이용해야 한다.

2. 사회체육 프로그램의 유형

1) 대상별 프로그램

사회체육 대상별 프로그램에 대한 내용을 살펴보면 다음과 같다.

▷ 유아체육 프로그램

- 유아체육 프로그램은 1~4세 이하의 유아를 대상으로 하는 근력 및 지구력 강화, 유연성 강화, 균형성 강화를 목적으로 한다.
- 신체활동 프로그램은 걷기 · 달리기 · 뛰기 · 오르기 · 한발뛰기 · 뜀뛰기 · 동적 및 정적 균형잡기 · 축운동 · 던지기 · 손으로 받기 · 발로차기 등과 같은 프로그램이 있다.

▷ 아동체육 프로그램

- 아동체육 프로그램은 5~12세 사이의 아동을 대상으로 하여 신체의 성장발달, 최적의 신체 적응능력 발달 및 유지, 유용한 신체기능 발달, 사회적 적응력 발달을 목적으로 한다.
- 신체활동 프로그램은 달리기 · 매달리기 · 밀기 · 체조 · 게임 · 릴레이 · 수영 · 기구놀이 · 단체운동 놀이 · 음악 및 율동놀이 · 발레 · 캠핑 등이 있다.

▷ 청소년체육 프로그램

- 청소년체육 프로그램은 청소년을 자발적으로 신체활동에 참여하도록 유도한다.
- 청소년체육 프로그램은 운동부족의 해소, 체력향상, 신체활동을 통한 인간관계의 유대강화, 긍정적이고 진취적인 태도함양, 건전한 여가활용을 목적으로 한다.
- 청소년체육 프로그램은 신체활동 및 과외자율체육활동 프로그램은 속보 · 건강달리기 · 줄넘기 · 자전거 타기 · 수영 · 복싱 · 맨손체조 · 탁구 · 배드민턴 · 테니스 · 라운드테니스 · 씨름 · 발야구 · 간이배구 · 트라이존사커 · 소프트볼 · 게이트볼 · 스트레칭 · 요가 · 등산 · 캠핑 등과 같이 조직적이고 강도 높은 체육 · 스포츠 활동이 있다.

▷ 성인체육 프로그램

- 성인체육 프로그램은 성인을 대상으로 가정, 직장, 지역사회에서 체력 · 건강유지, 스트레스 · 긴장의 해소, 삶의 질적 향상을 목적으로 한다.
- 신체활동 프로그램은 스트레칭 · 미용체조 · 바이오메트릭 운동 · 웨이트 트레이닝 · 걷기 · 조깅 · 순환 연속운동 · 체조 등이 있다.

▷ 노인체육 프로그램

- 노인체육 프로그램은 노인들이 즐거움 속에서 건강증진 내지 여가활동을 위하여 부담없이 실시할 수 있는 체육 및 스포츠 활동을 중심으로 한다.
- 신체활동 프로그램은 건강체조 · 조깅 · 걷기 · 미니골프 · 링테니스 · 배드민턴 · 게이트볼 · 음악 및 율동놀이 · 하이킹 등이 이에 속한다.

▷ 직장체육 프로그램

- 직장체육 프로그램은 직장인들을 대상으로 개인의 건강을 향상시키고 직장생활에서 오는 스트레스를 해소한다.
- 직장체육 프로그램은 대인관계를 원만하게 하여 즐겁고 보람있는 직장생활을 할 수 있게 한다.
- 직장체육 프로그램은 걷기 · 조깅 · 줄넘기 · 수영 · 테니스 · 에어로빅등과 같은 온몸 운동이 있다.
- 직장체육 프로그램은 특정 부위의 운동을 병행하여 심폐지구력과 근력을 동시에 하는 운동 프로그램 등이 있다.

▷ 주부체육 프로그램

- 주부체육 프로그램은 주부의 건강은 자신의 행복한 삶뿐만 아니라, 가정의 행복에도 크게 영향을 주어 주부체육 프로그램은 매우 중요하다.
- 주부체육 프로그램은 생활주변에서 쉽게 할 수 있는 달리기 · 자전거타기 · 수영 · 줄넘기 · 에어로빅 등 미용체조, 근력강화 운동, 요통예방 운동 프로그램 등이 있다.

▷ 특수체육(장애인체육) 프로그램

- 특수체육(장애인체육) 프로그램은 장애인을 위한 운동 프로그램은 장애인의 장애 종류 · 상태 · 정도 등을 고려하여 실시한다.
- 장애요인을 치료 · 개선하고 체력과 건강을 유지 · 증진시키는 것으로 일반인들이 실시하는 운동을 장애인에게 맞게 수정하여 실시하는 것이 바람직하다.
- 특수체육(장애인체육) 프로그램은 기구와 도구를 이용하여 근력 · 지구력 · 유연성 · 균형성 등을 강화시키는 운동 프로그램이 효과적이다.

2) 운동 형태별 프로그램

- 개인운동 프로그램 유형은 걷기, 조깅, 수영, 조깅, 줄넘기, 자전거타기 등이 있다.
- 대인운동 프로그램 유형은 탁구, 배드민턴, 탁구, 테니스, 씨름 등이 있다.
- 집단운동 프로그램 유형은 야구, 소프트볼, 축구, 게이트볼, 야구 등이 있다.
- 긴장해소 운동 프로그램 유형은 스트레칭, 요가, 율동운동(무용, 발레)이 있다.
- 야외활동 프로그램 유형은 하이킹, 등산, 캠핑, 오리엔티어링 등이 있다.
- 계절운동 프로그램 유형은 스쿠버다이빙, 스키, 스케이트, 수상스키, 요트, 수영 등이 있다.

3. 사회체육 프로그램 내용의 구성원리

사회체육 프로그램 내용의 구성원리에 대한 내용을 살펴보면 다음과 같다.

1) 사회체육 프로그램 내용은 목표에 의해 선정·조직되고 운영되어야 한다.

- 사회체육의 기본목표를 성취하기 위해 적합한 활동내용을 포함하여 구성한다.
- 사회체육의 기본목표는 운동기능 습득, 여가선용, 사회성 함양 등과 같은 것이다.

2) 사회체육 프로그램 내용 구성시 주요 사항은 참여자에 대한 고려이다.

- 사회체육 프로그램의 내용은 참여자의 흥미·필요에 바탕을 두어야 한다.
- 참여자에 실태조사를 실시하여, 결과를 기초로 프로그램이 구성되어야 한다.
- 여성의 사회체육 프로그램 개발은 신체적 특성을 기초로 내용을 구성하여야 한다.
- 사회체육 프로그램은 계층별·성별·연령별·관심분야별로 구성해야 한다.
- 사회체육 프로그램은 계층별·성별·연령별·관심분야별로 통합하여 구성해야 한다.
- 참여자의 흥미와 요구에 의해 개발의 필요성이 있을시 새로운 프로그램 조직하여야 한다.
- 사회체육지도자는 참가자가 어떠한 활동을 원하고 있는지 파악해야 한다.
- 참가자 스스로가 새로운 욕구를 느낄 수 있도록 격려하고 발전적 프로그램을 제시해야 한다.
- 사회체육 프로그램의 개선은 참가자의 발전된 요구와 흥미를 의미한다고 볼 수 있다.

3) 아무리 좋은 프로그램일지라도 지도 가능성이 없으면 쓸모가 없게 된다.

- 이상적인 프로그램으로 구성된 내용이라도 현실적으로 지도가 가능한지를 고려해야 한다.
- 지도 가능성은 사회체육시설과 참여자의 능력에 밀접한 관련성이 있다.
- 개발된 사회체육 프로그램은 실행되도록 시설확보와 지도체제가 확립되어야 한다.
- 사회체육 프로그램은 지역사회의 특성, 시설, 요구의 수준 등과 프로그램 유형, 참여대상, 수준을 고려하여 탄력 있게 계획·운영되어야 한다.

4) 다양한 목표 달성의 원리에 입각하여 프로그램을 구성해야 한다.

- 어떤 경험이라도 목표을 달성하는 경우는 매우 드물다.
- 학습내용은 목표 달성에 공헌함과 동시에 다른 목표달성에도 기여한다.
- 청소년 사회체육 프로그램은 신체발달과 여가시간의 이용이라는 1차적 목표가 있다.
- 스포츠활동을 통한 균형적인 사회적·정서적 발달에 기여할 수 있도록 구성되어야 한다.

5) 사회의 자원 · 구성원 · 욕구 등 삶의 질을 향상을 위한 체육활동을 개발하고 조직하여야 한다.

- 사회체육참가자는 특별한 활동과 자신에게 기쁨 그리고 만족감을 주었던 활동에 참여하려는 경향이 있다.
- 사회체육 참가자는 프로그램의 활동의 가치를 일단 성공적으로 경험할 수 있도록 기회를 제공하는 것이 바람직하다.

6) 사회체육 프로그램은 학교체육과 유기적인 협력체계를 이루어 운영되어야 한다.

- 사회체육은 체육활동에서 습득한 스포츠의 기능, 태도, 관련 지식을 보다 발전할 수 있는 기회를 제공하는 장이다.
- 사회체육 프로그램은 지역사회의 각종 체육교과 과정과 관련지어 계획되고 운영됨으로써 성과를 올 릴 수 있다.

7) 사회체육 프로그램을 구성할 때에는 지역성을 고려하여야 한다.

- 사회체육활동은 지역사회에 참가자들의 필요 · 능력 · 흥미 등에 큰 차이가 있다.
- 효과적인 사회체육 프로그램 보급은 지역사회의 다양한 문화적 특성과 주민들의 요구와 흥미를 고려하여 구성하여야 한다.

4. 사회체육 프로그램의 개발 · 보급

1) 사회체육 프로그램의 개발 보급의 필요성

- 사회체육 프로그램은 체육활동을 생활화할 수 있는 동기와 방법을 제공하는 합리적 체육활동을 보장하기 위한 구체적 수단이다.
- 사회체육활동의 참여 증대를 위한 필수적 요소이다.
- 다양한 사회체육 프로그램 개발 · 보급은 사회체육 진흥을 위한 실천적 과제이다.
- 우리나라의 사회체육 프로그램은 다양성 부족, 절대수 부족, 보급체제의 미흡, 개발 전담기구의 부재 등과 같은 문제점이 있다.
- 사회체육 프로그램의 개발 및 보급이 효율적으로 이루어지지 못하고 있는 실정이다.
- 변화하는 체육의 기능과 종류의 다양성, 체육인구의 증대는 수준 높은 체육 프로그램의 개발 및 보급을 요구하고 있다.
- 사회체육의 목적을 효과적으로 달성하기 위해서는 다양한 프로그램의 개발 및 보급이 필요하다.
- 국민을 위한 사회교육이기 때문에 대상은 연령 · 직업 · 성별에 따라 다양할 수 밖에 없다.

• 도시 · 농촌 · 어촌 등 지역적 특성에 따른 프로그램도 준비되어야 한다.

2) 지역사회 주민을 위한 사회체육 프로그램의 개발 · 보급

사회체육 프로그램은 사회단체나 각종 민간단체 · 공공기관 등에서 의도적 · 조직적 · 체계적으로 계획하여 실천하는 것이라 할 수 있다.

▷ 지역사회 주민을 위한 사회체육 프로그램의 개발 및 보급은 다음과 같은 기본방향을 전제로 하여 이루어져야 한다.

- 지역사회 주민의 신체활동 및 건강관리에 대한 요구를 최대한 수용해야 한다.
- 지역사회의 체육동호인이나 클럽 및 개인이 손쉽게 즐길 수 있는 것으로써 내용의 다양화가 필요하다.
- 성별 · 연령별 · 신체조건 및 경제수준 등에 적합하게 개발하여 지역사회 주민의 효과적인 신체활동을 보장할 수 있어야 한다.
- 개발된 프로그램의 보급과 활용을 극대화할 수 있도록 각종 매체를 적극적으로 이용해야 한다.
- 지역사회의 체육 프로그램을 개발은 효과성 · 능률성 · 적합성 · 필요성 · 흥미성을 고려하여 선정해야 한다.

3) 사회체육 프로그램 보급을 위한 홍보

- 사회체육 홍보는 사회체육 프로그램을 범국민적인 보급하기 위한 주요 전략이다.
- 홍보전략은 가족 단위 중심으로 도시 · 농촌 · 기업 · 학교 · 정부조직 등 사회 구성원이 체육활동에 참여하는 기회를 부여하도록 하여야 한다.
- 홍보전략은 체육활동이 개인생활에서 주요한 의미를 갖도록 개인의 생활형태에 영향을 줄 수 있어야 한다.
- 효과적인 홍보전략은 국민의 스포츠 지향성을 높여 주고, 의식적 · 조직적으로 추진되어야 한다.
- 모든 가족구성원과 주민들이 사회체육은 일상생활에 중요한 평생활동이라는 사회적 공감대를 형성하여야 한다.
- 사회체육의 대중화와 스포츠 지향성은 가족 스포츠로 연결된다.
- 사회체육의 대중화는 궁극적으로 가족 단위로 운영되어야 효과적이다.
- 가족은 개개인의 삶에서 가장 기초적 집단이다.
- 가족의 기초집단은 개인의 여가생활과 생활형태에 결정적 영향을 미치기 때문이다.

Ⅲ. 요약

사회체육 프로그램은 체육활동의 구체적 실천을 위해 동기와 방법이 포함된 내용을 구성하는 것을 의미한다. 사회체육 프로그램에 대한 내용을 요약하면 다음과 같다.

- 사회체육의 기본목적은 자발적인 운동참가에 따른 개인적 복지와 사회적 복지의 통합적 발전, 즉 밝고 명랑한 국민생활의 형성에 있다.
- 사회체육 프로그램의 기본방향은 국민소득과 생활수준 향상으로 의식주라는 생리적 욕구가 충족됨으로써 이루어진다.
- 사회체육 프로그램은 사회적 여가생활 증대에 따라 스포츠 활동에 대한 욕구가 증대되고 있다.
- 사회체육 대상별 프로그램은 유아, 아동, 청소년, 성인, 노인, 직장인, 주부, 장애인 체육 프로그램이 있다.
- 사회체육 운동의 형태별 프로그램은 개인 · 대인 · 집단 · 긴장해소 · 야외활동 · 계절운동이 있다.

▷ 사회체육 프로그램 내용의 구성원리는 다음과 같다.
첫째, 사회체육 프로그램 내용은 목표에 의해 선정 · 조직되고 운영되어야 한다.
둘재, 사회체육 프로그램 내용 구성시 주요 사항은 참여자에 대한 고려이다.
셋째, 사회체육 프로그램은 지도 가능성한 것이라야 한다.
넷째, 다양한 목표 달성의 원리에 입각하여 프로그램을 구성해야 한다.
다섯째, 사회체육 프로그램은 참여자 욕구 기초하여 개발하고 조직하여야 한다.
여섯째, 사회체육 프로그램은 학교체육과 협동체계를 이루어 운영되어야 한다.
일곱째, 사회체육 프로그램을 구성할 때에는 지역성을 고려하여야 한다.

- 사회체육 프로그램의 개발 보급은 많은 사회체육 프로그램이 개발 · 보급되어야 한다.
- 사회체육 프로그램은 남녀노소가 언제 어디서나 다함께 참여해서 즐길 수 있는 내용이 되어야 한다.
- 사회체육 프로그램은 내용이 단순하면서도 실행하면 합리적인 효과를 얻을 수 있어야 한다.

Ⅳ. 학습문제

1. 사회체육 프로그램의 기본방향을 설명하시오.
2. 사회체육의 프로그램 기본목적을 설명하시오.
3. 사회체육 프로그램의 유형을 설명하시오.
4. 사회체육 대상별 프로그램을 설명하시오.
5. 사회체육 운동 형태별 프로그램을 설명하시오.
6. 사회체육 프로그램 내용의 구성원리을 설명하시오.
7. 사회체육 프로그램의 개발 · 보급에 대해 설명하시오.
8. 사회체육 프로그램의 개발 보급의 필요성을 설명하시오.
9. 지역사회 주민을 위한 사회체육 프로그램의 개발 · 보급에 대해 설명하시오.
10. 사회체육 프로그램 보급을 위한 홍보에 대해 설명하시오.

Ⅴ. 주요용어

정서적 안정
건강증진
운동참여
긴장해소
인격완성
사회태도
사회습관
인간품성
시민정신
개인권리
사회통합
가치
존엄성
필요성
인간형성
세분화
구체화
자원
구성원
욕구
성별
연령별
신체조건
경제수준
효과성
능률성
적합성
흥미성

5부
사회체육의 대상

19장 | 유아체육

Ⅰ. 개요

- 아기가 태어나서 몸을 일으키고 기어다니다가 단계적으로 걷거나 뛰게 되는 과정은 유아들에게 성취감과 자신감을 주며 점점 다양한 형태의 다른 움직임을 시도하도록 한다.
- 이러한 신체적 움직임은 유아들의 근본적인 욕구를 충족시켜 줄뿐만 아니라 주어진 환경에 반응하는 방법을 습득하게 된다.
- 도시화, 산업화로 인하여 일상생활의 속에서 예전과 같이 놀이를 통한 자연스러운 운동을 할 수 있는 기회가 점차 줄어들게 되었다.
- 거주지역 주변에 있는 놀이터, 동네체육시설 등의 놀이 공간이 만들어졌다고 해도 다양한 운동을 할 수 있는 공간과 기회는 매우 제한되어 있다.
- 정보화 시대가 날로 발달하여 컴퓨터, 비디오 게임과 TV 시청과 같은 실내 놀이를 선호함으로써 대근육 신체활동이 점차 줄어들고 있다.
- 이러한 문제점을 해결하는 방안으로 성장발달 시기에 있는 유아들에게 신체활동은 매우 필요하다.
- 핵가족 문화가 정착되어 형제들간에 자연스럽게 이루어져야 할 또래집단 활동이 점차 감소하고 있다.
- 집단활동을 통해 습득되어지는 친사회적 활동의 협동심, 희생정신, 관용, 나누기, 돕기, 친절 등의 사회성이 결여된 아동들이 늘어나고 있다.
- 집단놀이 긍정적인 사회성 함양에 대단히 중요하다.
- 유아체육은 아동기, 청소년기 발육·발달에 많은 영향을 미치므로 유아의 신체운동은 매우 중요하다.

본 장은 유아체육의 필요성, 유아운동능력 발달의 기본 원리와 신체적 특성, 유아운동능력의 발달, 유아운동 프로그램에 대한 살펴보고자 한다.

Ⅱ. 유아체육의 필요성

1. 유아체육의 중요성

- 유아기는 신체적 발달뿐만 아니라 인지적, 정서적, 사회적, 언어적 측면의 발달이 급속하게 이루어지는 중요한 발달의 기초시기이다.
- 유아기는 신장, 체중, 골격, 치아, 뇌, 신경조직, 근육조직 등이 급속하게 성장하는 시기이다.
- 유아기는 신체 발육발달은 매우 중요하다.
- 유아기는 특히 뇌 세포 발달의 90% 이상이 성장이 이루어지는 신체적 발달 시기이다.
- 유아기는 자기 자신과 타인의 감정을 상황과 논리에 부합하도록 그 능력이 형성되는 감성발달 시기이다.
- 유아기는 초보적인 단계와 기초적인 단계의 움직임 뿐만 아니라 운동과 관련된 동작을 습득하는 능력이 형성되는 운동능력의 발달 시기이다.
- 유아기는 사고하고 문제 해결하는 창의성 등의 능력이 형성되는 지적능력 발달 시기이다.
- 유아기는 자기중심적인 행동에서 벗어나 점차 협동심과 경쟁심이 형성되는 사회성 발달 시기이다.

2. 임계기(Critical period)

- 유아기에는 감각적, 생리적, 운동적 수용력이 최고조에 달하는데 이를 임계기라고 한다.
- 임계기는 신체적 움직임의 능력, 지적 수준, 언어나 사고 능력 등의 개발에 필요한 교육을 학습자가 수용할 수 있는 준비가 되어 있는 학습의 최적 시기이다.
- 일반적으로 운동 습득의 임계기인 유아기는 뼈가 화골화되기 전이다.
- 유아기는 대근육 발달이 활발하게 진행되는 시기이므로 기초운동 능력을 습득하는데 이상적인 시기이다(Gallahue & Ozemun, 1995).
- 유아기는 대근육 뿐만 아니라 소근육이나 다른 평형성, 민첩성, 협응성 등의 기능이 급속히 발달하는 시기이므로 균형적인 움직임 교육이 중요시되 있다.
- 예를 들면, 수영을 가르치는 것은 물에 대한 공포를 느끼기 이전인 생후 2개월 전후의 시기가 가장 효과적이라고 한다.
- 그러나 무조건 어릴적부터 행하는 조기교육이 효과적인 것만은 아니다.
- 수영의 임계기를 벗어났을 때는 2차 임계기인 7~8세 이후에 수영 교육을 하는 것이 가장 적합하다(Meredith & Stephens, 1988).

3. 잠재력 능력 개발 시기

- 최근에 유아를 대상으로 한 조기교육의 중요성이 대두되고 있다.
- 언어 · 예술교육의 조기교육 열풍이 대단한 관심을 불러 일으키고 있다.
- 그러나 운동 교육의 중요성은 인식하지 못하는 경향이 있다.
- 유아기의 신체발육발달이 지적능력이나 창의력 발달과 상당한 관련성이 있음을 깨닫지 못하기 때문이다.
- 유아기 운동교육의 중요성은 발달 시기에 적합한 놀이나 움직임 활동을 통하여 상호 관련성 있는 능력발달을 추구할 수 있다.
- 유아가 지닌 잠재력을 최대로 개발할 수 있기 때문이다.

Ⅲ. 운동능력 발달의 기본 원리와 신체적 특성

1. 기본원리

유아나 아동의 운동능력 발달은 출생 이후 성숙할 때까지 지속적으로 이루어지는데, 이렇게 진행되는 발달은 다음고 같은 기본 원리가 있다(Seefelt, 1986).

- 머리에서 다리쪽(Cephalo-caudal)으로 발달한다. 머리가 먼저 발달하고 사지가 발달한다.
- 몸통부분에서 말초방향(Proximo-distal)으로 발달한다. 유아의 몸통과 어깨근육이 발달한 후에 손목, 손가락, 발가락이 발달한다.
- 전체에서 세부부분(Genero-specific)으로 발달한다. 유아가 물건을 잡을 때 처음에는 전체 손바닥으로 잡다가 점차 손가락을 사용한다.
- 양팔같이(Bilateral) - 한팔(Unilateral) - 팔과 다리같이(Ipsilateral) - 다른쪽의 팔과 다리같이(Contrallateral) 사용하는 운동능력이 발달한다.
- 대근육이 먼저 발달하고 소근육이 발달한다.
- 수평적인 동작에서 수직적인 동작으로 발달한다.
- 이동 - 조작 - 감각운동 순으로 발달한다.

2. 유아기 발달 특성

1) 지적 측면

- 유아기는 주의 집중시간이 짧다.
- 유아기는 신체가 무엇을 할 수 있는가에 관심과 호기심을 가지고 있다.
- 유아기는 신체활동에 대해 알기를 원하고 질문하는 사례가 빈번해진다.
- 유아기는 집단행동에 대해 이해하기 시작한다.
- 유아기는 창의적인 활동이 두드러지게 나타난다.

2) 정서적 측면

- 유아기는 남녀 어린이간 관심영역에 차이가 없다.
- 유아기는 민감하고 개인주의적이며 자기중심적 성향이 강하다.
- 유아기는 대집단 활동보다는 소집단 활동을 좋아한다.
- 유아기는 어른들의 감정표현에 민감하게 반응한다.
- 유아기는 특히 부모, 교사 등의 기뻐하는 것을 좋아한다.
- 유아기는 무모하거나 거친 행동을 좋아한다.
- 유아기는 주의 관심을 끌려고 애쓴다.
- 유아기는 높은 곳에 오르기를 좋아한다.
- 유아기는 놀이가 가능한 장소, 시설, 기구 등을 탐색한다.

3) 신체적 측면

- 유아기는 활동적, 자기중심적, 자기과시적, 모방하기 좋아한다.
- 유아기는 상상력이 풍부하고, 타인의 관심을 끌려고 하는 성향을 보인다.
- 유아기는 대근육 발달이 뚜렷하다.
- 유아기는 게임을 할 수 있는 운동기능은 미숙하다.

3. 신체적 특징

1) 신경기능의 발달

- 유아기에는 신체 움직인의 기초 능력을 습득하는 신경기능이 무엇보다도 중요하다.
- 신경은 신체의 움직임을 전체적으로 지배, 조정하고 명령하는 것이 대뇌이므로 신경계의 작용 없이는 어떠한 신체활동도 원활하게 수행할 수 없을 뿐만 아니라 활발한 동작도 기대할 수 없다.

- 신체의 기관은 역할이 고도로 분화되어 있어 점진적으로 발달하는 데, 가장 먼저 발달하는 신체기관이 중추신경계가 가장 빠르게 발달한다.
- 가장 늦게 발달하는 신체기관은 대뇌이다.
- 유아의 경우 어지러움, 차멀미 같은 것은 성인보다 덜한 반면, 대뇌의 기능중 평형성, 속도, 정확성은 미흡하다.

2) 근력의 발달

- 근력은 체력의 중요한 요소로써 일상생활은 물론이고 운동을 하는데 필수적으로 필요한 것이다.
- 근기능의 발달과 유지는 건강생활을 위한 필수적인 요소이며, 일상생활을 정성적으로 수행하기 위해서는 절대적으로 필요하다.
- 유아의 근육은 3~4세경에 급속히 발달하여 5~6세가 되면 근육을 구성하는 근섬유의 굵기가 굵어지고 근력이 강해지며 체중의 75%를 차지하게 된다.
- 근육은 골격과 마찬가지로 신체의 부위나 개인에 따라 차이를 나타낸다.
- 머리와 목부분의 근육이 다리부분의 근육보다, 대근육이 소근육보다, 여자 아이는 남자 아이보다 일찍 발달한다.
- 또한 여자 아이의 근육은 남자 아이 근육보다 지방이 많은 대신 수분이 적으며, 근육조직이 작고 가벼우며 짧다. 유아의 근육은 낮은 강도의 신체활동에도 빨리 피로를 느끼지만, 동시에 회복 속도는 빠르다.

3) 호흡 및 순환기능의 발달

- 호흡기능은 인간의 생명을 유지하는데 있어서 가장 기본적인 역할을 하며, 대개 호흡수, 폐활량, 폐환기능력으로 그 정도를 알 수 있다.
- 안정시 1분간 호흡수는 신생아의 경우 30~60회이며, 1세는 30~40회, 2세는 25~30회, 4~5세는 20~25회, 성인의 경우 16~18회 정도로 그 횟수가 변한다.
- 호흡수는 맥박수의 1/4정도이고 과격한 놀이를 하였을 때는 평상시 호흡수의 약 7~10배에 도달한다.
- 순환기능은 몸에 필요한 산소와 영양분을 공급함으로써 원기를 생성하고, 발육과 성장에 필요한 물질을 합성하고, 노폐물을 제거하는 등 기본적인 일을 하게 된다.
- 체온이 1℃ 상승하면 15~20회 정도가 증가하며, 또한 운동을 하면 증가한다.
- 신생아의 경우 맥박수는 약 120~160회, 3세는 100~120회, 5세는 90~100회, 성인은 65~75회 정도이다.

Ⅳ. 유아운동능력의 발달

유아기 운동능력발달에 있어서 조정력, 근력, 지구력에 대한 내용을 살펴보면 다음과 같다.

1. 3세 유아운동능력의 발달

1) 조정력

▷ 연령 : 3세

▷ 평형성

- 3~5초 동안 윈발로 설 수 있다.
- 미끄럼을 탈 수 있다.
- 5cm 정도 높이에서 뛰어내린다.

▷ 협응성

- 네 손발자세로 간다.
- 두발을 교대로해서 계단을 오르내릴 수 있다.
- 세발자전거의 페달을 밟을 수 있다.

▷ 민첩성

- 20cm 정도 높이에서 두발을 모으고 점프를 할수 있다.
- 손가락끝의 운동을 할 수 있다
- 반응속도는 느리(반복속도)

▷ 유연성

- 옆으로 구르기가 된다.

▷ 교치성

- 젓가락을 잘 쓴다.
- 신발끈을 맨다.

2) 근력

▷ 등척성

• 저철봉 등에서 매달리기가 된다.

3) 지구력

▷ 등척성

▷ 등장성

• 정글짐에서 기어오르기가 된다.

▷ 근지구성

• 매달리는 상지(上肢)의 힘은 상당히 강하다.)

▷ 전신지구성

• 취약하고 낮다

2. 4세 유아운동능력의 발달

1) 조정력

▷ 평형성

• 10초 동언 왼발로 설수 있다.

• 50cm 높이평균대를 걷는다.

▷ 협응성

• 외발뛰기를 할수 있다.

• 그네를 서서 구를 수 있다.

• 네손발 변형제세를 취할 수 있다.

▷ 민첩성

• 외발로 딛고 뛰어 넘기가 된다.

- 반복속도가 느리지만 점차 좋아진다.
- 전신반응 시간은 아직 늦다

▷ 유연성
- 앞으로 구르기가 된다.

▷ 교치성
- 공을 일정 목표물에 맞힐 수 있다.

2) 근력
▷ 등척성
- 정글짐에서 매달리기, 오르기, 빠져나가기가 된다.

3) 지구력
▷ 등장성
- 외발로 5발자국 정도 뛸 수 있다.

▷ 근지구성
- 철봉에 매달려 흔들 수가 있다.

▷ 전신지구성
- 술래잡기가 된다.

3. 5세 유아운동능력의 발달

1) 조정력

▷ 평형성
- 자전거를 타수 있다
- 50cm 높이평균대를 걷는다.

▷ 협응성
• 큰 공을 받을 수 있다.
• 공차기나 공치기를 할 수 있다.
• 구름다리를 건널 수 있다.
• 줄넘기를 할 수 있다.

▷ 민첩성
• 달릴 때 갑자기 정지, 방향전환이 된다.
• 반복, 반응, 완료의 속도가 나아진다.

▷ 유연성
• 연속 앞으로 구르기가 된다.
• 둘이서 옆으로 구르기가 된다.

▷ 교치성
• 공 맞히기나 차기를 잘하게 된다.

2) 근력

▷ 등척성
• 철봉에 매달리기, 거꾸로 매달리기, 흔들기가 된다.

3) 지구력

▷ 등척성
• 턱거리, 다리걸고 돌기가 된다.

▷ 등장성
• 제자리 넓이뛰기가 된다.
• 연속 뛰어넘기가 된다.

▷ 근지구성

- 정글짐에서 술재잡기를 할 수 있다.

▷ 전신지구성

- 술래잡기가 된다.
- 1인 20~30cm 릴레이를 할 수 있다.

Ⅴ. 유아운동 프로그램

1. 프로그램 구성 원리

1) 계열성의 원리

유아운동 프로그램의 구성 원리에 대한 내용을 살펴보면 다음과 같다(위성식외 3인, 1998).

- 유아운동 프로그램은 내용별로 종적으로 연결되어지는 위계성을 지니고 있다.
- 유아운동 프로그램은 서로 밀접하고도 유기적으로 연결되는 것이다.
- 유아운동 프로그램 구성은 전후별 단계별로 제공할 내용을 조정해야 한다.
  ㅎ과 나중에 제공되어져야 할
- 유아운동 프로그램은 발달 단계별 연령별을 고려한 움직임의 단순성과 복잡성의 차원에서 조정하여야 한다.
- 유아운동 프로그램 조직은 동일한 내용의 수준을 달리하면서, 점차적으로 숙련하고, 전문화시키는 것을 나선형 교육과정(Spiral curriculum)이라고 한다.
- 계열성의 원리는 프로그램의 내용을 달리하면서 선행학습 프로그램을 기초로 후속 프로그램의 실행이 이루어지도록 조직하는 것이다.
- 일반적으로, 나선형 프로그램은 비교적 장시간에 걸쳐 기본적인 운동기능이나 기술을 학습할 때의 방법이다.
- 계열성의 원리는 기간에 관계없이 전후 프로그램을 밀접하게 연관시켜 운동기능 및 기술을 학습하도록 하는 프로그램 조직방법이다.

2) 통합성의 원리

- 통합성은 유아운동 프로그램 내용이 운동경험 속에 의미있게 내재되도록 운영에 통

합되는 것을 의미한다.

- 운동 프로그램 내용은 유아운동 프로그램이 심동적 영역의 구축에 부합되도록 통합되어야 한다.
- 단편적인 운동기술을 소개하고 실행하도록 하는 것은 유아신체활동에 대한 기본적인 틀에 위배되는 것이다.

3) 계속성의 원리

- 프로그램 내용이 수정이나 보완없이 반복적으로 유지 · 지속되는 것을 의미한다.
- 프로그램 내용에 상관없이 유아에게 있어 경험적으로 인지되기 위해서는 프로그램이 중도에 중단되거나 폐지되는 일이 없어야 한다.
- 프로그램 내용은 일정기간 연속적으로 시행되어야 한다.
- 반복학습에서 오는 권태감이나 무력감이 작용할 수 있지만 그때마다 흥미와 동기를 부여할 수 있도록 하여야 한다.
- 유아에게 있어 인지도가 다소 부족하기 때문에 반복학습을 통해 동작이 어느 정도 인지되도록 한다.
- 유아운동은 연령수준에 따라 다소 차이가 있으나 다음 단계의 프로그램이 제시되기 전까지는 계속되어야 한다.

2. 프로그램 구성 목표

- 유아체육은 대근육 및 소근육 발달을 촉진시키고 운동간의 협응력을 길러 줌으로써 원활한 신체 조정능력을 향상시킨다.
- 유아체육은 신체적 건강을 유지 및 증진시키기 위해 영양, 개인위생, 안전 등과 관련된 기본적인 습관을 기른다.
- 유아체육은 스스로 세계를 탐구하고 의미를 찾고 싶어하는 호기심을 지니고 있기 때문에 신체 발달은 매우 활동적이며 연속적이다.
- 유아체육은 소근육을 사용하여 기초적인 신체활동을 한다.
- 유아체육은 감각과 신체 부분간의 협응력을 키운다.
- 유아체육은 주어진 공간에서 신체를 균형있게 움직이는 능력을 키운다.
- 유아체육은 율동적인 신체의 움직임을 키운다.
- 유아체육은 건강 및 안전에 대한 생활 습관을 길러 준다.
- 유아체육은 기구놀이 도구, 위험한 장소에 따른 안전에 대한 인식을 키운다.

- 유아체육은 다양한 동작을 경험하게 한다.
- 유아체육은 동작의 기본원리를 이해시키고 이유를 설명한다.
- 유아체육은 집단 신체활동 상황을 조성하고 이유를 설명한다.
- 유아체육은 다양한 동작을 수행할 수 있도록 한다.
- 유아체육은 신체활동에 남녀를 구별하지 않고 참여시킨다.
- 유아체육은 승리와 패배 등의 경험을 하도록 한다.
- 유아체육은 대집단 활동을 권장할 필요가 있다.

3. 유아체육의 가치 및 필요성

- 유아체육은 신체의 발육을 촉진한다.
- 유아체육은 운동기능의 발달을 촉진한다.
- 유아체육은 신체기관의 발달을 촉진한다.
- 유아체육은 사회적 성격 함양을 촉진한다.
- 유아체육은 정서적 발달을 촉진한다.

4. 유아체육의 프로그램 내용

- 유아운동 발달은 지적, 정서적, 사회적, 신체적 발달에 영향을 미친다.
- 유아체육 프로그램 내용은 민첩성, 유연성, 협응성, 균형성, 평형성, 등 6~7세 정도까지 약 60%가 완성된다는 것을 고려해야 한다.
- 유아체육 프로그램 내용은 전신운동을 통해 종합적이고 다양한 운동을 경험하게 하는 것이 좋다.
- 프로그램 내용은 흥미와 요구에 알맞는 운동을 제공해야 한다.
- 프로그램 내용은 지속적이고 연속적인 운동을 제공해야 한다.
- 프로그램 내용은 창의적인 사고력이 발현되도록 프로그램을 제공해야 한다.
- 프로그램 내용은 놀이 중심으로 구성되어야 한다.
- 프로그램 내용은 신체활동에 남녀를 구별하지 않고 참여시킨다.
- 프로그램 내용은 승리와 패배 등의 경험을 하도록 한다.
- 프로그램 내용은 대집단 활동을 권장할 필요가 있다.

5. 유아체육 운동지도시 유의점

유아기 운동지도시 유의점에 대한 내용을 살펴보면 다음과 같다.

- 놀이에 의의와 의미를 가지고 지도하고 발전시켜야 한다.
- 유아의 자주성, 창조성을 존중한다.
- 놀이를 즐겁고 재미있도록 유도한다.
- 유아의 발달단계에 적합한 지도가 필요하다.
- 유아의 개인차를 고려한 지도가 필요하다.
- 놀이를 가르치는 것이 아니라 즐겁고 재미있는 것을 많이 체험하는 것에 중점을 두어야 한다.
- 자유롭게 뛰고 노는 것을 제한하는 일이 있어서는 안된다.
- 안전하게 놀 수 있는 장소를 제공한다.
- 운동놀이의 생활화를 목표로 한다.
- 새로운 환경이 주어졌을 때 적응하는 지도가 필요하다.
- 유아들을 친구와 같이 대하고 그들의 이름을 가능한 빨리 알아야 한다.
- 모든 상황에 대한 준비를 해야 한다.
- 유아들에게 강한 동기유발을 시켜키는 것이 좋다.
- 일관성 있는 지도를 해야 한다.
- 긍정적이고 타당한 지도를 해야 한다.
- 인내를 가지고 지도해야 한다.
- 다양한 활동을 제공하는 것이 좋다.
- 지시는 간단 명료하게 해야 한다.
- 안전을 항상 고려해야 한다.
- 집중하지 않을 때에는 변화를 주어야 한다.
- 주어진 시간보다 지도량을 많이 준비해야 한다.
- 적절한 유머를 활용해야 한다.
- 가능한 동시에 많이 참여할 수 있도록 해야 한다.
- 기다림 줄서기 등 대기시간을 줄이고 실제활동 시간을 많이 확보해야 한다.
- 어둡거나 습기가 많은 곳을 피해야 한다.

Ⅵ. 요약

유아체육에 있어서 유아체육의 필요성, 유아운동능력 발달의 기본 원리와 신체적 특성, 유아운동능력의 발달, 유아운동 프로그램에 대한 내용을 요약하면 다음과 같다.

- 유아체육은 스스로 탐구하고 의미를 찾고 싶어하는 호기심을 키워준다.
- 유아체육은 소근육을 사용하여 기초적인 신체활동을 습득한다.
- 유아체육은 감각과 신체 부분간의 협응력을 키운다.
- 유아체육은 주어진 공간에서 신체를 균형있게 움직이는 능력을 키운다.
- 유아체육은 율동적인 신체의 움직임을 키운다.
- 유아체육은 건강 및 안전에 대한 생활 습관을 길러 준다.
- 유아체육은 기구놀이 도구와 위험한 장소에 따른 안전에 대한 인식을 키운다.
- 유아체육은 신체의 발육을 촉진한다.
- 유아체육은 운동기능의 발달을 촉진한다.
- 유아체육은 신체기관의 발달을 촉진한다.
- 유아체육은 사회적 성격 함양을 촉진한다.
- 유아체육은 정서적 발달을 촉진한다.
- 유아체육은 가정에서부터 생활화해야 한다.
- 유아체육은 운동을 통해 균형적인 신체의 발육 발달을 도모해야 한다.
- 유아의 신체활동은 두뇌활동의 활성화를 위해 매우 중요하다.

Ⅶ. 학습문제

1. 유아기 신체활동의 중요성에 대해 설명하시오.
2. 유아기 발달 특징에 대해 설명하시오.
3. 유아운동능력 발달 순서를 설명하시오.
4. 유아운동 프로그램 구성원리를 설명하시오.
5. 유아운동 프로그램 내용 선정시 고려해야 할 사항을 설명하시오.
6. 유아운동 지도시 유의점에 대해 설명하시오.

참고문헌

Gallahue, D.L.& Ozemun, J.C.(1995). Understanding Motor Development, McGraw-Hill:New York. 188-264.

Meredith, S. & Stephens, J.(1988). Teach Your Child to Swim. Usborne Publishing Inc.

Seefelt, C.(1986). Physical activity and well-being. Reston, VA: American Alliance for Health, Physical Education, Recreation, and Dance. Child

위성식 외 3인(1998). 사회체육프로그램, 대경.

20장 | 청소년체육

Ⅰ. 개요

청소년은 미래의 주역으로서 국가의 경쟁력을 주도할 주역이다. 한 국가의 경쟁력은 청소년의 능력, 태도, 가치관에 달려있다. 청소년을 바르게 지도하고 육성하여 사회의 건정한 일원이 되도록 하는 것은 사회와 국가의 중요한 책임이다(Coleman, 1961). 국가는 청소년이 신체적 · 정신적으로 건강하게 성장할 수 있도록 배려해야 할 책임이 있다. 국가는 청소년이 사회적으로 건전한 시민의식을 함양한 인격체로 성장할 수 있도록 할 중요한 책무가 있다.

- 과거 전통사회는 청소년들이 가정에서 가족구성원과 상호작용하면서 사회의 규범과 가치와 역할을 습득하였다.
- 산업1사회의 청소년은 가정의 역할은 점차 한계에 이르고, 대체기능으로 학교, 지역사회, 국가의 역할이 점차 증대되고 있다.
- 현실적으로 학교는 청소년이 올바르게 성장 · 발달하도록 한다.
- 학교는 청소년이 다양한 욕구를 충족시키며, 자아실현이라는 궁극적 목적을 달성하기 위해 전인교육을 표방하고 있다.
- 오늘날 청소년은 입시위주의 교육으로 청소년을 자아정체감, 자아성숙, 도덕성 발달에 많은 지장을 초래하고 있다.
- 청소년의 과도한 학습시간은 운동부족현상을 낳고 있다.
- 과중한 학습은 청소년의 체력저하와 각종 질병에 대한 저항력 감소, 사회 적응력 부족으로 사회일탈 행위가 증가시키고 있다.
- 최근 청소년 범죄율은 증가추세를 보이고 있다.

- 청소년 범죄율은 92년보다 96년에 48.0%로 증가하여, 우리나라 전체범죄율 증가율 30.9%보다 높은 증가율을 보이고 있다.
- 청소년기는 생애주기에 있어서 신체적, 심리적, 사회적으로 과도기적 특성을 지닌다.
- 청소년기는 성인기의 예비단계로서 다양한 변화와 발달 과정을 겪는 시기이다.
- 청소년기의 학습 및 경험은 인격과 태도 형성에 결정적인 요인으로 작용한다.
- 청소년기는 아동기에서 성인기로 이행되는 과도기이다.
- 청소년기는 새로운 사회환경 적응을 위한 독특한 문화적 행동특성을 보이는 시기이다.
- 청소년기는 새로운 것에 대한 호기심과 자극에 대하여 매우 민감한 시기이다.
- 청소년기는 부모에게 벗어나 독립하려는 경향이 강하다.
- 청소년기는 사회 구성원으로서 자세, 태도, 습관을 학습하는 시기이다.
- 청소년기는 적극적인 사회참여를 위한 필요한 행동유형과 가치를 학습하는 시기이다.
- 청소년기는 자아 정체감 혼란으로 개인과, 학교, 국가적 차원에서 적극적인 관심과 배려가 절실히 요구되는 시기이다.
- 청소년기는 발달적 측면에서 연령상으로 12세 내지 18세까지라 할 수 있다.
- 우리나라 교육편제로 보아 초등학교 고학년부터 중 · 고등학교의 시기를 포함하고 있다.
- 청소년기는 신체의 각 부위들이 급격하게 성장하는 때이다.
- 청소년기는 지적 · 정서적 · 사회적 · 운동적 측면에서 급격한 변화를 경험하는 시기이다.
- 청소년기는 다양한 측면에서 가장 많은 관심을 기울어야 할 매우 중요한 시기이다.
- 인간의 첫번째 발육 급증기는 출생 후 약 1~2년간에 나타나는 급증기이다.
- 인간의 두번째 발육 급증기는 대략 11~15세에 이르는 시기로 2단계 발육급증기이다.
- 청소년기의 발육급증은 일생을 통해 나타나는 마지막 시기이다.
- 청소년기는 체력육성을 위해 효율적 · 계획적인 신체활동을 최대한 발현해야 한다.
- 인간의 성장과 발달은 선천적 · 후천적 요인에 의해 영향을 받는다.
- 인간의 신체는 형태적 · 양적 · 기능적 · 질적 변화라는 유전적 요인이 있다.
- 신체는 영양공급 상태, 지리적 환경조건 등의 후천적 요인에 따라 성장과 발달을 계속한다.
- 우리나라는 1991년 6월 "한국청소년기본계획"을 발표하였다.
- 1992년 여러 가지 형식과 내용으로 청소년 관련 프로그램이 꾸준히 개발되었다.
- 이와 병행하여 청소년을 위한 체육활동 프로그램도 개발되었다.
- 현재 우리나라는 청소년을 위한 체육 프로그램이 양적 · 질적으로 많은 성장을 하고 있다.
- 그러나 청소년은 자발적이고 적극적인 참여할 수 있는 사회적 분위기는 조성되지 못하고 있다.
- 선신국은 어릴 때부터 체육활동에 참가하여 생활화하도록 사회제도를 마련하고 있다.

• 선진국은 청소년을 위한 체육시설, 프로그램, 지도자 등 필요조건을 충족시키고 있다.
• 선진국은 청소년 체육활동을 위해 가정 · 학교 · 지역사회와 연계가 잘 이루어져 있다.
• 선진국은 청소년 체육활동의 효과가 극대화 되고 있다.

II. 청소년의 본질적 이해

청소년의 본질적 이해를 위해 청소년의 신체적 변화, 청소년의 심리적 특성, 청소년의 사회화에 대한 살펴보면 다음과 같다.

1. 청소년의 신체적 변화

• 청소년이란 청년과 소년을 총칭하는 용어로서 아동과 성인에 대한 세대개념이다.
• 청소년이란 용어는 남녀 구별없이 젊은이와 공용되고 있다.
• 청소년은 사춘기에서 성인기에 이르는 과도기 또는 그 기간에 해당하는 사람을 지칭한다(Coleman, 1972)
• 청소년은 새로운 삶의 단계에 놓여있는 사람들이다(Erikson, 1968).
• 청소년은 신체발육정도, 정신적 성숙도, 사회적 행동양식에서 아동기를 벗어난 상태이다.
• 청소년은 아직도 성숙화, 사회화 될 것이 요구되는 상황에 놓여 있는 세대이다.
• 청소년은 다양한 심리적 특성, 복잡한 사회문화적 환경, 다양한 이질적인 사고와 형태를 지닌 하나의 사회적 범주이다.
• 청소년은 아동기에서 성인기로 성장하는 과정에서 신체적 · 정신적 · 사회적 변화를 다양하게 나타나는 시기이다.
• 청소년기는 대체적으로 사춘기로부터 시작된다.
• 청소년기는 사춘기 특성으로 신체적 발달 변화에 기인된다.

▷ 청소년의 신체적 변화는 크게 2가지로 요약할 수 있다.
첫째, 청소년은 왕성한 성호르몬 분비로 생식능력을 갖춘 성적욕구가 발생하는 시기이다.
둘째, 청소년은 신체적 변화가 급격하게 성장하는 시기이다.

• 청소년은 신체적인 급격한 변화로 완전한 유기체로서 발달을 완성하게 된다.

- 청소년은 급격한 신체적 성장으로 외모와 행동이 불균형이 생긴다.
- 청소년은 외형적으로 완전한 성인이지만 아직 어린시절의 행동이 그대로 남아 있다.
- 청소년은 성인들의 기대에 부응하기에는 아직 미숙한 시기이다.
- 청소년은 정서적 · 행동적 갈등이 심화되는 시기이다.
- 청소년은 현실적인 자아상과 이상적인 자아상간에 갈등을 겪는 시기이다.
- 청소년은 성적 욕구를 충족시키는 데 많은 제약을 받기 때문에 좌절감과 욕구불만이 나타나는 시기이다.
- 청소년은 권위자, 권위집단에 대해 비판적이고 냉소적인 경향을 띠는 시기이다.
- 청소년은 강한 호기심과 경쟁의식을 갖게 되는 시기이다.
- 청소년은 자기 자신에 탐닉하는 경향을 드러내는 시기이다.

2. 청소년의 심리적 특성

- 청소년의 심리적 특성은 인지능력과 도덕성의 발달로 나눌 수 있다.
- 청소년은 지식을 습득하고 습득한 지식을 활용하는 지적능력이 최대로 효력을 발휘하는 시기이다.
- 청소년은 지적변화에서 양과 질적 측면에서 가장 왕성한 시기이다.
- 청소년은 추상적 개념을 구사하게 되고 실제경험과 유리된 사고를 할 수 있게 된다.
- 청소년은 현실과 허구, 실제와 외형을 비교하여 사실에 맞추어 가설을 판단한다.
- 청소년은 가설을 체계적으로 세우고 현실적 근거에 비추어 검정한다.
- 청소년은 과학적 객관적 사고방식에 의해 자신과 주변세계에 대한 확신을 갖게 된다.
- 청소년은 미래에 대해 가설이나 이론을 토대로 미래를 추론하는 데 관심을 갖게 된다.
- 청소년은 인지능력이 발달하고 완성하는 단계의 시기이다.
- 청소년은 부모와 기성세대를 비판적으로 보고 자신까지 객관화시키는 시기이다.
- 청소년은 사회관계에서 이성화 또는 이념화된 방어기제를 나타나는 것이 특징이다.
- 청소년은 현실과 이상을 비교하는 경향을 띠게 되는 경향이 있다.,
- 청소년은 인생관과 세계관이 객관화되는 과정이다.
- 청소년은 이상지향적, 이념지향적 경향이 뚜렷하게 나타나는 경향이 있는 시기이다.

▷ 청소년의 바람직한 발달과제는 2가지로 요약할 수 있다.

첫째, 청소년은 바람직한 발달과제는 민주시민으로서 갖추어야 할 지적능력을 개발하는 것이다.

둘째, 청소년은 바람직한 발달과제는 도덕성의 발달이다.

- 청소년은 도덕적 판단기준을 연배집단에 의해 습득한다.
- 청소년은 도덕적 판단기준을 상벌과 관계없이 상대적 동기에 의해 옳고 그름을 판단하는 자율적 도덕판단기준을 한다.
- 청소년은 아동기의 절대적, 자기중심적 도덕관에서 상대적, 타인 중심적 도덕관으로 가치가 변화하고 성숙되어 가는 시기이다.
- 청소년은 도덕기준의 엄격성을 의심하며 도덕의 외형적, 지엽적인 문제를 거부하는 경향이 있다.
- 청소년은 도덕기준에 대해 내면적이고 본질적인 도덕가치를 추구하는 것이 특징이다.
- 청소년은 어느 것이든 절대악 또는 절대선으로 보는 경향이 점차 희박해지는 시기이다.
- 청소년은 자기 나름대로 도덕적 신념체계를 바탕으로 행동을 과감하게 하는 경향이 있는 시기이다.

3. 청소년의 사회화

- 청소년은 현재사회 생활에 사회화되어 가는 과장에 있다.
- 청소년은 신체적 · 심리적 · 사회적 · 문화적으로 사회화 발달과정의 중요한 시기이다.
- 청소년은 유아기와 아동기 사회화 과정의 연장선에 있는 시기이다.
- 청소년은 유아기와 아동기를 벗어나 사회영역으로 생활공간을 확대하는 시기이다.
- 청소년의 사회화를 이해하기 위해서는 청소년이 갖는 사회적 성격을 이해해야 한다.
- 청소년은 사회관계에 있어서 긴장과 갈등 그리고 조정의 시기이다.
- 청소년은 과거의 의존적인 삶에서 미래의 독립적인 삶 사이에 처하여 있는 시기이다.
- 청소년은 주위환경 주어지는 기대감, 자아발견, 자아정책감 기대에 부응하기 위해 갈등을 겪는 시기이다.
- 청소년은 친구, 부모, 연배집단, 학교 등 사회조직에 의해 사회화 되고 있다.
- 청소년은 청년문화의 규범과 가치의 상호작용에 의해 사회화 되고 있다.
- 청소년은 사회화 과정을 통하여 독립적으로 살아가야 할 능력을 갖게 된다.
- 청소년은 자신에 대한 깨달음, 미래에 대한 자기설계, 사회현상의 판단과 선택 등 능력을 갖게 된다.

▷ Cambell은 다음과 같은 청소년의 사회화를 설명하고 있다(고흥환 외5인, 1986).

① 청소년은 최초로 의식적으로 자기자신을 최초로 개념화시키는 시기이다.

• 청소년은 끊임없이 자신을 변화시키고 타인에게 자아상을 실험하는 시기이다.

② 청소년은 아동기를 벗어나 성인기로 나아가기 위한 중요한 시기이다.

• 청소년은 사회화를 통하여 권리와 대우, 미래를 규정함으로써 어린시절보다 중요한 역할을 수행하는 시기이다.

③ 청소년은 미래에 대한 압력을 받는 시기이다.

• 청소년은 미래속에서 투영되는 자아정체에 대한 끊임없는 압력을 받는 시기이다.

④ 청소년은 사회화 과정 중에서 처음으로 비학습적인 욕구가 나타나는 시기이다.

• 청소년은 사회화 과정에 있어서 맹목적인 존경이나 의존심을 버리고 타인의 기준에 대한 복종에 끊임없는 질문을 하는 시기이다.

⑤ 청소년은 가장 중요한 선택의 시기이다.

• 청소년은 자아실현의 목표를 달성하기 위하여 미래와 관련된 중요한 결정을 비판적으로 선택하는 시기이다.

⑥ 청소년은 제2의 탄생시기이다.

• 청소년은 친구, 선생님, 특별한 권위자와 동일시하여 새로운 자아가 탄생하는 제2의 탄생이 되는 시기이다.

⑦ 청소년은 위기의 시기이며 사회적 성장의 시기이다.

• 청소년은 사회적 지능, 사회적 인간관계의 다양성과 욕구의 수준에서 많은 변화가 일어난 시기이다.

▷ 청소년에게 다음과 같은 질문을 해 봄으로써 자신의 자아정체감을 확인 할 수 있다.

① 가설적으로 청소년은 과거 성장해 온 과정을 만족할 수 있는가?

② 가설적으로 청소년은 현재의 자신을 확신할 수 있는가?

③ 가설적으로 청소년은 미래에 대하여 새로운 기대를 가질 수 있는가?

- 위의 질문에 주관적 해석이 가능하다면 사회 · 개인적 관점에서 해석이 가능하다.
- 사회적인 관점에서 사회나 집단 유지에 필요한 동질성을 함양하고 있다고 할 수 있다.
- 개인적인 관점에서 청소년은 건전한 퍼스낼리티를 형성하고 있다고 할 수 있다.
- 청소년은 현재 사회인이 되기 위한 사회화의 최종단계에 위치하고 있는 것이다.

Ⅲ. 우리나라의 청소년 지표

우리나라 청소년에 대한 주요현황 지표 중 인구성장율, 청소년 경제활동참가율, 청소년 고용률, 청소년 실업률(15~24세), 청소년 니트(NEET) 비율 국제 비교, 청소년 삶에 대한 만족도, 청소년 학습시간 비교, 청소년 수면 · 운동 · 자원봉사 시간 비교, 아동 · 청소년 인구 구성비, 소년 · 소녀가정 세대주 및 세대원 추이, 다문화가정 자녀 재학생수 추이, 저소득 한부모가족 현황, 탈북청소년수 추이, 탈북청소년 학업 중도탈락률, 1개 청소년수련시설 당 청소년 수, 청소년 성매매 검거 및 검거인원 추이에 대한 내용을 살펴보면 다음과 같다.

1. 인구성장율

연도에 따른 국가별 인구성장률 현황에 대한 비교 내용을 살펴보면 다음과 같다.

표 20-1. 각 나라별 인구성장률

단위 : %

구분	한국	미국	일본	독일	영국	스웨덴	핀란드	OECD	전세계
2000	0.84	1.12	0.19	0.14	0.34	0.16	0.21	0.65	1.30
2008	0.31	0.89	−0.10	0.05	0.43	0.44	0.38	0.53	1.20

주 : 인구 성장률=(당해년도 연앙인구/전년도 연앙인구-1)×100
자료 : OECD(2008), Factbook

2. 아동 · 청소년 인구 현황(0~24세)

- 2009년 아동 · 청소년 인구 현황에 대한 내용을 살펴보면 다음과 같다.

- 2009년 아동 · 청소년 인구는 1,467만명으로 전체 인구의 30.1%를 차지하고 있다.
- 성별로는 남자 770만명, 여자 697만명이다.
- 여자를 100으로 할 때 남성의 비를 나타내는 성비는 110.4이다.
- 연령별 구성비는 14~16세가 4.7%로 가장 많은 비율을 차지하고 있다.
- 연령별 성비는 15세가 114.6으로 가장 높았다.
- 19세는 114.0, 24세는 107.4로 가잔 낮았다.

표 20-2. 2009년 연령별 아동 · 청소년 인구(0~24세)

단위 : 천명, %

연령	아동청소년 인구	구성비	남자	여자	성비
계	14,676	100.0	7,702	6,973	110.4
0세	443	3.0	229	213	107.6
1세	443	3.0	229	213	107.7
2세	444	3.0	230	213	107.9
3세	437	3.0	226	210	107.6
4세	447	3.1	232	215	107.5
5세	474	3.2	246	227	108.2
6세	488	3.3	254	233	108.8
7세	525	3.6	274	251	109.2
8세	536	4.0	305	230	108.9
9세	616	4.2	322	294	109.6
10세	614	4.2	322	291	110.4
11세	633	4.3	330	302	109.1
12세	657	4.5	343	313	109.5
13세	677	4.6	358	319	112.1
14세	690	4.7	367	322	113.7
15세	695	4.7	371	324	114.6
16세	692	4.7	368	323	113.8
17세	679	4.6	359	319	112.3
18세	654	4.5	347	307	112.8
19세	628	4.3	334	293	114.0
20세	614	4.2	324	289	112.1
21세	608	4.1	318	290	109.7
22세	619	4.2	324	295	109.9
23세	646	4.4	339	306	110.9
24세	657	4.5	340	316	107.4

자료 : 통계청. 「장래인구추계」. 2006.11

3. 아동 · 청소년 인구 전망(0~24세)

- 1960년 우리나라 아동 · 청소년(0~24세) 인구는 1,532만명을 기록한 후 계속 증가하였다.
- 1980년 아동 · 청소년 인구는 2,156만명으로 가장 높은 수준을 기록하였다.
- 1980년 이후 서서히 감소하기 시작하였다.
- 2009년 아동 · 청소년 인구는 1,467만명을 기록하고 있다.
- 2020년에는 1,166만명, 2030년에는 961만명이 될 것으로 전망하고 있다.
- 아동 · 청소년 인구 구성비는 1960년에 전체 인구의 61.3%를 기록하였다.
- 아동 · 청소년 인구 구성비는 1980년(56.6%), 1990년(46.1%), 2000년(37.5%)를 기록하였다.
- 아동 · 청소년 인구 구성비는 2009년(30.1%)를 기록하고 있다.
- 향후 2010년(29.5%), 2020년(23.7%), 2030년(19.8%)가 될 것으로 전망된다.

표 20-3. 총인구와 아동 • 청소년 인구(0~24세) 인구 전망

단위 : 명, %

연도	총인구	연평균증가율	아동 • 청소년 인구	구성비	연평균증가율
1960	25,012,373	–	15,328,732	61.3	–
1965	28,704,674	2.95	17,561,611	61.2	2.91
1970	32,240,827	2.46	19,547,767	60.6	2.26
1975	35,280,725	1.89	21,023,086	59.6	1.51
1980	38,123,775	1.61	21,563,871	56.6	0.51
1985	40,805,744	1.41	20,986,656	51.4	–0.54
1990	42,869,283	1.01	19,758,013	46.1	–1.17
1995	45,092,991	1.04	18,825,402	41.7	–0.94
2000	47,008,111	0.85	17,608,043	37.5	–1.29
2005	48,138,077	0.48	16,120,301	33.5	–1.69
2010	48,874,539	0.31	14,422,340	29.5	–2.11
2015	49,277,094	0.16	13,244,125	26.9	–1.63
2020	49,325,689	0.02	11,669,699	23.7	–2.38
2025	49,107,949	–0.09	10,312,725	21.0	–2.33
2030	48,634,571	–0.19	9,611,231	19.8	–1.36
2035	47,734,323	–0.37	9,048,936	19.0	–1.17
2040	46,343,017	–0.58	8,388,285	18.1	–1.46
2045	44,520,935	–0.79	7,732,903	17.4	–1.56
2050	42,342,769	–0.98	7,053,609	16.7	–1.76

자료 : 통계청. 「장래인구추계」. 2006.11

4. 청소년 경제활동참가율(15~24세)

2008년 국가별 청소년 경제활동참가율 현황에 대한 비교 내용을 살펴보면 다음과 같다.

표 20-4 2008 청소년 경제활동참가율(15~24세)

단위 : %

구분	한국	미국	일본	독일	영국	프랑스	캐나다	OECD
2008	26.3	58.8	44.6	52.7	65.6	37.5	67.4	49.9

주 : 경제활동참가율=(경제활동인구/생산가능인구)×100

자료 : OECD(2009), OECD Employment Outlook

5. 청소년 고용률(15~24세)

연도에 따른 국가별 청소년 고용률 현황에 대한 비교 내용을 살펴보면 다음과 같다.

표 20-5. 청소년 고용률(15~24세)

단위 : %

구분	한국	미국	일본	독일	영국	스웨덴	핀란드	OECD
2000	29.4	59.7	42.7	47.2	61.5	36.3	39.8	45.6
2008	25.7	53.1	41.4	44.9	55.9	42.9	46.4	43.4

주 : 고용률=(취업자수/생산가능인구)×100

자료 : OECD(2009), OECD Employment Outlook

6. 청소년 실업률(15~24세)

2008년 국가별 청소년 실업률 현황에 대한 비교 내용을 살펴보면 다음과 같다.

표 20-6. 2008 청소년 실업률(15~24세)

단위 : %

구분	한국	미국	일본	독일	영국	덴마크	프랑스	OECD
2008	9.3	12.8	7.2	10.4	14.1	7.2	18.1	12.4

주 : 실업률=(실업자/경제활동인구)×100

자료 : OECD(2009), OECD Employment Outlook

7. 청소년 니트(NEET) 비율 국제비교(15~24세)

2006년 국가별 청소년 니트(NEET) 비율 국제비교 현황에 대한 내용을 살펴보면 다음과 같다.

표 20-7. 2006년 청소년(15~19세) 니트(NEET) 비율 국제비교

단위 : %

구분	한국	미국	일본	독일	영국	스웨덴	핀란드	OECD
2006	4.0	6.0	8.0	4.0	10.0	5.0	3.0	7.9

주1 : NEET는 교육도, 훈련도, 취업도 하지 않은 청소년층을 의미함.

주2 : 일본은 15~24세의 결과이며, 한국은 OECD 결과보고서에서 제외되어 있어 경제활동인구조사자료에서 해당 연령대의 비경제활동인구 중 쉬었음.

자료 : OECD(2009), Doing Better for Children

8. 청소년 삶에 대한 만족도(15~24세)

2006년 국가별 청소년 삶에 대한 만족도 현황에 대한 내용을 살펴보면 다음과 같다.

표 20-8. 2006년 청소년 삶에 대한 만족도(15~24세)

단위 : 시간 : 분

구분	한국	미국	일본	독일	영국	스웨덴	핀란드
2006	44.9	78.3	50.3	77.8	76.4	77.1	81.6

주 : 최저 1점에서 최고 10점 중 만족도 7점 이상으로 응답한 비율

자료 : OECD(2006), Society at a Glance

9. 청소년 학습시간 비교(15~24세)

2008년 국가별 청소년 학습시간 비교 현황에 대한 내용을 살펴보면 다음과 같다.

표 20-9. 2008년 청소년 학습시간 비교(15~24세)

단위 : %

구분	한국	미국	일본	독일	영국	스웨덴	핀란드
학생	7:50	5:40	5:21	5:02	3:49	5:55	6:06
취업자	0:02	0:17	0:14	0:53	0:10	0:15	0:31

주 : 평일 하루 24시간 기준
자료 : 통계청, 생활시간조사, BLS, AUS(2004), EUROSTAT, HETUS(2005)
출처 : 김기현 외(2009)

10. 청소년 수면·운동·자원봉사 시간 비교

2008년 국가별 청소년 수면 · 운동 · 자원봉사 시간 비교 현황에 대한 내용을 살펴보면 다음과 같다.

표 20-10. 2008년 청소년 수면 • 운동 • 자원봉사 시간 비교(15~24세)

단위 : 시간 : 분

구분	한국	미국	영국	독일	스웨덴	핀란드
수면	7:30	8:47	8:36	8:06	8:26	8:31
운동	0:13	0:31	0:13	0:24	0:26	0:22
자원봉사	0:01	0:08	0:05	0:11	0:05	0:07

주 : 평일 하루 24시간 기준
자료 : 통계청, 생활시간조사, BLS, AUS(2004), EUROSTAT, HETUS(2005)
출처 : 김기현 외(2009)

11. 아동·청소년 인구 및 구성비(0~24세)

연도별 한국 아동 · 청소년 인구 구성비 비교 현황에 대한 내용을 살펴보면 다음과 같다.

표 20-11. 한국의 아동 • 청소년 인구 구성비(0~24세)

단위 : 천명, %

구분	1960	1965	1970	1975	1980	1985	1990	1995	2000	2005
아동청소년인구 구성비	61.3	61.3	60.2	59.7	56.6	51.3	45.9	41.7	37.4	33.6
구분	2010	2015	2020	2025	2030	2035	2040	2045	2050	
아동청소년인구 구성비	29.6	27.0	23.8	21.3	20.1	19.3	18.4	17.5	16.6	

자료 : 통계청(2006)

12. 소년 · 소녀가정 세대주 및 세대원 추이

연도별 한국의 소년 · 소녀가정 세대주 및 세대원 추이 현황에 대한 내용을 살펴보면 다음과 같다.

표 20-12. 소년 • 소녀가정 세대주 및 세대원 추이

단위 : 세대, 명

구분	2000	2001	2002	2003	2004	2005	2006	2007	2008
세대주	6,229	5,248	4,531	3,994	3,504	2,775	2,086	1,630	1,337
세대원	9,579	8,060	6,947	6,184	5,444	4,332	3,271	2,501	2,058

자료 : 보건복지부, 「보건복지통계연보」, 각년도

13. 다문화가정 자녀 재학생수 추이

연도별 한국의 다문화가정 자녀 재학생수 추이 현황에 대한 내용을 살펴보면 다음과 같다.

표 20-13. 다문화가정 자녀 재학생수 추이

단위 : 명

구분	2006	2007	2008
국제결혼가정자녀	7,998	13,445	18,778
외국인 근로자 가정자녀	1,391	1,209	1,402

자료 : 교육과학기술부(2008)

14. 저소득 한부모가족 현황

연도별 한국의 저소득 한부모가족 현황에 대한 내용을 살펴보면 다음과 같다.

표 20-14. 저소득 한부모가족 현황

단위 : 세대, 명

구분	2004	2005	2006	2007
세대	109,039	123,666	140,188	147,947
세대원	294,648	334,066	374,094	395,335

주 : 저소득 한부모 가족=한부모가족지원대상+국가보훈대상

자료 : 보건복지부(2008), 「2007 저소득한부모가족실태조사」

15. 탈북청소년수 추이(16~20세)

연도별 한국의 탈북청소년수 추이(16~20세)에 대한 내용을 살펴보면 다음과 같다.

표 20-15. 탈북청소년수 추이(6~20세)

단위 : 명

구분	2005	2006	2007	2008	2009
탈북청소년수	724	841	1,050	1,319	1,478

자료 : 교육과학기술부(2009)

16. 탈북청소년 학업 중도탈락률

연도별 한국의 탈북청소년 학업 중도탈락률에 대한 내용을 살펴보면 다음과 같다.

표 20-16. 탈북청소년 학업 중도탈락률

단위 : %

구분	2006	2007	2008
초등학교	2.8	3.5	1.4
중학교	10.1	12.9	9.0
고등학교	12.8	28.1	14.2

주 : 중도탈락률=(당해년도 중도탈락자수/재학생수))×100

자료 : 교육과학기술부(2009)

17. 1개 청소년수련시설 당 청소년 수

국가별 1개 청소년수련시설 당 청소년수에 대한 내용을 살펴보면 다음과 같다.

표 20-17. 1개 청소년수련시설 당 청소년수

단위 : 명

구분	한국	독일	영국	일본
1개 청소년수련시설당 청소년수	13,159	1,720	3,252	4,892

자료 : 보건복지부(2008)

18. 청소년 성매매 검거 및 검거인원 추이

연도별 한국의 청소년 성매매 검거 및 검거인원 추이에 대한 내용을 살펴보면 다음과 같다.

표 20-18. 청소년 성매매 검거 건수 및 검거인원 추이

단위 : 건, 명

구분	2005	2006	2007	2008
검거건수	1,139	744	839	850
검거인원	1,946	1,745	2,582	2,112

자료 : 경찰청, 각 년도

Ⅴ. 청소년의 건강

1. 청소년의 체격과 체력

청소년의 체격과 체력에 대한 내용을 살펴보면 다음과 같다(보건복지가족부, 2009).

- 2008년 우리나라 청소년의 체격검사 결과, 17세의 평균 신장은 남자(173.9cm), 여자(161.2cm)인 것으로 나타났다.
- 신장에 있어서 11세까지는 남녀간 차이가 거의 없었다.
- 하지만 12세부터 남녀간 차이가 나타났다.
- 17세의 신장은 10년전 1998년과 비교해 보면 남학생(1.3cm), 여학생(0.7cm) 증가하였다.
- 또한 10년 전 1998년에는 13세부터 성별간 차이가 나타났다.
- 하지만 2008년은 12세부터 성별간 차이가 나타난 것을 보면 2차 성장이 빨라지고 있다.
- 평균 체중은 17세 남자(67.7kg), 여자(55.1kg)으로 나타났다.
- 10년 전 1998년과 비교하면 남자(3.6kg), 여자(0.3kg) 증가하였다.
- 남자의 체중은 조금 증가한 것으로 나타났다.
- 여자의 체중 증가는 신장 증가에 기인한 것으로 볼 수 있다.

▷ 2000년과 2008년 교육과학기술부의 신체능력검사 결과를 비교한 내용을 살펴보면 다음과 같다.

- 50m 달리기, 오래달리기 · 걷기, 제자리멀리뛰기, 팔굽혀펴기, 윗몸일으키기, 앉아윗몸앞으로굽히기의 모든 종목에서 2008년 기록이 저조하게 나타났다.
- 2000년에 비해 우리나라 청소년의 기본체력이 저하되고 있다.
- 남자는 오래달리기 · 걷기, 팔굽혀펴기, 윗몸일으키기, 제자리멀리뛰기 기록이 저하되었다.
- 여자는 오래달리기 및 걷기, 윗몸일으키기, 앉아윗몸앞으로굽히기 기록이 저하되었다.
- 결과는 입시준비에 따른 학업 증가로 신체활동이 감소되었기 때문인 것으로 평가된다.

2. 청소년의 주요 건강문제

청소년의 주요 건강문제에 대한 내용을 살펴보면 다음과 같다(보건복지가족부, 2009).

- 2006년 학교건강검사 제도개선으로 모든 학생들이 의사의 시진 · 문진 및 촉진과 필

요한 병리검사를 받게 되었다.

- 그 결과 주요 건강문제는 치아우식, 시력이상, 부정교합 순으로 나타났다.
- 시력검사 이상비율은 최근 3년간 거의 비슷한 수준으로 나타났다.
- 체질검사는 1998년과 2008년 10년간 검사결과를 비교하면 약 2배 증가를 보이고 있다.
- 구강질환도 지속적으로 증가하는 경향을 보이고 있다.
- 이비인후 및 피부질환은 1998년과 2008년 10년간 체질검사 결과를 비교하면 이비인후과 질환은 약 2배, 피부질환은 약 6배 증가를 보이고 있다.

3. 청소년의 영양과 비만

청소년의 영양과 비만에 대한 내용을 살펴보면 다음과 같다(보건복지가족부, 2009).

- 청소년은 대부분의 영양소에 대해 모든 연령층에서 권장량에 근접한 양을 섭취한 것으로 나타났다.
- 칼슘은 청소년 모든 연령대에서 권장수준의 70% 미만을 섭취한 것으로 조사되었다.
- 특히 12~18세 청소년의 평균 칼슘 섭취량은 권장섭취량 50% 비만이었다.
- 반면에 나트륨은 청소년 모든 연령대에서 섭취비율이 높았다.
- 청소년 연령이 증가함에 따라 나트륨 충분섭취량의 2배, 3배로 섭취량이 증가해 이에 대한 관리와 교육이 필요하다.
- 영양소별 영양섭취기준 미만을 섭취한 대상자 비율에서 영양소에 따라 다소 차이를 보였다.
- 칼슘은 모든 연령층에서 50% 이상이 평균필요량에 미치지 못하였다.
- 영양소별 영양섭취기준은 전반적으로 섭취상태가 부족한 것으로 나타났다.
- 영양소 섭취부족 대상자는 12~18세(21.6%), 19~29세(22.4%)로 나타나 이들 연령층에 대한 관리가 필요하다.
- 에너지/지방 섭취과잉은 남자 19~29세, 여자 12~18의 연령층에서 가장 많은 것으로 나타났다.
- 청소년 비만율은 2005년 8.6%에서 2008년 9.6%로 증가한 것으로 나타났다.
- 2008년 남학생의 비만율은 12.8%, 역학생 비만율은 6.0%로 나타났다.
- 남학생의 비만율은 여학생의 비만율보다 2배 이상이 높은 것으로 나타났다.

4. 청소년의 흡연

연도별 남자 중1~고3 청소년 학생 평생 흡연 경험률에 대한 내용을 살펴보면 다음과 같다.

- 2008년 청소년의 평생 흡연 경험률은 난자(34.2%), 여자(21.1%)로 나타났다.
- 현재 흡연율은 남자(16.8%), 여자(8.2%)로 나타났다.
- 평생 흡연 경험률과 현재 흡연율 모두 남학생이 여학생보다 높았다.
- 중학교 입학전 흡연 경험률은 남자(13.1%), 여자(9.0%)로 남학생이 여학생보다 높았다.
- 중학교 입학 후 흡연 경험률은 2005년(12.3%), 2006년(10.7%), 2007년(9.0%)로 조금씩 감소하다가 2008년(11.2%)로 다시 상승하였다.
- 처음 흡연 경험연령은2005년(12.1세), 2006년(12.5세), 2007년(12.9세), 2008년(13.0세)로 조금씩 늦추어지고 있다.

표 20-17. 남자 중1~고3 청소년 학생 평생 흡연 경험률

단위 : %

구분	2005	2006	2007	2008
전체	31.4	32.5	33.3	34.2
중1	19.0	16.9	19.2	19.8
중2	25.9	23.1	26.4	28.3
중3	30.2	30.2	31.6	33.5
고1	40.3	38.6	39.4	40.8
고2	45.4	45.4	42.4	41.0
고3	–	48.2	44.1	43.4

주 : 2005년도 조사내용은 중1~고2까지이며, 2006년부터 고3 학생을 포함하였음.

자료 : 보건복지가족부 · 질병관리부 · 교육과학기술부, 『청소년건강형태온라인조사 통계』, 각 년도.

표 20-18. 여자 중1~고3 청소년 학생 평생 흡연 경험률

단위 : %

구분	2005	2006	2007	2008
전체	23.0	22.8	21.7	21.1
중1	14.0	11.7	13.4	12.8
중2	18.6	16.8	16.8	18.3
중3	23.6	19.8	20.2	18.8
고1	29.8	28.9	24.5	24.2
고2	31.5	31.7	27.6	26.1
고3	–	31.4	29.5	27.2

주 : 2005년도 조사내용은 중1~고2까지이며, 2006년부터 고3 학생을 포함하였음.

자료 : 보건복지가족부 · 질병관리부 · 교육과학기술부, 『청소년건강형태온라인조사 통계』, 각 년도.

5. 청소년의 음주

연도별 남자 중1~고3 청소년 학생 평생 음주 경험률에 대한 내용을 살펴보면 다음과 같다.

- 2008년 청소년의 평생 흡연 경험률은 난자(34.2%), 여자(21.1%)로 나타났다.
- 현재 흡연율은 남자(16.8%), 여자(8.2%)로 나타났다.
- 평생 흡연 경험률과 현재 흡연율 모두 남학생이 여학생보다 높았다.
- 중학교 입학전 흡연 경험률은 남자(13.1%), 여자(9.0%)로 남학생이 여학생보다 높았다.
- 중학교 입학 후 흡연 경험률은 2005년(12.3%), 2006년(10.7%), 2007년(9.0%)로 조금씩 감소하다가 2008년(11.2%)로 다시 상승하였다.
- 처음 흡연 경험연령은2005년(12.1세), 2006년(12.5세), 2007년(12.9세), 2008년(13.0세)로 조금씩 늦추어지고 있다.

표 20-19. 남자 중1~고3 청소년 학생 평생 음주 경험률

단위 : %

구분	2005	2006	2007	2008
전체	53.0	59.9	59.6	59.6
중1	34.5	41.0	40.5	39.9
중2	41.7	46.5	44.4	48.6
중3	51.0	53.0	54.5	54.2
고1	66.7	66.9	67.8	66.4
고2	77.4	77.8	75.8	73.7
고3	–	81.9	80.7	78.6

주 : 2005년도 조사내용은 중1~고2까지이며, 2006년부터 고3 학생을 포함하였음.
자료 : 보건복지가족부 · 질병관리부 · 교육과학기술부, 『청소년건강형태온라인조사 통계』, 각 년도.

표 20-20. 여자 중1~고3 청소년 학생 평생 음주 경험률

단위 : %

구분	2005	2006	2007	2008
전체	55.4	59.3	57.5	56.1
중1	34.8	36.6	36.0	34.4
중2	45.0	45.8	46.2	45.1
중3	53.5	53.5	52.7	51.5
고1	70.7	69.5	63.2	63.2
고2	79.5	77.4	74.1	71.3
고3	–	80.8	79.0	74.2

주 : 2005년도 조사내용은 중1~고2까지이며, 2006년부터 고3 학생을 포함하였음.
자료 : 보건복지가족부 · 질병관리부 · 교육과학기술부, 『청소년건강형태온라인조사 통계』, 각 년도.

6. 청소년의 정신건강

학년별 남자 자살 생각율에 대한 내용을 살펴보면 다음과 같다(보건복지가족부, 2009).

- 평상시 스트레스를 "대단히 많이" 또는 "많이" 느끼는 편인 청소년의 비율은 남자(38.1%), 여자(50.1%)로 나타났다.
- 여학생이 남학생보다 높았다.
- 학년이 올라갈수록 스트레스 이지율이 증가하는 경을 보이고 있다.
- 자살 생각율은 남자(15.4%), 여자(22.9%)로 나타났다.
- 자살 시도율은 남자(3.7%), 여자(5.9%)로 여학생의 자살 시도율이 높았다.
- 정신건강이 남학생보다 더 좋지 못한 것으로 나타났다.
- 2주 내내 일상생활에 지장이 있을 정도의 우울감을 갖는 청소년이 44% 정도 나타났다.
- 청소년의 정신건강이 위험수위에 있음을 시사하고 있다.

표 20-21. 학년별 남자 자살 생각율

단위 : %

구분	2005	2006	2007	2008
전체	18.1	19.4	19.0	15.4
중1	16.8	16.8	18.0	14.9
중2	17.8	19.4	18.7	15.9
중3	19.1	20.2	19.5	14.8
고1	19.1	20.0	19.6	15.0
고2	18.3	20.2	19.2	16.1
고3	-	20.0	19.2	16.1

주 : 2005년도 조사내용은 중1~고2까지이며, 2006년부터 고3 학생을 포함하였음.
자료 : 보건복지가족부 · 질병관리부 · 교육과학기술부, 『청소년건강형태온라인조사 통계』, 각 년도.

표 20-22. 학년별 여자 자살 생각율

단위 : %

구분	2005	2006	2007	2008
전체	27.7	28.0	28.9	22.9
중1	28.2	26.2	28.9	23.0
중2	28.5	28.3	30.4	23.7
중3	27.5	29.9	28.6	23.9
고1	28.0	27.3	29.0	23.1
고2	28.2	28.9	28.1	22.2
고3	-	27.4	28.1	21.3

주 : 2005년도 조사내용은 중1~고2까지이며, 2006년부터 고3 학생을 포함하였음.
자료 : 보건복지가족부 · 질병관리부 · 교육과학기술부, 『청소년건강형태온라인조사 통계』, 각 년도.

표 20-23. 학년별 남자 자살 시도율

단위 : %

구분	2005	2006	2007	2008
전체	3.6	4.9	4.2	3.7
중1	3.2	4.8	3.9	3.6
중2	3.4	5.0	4.4	4.3
중3	4.0	5.3	4.4	3.4
고1	3.9	4.6	4.5	3.5
고2	3.7	4.6	4.2	3.5
고3	–	4.7	4.0	3.8

주 : 2005년도 조사내용은 중1~고2까지이며, 2006년부터 고3 학생을 포함하였음.
자료 : 보건복지가족부 · 질병관리부 · 교육과학기술부, 『청소년건강형태온라인조사 통계』, 각 년도.

표 20-24. 학년별 여자 자살 시도율

단위 : %

구분	2005	2006	2007	2008
전체	5.9	6.3	7.6	5.9
중1	6.2	6.1	8.5	7.2
중2	7.2	7.1	9.1	6.8
중3	6.1	6.8	8.1	6.4
고1	5.4	5.5	7.6	5.6
고2	4.6	6.6	6.2	4.9
고3	–	5.5	5.6	3.9

주 : 2005년도 조사내용은 중1~고2까지이며, 2006년부터 고3 학생을 포함하였음.
자료 : 보건복지가족부 · 질병관리부 · 교육과학기술부, 『청소년건강형태온라인조사 통계』, 각 년도.

Ⅳ. 현대사회와 청소년 비행

- 인간은 태어나면서부터 사회 구성원으로서 필요한 가치, 태도, 행동방식을 습득하게 된다.
- 청소년기는 학교, 친구집단, 사회 등으로 사회화의 범주가 광범위하게 확대된다.
- 청소년은 급격한 생리적, 정서적, 정신적 변화를 체험함과 동시에
- 청소년은 주위환경에 적응하면서 부모로부터 독립된 사회인이 되기 위한 준비하는 시기이다.
- 청소년은 자신의 지위와 역할, 진정한 삶의 의미 등에 대한 고민과 시행착오를 통해서 자아발견을 추구해 간다.
- 청소년기는 건강한 사회 구성원이 되기 위한 매우 중요한 시기이다.

- 현대사회는 다양한 사회조직 및 집단이 서로 이질적인 가치나 규범을 가지고 있다.
- 현대사회는 청소년들에게 많은 갈등을 야기하는 경향성이 매우 높다.
- 급격한 산업화와 경제 발전은 생활양식의 변화로 전통문화의 붕괴를 가져왔다.
- 급속한 전통문화의 붕괴는 청소년들에게 행동규범과 가치관의 혼란을 조장하고 있다.
- 물질문명주의는 청소년들에게 인간 존엄성 상실과 인간소회현상을 심화시키고 있다.
- 우리 사회의 학력위주는 소수 학생만을 위한 비인간적인 교육형태를 제공하고 있다.
- 퇴폐향락문화는 청소년들의 정신을 더욱 황폐화시켜 윤리와 도덕을 마비시키고 있다.
- 퇴폐향락문화는 청소년에게 자극적, 관능적 쾌락을 탐닉하게 한다.
- 퇴폐향락문화는 청소년들이 각종 일탈행동과 범죄행위를 유발시키고 있다.
- 현대사회는 청소년의 좌절 · 방황 · 사회적 부적응에 따른 청소년 비행이 증가하고 있다.
- 청소년 비행문제는 자신의 욕구를 충족시킬 수 있는 활동공간 · 시설 · 프로그램을 제공받지 못하는 데 연유한다고 할 수 있다.
- 현실적으로 청소년들이 입시교육으로 학교생활 이외 문화생활을 경험하지 못하고 있다.
- 청소년이 편리하고 용이하게 이용할 수 있는 여가활동 공간과 시설이 미비한 실정이다.
- 청소년은 바람직한 여가 및 체육경험을 할 수 있는 기회가 제한되어 있다.
- 청소년의 욕구와 흥미에 맞는 여가 프로그램 또한 절대적으로 부족한 실정이다.
- 청소년을 건전하게 육성할 수 있는 스포츠문화가 제대로 정착되지 못하고 있다.
- 스포츠는 청소는 비행 및 일탈행위를 예방하고 방지하는 데 효과적인 활동이다.
- 스포츠는 청소년이 지니고 있는 우발적이고 예측 불가능한 행동을 정화시켜 준다.
- 스포츠는 청소년에게 신체와 정신의 조화적인 발달을 위해 사회제도로 기능하고 있다.
- 스포츠는 청소년들에게 비행예방과 사회통제 기제로서 역할과 여가활동을 수행한다.
- 스포츠는 청소년에게 적합하고 성장과정의 특성에 맞게 프로그램이 특성화되어야 한다.
- 선진국은 청소년에게 스포츠 시설 및 프로그램이 지속적으로 확대 · 개발되고 있다.
- 우리나라는 청소년에게 건전한 여가활동의 장을 제공하는 데 소극적으로 대체해 왔다.
- 청소년 비행행동을 예방하는 데 스포츠 활동은 매우 효과적이 대처방법이다.
- 청소년 문제을 해결하는 데 스포츠 활동이 매우 유익한 수단이 되고 있다.
- 청소년은 건전한 성인이 되기 위해 건전한 여가생활 및 스포츠활동을 영위하여야 한다.
- 청소년에게 올바른 자아 정체감을 확립할 수 있는 건전한 스포츠문화 공간을 제공되어져야 한다.

Ⅴ. 청소년체육

1. 외국의 청소년체육 사례

외국의 대표적인 청소년체육 프로그램 내용을 살펴보면 다음과 같다(문화체육부, 1994).

- 외국의 청소년을 위한 대표적인 스포츠프로그램은 호주의 오지(Aussie) 프로그램이다.
- 오지 스포츠는 1986년 호주스포츠위원회에서 채택 · 시행한 체육진흥 프로그램이다.
- 오지 스포츠는 청소년들이 어릴 때부터 양질의 체육활동을 경험하도록 유도하였다.
- 오지 스포츠는 평생동안 스포츠를 습관화하고 풍요로운 삶을 영위할 수 있는 기회를 제공하는 데 목적을 두고 있다.
- 오지 스포츠는 국가적 차원에서 오지 스포츠프로그램을 시행하여 획기적인 발전을 하였다.
- 오지 스포츠는 청소년뿐만 아니라 일반국민들까지 스포츠 참여가 확대되었다.
- 오지 스포츠는 1986년부터 1994년까지 8년동안 약200만명의 청소년이 참여하는 성과를 거두었다.
- 오지 스포츠는 학교와 지역사회와 연계를 보다 효과적으로 강화시키는 계기를 마련하였다.
- 오지 스포츠는 초 · 중등학교의 95%가 학교 교육과정으로 채택하였다.
- 오지 스포츠는 1981년부터 10년 동안 체육인구가 11% 증가하는 결과를 가져왔다.
- 우리나라는 청소년의 요구에 부합되는 체육프로그램을 통하여 정부, 지역사회, 학교, 민간단체단와 상호연계 및 협력을 통하여 사회체육의 궁극적 목표가 달성될 수 있을 것이다.

2. 청소년의 스포츠 가치

- 오늘날 급격한 사회변화로 청소년의 사회적 이탈현상이 심화되고 있다.
- 청소년은 기성세대간 가치관의 차이가 있다.
- 청소년은 사회적 비행이 큰 문제로 대두되고 있다.
- 청소년에 미치는 스포츠 가치는 심리 · 사회 · 신체적 가치로 분류할 수 있다.
- 청소년은 스포츠 활동을 통해 긍정적인 영향을 많이 미치고 있다.
- 청소년의 공격적 충동은 스포츠활동 프로그램에 의해 순화되고 해소될 수 있다.

1) 신체적 가치

- 인간은 유아기부터 청년기에 이르기까지 많은 시간에 걸친 신체활동이 필요로 한다.
- 특히 청소년기는 신체활동에 대한 시간이 가장 많이 요구되는 시기이다.
- 청소년의 신체적 욕구는 마음껏 뛰고 활동해 보려는 충동에 가득차 있다.
- 스포츠 활동은 청소년에게 신체활동 욕구와 충족을 위한 가장 바람직한 대안활동이다.

2) 심리적 가치

▷ 청소년에게 스포츠가 미치는 심리적 가치는 태도형성, 사회적응력 배양, 감각지각과 반응의 향상, 정신건강 향상 등이 있다.

① 스포츠는 청소년에게 환경에 순응하고 생활변화에 대한 적응기능을 한다.
② 스포츠는 청소년에게 심리적인 고통으로부터 자신을 방어하는 자아방어기능을 한다.
③ 스포츠는 청소년에게 지식이나 사물을 평가하는 탐구기능을 한다.

- 청소년에게 스포츠가 미치는 심리적 가치의 태도는 사회적 · 집단적 · 개인적 요인이 복잡하게 관련되어 형성되는 것이다.
- 청소년에게 스포츠가 미치는 심리적 가치의 사회적응력 배양에 인성발달의 관련요소는 경쟁, 학습상황, 레크리에이션 참가 등이 있다.
- 청소년의 태도발달은 개인을 도덕적 · 논리적인 면에서 성숙되고 사회적으로 수용할 만한 인물을 만든다.
- 스포츠 활동을 통해 고립감의 해소, 집단협동의 증진, 집단에 대한 만족감 증진 등이 나타난다.

3) 사회적 가치

- 스포츠의 사회적 가치는 인격형성, 체력증진, 국민정신 함양, 건전한 경쟁심 함양, 충성심과 이타심 함양, 인내심 배양 등이 있다.
- 청소년은 스포츠를 통해 사회적 규범에 대한 인식을 갖게 된다.
- 청소년은 스포츠 활동을 통해 규칙에 대한 공정성을 인식하게 된다.
- 사회에서의 합법성을 인정하여 준법정신을 함양하는 방식이다.
- 스포츠는 바람직한 인격형성의 발달과 이해와 판단력을 증진시키는 인간교육의 장이다.
- 건강은 개인뿐만 아니라 사회에 이익을 주는 스포츠 참가의 산물이다.

3. 청소년의 스포츠 기능

- 스포츠활동은 청소년에게 신체적 · 정신적 건강을 유지하고 증진하는 데 기여한다.
- 스포츠활동 청소년에게 인격의 형성, 체력증진, 국민정신의 함양, 건전한 경쟁심 함양과 사회통합 및 통제능력을 함양하는 데 기여한다.
- 특히 청소년기는 감수성이 예민한 시기이므로 신체활동이 요구되고 있다.
- 청소년은 건전한 스포츠나 레크리에이션 활동에 참여하여 건강하고 건전하게 성장할 수 있다.
- 인간의 활동은 신체활동과 정신활동으로 구분할 수 있다.
- 인간의 신체활동은 지각, 기억, 판단, 정서 등의 정신활동을 수반하게 된다.
- 인간의 신체활동 중 놀이, 체조, 스포츠, 무용 등 운동이 주가 되는 것이다.
- 인간의 신체활동은 신체적 · 지적 · 정서적 · 심리적 · 사회적 요소가 포함하게 된다.
- 신체활동은 인간으로서 활동인 것이다.
- 청소년기는 신체활동이 가장 필요한 시기로서 신체와 정신 발달, 사회성 발달 등 인간능력이 왕 성해지는 데 중요한 영향을 미치게 된다.
- 청소년기는 신체발달이 가장 왕성한 시기이다.
- 청소년기 후반기는 근력과 지구력 등의 체력적 요소가 매우 발달하는 시기이다.
- 스포츠활동은 청소년들을 구속과 긴장에서 해방시켜 준다
- 스포츠활동은 청소년에게 단순히 즐기는 오락적 기능만 갖고 있는 것이 아니다.

▷ 스포츠활동은 청소년의 인격형성에 바람직한 활동으로서 다음과 같은 기능을 가지고 있다 (위성식, 신사회체육학개론).

1) 경험의 보충

- 청소년들은 학업에 매달리거나 노동에 관련된 일상생활이 지루하게 반복되는 시험이나 단순작업 과정 속에서 자신의 인격형성에 불균형을 감수해왔다고 볼 수 있다.
- 불균형을 바로잡기 위해 새로운 세계로 유도하여 스스로 경험을 보충해 가도록 한다.

2) 열등감과 약점에 대한 보상

- 청소년은 사회 · 심리적으로 과도기에 놓여 있다.
- 청소년은 제각기 무의식적으로 열등감과 약점을 가지고 있다.

- 청소년은 열등감과 약점에 대한 보상을 받으려는 행동을 하게 된다.
- 청소년은 스포츠와 레크리에이션 활동은 통해 보상받고자 하는 욕구를 충족시킨다.

3) 공격적 충동의 해소

- 고도산업사회는 사회환경 속에서 공격적 충동을 스포츠와 레크리에이션 의해 순화되고 해소될 수 있다.
- 스포츠 활동은 심각하게 사회문제로 대두되고 있는 청소년비행 예방에 중요한 대안이 되고 있다.
- 스포츠는 신체적으로 가장 왕성한 활동욕구를 갖고 있는 청소년에게 우발적이고 예측 불가능한 행동을 정화시키기 때문이다.

4) 현실에서 일시적 탈피

- 현대사회는 개인 · 학교 · 직장 · 단체생활과 사회적 조직생활 등으로 상당히 매우 복잡하다.
- 청소년은 급변하는 사회적 생활환경 속에서 생기는 긴장, 불안, 초조, 공포 등은 쉽게 떨칠 수 없다.
- 스포츠와 레크리에이션 활동은 청소년에게 모든 것을 잊고 새로운 환경과 새로운 만남을 가짐으로써 건전하고 손쉬운 치료적 효과를 제공한다.

5) 동심으로 복귀

- 청소년은 복잡한 사회생활과 생계유지의 필수적 상황에서 종종 단순하고 천진하며 때묻지 않은 자연스러운 상태로 되돌아가고 싶은 욕구가 있다.
- 스포츠나 레크리에이션 활동은 청소년에게 동심의 욕구를 자연스럽고 유연하게 충족시켜줄 수 있다.

6) 사회적 존재의식 부여

- 스포츠 활동은 청소년에게 스스로 즐기거나 행도하는 것뿐만 아니라 흥미의 폭을 넓혀주고 집단의 구성원으로서 소속감과 안정감을 가져다 준다.
- 스포츠 활동은 청소년에게 부족했던 경험을 풍부하게 해줄 수 있는 사회교육적 측면의 중요한 기능도 있다.
- 청소년은 스포츠활동을 통해 사회적 · 정서적 기능, 사회화 · 사회통합의 기능, 사회이동의 기능, 문화 주입의 기능 등을 효과적으로 마음껏 향유할 수 있도록 한다.

Ⅲ. 요약

국가는 청소년이 신체적 · 정신적으로 건강하게 성장할 수 있도록 배려해야 할 책임이 있다. 국가는 청소년이 사회적으로 건전한 시민의식을 함양한 인격체로 성장할 수 있도록 할 중요한 책무가 있다. 청소년체육에 대한 내용을 요약하면 다음과 같다.

▷ 청소년의 신체적 변화는 크게 2가지로 요약할 수 있다.

- 청소년은 왕성한 성호르몬 분비로 생식능력을 갖춘 성적욕구가 발생하는 시기이다.
- 청소년은 신체적 변화가 급격하게 성장하는 시기이다.

▷ 청소년의 바람직한 발달과제는 2가지로 요약할 수 있다.

- 청소년은 바람직한 민주시민으로서 갖추어야 할 지적능력을 함양해야 한다.
- 청소년은 바람직한 사회성과 도덕성을 갖추어야 한다.

▷ 청소년의 사회화에 대하여 설명하면 다음과 같다.

- 청소년은 최초로 의식적으로 자기자신을 최초로 개념화시키는 시기이다.
- 청소년은 아동기를 벗어나 성인기로 나아가기 위한 중요한 시기이다.
- 청소년은 미래에 대한 압력을 받는 시기이다.
- 청소년은 사회화 과정 중에서 처음으로 비학습적인 욕구가 나타나는 시기이다.
- 청소년은 가장 중요한 선택의 시기이다.
- 청소년은 제2의 탄생시기이다.
- 청소년은 위기의 시기이며 사회적 성장의 시기이다.

▷ 청소년의 체격과 체력

- 2008년 우리나라 청소년의 체격검사 결과, 17세의 평균 신장은 남자(173.9cm), 여자(161.2cm)인 것으로 나타났다.

▷ 청소년의 주요 건강문제

- 2006년 학교건강검사 제도개선으로 모든 학생들이 의사의 시진 · 문진 및 촉진과 필요한 병리검사를 받게 되었다.
- 그 결과 주요 건강문제는 치아우식, 시력이상, 부정교합 순으로 나타났다.

▷ 청소년의 영양과 비만

- 청소년은 모든 연령층에서 권장량에 근접한 양을 섭취한 것으로 나타났다.
- 청소년의 칼슘 섭취량은 모든 연령대에서 권장수준의 70% 미만인 것으로 나타났다.
- 특히 12~18세 청소년의 평균 칼슘 섭취량은 권장섭취량 50% 미만이었다.
- 반면에 나트륨은 청소년 모든 연령대에서 섭취비율이 높았다.

▷ 청소년의 흡연

- 2008년 청소년의 평생 흡연 경험률은 남자(34.2%), 여자(21.1%)로 나타났다.
- 현재 흡연율은 남자(16.8%), 여자(8.2%)로 나타났다.
- 평생 흡연 경험률과 현재 흡연율 모두 남학생이 여학생보다 높았다.

▷ 청소년의 음주

- 2008년 청소년의 평생 흡연 경험률은 난자(34.2%), 여자(21.1%)로 나타났다.
- 현재 흡연율은 남자(16.8%), 여자(8.2%)로 나타났다.
- 평생 흡연 경험률과 현재 흡연율 모두 남학생이 여학생보다 높았다.
- 중학교 입학전 흡연 경험률은 남자(13.1%), 여자(9.0%)로 남학생이 여학생보다 높았다.

▷ 청소년의 정신건강

- 평상시 스트레스를 "대단히 많이" 또는 "많이" 느끼는 편인 청소년의 비율은 남자(38.1%), 여자(50.1%)로 나타났다.
- 여학생은 남학생보다 높았다.
- 학년이 올라갈수록 스트레스 인지율이 증가하는 경을 보이고 있다.
- 자살 생각율은 남자(15.4%), 여자(22.9%)로 나타났다.
- 자살 시도율은 남자(3.7%), 여자(5.9%)로 여학생의 자살 시도율이 높았다.
- 정신건강이 남학생보다 더 좋지 못한 것으로 나타났다.

▷ 현대사회와 청소년 비행

- 스포츠활동은 청소년의 비행예방과 사회통제 기제로서 역할과 여가활동을 수행한다.
- 스포츠활동은 청소년에게 적합하고 특성에 맞게 프로그램이 특성되어져야 한다.
- 선진국은 청소년에게 스포츠 시설 및 프로그램이 지속적으로 확대 · 개발되고 있다.
- 우리나라는 청소년에게 건전한 여가활동의 장을 제공하는 데 소극적으로 대체해 왔다.

- 청소년 비행행동을 예방하는 데 스포츠 활동은 매우 효과적이 대처방법이다.

▷ 청소년의 스포츠 가치

- 청소년에 미치는 스포츠 가치는 심리 · 사회 · 신체적 가치로 분류할 수 있다.
- 청소년은 스포츠 활동을 통해 긍정적인 영향을 많이 미치고 있다.
- 청소년의 공격적 충동은 스포츠 프로그램에 의해 순화되고 해소될 수 있다.

▷ 청소년의 스포츠 기능

- 스포츠활동은 청소년에게 신체적 · 정신적 건강을 유지하고 증진하는 데 기여한다.
- 스포츠활동은 청소년에게 인격의 형성, 체력증진, 국민정신의 함양, 건전한 경쟁심 함양과 사회통합 및 통제능력을 함양하는 데 기여한다.
- 스포츠활동은 청소년들을 구속과 긴장에서 해방시켜 준다
- 스포츠활동은 청소년에게 단순히 즐기는 오락적 기능만 갖고 있는 것이 아니다.

Ⅳ. 학습문제

1. 청소년의 신체적 변화에 대하여 설명하시오.
2. 청소년의 심리적 특성에 대하여 설명하시오.
3. 청소년의 사회화에 대하여 설명하시오.
4. 아동 · 청소년 인구 현황에 대하여 설명하시오.
5. 아동 · 청소년 인구 전망에 대하여 설명하시오.
6. 우리나라 청소년 삶에 대한 만족도에 대하여 설명하시오.
7. 청소년 학습시간 비교에 대하여 설명하시오.
8. 청소년 수면 · 운동 · 자원봉사 시간 비교에 대하여 설명하시오.
9. 저소득 한부모가족 현황에 대하여 설명하시오.
10. 탈북청소년수 추이에 대하여 설명하시오.
11. 탈북청소년 학업 중도탈락률에 대하여 설명하시오.
12. 1개 청소년수련시설 당 청소년 수에 대하여 설명하시오.
13. 청소년 성매매 검거 및 검거인원 추이에 대하여 설명하시오.
14. 현대사회와 청소년 비행에 대하여 설명하시오.
15. 청소년의 체격과 체력에 대하여 설명하시오.

16. 청소년의 주요 건강문제에 대하여 설명하시오.
17. 청소년의 영양과 비만에 대하여 설명하시오.
18. 청소년의 흡연에 대하여 설명하시오.
19. 청소년의 음주에 대하여 설명하시오.
20. 청소년의 정신건강에 대하여 설명하시오.
21 청소년의 스포츠 가치에 대하여 설명하시오.
22. 청소년의 스포츠 기능에 대하여 설명하시오.

V. 주요용어

인구성장율
경제활동참가율
고용률
실업률
니트(NEET)
학습시간
세대주
세대원
다문화가정
저소득
한부모가족
탈북청소년
중도탈락률
청소년수련시설
성매매
청소년 비행
체격
체력
영양
비만
흡연
음주
정신건강
스포츠 가치
심리적 가치
사회적 가치
신체적 가치
스포츠 기능
경험
열등감
공격적 충동
동심
존재의식

21장 | 성인체육

1. 개요

우리는 흔히 건강을 "병이 없는 상태"라고 생각하고 있다. 그리고 실제로 신체적인 건강만은 생각한 나머지 몸에 좋다는 음식이나 보약, 그리고 양양 등을 함부로 오용하는 경우가 많다. 세계보건기구(WHO)에서는 건강을 "단순히 질병이 없는 상태가 아니라 신체적, 정신적, 사회적으로 안정을 누릴 수 있는 상태에 있음"이라고 정의한다.

- 현대사회는 삶의 질 향상을 위한 다양한 복지사회를 지향한다.
- 현대사회는 더불어 함께 잘 사는 사회를 지향한다.
- 현대사회는 공정한 사회를 지향한다.
- 현대사회는 전문성과 도덕성 가치를 지향한다.
- 현대사회는 일상생활이 기계화 · 자동화됨으로써 과거 힘든 신체적 활동이 감소되었다.
- 현대생활은 대부분 자동화된 기계에 의해 이루어지고 있다.
- 건강은 삶의 질 향상을 위한 신체적, 정신적, 사회적인 최적의 안녕(Well Being)을 의미한다.
- 현대사회는 과도한 스트레스가 가중됨으로서 건강수준이 위험수위에 도달하고 있다.
- 신체활동 · 운동부족은 사회적으로 다양한 질병이 만연하게 되었다.
- 운동부족이 원인이 되어 발생하는 질병을 "운동부족증"이라 부르고 있다.
- 운동부족증은 고혈압, 동맥경화, 비만, 뇌졸중, 당뇨병 등이 발생하고 있다.
- 운동부족증은 순환 · 호흡 · 내분비기계의 만성 퇴행성 질환 등을 일으키고 있다.
- 1개월 1~2회 등산은 건강 및 체력증진에 큰 도움이 될 것으로 생각하는 수가 있다.
- 운동효과는 도움이 되지 않을 뿐만 아니라 건강을 오히려 해치게 될 수 있다.
- 운동은 1주일에 최소 한 3일 이상은 해야 비로소 효과가 나타나는 것이다.
- 운동효과는 1주일에 5일 이상 운동을 해야 효과가 나타날 수 있다.
- 한편 매일같이 신체에 아무런 부담없이 강변을 천천히 걷고 뛰는 것이 좋다.

- 심장기능 향상은 최소한 자기의 최대운동능력의 50%이상의 운동강도는 되어야 한다.
- 숨이 조금차고 땀이 날 정도가 가장 알맞은 운동이다.
- 그러나 운동강도가 최대운동의 80%는 넘지 않는 것이 바람직하다.
- 운동시간은 최소한 하루에 30~60분 정도 하는 것이 바람직하다.
- 운동강도는 운동능력의 50-80%범위 내에서 운동을 하는 것이 이상적이다.
- 운동시간은 하루에 20-60분 정도로하는 것이 이상적이다.
- 운동은 1주일에 3~5일 운동을 하는 것이 이상적이다.
- 인간의 성장과 발달은 선천적 · 후천적 요인에 의해 영향을 받는다.
- 인간의 신체는 형태적 · 양적 · 기능적 · 질적 변화라는 유전적 요인이 있다.
- 신체는 영양공급 상태, 지리적 환경조건 등의 후천적 요인에 따라 성장과 발달을 계속한다.

Ⅱ. 사회체육 환경적 요인

1. 사회체육과 정치

- 정치의 목적은 인간의 선한 생활을 영위할 수 있도록 하는 것이다.
- 정치는 국민 모두가 행복하게 살 수 있도록 하는데 최종적인 목적을 두고 있다.
- 삶의 질을 향상은 정치와 밀접한 관계가 있다.
- 선진정치는 국민이 무엇을 원하는가 하는 욕구를 파악하여 실천하는 것이다.
- 정치의 안정화와 국리민복의 실천은 충분한 여가시간과 여가활용능력이다.
- 사회체육은 고도의 민주주의 정치와 함께 성장하고 발전할 수 있는 것이다.

2. 사회체육과 경제

- 인간이 살아가는 모든 분야에서 경제는 필수 불가결한 것이다.
- 현대사회는 평균 수명의 연장과 주5일 근무제의 정착으로 여가시간이 증가하고 있다.
- 현대사회는 새로운 라이프스타일이 창출되고 있다.
- 현대사회는 여가시간의 적절한 이용이 이슈로 등장하고 있다.
- 현대사회는 경제적 수준이 높아짐에 따라 삶의 질을 향상을 요구하고 있다.
- 스포츠시설이 충분히 설립되어 시민이 건강과 여가시간을 잘 활용하도록 하여야 한다.
- 사회체육 활성화는 체육스포츠시설 확충이 필수적이다.

- 사회체육시설은 편리하고 여유로운 시설을 제공하여야 한다.
- 사회체육시설은 막대한 경제력이 뒷받침 되어야 한다.
- 사회체육 활성화을 위해 경제가 필수적인 요소임을 이해해야 한다.

3. 사회체육과 사회

- 현대사회는 고도의 경제성장과 여가시간의 증가로 삶의 질적 향상을 증대시켰다.
- 일반국민의 체육활동에 대한 참여욕구 또한 증가시키고 있다.
- 사회환경과 국민의 의식구조 변화에 따라 사회체육의 역할기능은 점차 증대되고 있다.
- 자발적 참여기회 확대로 사회적으로 사회체육의 역할 또한 증대되고 있다.

4. 사회체육과 문화

- 문화란 인간생활, 인간 행동, 사고방식 등을 학습하는 것이다.
- 체육문화는 인간의 신체활동에 착안한 문화영역을 가리키는 말이다.
- 현대사회의 운동은 개인생활과 사회적 복지의 통합적 형성에 필수조건이 되고 있다.
- 현실적으로 운동은 생리해부학적 현상뿐만 아니라 역사적, 사회적, 문화적 현상이다.
- 사회체육은 체육문화의 전체 속에 포함된 하나의 제도화된 문화의 일부분이다.

5. 사회체육과 대중매체

- 메스미디어(mass media)란 신문잡지방송과 같이 대중을 대상으로 커뮤니케이션 역할을 하는 매개물을 말한다.
- 대중매체는 자신의 건강에 유의하며, 신체를 아름답게 가꾸어 젊고 활기찬 인간상 창조에 공헌하는 역할을 한다.
- 대중매체의 사회체육에 대한 적극적인 홍보 역할은 사회체육 활동을 유인하는 영향력을 발휘한다.

Ⅲ. 사회체육과 운동

1. 건강 획득을 위한 우리나라 운동습관 현황

- 동물은 먹이를 찾는 활동을 통하여 영양을 섭취한다.
- 동물은 먹이를 찾는 활동이 불가능하면 생태계에서 자연 도태되게 된다.
- 동물세계에 있어서 활동성은 생명을 유지하는 기본적 조건이다.
- 인류도 오랜 역사 중에서 신체활동을 통해서 식품을 생산해 왔다.
- 산업사회가 시작되는 18세기까지도 신체활동을 통한 생활은 계속되어 왔다.
- 과거 우리나라는 특수계층을 제외한 일반서민의 생활의 대부분은 1차 산업에 종사했다.
- 일일 활동량은 신체의 건강을 유지하기에 충분한 수준이었다.
- 산업화, 기계화, 정보화사회를 통하여 신체활동을 하지 않는 노동의 종류가 증가하였다.
- 고부가가치 산업의 비중은 높아지면서 소득은 증가하였다.
- 또한 식품가격은 상대적으로 낮아졌으며, 식생활의 양적 변화와 발전을 가져왔다.
- 신체활동의 저하, 영양섭취의 양적 증가, 생활양식변화는 건강을 위협하는 새로운 사회문제로 대두되었다.
- 가장 일반적인 예로서 에너지대사 불균형에 의한 단순비만의 증가로 나타났다.
- 따라서 건강은 질병에 걸려있지 않은 등 신체적 이상이 없다는 소극적 개념이 아니다.
- 건강은 활발한 신체, 정신상태 및 사회적 인간관계를 포함하는 적극적 개념이 필요하다.

2. 운동 참여율 및 운동 평균시간

- 우리나라 성인의 체력수준을 간접적으로 확인할 수 있는 방법은 실제 규칙적 운동 참여하는 비율 및 운동시간으로 추정할 수 있다.
- 운동습관은 건강을 위한 매우 중요한 요소이다.
- 우리나라 여성(16.5%), 남성(29.1%)만 규칙적으로 운동을 하고 있는 것으로 나타났다.
- 여성보다 남성이 운동참여비율이 더 높았다.
- 평균 소요시간도 남성(1시간 15분), 여성(1시간 10분)으로 남성의 운동시간이 많은 것으로 나타났다.
- 연령별 운동 참여비율은 20대(17.3%), 30대(17.9%)로서 60대이상(35.1%), 50대(27.6%), 10대(22.2%)에 비하여 낮았다.
- 사회적 · 경제적 활동량이 많은 연령대가 운동참여비율이 낮은 것으로 나타났다.
- 연령대별에서 상대적으로 가장 빈번히 하는 운동은 10대의 농구, 축구, 롤러 브레이드 등의 게임성 운동(그 외 스포츠)로 나타났다.
- 20~40대에 걸쳐서는 수영, 헬스, 에어로빅, 요가 등의 체력단련을 위한 개인운동으로 나타났다.

- 50대와 60대에서는 걷기와 산책으로 나타났다.
- 연령별로 참여하는 운동종목에 차이가 있었다.
- 10대 청소년의 경우 친구들과의 운동게임을 즐기며 하는 비율이 높았다.
- 20~40대의 경우 헬스, 수영장 등 운동시설을 이용하여 운동하는 비율이 높았다.
- 50~60대의 경우 운동강도가 낮으며 운동시간이 길고 운동에 추가적인 경제적 부담이 없는 운동종목을 선택하는 것으로 나타났다.
- 시간적 · 경제적인 요인이 운동참여 종목에 차이를 나타내는 중요한 인자로 영향을 미치는 것으로 밝혀져 있다.

표 21-1. 우리나라 국민의 운동참여율 및 운동 평균시간

단위 : %, 시간 : 분

구분		전체	성별		연령별					
			남자	여자	10대	20대	30대	40대	50대	60대 이상
행위자비율	체력단련	22.8	29.1	16.5	22.2	17.3	17.9	21.7	27.6	35.1
	걷기, 산책	9.9	11.3	8.5	3.0	5.8	6.9	8.9	15.1	25.7
	등산, 하이킹	2.3	2.7	1.9	0.7	0.6	1.4	2.9	5.4	4.8
	체력단련을 위한 개인운동	7.9	9.4	6.4	5.5	7.8	7.3	9.3	9.6	8.6
	그 외 스포츠	5.2	9.	1.17	15.0	4.6	3.9	2.8	1.3	1.0
행위자평균시간	체력단련	1:13	1:15	1:10	1:04	1:09	1:09	1:15	1:17	1:24
	걷기, 산책	1:04	1:07	1:00	0:44	0:53	0:57	0:59	1:05	1:15
	등산, 하이킹	1:45	1:46	1:42	1:06	1:26	1:34	1:50	1:50	1:47
	체력단련을 위한 개인운동	0:49	0:45	0:54	0:47	0:53	0:52	0:51	0:43	0:44
	그 외 스포츠	1:18	1:18	1:18	1:07	1:27	1:24	1:43	1:40	1:52

자료 : 통계청(1999년 생활시간조사에 나타난 국민의 생활모습, 2000)

3. 운동습관의 효과

- 인체는 활동을 하는 생체로서 마치 자동차에 비유될 수 있다.
- 자동차는 휘발유라는 화학적 에너지를 엔진에서 산화시켜서 기계적 에너지로 변환하여 동력을 생산한다.

- 인체도 영양소라는 화학적 에너지를 호흡순환계를 통하여 공급된 산소를 이용하여 근육에서 산화하여 기계적 에너지를 생산하고 이를 유산소 에너지시스템이라고 한다.
- 예외적으로 산소공급을 동반하지 않는 무산소 에너지시스템도 있다.
- 일반적으로 운동과 트레이닝이 구별없이 사용되고 있다.
- 운동은 1회의 비연속적인 신체 움직임을 포함한다.
- 신체 트레이닝이란 주기적 · 연속적으로 운동을 하는 것을 의미한다.
- 일반적으로 운동효과라고 하는 것은 신체 트레이닝 효과를 의미한다.
- 운동은 심폐기능 · 근골격계 · 내분비계, 심리적인 측면에서 인체에 긍적적인 효과가 있는 것으로 알려져 있다.
- 운동이 심폐기능에 미치는 영향은 심장의 1회 심박출량(심장이 1회 수축하면서 내뿜는 혈액량)이 증가된다.
- 안정시 심박수를 감소된다.
- 또한 혈관의 탄력이 증대되고 모세혈관 신생이 증대된다.
- 혈중 HDL-콜레스테롤 농도를 증가시켜 동맥경화를 감소시키는 효과가 있다.
- 운동은 근육량을 증대시키며 근육내 모세혈관의 발달, 근육활동의 효율성의 증대, 인대, 건 및 관절의 가동범위를 증대시키는 등의 효과가 있다.
- 결과적으로 운동은 호흡순환계 기능의 증대를 가져오게 된다.

▷ 건강을 증진하는 7가지 요소

- 규칙적인 운동을 한다.
- 하루에 7~9시간 수면을 취한다.
- 아침식사를 반드시 한다.
- 식사시간 외에 군것질을 삼가한다.
- 정상체중을 유지한다.
- 금연한다
- 술을 과도하게 마시 않는다.

4. 건강 수명 연장을 위한 운동

- 인간의 신체는 움직일수록 건강하다고 말할 수 있다.
- 건강 수명을 연장하기 위해서는 적극적으로 신체를 움직여야 한다.
- 물론, 체력 수준이 높다는 것과 건강하다는 것은 반드시 같은 의미는 아니다.

- 심장혈관계 기능과 골격근에 대한 대사능력의 종합지표로 알려져 있는 최대산소섭취량은 높은 수준으로 유지해야만 하는가?
- 물론 높은 것이 좋겠지만 보통수준 또는 적정수준으로는 안되는 것일까?
- 전신지구력과 근력 등이 어느 정도 수준이면 충분할까?
- 미국, 일본, 유럽 그리고 우리나라는 건강관련체력(health related physical fitness)이란 용어를 사용하기 시작했다.
- 일반적으로 건강유지를 위한 체력은 전신지구력, 근력, 유연성, 신체조성의 4가지로 알려져 있다.
- 근력과 전신지구력이 있으면 근지구력도 당연히 높다.
- 신체 조성의 양호한 상태란 적당한 지방, 많은 근육, 높은 골량을 의미한다.
- 또한 고령자의 건강 수명을 연장하기 위해서는 평형 능력도 필요하다.
- 최대산소섭취량과 골량을 증가시키고, 지방을 연소시키고, 근력을 강화시키고, 평형능력을 높이는 운동은 존재하지만 그 바탕에 있는 가설의 검증이 필요하다.
- 연령, 질병의 유무, 질병의 종류, 사는 방법에 의해서도 다르다고 생각한다.
- 건강 수명을 연장하기 위해서는 적당한 체력이 필요하다는 것을 부정하는 사람은 없다.
- 체력이라는 본질에 대해 명확히 파악하는 사람은 많지 않다.
- 체력의 급격한 저하를 막기 위해서는 일정한 운동량을 확보하지 않으면 안된다.
- 운동하지 않고도 체력을 유지하는 것은 행동체력이 아닌 방위 체력이라고 생각한다.
- 대부분의 행동 체력요소는 운동하지 않고는 나타나지 않는다.
- 그러나 운동량에 대해서는 의견이 일치하지 않는다.
- 운동량은 운동강도 · 시간 · 기간으로 결정된다.
- 그러나 성별, 연령별로 필요한 운동량을 구체적으로 제시해야만 한다.
- 현재의 스포츠과학으로는 운동량을 나타내는 구체적인 수치는 명확하지 않다.
- 우리가 알 수 있는 것은 적당한 운동량이 필요하다는 정도이다.
- 때문에 개인에 맞는 운동량에 대해서는 본인자신이 시행착오를 통해 찾고 있다.
- 운동종류를 계단보행과 무릎운동 등의 단순한 운동을 하는 것만으로도 충분하게 건강 수명이 유지된다고 생각하는 고령자가 많이 있다.
- 90세의 건강고령자를 만나보면 자신에게 맞는 식사와 자신이 고안한 운동을 택해서 실시하고 있다.
- 이는 반드시 균형있는 운동이라고 할 수 없지만 90세에서도 건강하게 살고 있는 경우를 보여준다.
- 이것 볼 때 연구자들이나 사회체육지도자들은 아직도 부족한 점은 느끼고 있다.
- 건강한 사람이라면 무리하게 운동량을 증가시킬 필요는 없다고 하는 의견이 일반적이다.
- 운동이 부족한 사람은 조금씩 운동량은 증가시키는 것이 중요하다.

- 경우에 따라 체조, 산보, 가사 일로부터 시작하는 것도 운동이라고 외국에서는 생각하고 있다.
- 운동을 전혀 실시하지 않는 사람은 산보, 가사 일로부터 시작하는 것은 좋지만, 이것 역시 적정운동량이라고 말하기에는 부족하다.
- 운동은 반드시 필요하지만 고령자들은 낙상에 따른 골절이 큰 문제이므로 예방을 위해 운동시에도 충분한 주의가 필요하다.
- 낙상 예방을 위해서 근력강화, 평형능력, 조정력을 높이기 위한 운동지도가 앞으로 더욱 구체적으로 제시되어져야 한다.

5. Successful Aging을 위한 운동

Successful Aging란 Rowe & Kahn이『Science』라는 잡지(1987)에서'인생 최후의 순간까지 자립 생활을 영위한다'는 의미로 사용된 것이 최초이다. 이러한 개념은 광범위하여 삶의 질(quality of life: QoL)) 중에서 특히 ②와 ③을 의미할 것이다.

① 생명의 질
② 사는 방법의 질
③ 인생의 질

- 인생의 양(단지 장수하는 것) 보다 인생의 질을 중시한 개념으로서 "풍요롭게 늙는다"라고 해석이 가능하다.
- 국가와 시대에 따라서도 차이를 보이지만 선진국에서는 건강 관련 QoL수준과 관련이 깊다.
- 노년기를 신체적 · 정신적으로 보다 양호한 상태를 유지하며 살아가는 것을 의미할 것이다.
- 특히, 스포츠의학 또는 스포츠건강과학의 분야에서 성공적인 노화를 위해서는 운동을 습관화시키는 것이 중요하다.
- 운동 습관화는 신체적 자립을 가능하게 하고 활력(체력)을 유지하며 장수한다는 일련의 과정을 연구하는 것이 중요하다.
- 늙어서 인생을 되돌아보고 자기의 인생을 성공했다고 말할 수 있는 고령자는 늙은 시점에서도 사는 방법이 충실한 상태라고 할 수 있다.
- 지금까지는 조깅, 수영 등의 에어로빅스(이른바 유산소운동)를 실시하면 관상동맥경화를 기초질환으로 하는 허혈성심질환(심근경색, 협심증)과 고혈압, 당뇨병 등에 효과적이라고 알려져 있다.
- 또한 최근에는 대장암 등의 특정 질환에서도 운동의 유용성을 입증하는 연구결과도 보고되고 있다.

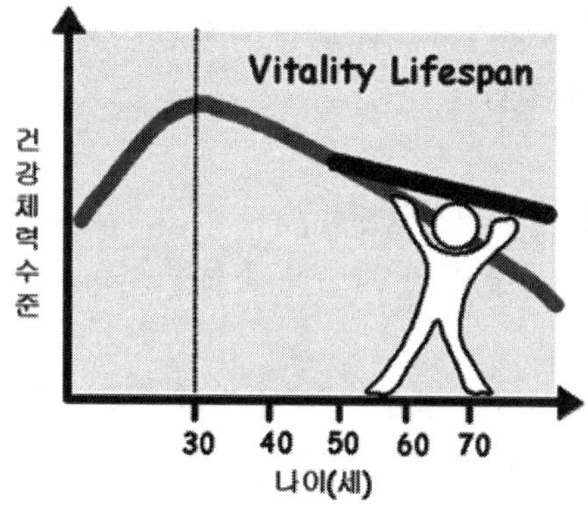

- 그러나 이와 같은 유산소운동만으로 건강이 유지되는가라는 의문을 가진 연구자도 적지 않다.
- 2000년 통계청의 주요 사망원인조사 결과에서는 인구 10만명당 암(122.1명), 뇌혈관계질환(73.2명), 심질환(38.5명)의 3대 사망원인에 이어서 불의의 사고(25.4명), 간질환(22.9명)으로 나타났다.
- 통계자료에는 없지만 고령자는 근육 · 골격계의 기능이 저하하고 있기 때문에 낙상 · 골절이 발생하기도 하고, 불의의 사고를 당하기가 쉽다.
- 이와 같은 낮은 근력과 골량의 저하 등의 예방은 QoL을 고려해 볼 때 중요한 요소이다.
- 나이가 들어서도 본인의 의지로 근력강화운동을 습관화해야 한다.
- 속보, 조깅 등과 같은 심폐기능의 강화훈련 뿐만 아니라 근육 · 골격계에 적정부하를 줄 수 있는 계단 오르기, 근력운동 등의 근력강화운동은 많이 있다.

6. Sports 7330 운동

1) 1주일에 왜 3번 이상 운동해야하는가?

- 운동을 얼마나 자주 할 것인가?
- 스포츠생리학적으로 우리 인체는 외부의 자극(육체적 활동)에 의해 영향을 받아 이를 지속하는 시간은 약 2일(48시간)정도라고 한다.
- 따라서 일주일에 3회 이상은 운동을 해야 그 효과를 얻을 수 있다.
- 이는 일주일에 5일 이상 운동을 했을 때 추가적인 효과가 없다는 논리가 아니다.
- 건강과 관련된 효과를 생각해 볼 때 3~4일의 운동이 투자한 시간에 비해 최대의 효과를 거둘 수 있다는 것이다.

• 운동습관이 길러지면 운동 빈도수를 늘여도 좋지만 운동을 처음 시작할 경우에는 페이스를 조절할 필요가 있다.

2) 왜 30분 이상 계속 운동해야하는가?

• 여러 가지 연구결과 5~10분 동안 지구성 운동을 하더라도 심폐지구력이 증가한다는 결과가 나왔다.
• 그러나 운동효과 측면에서는 30분 이상이 유효한 것으로 드러났다.
• 여기서 유효하다는 말은 투자 시간에 비해 가장 많은 이득을 거둘 수 있다는 것이다.
• 그 원인은 운동에너지 소모와 관련이 있다.
• 운동할 때 사용되는 주에너지원은 탄수화물과 지방이다.
• 이 중 탄수화물은 낮은 중강도 운동 때 주요기질로 작용한다.
• 그러나 장시간(30분 이상) 운동시에는 탄수화물 대사로부터 점증적으로 지방으로 기질대사의 의존율이 증가한다.
• 사람마다 개인차가 있지만 일반적으로 운동 후 30분이 지나면서 서서히 지방이 분해, 소모되는 것이다.

3) 운동은 어느 정도 강도를 유지해야 하는가?

• 운동의 강도를 결정하는데 중요한 표준이 되는 것은 최대운동능력을 100으로 했을 때 약 몇%의 강도로 할 것인가이다.
• 일반적으로 최대운동맥박의 약 60~80% 범위에서 결정하는 것이 좋다.
• 그러나 운동을 처음 시작하는 초보자의 경우는 60%에서 시작하는 것이 바람직하다.
• 이 60% 정도의 운동강도는 통상 목표심박수가 130 정도이다.
• {(220 - 본인나이)×0.6}=목표심박수이다.
독일의 생활체육 슬로건인 'Trimming 130'은 바로 심박수를 130이상으로 올리는 운동을 하자는 것이다.
• 이 정도의 운동을 하고 나면 대체로 숨이 약간 차고 땀이 촉촉하게 난다.

4) 어떻게 운동해야 할 것인가?

▷ 운동에 대한 의욕도 좋지만 서두르지 말고 천천히 운동에 적응할 수 있어야 한다.
• 평소에 운동을 하지 않았다면 아주 가벼운 운동강도와 짧은 운동시간, 적당한 운동빈도에서 시작해야 한다.

• 체력이 증가하면 점차적으로 운동의 강도와 시간, 빈도를 늘려 가는 것이 좋다.

▷ 운동의 종류와 운동형태는 자신이 흥미를 갖고 있으며 자신의 성격에 맞는 종목을 선택하는 것이 좋다.

• 자신의 취향과 스케줄에 따라 아침 · 점심 · 저녁 시간대를 조정하자.
• 무엇보다 자신이 편안하게 즐길 수 있는 시간대여야 한다.

▷ 운동의 강도는 자신이 편안함을 느낄 수 있는 수준에서 행해야 한다.

• 운동 중에 호흡이 지나치게 가쁘다거나 가슴 · 다리 통증 등 불편한 느낌이 들 때는 운동의 강도가 지나친 결과다.
• 이럴 때는 운동강도를 낮춰야 한다.

▷ 운동 상해를 입지 않도록 각별히 신경을 써야 한다.

• 운동에 적합한 신발과 복장을 착용하는 것은 물론이고, 안전한 장소에서 운동을 하여 불의의 상해에 대비해야 한다.

▷ 가능하다면, 자신이 즐기는 운동의 종류를 바꾸어가면서 한 가지 운동에서 오는 지루함과 단조로움을 피하도록 하자.

• 예를 들어 조깅, 테니스, 수영 등의 운동을 병행할 수 있다면, 운동을 오래도록 지속할 수 있을 것이다.

Ⅳ. 성인체육

1. 성인체육의 필요성

• 인간은 약 20세를 정점으로 연령증가에 따라 체력감퇴로 생리적 기능에 변화가 나타난다.
• 생리적 기능 변화는 전신에 나타나는 노화현상으로서 피할 수 없는 인간의 숙명이기도 한다.
• 생리적 현상을 인간의 숙명이라고 체념하고 아무런 과학적 수단을 강구하지 않으면 안된다.
• 인간은 건강한 몸으로 사회를 위해 힘쓰며 오래 살며 일생을 행복하게 보내기를 염원한다.
• 인람은 신체에 이상이 없고 건강할 때는 건강을 특별히 생각해 보지 않는 것이 보통이다.

- 중 · 장년기에 의사로부터 고혈압, 당뇨병, 위장병, 신경통, 류마티스 등의 진단을 받게 된다.
- 이때 건강의 중요성을 느끼고 건강한 신체를 되찾으려고 고심과 노력을 하게 된다.
- 인간의 건강한 신체는 태어나서부터 죽을 때까지 즉 일생에 걸쳐 보전되어야 한다.
- 청년기에 신체운동을 계속하지 않으면 신체기능에 부조화가 초래되어 건강을 해치게 된다.
- 반대로 중 · 장년기에 적당한 운동을 끊임없이 계속하면 노화가 늦어진다.
- 성인기에 지속적이고 적절한 운동은 건강하게 삶을 영위하는 데 매우 중요한 요소가 된다.
- 인간의 노화는 개개인의 연령에 의해서 결정되는 것이 아니다.
- 인간의 경우 개인차는 특히 크며 차이는 연령의 증가와 함께 점차로 늘어나는 것이다.
- 세계 100세 이상 장수를 누리는 사람들은 중 · 장년기 이후의 체육활동과 상관관계가 깊은 것으로 조사 보고되고 있다.
- 현재 살아 있는 것은 생명유지를 위한 어제의 체험 때문이다.
- 연령이 증가함에 따라 어제의 경험이 우리들에게 큰 영향을 주는 것이다.
- 사람들 중에서 상해, 영양섭취법, 신체운동, 피로도, 감정적 장애, 정신적 피로 등을 똑같이 경험한 사람은 없을 것이다.
- 인간의 생물학적 연령은 일정하지 않다.
- 노년기를 건강하고 행복하세 보내기 위해서는 먼저 중 · 장년기의 건강에 유의해야 한다.

2. 체육운동의 가치인식

- 현대인은 자신의 체력이나 건강을 보살피기 매우 어렵다.
- 운동을 끝낸 뒤의 기쁨보다도 운동을 괴로운 것으로 느끼고 있는 사람이 많다.
- 이러한 상황 속에서도 여가를 찾아내어 적절한 신체운동을 실천하는 사람들이 있다.
- 현대인은 운동가치를 충분히 이해하고 과거의 경험을 통해 운동하는 기쁨을 인식하고 있다.
- 반대로 과거 경험적 이해와 인식을 교육받지 못한 사람은 운동에서 점차로 멀어지게 된다.
- 학교체육에서 교육된 것으로 생각되지만 실질적으로 교육을 받지 못한 사람이 많은 것 같다.
- 이들에게는 무엇보다 운동에 대한 가치를 충분히 인식시킬 필요가 있다.
- 현대인은 사회생활을 하면서 싫어도 필수적으로 행하지 않으면 안된다.
- 신체운동은 자신의 신체가 어떻게 변화하며 어느 정도의 효과가 있는가에 대해 깊은 이해와 체험을 갖게 하는 것이 필요하다.
- 체육운동이 신체발달과 건강증진에 좋은 영향을 주고 있음은 사실이다.
- 체육운동은 중 · 장년기의 생활양식 속에 규칙적인 실천을 통해 건강증진에 바람직한 영향을 미치게 한다.

- 운동은 체질적 발달에 효과가 있다는 선진국의 많은 실험적 결과에 의하여 재확인되고 있다.

3. 성인기의 체력저하 경향

성인기의 체력저하 경향에 대한 내용을 살펴보면 다음과 같다(차성웅, 2005).

- 현대사회의 생활방식은 기계화 · 자동화로 신체운동이 감소되어 성인체력이 저하되고 있다.
- 세계 각국의 공통적인 경향으로 우리나라도 예외는 아닌 것 같다.
- 인간의 체력은 20세를 전후 시기까지는 향상되며 25세부터 점차로 쇠퇴하기 시작한다.
- 대개 남자는 40대 중간부터 여자는 40대 초부터 급격히 쇠퇴하는 하는 것이 일반적이다.
- 한국인의 평균수명이 77세를 넘기고 있다.
- 생애의 중간에 체력이 급격히 쇠퇴해지기 시작하는 것은 결코 바람직한 일은 아니다.
- 중 · 장년기는 사회의 중견층으로서 대부분 중대한 직무에 종사하고 있다.
- 중 · 장년기의 건강은 국가와 사회의 발전에도 크게 기여하고 있는 시기이다.
- 중 · 장년기의 건강은 노년기를 행복하게 보내기 위해서는 가장 중요하다.
- 중 · 상년기의 건강과 체력유지에 대한 확실한 방안을 수립하는 것이 중요한 과제이다.

1) 다리의 노화

- 중 · 장년기를 맞이하여 체력 중에서 제일 먼저 쇠해지는 곳은 다리이다.
- 현대의 사회생활은 공업화, 기계화로 인해 두뇌와 손의 사용은 늘어나고 있다.
- 그러나 다리를 사용하는 것은 점차 감소되고 있다.
- 인간의 생명에 관계가 가장 깊은 것은 심장이다.
- 다음으로 소중한 것은 뇌의 기능이다.
- 먼저 뇌의 혈관장애를 예방하기 위해 다리 운동으로 혈관관계의 유연성을 유지해야 한다.
- 심장을 강화하는 방법으로는 걷는 것이 가장 효과적이며 달리기를 하는 것도 좋은 방법이다.

2) 관절통

- 관절통은 장년기에 많이 나타나며 특히 체육인과 운동선수에게 많다.
- 관절통은 연령에 따른 일련의 전신적인 퇴행성 변화라고 생각되었다.
- 그러나 현재는 원인을 달리한 여러 가지 질환의 집합으로 보고 있다.
- 관절통은 과음, 과식, 기계적인 생활형태에 크게 영향을 받는 것으로 규명되고 있다.
- 장년기 이후의 관절통은 장년기 이전의 합리적인 건강생활에 의해 예방될 수 있다.

3) 생리적 기능의 저하

- 인간은 40세를 지나면 작은 글자를 보는 데 부자유를 느끼게 된다.
- 이것이 이른바 노안이다.
- 이 상태에 이르기까지의 변화는 노화가 아니며 노령화 현상이라고 한다.
- 연령이 증가함에 따라 각종 성인병 노령화현상이 나타난다.
- 고혈압, 동맥경화, 심장질환 등 순환기 장애가 나타난다.
- 만성기관지염 등 호흡기장애가 나타난다.
- 당뇨병과 같은 대사장애가 나타나는 경우가 많다.
- 개개의 세포 자체에도 변화가 나타난다.
- 평생을 건강하게 생활하기 위해 중 · 장년기에 건강관리에 각별히 유의하여야 한다.
- 병을 조기에 발견하고 치료하는 것이 중요하다.
- 동시에 적절한 신체운동을 통해 질병에 걸리지 않는 건강한 신체활동에 적극 노력해야 한다.

4. 신체운동의 효과

▷ 신체운동을 효과적으로 하다면 다음과 같은 신체적 변화가 일어날 수 있다.

- 폐의 기능이 좋아진다.
- 심폐기능이 좋아진다.
- 혈액량이 증가한다.
- 대사기능을 향상시킨다.
- 안정시의 혈압을 감소시킨다.
- 근력이 향상된다.
- 체온 조절기능이 향상된다.
- 심리적으로 안정감을 준다.
- 근육의 에너지 이용능력이 향상된다.
- 체중을 조절할 수 있다.

▷ 운동이 건강증진에 도움이 된다는 것은 누구나 다 아는 사실이다.

- 맹목적으로 하면 오히려 건강을 해치거나 상해를 입을 수 있다.
- 현재 자신의 상태를 잘 모르고 무리를 하게 되면 오히려 안한 것 보다 못하다.
- 운동 중에 가장 주의해야 할 사항은 자기 기준을 지키는 것이다.

• 의학검사, 비만도검사, 운동부하검사, 근관절기능검사, 체력검사 등의 종합진단 및 운동처방에 따른 자신의 건강상태, 체력수준, 운동여건 등을 고려한 운동을 통해서 얻고자 하는 목적에 알맞게 전문가와 상담을 거쳐 운동목표 · 종목 · 강도 · 시간 등을 결정한다.

▷ 운동 내용과 방법은 합리적으로 구성하는 것이 중요하다.

• 운동은 지치지 않고 즐겁게 하는 것이 좋다.
• 운동은 지루하지 않고 다양하면서 보다 많은 근육을 움직일 수 있는 신체활동을 해야 한다.
• 보통 강도로 최소한 주당 3-5회는 운동해야 한다.
• 체중감량을 위한다면 매일 운동해야 한다.
• 걷기, 자전거타기, 수영, 달리기, 조깅 등 유산소 · 근력운동 등을 선택하는 것이 바람직하다.
• 규칙적 운동을 하지 않은 사람은 10~15분정도에서 시작하여 점차로 45-60분정도 운동하는 것이 이상적이다.
• 운동과학자들은 일반적으로 매일 30분 이상의 운동을 권장하고 있다.
• 운동을 규칙적으로 실천하여 6개월정도 지나면 운동이 단조롭고 지루하게 느껴질 수 있다.
• 운동은 흥미를 느끼면서 운동습관을 유지할 수 있도록 해야 한다.
• 수영, 수중에어로빅, 근력운동, 테니스, 스키, 골프 등 새로운 운동을 시도하고 그 활동영역을 넓혀 나가는 것이 바람직하다.
• 또한 YMCA, 체육센터, 헬스클럽 등에서 운영하는 스포츠 프로그램에 참가하여 실천하는 것도 하나의 방법이다.
• 이상의 경우 전문가 상담을 통하여 프로그램을 결정하는 것이 바람직하다.

5. 신체운동 상해예방

• 상해를 예방하기 위해서 편안한 운동화와 땀 흡수가 잘되는 소재로 하고 여유가 있는 운동복을 착용하는 것이 좋다.
• 운동환경을 고려하는 것이 효과적이다.
• 운동환경은 너무 어둡지 않은 것이 바람직하다.
• 운동환경은 기온과 습도가 너무 높거나 낮지 않는 것이 좋다.
• 운동환경은 대기가 오염되지 않아야 한다.

▷ 운동처방을 받고 운동을 해야 하는 경우

• 건강진단 상의 특별한 이상이 없는 40세 이상의 건강한 사람
• 체중이 연령별 표준체중을 초과하는 비만이나 비만의 경향이 있는 사람

- 최근 3개월간 급격한 체중의 변화가 있는 사람
- 평상시 가슴통증과 두근거림, 호흡곤란, 현기증, 두통, 손발저림 등 증상을 자주 느끼는 사람
- 협심증, 부정맥, 동맥경화 등 심장질환자 · 안정시 혈압이 90mmHG 이상 혈압이 높은 사람
- 총콜레스테롤이 240mg/dl이상, 중성지방이 220mg/dl이상인 사람
- 공복시 혈당이 120mg/dl이상인 사람 · 만성간염, 지방간인 사람
- 관절염, 요통, 골다공증 등 골관절에 문제가 있는 사람
- 스트레스와 만성적 피로를 느끼는 사람 · 체력이 급격히 떨어져 쇠약해진 사람
- 주위사람들로부터 운동을 너무 지나치게 한다는 얘기를 듣는 사람
- 병약자나 질병 후 회복단계에 있는 사람
- 몸에 무언가 병이 있는 것 같다고 느끼는 건강 염려증이 있는 사람
- 당뇨병, 고혈압, 심장병 등 성인병의 가족병력을 가지고 있는 사람

6. 성인기에 적합한 운동

- 성인기는 신체의 발육과 발달은 이미 완성된 상태이다.
- 체격이나 운동능력 등을 향상하고 강화하는 데 목적을 두는 운동은 좋지 않다.
- 성인기의 신체는 그대로 방치하면 연령의 증가와 함께 체력이 저하된다.
- 적당한 체력관리를 위해 조금이라도 보강하는 데 주안점을 두는 것이 바람직하다.
- 신체활동 운동을 할 경우 자기의 체력한계를 넘어 무리하게 하는 것은 좋지 않다.
- 운동은 매일 단시간, 지속적으로 끈기 있게 실천함이 무엇보다 중요하다.
- 운동을 무리하게 하여 몸이 아프다고 호소하는 것은 잘못된 운동다.
- 대체로 고령이 됨에 따라 체력의 개인차가 크게 되므로 적당한 운동을 결정할 때에는 이런 점을 고려하지 않으면 안된다.
- 성인에게 권할 수 있는 운동은 산책, 하이킹, 골프, 체조, 수영, 테니스, 자전거 등이다.
- 빠르고 강한 운동은 좋지 않다.

Ⅴ. 요약

성인체육의 사회체육 환경적 요인, 사회체육과 운동, 성인체육에 대한 내용을 요약하면 다음과 같다.

1. 성인체육의 필요성

- 인간은 약 20세를 정점으로 연령증가에 따라 체력감퇴로 생리적 기능에 변화가 나타난다.
- 인간은 건강한 몸으로 사회를 위해 힘쓰며 오래 살며 일생을 행복하게 보내기를 염원한다.
- 인간은 신체에 이상이 없고 건강할 때는 건강을 특별히 생각해 보지 않는 것이 보통이다.
- 청년기에 신체운동을 계속하지 않으면 신체기능에 부조화가 초래되어 건강을 해치게 된다.
- 반대로 중 · 장년기에 적당한 운동을 끊임없이 계속하면 노화가 늦어진다.
- 성인기에 지속적이고 적절한 운동은 건강하게 삶을 영위하는 데 매우 중요한 요소가 된다.
- 인간의 노화는 개개인의 연령에 의해서 결정되는 것이 아니다.
- 인간의 경우 개인차는 특히 크며 차이는 연령의 증가와 함께 점차로 늘어나는 것이다.
- 노년기를 건강하고 행복하세 보내기 위해서는 먼저 중 · 장년기의 건강에 유의해야 한다.

2. 체육운동의 가치인식

- 현대인은 운동의 가치를 이해하고 과거의 경험을 통해 운동하는 기쁨을 인식하고 있다.
- 현대인은 사회생활을 하면서 싫어도 필수적으로 행하지 않으면 안된다.
- 신체운동은 자신의 신체가 어떻게 변화하며 어느 정도의 효과가 있는가에 대해 깊은 이해와 체험을 갖게 하는 것이 필요하다.
- 체육운동이 신체발달과 건강증진에 좋은 영향을 주고 있음은 사실이다.
- 체육운동은 중 · 장년기의 생활양식 속에 규칙적인 실천을 통해 건강증진에 바람직한 영향을 미치게 한다.
- 운동은 체질적 발달에 효과가 있다는 선진국의 많은 실험적 결과에 의하여 재확인되고 있다.

3. 성인기의 체력저하 경향

- 인간의 체력은 20세를 전후 시기까지는 향상되며 25세부터 점차로 쇠퇴하기 시작한다.
- 대개 남자는 40대 중간부터 여자는 40대 초부터 급격히 쇠퇴하는 하는 것이 일반적이다.
- 한국인의 평균수명이 77세를 넘기고 있다.
- 생애의 중간에 체력이 급격히 쇠퇴해지기 시작하는 것은 결코 바람직한 일은 아니다.
- 중 · 장년기의 건강은 노년기를 행복하게 보내기 위해서는 가장 중요하다.
- 중 · 장년기의 건강과 체력유지에 대한 확실한 방안을 수립하는 것이 중요한 과제이다.

4. 신체운동의 효과

신체운동을 효과적으로 하다면 다음과 같은 신체적 변화가 일어날 수 있다.

- 폐의 기능이 좋아진다.
- 심폐기능이 좋아진다.
- 혈액량이 증가한다.
- 대사기능을 향상시킨다.
- 안정시의 혈압을 감소시킨다.
- 근력이 향상된다.
- 체온 조절기능이 향상된다.
- 심리적으로 안정감을 준다.
- 근육의 에너지 이용능력이 향상된다.
- 체중을 조절할 수 있다.

5. 신체운동 상해예방

- 운동환경을 고려하는 것이 효과적이다.
- 운동환경은 너무 어둡지 않은 것이 바람직하다.
- 운동환경은 기온과 습도가 너무 높거나 낮지 않는 것이 좋다.
- 운동환경은 대기가 오염되지 않아야 한다.

6. 성인기에 적합한 운동

- 성인기는 신체의 발육과 발달은 이미 완성된 상태이다.
- 체격이나 운동능력 등을 향상하고 강화하는 데 목적을 두는 운동은 좋지 않다.
- 성인기의 신체는 그대로 방치하면 연령의 증가와 함께 체력이 저하된다.
- 적당한 체력관리를 위해 조금이라도 보강하는 데 주안점을 두는 것이 바람직하다.
- 신체활동 운동을 할 경우 자기의 체력한계를 넘어 무리하게 하는 것은 좋지 않다.
- 운동은 매일 단시간, 지속적으로 끈기 있게 실천함이 무엇보다 중요하다.
- 운동을 무리하게 하여 몸이 아프다고 호소하는 것은 잘못된 운동다.
- 성인기는 체력의 개인차가 있어 적당한 운동을 할 때에는 개인차를 반드시 고려해야 한다.

Ⅵ. 학습문제

1. 운동 참여율 및 운동 평균시간에 대하여 설명하시오
2. 운동습관의 효과에 대하여 설명하시오
3. 건강 수명 연장을 위한 운동에 대하여 설명하시오
4. Successful Aging을 위한 운동에 대하여 설명하시오
5. Sports 7330 운동에 대하여 설명하시오
6. 사회체육 환경적 요인을 설명하시오.
7. 성인체육의 필요성을 설명하시오.
8. 성인체육 운동의 가치인식을 설명히시오.
9. 성인기의 체력저하 요인을 설명하시오.
10. 성인기에 신체운동의 효과에 대해 설명하시오.
11. 성인기에 신체운동의 상해예방에 대해 설명하시오.
12. 성인기에 적합한 운동을 설명하시오.

Ⅶ. 주요용어

복지사회
공정한 사회
전문성
도덕성
기계화
자동화
운동부족증
고혈압
동맥경화
비만
뇌졸중
당뇨병
퇴행성 질환

22장 | 노인체육

Ⅰ. 개요

현재 우리나라는 저출산 고령화사회로 접어 들면서 많은 사회적 문제가 대두되고 있다. 이에 정부는 다양한 출산장려 정책를 펍고 있다. 또한 고령화사회로 접어들면서 사회적 문제가 매우 심각하게 나타나고 있다. 저출산 고령화사회로 인한 사회적 문제를 국가적인 차원에서 해결하지 않으면 국가경쟁력이 낮아 질 것으로 판단된다. 우리나라의 미래사회는 다인종, 다문화, 저출산, 고령화 사회로 나아갈 것으로 판단되어 정치 · 경제 · 사회 · 문화적인 문제가 심각한 사회문제로 나타날 것으로 예상된다.

- 오늘날 고도산업사회는 평균수명이 연장됨으로써 인구의 고령화현상을 가져왔다.
- 1950년 당시 세계의 60세 이상 노인인구는 1억 8천 8백만명이었다.
- 1970년에는 2억 9천 백만명으로 증가하였다.
- 2000년대에는 5억 8천 8백만명이 될 것으로 추정되고 있다.
- 우리나라의 경우도 1960년도의 60세 이상 노인인구는 130만명이었다.
- 1984년에는 261만 7천명으로 증가하였다.
- 노인인구의 높은 증가율을 보이고 있다.
- 1970년대 산업의 발달과 1995년 65세이상 노인인구는 253만명으로 급증하였다.
- 2000년 65세 이상 노인인구가 전인구의 7%를 돌파한 339만명으로 나탄T다.
- 우리나라도 공식적으로 노령화 사회에 접어들었다.
- 사회구조의 산업화, 도시화, 기계화, 과학화는 노인의 사회적 역할 · 기능을 박탈하였다.
- 사회구조의 변화는 노인에게 건강 · 고독 · 소외문제를 가중시키고 있다.
- 사람은 나이가 들면서 새로운 상황에 대한 행동과 사고의 적응도가 떨어진다.
- 나이가 들면서 심리 · 사회적으로 스트레스를 더욱 심하게 받게 된다.
- 이런 문제점들을 해소하기 위해서는 적절한 체육적 활동이 무엇보다도 중요하다.

- 노인들이 주체할 수 없이 많은 여가시간을 어떻게 보내느냐가 중요하다.
- 노인에 대한 개인 · 가정 · 사회 · 국가적 관점에서 대단히 중요한 사회문제이다.
- 노인문화에 대한 인식이 매우 필요하다.

▷ 현대사회가 직면하고 있는 노인문제는 다음과 같다.

- 소득원의 상실
- 노후로 인한 건강문제
- 역할상실
- 소외와 고독감

표 22-1. 노년 부양비

단위 : %

구분	한국	미국	일본	독일	영국	스웨덴	핀란드	OECD
2000	10.1	18.8	25.5	25.5	24.3	26.7	22.3	20.6
2006	13.2	18.5	31.8	29.6	24.1	24.1	24.4	21.7

주 : 노년부양비=(65세 이상인구/15-64세인구)×100

자료 : OECD(2008), Health Data 2008

표 22-2. 합계출산율

단위 : 명

구분	한국	미국	일본	독일	영국	스웨덴	핀란드	OECD
2000	1.47	2.06	1.36	1.38	1.64	1.55	1.73	1.64
2006	1.13	2.10	1.32	1.33	1.84	1.85	1.84	1.65

주 : 합계출산율=15-49세 가임기 여성이 낳는 평균자녀수

자료 : OECD(2008), Health Data 2008

Ⅱ. 노인체육

1. 노인의 특성

1) 노인의 생리적 특징

- 노쇠현상은 전신에 똑같이 오는 것은 아니라 장기나 기관에 따라 정도와 속도가 다

르다는 점이다.

- 대체적으로 노쇠현상은 내분비계, 순환기계, 위장계 등이 문제되고 정신적 기능장애도 따른다.
- 노화현상이 어떤 계통에서 먼저 오는가는 개인적으로 큰 차이가 있다.
- 특히 유전의 영향도 있지만 환경의 영향이 더욱 크다.
- 노화현상은 과로, 기후, 식품, 영양, 음주, 세균감염 등에 따라 큰 차이가 있는 것으로 해석된다.
- 나이가 들어면서 신체적 · 정신적기능이 감퇴되고 소화기능도 불량해지게 마련이다.
- 인간의 사회 · 경제적 능력은 20세에서 60세정도까지는 안정되어 있다가 60세를 지나면 갑자기 내려가게 된다.
- 인간의 정신적 능력은 상승속도가 느리며 가장 능력이 고도에 도달하는 것은 30대에서 50대인데 그 이후의 감퇴현상은 서서히 원만하게 이루어진다.
- 노화현상을 생리적 측면에서 볼 때 가장 먼저 나타나는 것은 시력의 감퇴이다.
- 이어 청각장애가 나타나게 되는데, 70세쯤 되면 약 30% 정도가 난청이 되고 80대에서는 반수 이상의 노인들이 귀가 멀게 된다.
- 치아도 망가지게 되는데, 대체로 60대(50%), 70대(60%), 80대(80%) 비율로 나타난다.
- 소화기능은 40~50대가 되면 쇠퇴하기 시작하여 나이가 들수록 저하된다.
- 노년이 되면 폐의 기능도 약화되고 빈혈을 유발하게 된다.
- 대체적으로 나이가 많아지게 되면 신경 · 근육이 반응하는 시간이 길어진다.
- 때문에 행동과 작업속도가 느려지고 세심한 일을 하지 못하며 사고의 위험성이 커진다.
- 근력이 쇠퇴하여 심장에 보내지는 혈액 양과 폐에 흡입되는 공기 양은 젊은 시절의 50% 정도 밖에 안된다.
- 이러한 현상들이 생리적인 면에서의 노화현상이다.

2) 노인의 심리적 특성

- 노인은 신체 · 정신 · 심리 · 사회적 변화로 특유의 성격이 나타난다고 보는 것이 일반적이다.

▷ 노인의 성격 특성은 대체적으로 다음과 같다.

- 건강, 경제적 불안감, 생활의 부적응으로부터 오는 불안과 초조,
- 정신적 흥미의 편협으로부터 오는 내폐성
- 신체적 쾌락에 대한 흥미의 증대

- 성 생활의 감퇴
- 성충동의 감퇴
- 조건의 변화에 따른 학습이나 적응의 곤란
- 홀로된 데 대한 고독감 · 의심 · 질투심 · 보수성
- 과거의 생각에 대한 집착 · 불확실성 · 인생의 낙오감 등

▷ 노인의 성격변화의 원인을 살펴보면 2가지로 분류된다.
첫째, 생물학적 변화에 의한 것이다.
둘째, 비생물학적 인자에 의한 것으로 환경 및 생활사 등에서 온다고 볼 수 있다.

- 지금까지는 노인의 성격변화에 대하여 생물학적 변화의 원인이 지배적이었다.
- 그러나 최근에는 오히려 환경에 대한 학설이 지배적이다.
- 특히 비건강, 고독, 빈곤의 노인 3악으로 인하여 쉽게 욕구불만에 이르게 된다.
- 신체 · 심리 · 사회적으로 늘어나는 장애적응능력의 저하에 의한 것이다.
- 결국 욕구불만의 반응으로 이러한 성격특성이 나타나게 된다.

▷ 고령화는 다음과 같이 노인에 대한 사회적 고립화가 늘어나는 것이다.

- 노인은 일반적으로 그 존재가치가 저하된다.
- 젊은이들로부터 무관심하게 되고 심지어 가족 친척들의 무관심가지 받게 된다.
- 고집과 거부성격을 띠게 된다. 특히 노인들이 단체를 구성하여 활동할 경우에 다른 단체와의 타협과 수용이 어려운 때가 많다.
- 사회참여나 이익획득에는 기회를 놓치기 쉽고 불이익이 누적되어 소외되게 마련이다.
- 가족구성원으로서든 일에서든 그 역할기능을 상실해가고 있다.
- 늙음에 대한 자아인식의 부족으로 노쇠에 따른 자신의 능력저하를 깨닫지 못하고 계속해서 자신의 능력이 젊은이 못지 않다는 고집을 주장하는 경향이 있다.

▷ 노년기의 심리적 특성에 관하여 카반(Cavan)은 다음과 같은 것을 들고 있다.

① 건강과 경제적 불안감
② 생활 부적응에서 오는 불안과 초조감
③ 정신적 흥미의 감퇴에서 오는 내폐성
④ 육체적 쾌락추구
⑤ 활동성 감소

⑥ 성적 충동의 감퇴
⑦ 새로운 상황에 대한 학습적응의 곤란
⑧ 고독감
⑨ 질투심
⑩ 보수적 성격
⑪ 다변, 우둔
⑫ 과거에 대한 집착
⑬ 누추

▷ 우리나라 노인의 심리 또는 욕구는 도시와 농촌의 차이가 있을 수 있고 또 노인 개개인의 입장에 따라 희망하는 바가 다를 수 있다. 그러나 대체적으로 노인들의 심리적 욕구를 종합해 보면 다음과 같다.

- 안정된 노후를 희망하고 있다. 왜냐하면 노인들은 수입이 없어 자식들로부터 도움을 받고 있으므로 항상 심리상태가 불안정하기 때문이다.
- 노인들은 심리적으로 자신의 존재가치를 인정받고 싶어한다. 나이가 들면 가족이나 사회에서 자신을 상대해 주지 않는 듯한 느낌이 들어 항상 고독함을 느끼게 되기 때문에 존재가치를 인정받고 싶어한다.
- 노인들은 신체활동을 요구한다. "늙어서 아무 것도 할 수 없다"라고 말하지만 속마음은 무언가 일을 하고 싶은 욕망이 가득 차 있다.
- 많은 사람들을 사귀고 싶어한다.
- 왜냐하면 나이가 먹을수록 대화의 상대가 없어짐을 느끼게 되기 때문이다.
- 노인은 장수할 것을 원하는 것이 일반적인 경향이다.
- 이제 죽어도 여한이 없다고는 하지만 더욱 건강하고 오래 살려고 하는 것이 노인의 본심이다.

이와 같은 노인의 심리적 욕구해소를 위하여 취미에 따른 신체활동, 여가선용 등의 문제가 하나씩 해결되어야 할 것이다.

3) 노인의 사회적 특성

- 산업화사회는 노인의 지식, 경험, 기술, 사고방식, 사상은 사회에서 별로 쓸모 없는 것으로 되어 버리고 만다.

- 사회적 문화는 자연히 젊고 유능한 세대들에 의하여 주도될 수밖에 없다.
- 분명한 것은 노인층은 사회적으로 노인문화를 가지고 있어야 한다.
- 노인문화는 사회적으로 노인세계에만 통하는 독특한 취미, 태도, 사고 등의 일체감이다.
- 노인문화란 노인층이 갖는 요구하는 기대와의 복합적 소산이라고 말할 수 있다.
- 노인의 사회적 역할은 노인문화에서 나오는 것이다.
- 노인문화는 노인들의 사회적 역할을 규정하는 바탕이 되는 원인이기도 하다.
- 노인들은 현실적으로 이해관계를 초월할 수 있고, 객관적으로 사물을 판단할 수 있으며, 비판적으로 사리를 평가할 수 있다.
- 기성세대와 젊은 세대간의 사회적 대립이나 갈등을 조정할 수도 있다.
- 노인의 조정력은 정치적 문제에도 조언자로서 관여할 수 있는 가능성을 갖는다.
- 노인의 여가생활 추구는 사회적으로 매우 중요한 의의를 지니게 된다.
- 노인에게는 자유로운 시간이 많고 어떤 형태로든 소일거리가 필요하다.
- 노인의 소일거리 즉 여가활동은 여행 · 관공 · 원예 · 운동 · 독서 · 음악감상 · 장기 · 바둑 · 서예 · 낚시 등 종류가 많다.
- 우리나라의 노인은 TV, 라디오, 손자들과 어울림, 친지의 방문, 담소로 소일거리, 낮잠 등으로 지내는 경우가 많다.
- 우리나라의 노인들은 좀 더 고차원적이며 심리적인 여가활동이나 소일방법을 도입하여야 한다.
- 여가활동과 소일은 정상적인 일과로써 습관화되고 자연스럽게 실시하도록 하는 것이 중요하다.
- 노후의 신체 · 정신적 활동이 노인들 사이에 하나의 유형을 이루도록 하는 것은 매우 중요한 일이다.
- 노인사회에서 건강이 중요한 요소가 됨을 지적할 수 있다.
- 신체적으로 건강하지 못한 노인의 여가생활은 고독을 낳고 역할을 상실하게 된다.
- 건강하지 못한 노인은 가족의 부담을 주고 혐오의 대상이 된다.
- 노인건강을 위한 신체활동은 노인사회에서 건강유지를 위한 중요 핵심이 된다.
- 노인뿐만 아니라 인간집단의 건강은 복합적인 요소를 지니게 된다.
- 인간집단의 건강은 사회성 · 지역성을 감안하여 건강 문제도 노인문화의 영역이다.
- 오늘날 다원화된 사회에서 노인문제를 해결하기 위한 기본적인 방법의 하나로 노인문화를 사회에 어떻게 정착시키느냐 하는 것은 매우 중요하다.
- 노인들은 사회로부터 격리되거나 고립되는 것을 좋아하지 않기 때문이다.
- 노인들은 육체적 · 경제적으로 주도권을 갖지 못하므로 가정, 직장, 지역 문제의 핵

심은 노인들이 사회에 의하여 적절하게 보호받으면서 존중되어야 한다.
- 소외감과 고독감을 느끼지 않도록 만들어나가는 데 있다.
- 일단 퇴직하면 개인적인 생활만으로 남은 여생을 아무 역할없이 보내는 것은 사회생활의 일원임을 스스로 포기하는 것이다.
- 노인의 사고와 신념은 세대들이 함께 누릴 수 있는 생활철학과 사회적 생활적응방식을 갖는 것이 훨씬 보람 있는 일이다.

2. 노화과정과 예방

- 노화는 사람에 따라 늦고 빠른 차이는 있지만 피할 수 없는 것이다.
- 노화는 환경인자에 의해 영향은 받지만 기초적으로는 유전인자에 의해 규정되어 있는 일련의 과정으로 시간의 경과와 더불어 발생한다.
- 노화는 신체기능의 저하를 초래하여 환경의 변화에 관한 정보량의 감소와 정보 전도율의 저하를 가져온다.
- 노화는 환경의 변화에 대한 반응성이 낮아지고 순응성의 저하된다.
- 노화는 한 번 상해를 입으면 그 회복이 점점 어려워지게 된다.
- 노화는 환경의 변화에 대하여 자기 몸의 항상성을 유지할 수 없게 된다.

1) 피부의 노화

- 노화현상을 가장 빨리 알 수 있는 신체부위는 피부이다.
- 노화란 단순히 젊음과 성숙도가 약해져 간다는 의미라기보다 외부로부터의 악영향이나 질병 등 신체의 외상시 대응하는 기관이나 조직의 기능이 저하되어 있다는 것이다.
- 노화는 우리가 가장 현실적으로 빨리 느낄 수 있는 것이 피부이다.
- 피부 노화를 방지하려면 피부 노화의 주된 요인인 햇빛을 경계하여야 한다.
- 실제로 농부, 어부, 운동선수처럼 다른 직종에 비해 햇빛에 노출이 심한 사람들은 나이에 비해 훨씬 피부 노화가 촉진되어 있어 나이보다 더 늙어 보인다.
- 자외선이 우리들 삶에 필수적이긴 하지만 장기간 노출시 당장 피부에 큰 영향을 미치지 않는다 해도 누적되어 쌓이면 시간이 지남에 따라 조기에 피부 노화가 촉진된다.
- 피부에 노화가 오거나 기미, 주름, 주근깨 등이 많아지는 것은 콜라겐이 부족하거나 질이 나빠지면서 생기는 현상이다.
- 따라서 100% 순수 콜라겐(collagen)의 공급으로 인해 피부는 윤기와 탄력을 되찾게 된다.
- 콜라겐은 피부뿐만 아니라 머리카락이나 뼈, 관절, 혈관에도 영향을 주어 가늘어진

머리카락이나 뼈, 관절, 혈액순환 등에 도움을 주기도 한다.

- 콜라겐을 먹으면 골밀도가 낮거나 관절이 약한 사람이 가장 먼저 그 효과를 느끼게 된다.
- 뼈의 유기물 중 80%가 콜라겐이기 때문이다.
- 뼈는 콜라겐 섬유에 칼슘이 흡착하여 형성된다.
- 콜라겐 섬유가 철골과 칼슘을 콘크리트로 하여 뼈라는 구조물을 만들어내는 것이다.
- 철골(콜라겐섬유)이 오래되면 콘크리트(칼슘)와의 결합력이 약해져서 건물(뼈대)이 붕괴된다.
- 콜라겐이 신선할 때는 칼슘 흡착률도 높지만, 콜라겐이 오래되면(노화) 흡착력이 떨어져서 뼈가 버석버석한 상태가 된다.
- 나이가 들면 칼슘이 빠져나가 뼈가 약해지게 된다.
- 따라서 칼슘의 중요성은 아무리 강조해도 지나치지 않다.
- 그 전에 콜라겐과 칼슘이 단단히 결합해야 한다는 사실이다.
- 물렁뼈는 탄력성을 유지하기 위해 수분을 많이 함유할 필요하다.
- 그 역할을 하는 것이 이 물렁뼈의 50%를 차지하고 있는 콜라겐이다.
- 콜라겐이 노화하면 수분을 함유하기 어렵게 되고, 물렁뼈의 마모도 빨라진다.
- 물렁뼈가 마모되면 딱딱한 뼈끼리 부딪히게 되므로 뼈의 모양이 바뀌거나 통증을 느끼게 된다.
- 이것이 관절을 약하게 하므로 다양한 관절 증상을 유발하는데 약으로는 원래 상태로 되돌릴 수 없다.
- 신진대사를 활발하게 하고, 막힌 몸의 흐름을 회복하고 정상적인 기능을 되찾게 하기 위해 새롭고 양질의 콜라겐을 섭취함으로써 오래된 콜라겐과 교체해 줄 필요가 있다.
- 콜라겐은 오래되어도 보급해 주기만 하면 새로운 것으로 자연스럽게 교체가 된다.
- 때문에 부족한 콜라겐을 섭취함으로써 새로운 세포의 생성과 체내의 합성 능력을 촉진할 수 있다.
- 콜라겐은 평소의 식사로도 섭취할 수 있지만(생선, 닭 날개, 고기힘줄 등) 이 때는 필요 없는 지방이나 당분, 염분 등도 함께 섭취되기 때문에 콜라겐만 섭취하면 지방분을 함께 섭취하지 않아도 되므로 콜레스테롤이나 칼로리에 신경을 쓸 필요가 없다.
- 효과의 안정성 면에서는 분말 형태가 가장 좋으며, (액체는 보존제 사용 경우가 많음) 미용이나 건강을 위해서는 콜라겐을 되도록 많이 섭취하는 것이 좋다.
- 또한 생각날 때 한꺼번에 많이 먹는 것보다는 일정량을 매일 먹어주는 것이 좋다.
- 신토불이라 하듯 자신의 피부에 맞는 화장품과 약제를 선택하여 피부 관리와 치료를 게을리 하지 않는 것이 가장 최선책이다.

2) 노화는 아랫도리부터 시작한다.

- 근육의 쇠퇴는 우선 아랫도리부터 시작한다.
- 아랫도리의 쇠퇴는 요통을 야기시키고 하체가 약해져 요통이 생기면 움직이기 어렵게 된다.
- 몸의 근육은 나이를 먹어감에 따라 쇠퇴해가지만 운동을 함으로써 그 쇠퇴의 속도가 늦어진다는 것이다.
- 또 연령에 비해 젊은 근육을 만드는 것도 가능하다.
- 워킹(걷기)과 달리기는 노화를 방지하여 젊은 근육을 유지하는데 최적의 운동이라고 일컬어진다.
- 신체의 상하움직임이 근육에 자극을 준다.
- 근육이나 뼈는 계속해서 적정한 자극을 주지 않으면 급속히 쇠퇴해간다.
- 달리기가 하체의 쇠퇴를 방지하는데 효과적인 것은 신체의 리드미컬한 상하운동에 의한 것이다.
- 달리기는 힘든 운동으로 여겨지는 경향이 있으나 스피드를 적절히 하면 사람에 따라 적절하게 운동하는 것이 가능하다.
- 노화방지를 위해서 달리기를 할 경우에는 결코 무리하지 말고 가능한 한 오랜 시간 달리고, 달리는 회수를 늘리는 것이 좋다.
- 신발은 바닥이 두텁고 쿠션효과가 높으며 자기의 발에 맞는 것을 골라야 한다.
- 충격이 적은 코스를 택하여 가능한 한 다리에 충격을 덜어주는 것도 중요하다.
- 노화를 방지하려면 다리에 힘을 줘라! 즉, 다리스트레칭, 워킹, 조깅보다 좋은 노화방지 방안은 없다.

3. 노인과 여가활동

캐플란(Kaplan)은 여가활동과 관련된 노인의 욕구를 다음 8가지로 구분하고 있다.

① 사회적으로 공헌할 수 있는 봉사활동
② 여가를 친구들과 같이 지내고자 하는 욕망
③ 자신의 존재를 타인으로부터 인정받고 싶어하는 욕망
④ 특정한 업적이나 성과를 올려보려는 욕망
⑤ 오래도록 건강을 유지하려는 욕망
⑥ 심리적인 자극을 받아보려는 욕구
⑦ 가족관계를 원만히 유지하려는 욕망
⑧ 종교적 신앙을 포함한 정신적 만족을 얻어 보려는 욕구

▷ 일반적으로 노인들이 여가를 활용해서 행하고 있는 취미활동을 살펴보면 다음과 같다.

- 자녀 · 친척집 방문
- 관광여행
- TV · 라디오 청취
- 친구들과 대화
- 서예 · 종교활동
- 장기 · 바둑두기
- 간단한 스포츠 활동 등을 들 수 있다.

▷ Havighurst는 미국 도시 노인들의 여가활동에 관한 조사에 대한 내용은 다음과 같다.

- 자녀 유무가 노인들이 가족중심 생활양식을 선택 여부가 여가유형을 결정한다고 보고 있다.
- 많은 사람들이 직업에 종사하는 기간 동안 확립된 여가유형이 은퇴 후에도 계속 이어지게 된다.
- 만일 젊었을 때의 직업이 상당한 수입을 보장해 주는 상황이었고 취미활동에 접할 기회를 많이 가졌다면 취미활동은 은퇴한 후에도 계속되는 경우가 많다.

▷ 윌리암스(Williamson, 1980)는 다음과 내용을 주장하였다.

- 인간은 젊었을 때 해왔던 일을 연장하는 욕구가 있다.
- 그러나 고령이 되면 지나친 육체적 활동은 제한되어야 하므로 독서나 TV 시청, 친구들과의 대화 등 앉아서 활동할 수 있는 여가활동으로 전환해 나가는 것도 하나의 방법이다라고 하였다.

▷ 노인의 여가에 관한 보고서(1979)에 의한 내용은 다음같다.

- 지금까지 TV, 라디오, 신문, 잡지 등 가정에서 행하는 것이 주가되고 있다.
- 가능하면 노인클럽에 소속할 기회를 바라고 있다.
- 특히 스포츠와 게임, 연극과 노래, 보고, 듣고, 종교관계, 그림, 서예, 공작, 원예 등이 취미활동을 하는 클럽에 들어가기 원하는 욕구가 강한 것으로 보고하고 있다.

4. 노인의 여가사용에 관한 문제점 및 지도시 유의사항

- 노령기는 직업적 활동에서 벗어난 시기이다.
- 노인생활의 대부분 시간과 활동은 여가활동이라 할 수 있다.
- 특별히 경제적 능력이 있거나 사회활동이 왕성한 일부를 제외한
- 보통의 노인은 생리적 필수시간을 제외한 시간이 여가시간으로 이루어진다.
- 풍부하게 주어진 자유시간을 어떻게 활용할 것인가는 노인들에게 있어 큰 과제가 된다.
- 노인의 여가활동을 슬기롭게 보내는 것은 노령기의 삶을 성공적으로 영위하기 위한 중요한 결정요인이 된다.
- 노인여가활동의 핵심은 어떤 곳에서 여가시간을 보내느냐가 아니라 여가시간을 얼마나 알차게 보낼 수 있다.
  ① 현재의 고령자는 근면을 으뜸으로 하여 일하는 것을 보람으로 여기며 인생을 살아왔다. 때문에 자유시간이 충분히 있지 할지라도 이용하는 방법을 모르고 있다.
  ② 고령자는 피로하기 쉽고 집중력이 떨어지며 피로회복에 시간이 걸린다. 고령자를 위해 자유시간의 효과적 이용방법이 고안되어야 한다.
  ③ 고령자의 여가활동은 건강과 관계되는 문제가 강하다. 건강을 유지 · 증진하는 대책이 필요하다.
  ④ 고령자의 정신생활에 활기, 일상생활을 알차게 사는 보람, 사회의 연대감을 유지하기 위해 자유시간을 통한 환경조성이 필요하다.
  ⑤ 고령자는 일상생활에서 가족과 이웃사람들과의 관계를 유지한다고 하는 것은 중요한 일이다. 그러나 현실은 바람직한 관계를 이루지 못하고 있는 실정이다.

▷ 노인층을 위한 레크리에이션 지도자가 명심해야 것을 Hutchinson은 다음과 같이 열거하였다.
- 기계화 시대는 노인들을 외면한다.
- 60~65세가 되면 타인에 의해 은퇴하여야만 한다.
- 여가에 대한 안전은 직업, 건강, 주택, 수입에 대한 불안을 덜어줄 수 있다.
- 노인층의 인구는 증가한다.
- 숫자상의 나이는 사실상 개인의 능력을 의미하는 것이 아니다.
- 자신감과 창조는 어느 특수한 나이에서 끝나는 것이 아니다.
- 경쟁적이고 활동적인 경험은 항상 노인들에게 삼가야 할 것은 아니다.
- 노인들을 위한 프로그램 개발에 실패한다는 것은 곧 그들에 대한 국가의 불공평을 의미할 수도 있다.

- 우리의 현실로 보아 경로당 혹은 노인정같은 장소는 노인들에게 레크리에이션 프로그램을 계속적으로 제공할 수 있는 가장 적당한 조직체라고 볼 수 있다.
- 중요한 점은 운영과 관리의 활성화를 위해 전문적인 레크리에이션 지도자 확보가 필요하다.

Ⅲ. 요약

노인체육에 있어서 노인의 특성, 노화과정과 예방, 노인과 여가활동, 노인의 여가사용에 관한 문제점 및 지도시 유의사항을 요약하면 다음과 같다.

1. 노인의 특성

사람은 나이가 들어감에 따라 새로운 상황에 대한 행동과 사고의 적응도가 떨어져 심리적 · 사회적 스트레스를 더욱 심하게 받게 된다. 현대사회가 직면하고 있는 노인문제는 다음과 같다.

첫째, 소득원의 상실이다.

둘째, 신체의 노후로 인한 건강문제이다.

셋째, 역할상실이다.

넷째, 소외와 고독 등으로 구분할 수 있다.

이와 같은 것을 해소시키기 위해서는 적절한 체육적 활동이 무엇보다도 중요하다.

2. 노화과정과 예방

- 노화는 사람에 따라 늦고 빠른 차이는 있지만 피할 수 없는 것이다.
- 노화는 환경인자에 의해 영향은 받지만 기초적으로는 유전인자에 의해 규정되어 있는 일련의 과정으로 시간의 경과와 더불어 발생한다.
- 노화는 신체기능의 저하를 초래하여 환경의 변화에 관한 정보량의 감소와 정보 전도율의 저하를 가져온다.
- 노화는 환경의 변화에 대한 반응성이 낮아지고 순응성의 저하된다.
- 노화는 한 번 상해를 입으면 그 회복이 점점 어려워지게 된다.
- 노화는 환경의 변화에 대하여 자기 몸의 항상성을 유지할 수 없게 된다.

3. 노인과 여가활동

캐플란(Kaplan)은 여가활동과 관련된 노인의 욕구를 다음 8가지로 구분하고 있다.

① 사회적으로 공헌할 수 있는 봉사활동
② 여가를 친구들과 같이 지내고자 하는 욕망
③ 자신의 존재를 타인으로부터 인정받고 싶어하는 욕망
④ 특정한 업적이나 성과를 올려보려는 욕망
⑤ 오래도록 건강을 유지하려는 욕망
⑥ 심리적인 자극을 받아보려는 욕구
⑦ 가족관계를 원만히 유지하려는 욕망
⑧ 종교적 신앙을 포함한 정신적 만족을 얻어 보려는 욕구

4. 노인의 여가사용에 관한 문제점 및 지도시 유의사항

- 노령기는 직업적 활동에서 벗어난 시기이다.
- 노인생활의 대부분 시간과 활동은 여가활동이라 할 수 있다.
- 특별히 경제적 능력이 있거나 사회활동이 왕성한 일부를 제외한
- 보통의 노인은 생리적 필수시간을 제외한 시간이 여가시간으로 이루어진다.
- 노인의 여가활동을 슬기롭게 보내는 것은 노령기의 삶을 성공적으로 영위하기 위한 중요한 결정요인이 된다.

Ⅳ. 학습문제

1. 노인의 특성을 구체적으로 기술하시오.
2. 노인의 생리적 특징에 대해 설명하시오.
3. 노인의 심리적 특징에 대해 설명하시오.
4. 노인의 사회적 특징에 대해 설명하시오.
5. 노인과 여가활동에 대해 기술하시오.
6. 노인의 여가사용에 관한 문제점 및 지도시 유의사항을 설명하시오.

V. 주요용어

건강
불안감
부적응
불안
초조
편협
내폐성
쾌락
흥미
성생활
감퇴
성충동
감퇴
고독감
의심
질투심
보수성
집착
불확실성
낙오감
콜라겐

23장 | 여성체육

I. 개요

- 21세기는 복지사회체육의 실현이라는 목표를 국가적 차원에서 지향하고 있다.
- 국민의 체육에 대한 태도와 욕구는 적극적이고 다양하며 참여가 크게 증대되고 있다.
- 여성의 체육활동에 대한 인식과 태도 역시 크게 변모되고 있다.
- 여성의 체육활동에 대한 인식과 태도는 만족할만한 여건조성이 아직 부족한 실정이다.
- 특히 여성의 체육 · 스포츠 활동에의 참여를 가로막는 요인은 허다하다.
- 여성의 체육활동참여는 여성의 인구비율뿐만 아니라 대중스포츠가 지향하는 삶의 질적 향상에 공헌하는 것이다.
- 스포츠 활동은 만인의 참여를 전제로 한 인간의 기본적 권리이다.
- 대중스포츠의 발전은 여성의 스포츠참여가 매우 중요한 척도가 될 수 있다.
- 역사적으로 여성의 체육활동참여는 종교적 · 사회적 관습으로 많은 제약을 받았다.
- 스포츠참가는 물론 관람조차 허용되지 않았던 시대도 있었다.
- 1960년대 이후 "여권신장운동"의 영향으로 여성의 사회참여 기회가 증대되었다.
- 또한 스포츠활동 역시 활발해지기 시작했다.
- 우리나라는 전통적인 문화적 관념을 부분적으로 수용하는 경향이 강하다.
- 여성의 체육활동을 부정적인 시각과 거부하는 경향을 띠고 있다.
- 이러한 현상은 체육활동이 전체사회의 가치를 반영하는 사회제도의 일부분으로 사회제도의 여성 차별과 맥락을 같이하고 있다.
- 여성의 신체활동은 육체적인 우아함을 상실하고 사회 · 심리적으로 남성화될 수 있다는 막연한 편견에 사로잡혀 스스로 적극적인 참여를 기피하는 경우도 있다.
- 우리나라의 체육은 남성 위주의 영역에서 여성에 개방되는 경향이 활발하게 진행되고 있다.

II. 여성체육

1. 여성체육의 필요성

- 현대는 합리성과 논리성을 특징으로 하는 과학의 시대이다.
- 전통의 관습과 문화에서 비과학적이거나 비합리적인 요소들은 대부분 사라지고 있다.
- 대부분의 관습과 문화는 비록 논리성과 합리성에 부당한 것이라도 일시에 사라지지는 않는다.
- 특히 남성과 여성의 관계에서 기존의 인습과 도덕적 규범의 영향이 큰 것으로 여겨진다.
- 체육활동은 기본적으로 신체의 성장발달을 촉진시킨다.
- 체육활동은 근육, 심장, 허파, 신경 등의 기능을 촉진한다.
- 체육활동은 생리적 · 기능적 · 심리적인 노력과 인내로 성취감과 인격형성에 영향을 미친다.
- 체육활동은 일상생활에 적극성과 동적 원동력을 부여한다.
- 체육활동은 기계문명의 발달과 산업화로 소외당하는 현대인의 정서에 청량제로 작용한다.
- 체육활동은 건전한 심신함양이라는 측면에서 볼 때 결코 남성의 전유물일 수는 없다.
- 체육활동은 남녀 모두에게 중요한 인간 본연의 활동이다.
- 현대사회는 남녀 동등의 사회구조와 문화를 가지며 과학적 · 합리적인 사고에 기초하고 있다.
- 여성다움과 남성다움이라는 언어적 상징에 의해 막연히 체육 활동이 규제되어서는 안 된다.
- 여성은 스스로 이러한 제약을 타파하여야 한다.
- 여성체육은 여성이 인간다운 생활을 영위하는 데 필요한 기본적 조건이다.
- 여성권리 주장은 여권신장, 여성해방이라는 맥락에서 이해되어야 한다.
- 여성은 종전의 의타적 · 수동적 존재의 이미지에서 자립적 존재로 위치를 확립할 수 있다.
- 체육활동은 여성과 남성의 구별없이 인간의 순수한 신체활동으로 인식되어야 한다.
- 여성의 스포츠 참여도 당연하게 받아들어져야 한다.
- 여성의 체육활동은 여권신장과 여성의 사회화과정 그리고 인격형성에 중요한 역할을 하게 된다.
- 여성은 체육활동에 참여하여 자신의 사회화를 원만히 이룰 수 있다.
- 체육활동을 통해 자아감, 성취감, 신념을 갖게 된다.
- 여성의 체육활동참여는 체육활동을 통해 개인적으로 독립적 인격체로서 성숙할 수 있다.
- 사회적으로 건강한 심신을 갖춘 사회인으로 사회발전에 기여할 수 있는 밑바탕을 마련한다.

2. 여성체육의 부진원인

- 최근 들어 스포츠 활동에 참가하는 여성인구는 증가하는 추세에 있다.
- 그러나 아직도 스포츠가 거의 남성의 전유물처럼 여겨지고 있는 것은 부인하지 못할 현실이며 여성들의 스포츠 참여양상은 결코 만족스럽지 못하다.
- 수많은 요인이 내재하고 있지만, 어떤 것은 개인적이며 또 어떤 것은 제도적인 것이기도 하다.
- 편의상 의식적 측면과 제도적 측면으로 구분해 보면 다음과 같다.

▷ 의식적 측면

- 일반인들의 체육활동에 대한 그릇된 인식
- 여성들의 체육활동에 대한 편견
- 여성 스스로 체육활동참여에 대한 심리 · 사회 · 문화적 갈등과 성차별적 불평등

▷ 제도적인 측면

- 여성을 위한 체육시설, 지도자, 홍보, 재정적 지원의 결여
- 의식적 차원에서 성취욕구와 전통적으로 요구되어 온 성역할 사이의 심한 내적 갈등

1) 여성체육에 대한 부정적 인식

- 여성체육이 보편화되려면 우선 일반인들의 스포츠에 대한 인식이 변해야 한다.
- 100여년전 서양 선교사들에 의해 근대적 개념의 스포츠가 도입되었다.
- 우리나라의 스포츠는 지속적으로 발전과 성장을 거듭해 왔다.
- 그러나 물량적인 측면은 대단한 변모를 이룩했지만 의식적 측면은 스포츠에 대한 인식 변하는 부족한 상태이다.
- 스포츠는 가난하고 못 배운 사람들이 하는 것으로 인시되고 있다.
- 특수 부유한 계층이 여가활동 정도로 인식되고 있다.
- 선진국은 오랜 역사적 전통과 물질적 풍요에 힘입어 전체 인구의 90% 이상이 스포츠 활동에 참여하고 있다.
- 우리나라는 스포츠 인식이 아직도 국제적인 수준에 미치지 못하고 있는 실정이다.
- 앞으로 경제적 여건과 사회적 환경이 개선되면서 의식도 크게 고양될 것이다.

2) 여성의 신체에 대한 편견

▷ 여성의 신체에 대한 막연한 편견은 여성의 체육활동을 제한하는 큰 요인은 다음과 같다.

- 여성의 골격은 부서지기 쉽고, 충격에 매우 약하다
- 여성이 가슴에 부상을 당하면 유방암이 발병할 가능성이 높다
- 여성은 생리적으로 운동을 하기에 부적당하다

• 그러나 이러한 부정적 생각은 과학적인 근거가 없다.

• 인간의 골격은 성에 따른 차이보다는 유전적 요소, 영양, 질병, 호르몬, 사용 정도에 따라 강약이 좌우될 뿐이다.

• 여성의 골격 자체가 약하다는 관념은 편견인 것이다.

• 과거 많은 여성들은 체육활동이 가슴 부상에 의한 유방암을 유발시키며 생리 중 격렬한 운동은 생식기 손상을 유발하므로 삼가야 된다고 생각해 왔다.

• 이것 근거 없는 말이다.

• 자궁은 골반 내 자체 중력으로 떠 있는 상태이므로 충격에 별 영향을 받지 않으며 가슴 외상으로 인한 유방암 유발 가능성에 대한 의학적 근거는 없다.

• 대부분의 여성이 생리기간 중 어느 정도의 작업능력 저하나 약간의 심리적 불안정 상태를 경험하게 된다.

• Erdley(1971)는 729명의 헝가리 여자선수들을 대상으로 조사한 결과 50% 이상의 선수들이 생리 중에 거의 정상적인 기능을 수행하였다.

• 이러한 연구 결과에 다르면 생리기간 중 여성의 신체활동을 제한할 필요는 없으며 필요에 따라서 호구(protector)같은 기구를 사용하는 것으로 충분하다.

• 여성의 육체는 체력요인 면에서 체육활동을 하기에 과연 부적합한 것인가?

• 지구력은 사춘기 이전에는 여성이 남성에 비해 우월할 경우도 있다.

• 지구력은 사춘기 이후에는 여성의 능력이 남성에 비해 월등다고 한다.

• Bowi와 Coemming(1972)의 연구결과는 다음과 같다,

• 13~17세 남녀 학생을 대상으로 악근(握筋) 지구력을 측정한 결과 남학생 185초, 여학생 234초로 기록하여 여성이 더 우월하다고 보고하였다.

• 심폐지구력을 좌우하는 최대산소섭취량은 10~12세 남녀가 비슷한 수치를 보였고, 성인의 경우 남성이 30% 정도 높다.

• 여자육상선수를 대상으로 한 연구의 경우 3개월의 운동 중단으로 최대산소섭취량은 15.3% 감소하였다.

- 반면 6주간의 크로스컨트리 러닝을 이용한 트레이닝으로 18%의 최대산소섭취량이 증가되었다고 보고하였다.
- 여성의 심폐지구력 잠재가능성은 매우 높은 것으로 나타나고 있다.
- 유연성은 개인의 습관적 행위에 크게 좌우되므로 연령이나 성차와는 별 관계가 없다.
- 대체로 여성이 남성보다 우월한 편이다.
- 예를 들면 절대근력면에서 여성의 상체근력은 남성의 50~60%, 하체는 70~80% 수준으로 그 차가 매우 크다.
- 그러나 상대근력은 차이가 7.8%로 매우 적다.
- Wilmore(1974)는 일반 남녀 대학생을 대상으로 일정한 웨이트 트레이닝을 실시하여 근력 테스트를 한 결과 여학생의 증가폭이 남학생보다 크다는 사실을 발견하였다.
- 기타 많은 연구 결과는 여성의 체육활동이 생리적 이상을 초래하지 않으며 오히려 적극적 참여는 남녀 동들의 자신감을 얻을 수 있다고 밝히고 있다.

3) 여성의 스포츠참여에 대한 심리적 편견

- 여성들은 스포츠활동에 참여하여 발생하는 신체적 변화에 대한 그릇된 인식을 가지고 있다.
- 스포츠활동이 여성에게 흥미로운 것이 되지 못할 것이라는 막연한 관념에 제약을 받고 있다.
- 여성들은 운동으로 신체가 남성화되고 여성다운 외적 아름다움이 상실되지 않을까 두려워한다.
- Klats와 Lyon은 신체외형적 "여성다움"은 내분비작용에 의존하는 형태학적 요인과 관계가 있을뿐 신체활동과는 무관하다고 하며 이와 같은 편견은 비판되어 마땅하다고 주장한다.
- 스포츠활동이 여성의 신체를 근육질화 된다는 견해는 여성의 체지방이 과도한 근육발달에 없어서는 안 될 남성호르몬의 일종인 안드로겐 분비가 매우 적다는 사실에서 타당성은 희박하다.
- 실제로 소녀들은 운동기능의 성취를 통하여 자아에 대한 인식을 발전시켜 나간다.
- 이런 맥락에서 여성은 체육활동에 흥미를 느끼지 못한다는 견해는 사실 보다는 허구에 근거를 두고 있는 것이다.
- 최근 여성 스포츠 인구가 급증하고 있다.
- 남성의 전유물처럼 여겨졌던 구기 · 투기 스포츠에서 여성의 참여가 활발해지고 있다.
- 여성심판이 배출되는 등의 스포츠의 사회현상은 반증하는 좋은 예이다.

3. 여성체육의 활성화방안

1) 여성체육 프로그램의 개발 · 지도자 · 시설 확충

- 여성은 참여욕구 증대에도 불구하고 체육활동에서 남성과 동등한 참여기회를 갖지 못하였다.
- 기존의 체육체계는 프로그램, 지도자, 시설 등이 남성편의 위주로 운영되기 때문이다.
- 체육에 대한 올바른 이해와 적절한 신체활동의 기회가 반드시 보장되어야 한다.
- 체육이 남학생 위주로 운용되거나 남학생에게 적용되는 똑같은 내용과 방법이 여학생들에게 적용된다면 여학생들의 체육활동에 대한 관심이 침체될 것이다.
- 여학생들의 신체적 조건과 심리적 요구를 고려하여 지도할 수 있는 지도자의 필요성을 제기한다.
- 여학생들의 욕구와 기호에 맞춰 신체적 발달은 물론 사회성 함양과 정서적 발달에 기여할 수 있는 효율적인 지도가 이루어져야 한다.
- 여성체육 프로그램은 여성의 특성, 욕구, 개인차, 환경적 요소 등에 기반을 두어야 한다.
- 여성은 학교를 졸업하고 사회로 진출했을 때 손쉽게 이용가능한 시설이 있어야 한다.
- 학교체육 · 공공체육시설은 여성의 체육활동에 맞게 개조하거나 개편하여 개방해야 할 것이다.

2) 여성체육의 홍보

- 여성체육을 위한 제반 조건들이 훌륭히 갖추어져야 한다.
- 여성의 의식에 변화가 없거나 구체적인 활동에 대한 지식과 정보가 없다면 여성체육의 활성화는 기대할 수 없다.

▷ 여성체육의 활성화를 위해서는 홍보매체의 역할이 중요한 내용은 다음과 같다.

- 여성체육의 필요성
- 여성체육의 목적
- 여성체육의 운동 효과
- 여성체육의 실시방법
- 여성체육시설의 확보와 이용
- 공공체육시설과 학교체육시설의 개방
- 여성체육 지도자 육성
- 여성체육의 프로그램 개발

- 여성체육의 강연회
- 여성체육의 초보자 지도
- 여성체육의 단체활동 소개
- 여성체육의 동호인 모집
- 여성체육의 클럽 가입
- 여성체육의 클럽결성 등
- 여성체육의 활성화를 위해 체계적이고 지속적으로 지원하지 않으면 안 된다.

▷ 여성체육의 활성화 저해요인을 크게 3가지로 분류할 수 있다.

① 일반인들의 체육에 대한 부정적 인식이다.

- 일반인의 체육에 대한 인식이 바뀌어야 여성들의 체육 및 스포츠활동 참여가 증대될 것이다.

② 여성들은 육체적으로 체육활동을 하기에는 부적합하다는 편견이다.

- 스포츠의 과학적 지식은 여성의 신체활동이 신체적 이상을 초래하지 않는다.
- 여성의 잠재적 가능성이 남성에 비해 더 높다는 사실을 제시하고 있다.
- 여성이 남성에 비하여 체력적으로 열등한 이유는 편견이다.
- 여성은 신체활동이 절실히 요청되는 사춘기시절에 적합한 체육 프로그램의 부재하였다.

③ 여성은 체육활동이 신체를 근육질화하여 남성화되게 한다라는 편견을 갖고 있다.

▷ 여성체육 활성화와 관련된 주요 이론적 사항을 요약해 본다.

- 여성은 남성에 비하여 심리적으로 감성적 경향이 강하다는 사실이다.
- 여성은 심리적으로 체육에 대한 성취동기가 낮다.
- 이유는 어릴 때 부모의 무관심과 사회문화적으로 그릇된 인식에서 비롯된다.
- 여성의 체육활동 참여는 개인적 속성, 사회화 매개, 사회화 상황 등의 요소간 관계에서 결정된다.
- 여성의 처음 스포츠 참여는 무엇보다 가족을 비롯한 매개집단의 영향을 받다.

▷ 여성체육의 활성화를 위해 실제적 차원에서 선행되어야 할 문제는 다음과 같다.

- 평생체육의 차원에서 여성의 특성과 흥미에 맞도록 체육 프로그램이 개편되어야 한다.
- 대중매체들이 여성들의 체육활동에 각별한 관심을 갖고 여성의 의식개선이 필요하다.
- 여성체육의 프로그램 개발과 실천방안에 대한 홍보에 적극성을 보여야 한다.

Ⅲ. 요약

여성체육에 있어서 여성체육의 필요성, 여성체육의 부진원인, 여성체육의 활성화방안을 요약하면 다음과 같다.

1. 여성체육의 필요성

- 체육활동은 여성과 남성의 구별없이 인간의 순수한 신체활동으로 인식되어야 한다.
- 여성의 체육활동은 여권신장과 여성의 사회화과정 그리고 인격형성에 중요한 역할을 하게 된다.
- 여성은 체육활동에 참여하여 사회화를 원만히 이룰 수 있다.
- 체육활동을 통해 자아감, 성취감, 신념을 갖게 된다.
- 결국 여성의 체육활동참여는 체육활동을 통해 개인적으로 독립적 인격체로서 성숙할 수 있다.

2. 여성의 체육에 대한 부정적 인식

- 여성체육이 보편화되려면 우선 일반인들의 스포츠에 대한 인식이 변해야 한다.
- 스포츠는 가난하고 못 배운 사람들이 하는 것으로 인시되고 있다.
- 특수 부유한 계층이 여가활동 정도로 인식되고 있다.
- 선진국은 전체 인구의 90% 이상 스포츠 활동에 참여하고 있다.
- 우리나라의 스포츠에 대한 인식은 아직도 국제적인 수준에 미치지 못하고 있는 실정이다.

3. 여성의 신체에 대한 편견

- 여성의 골격은 부서지기 쉽고, 충격에 매우 약하다
- 여성이 가슴에 부상을 당하면 유방암이 발병할 가능성이 높다
- 여성은 생리적으로 운동을 하기에 부적당하다
- 그러나 이러한 부정적 생각은 과학적인 근거가 없다.

4. 여성의 스포츠참여에 대한 심리적 편견

- 여성들은 스포츠활동에 참여하여 발생하는 신체적 변화에 대한 그릇된 인식을 가지고 있다.
- 여성들은 운동으로 신체가 남성화되고 여성다운 외적 아름다움이 상실되지 않을까 두려워한다.

• 최근 여성 스포츠 인구가 급증하고 있다.
• 남성의 전유물처럼 여겨졌던 구기 · 투기 스포츠에서 여성의 참여가 활발해지고 있다.

5. 여성체육 프로그램의 개발 · 지도자 · 시설 확충

• 여성은 참여욕구 증대에도 불구하고 체육활동에서 남성과 동등한 참여기회를 갖지 못하였다.
• 기존의 체육체계는 프로그램, 지도자, 시설 등이 남성편의 위주로 운영되기 때문이다.
• 체육에 대한 올바른 이해와 적절한 신체활동의 기회가 반드시 보장되어야 한다.

6. 여성체육의 홍보

• 여성체육을 위한 제반 조건들이 훌륭히 갖추어져야 한다.
• 여성의 의식에 변화와 활동에 대한 지식과 정보가 없다면 여성체육의 활성화는 기대할 수 없다.

Ⅳ. 학습문제

1. 여성체육의 필요성을 설명하시오.
2. 여성의 체육에 대한 부정적 인식을 설명하시오.
3. 여성의 신체에 대한 편견을 설명하시오.
4. 여성의 스포츠참여에 대한 심리적 편견을 설명하시오.
5. 여성체육 프로그램의 개발 · 지도자 · 시설 확충을 설명하시오.
6. 여성체육의 활성화를 위한 홍보에 대한 중요성을 설명하시오.

Ⅴ. 주요용어

여성다움	의타적
남성다움	수동적
여성권리	자아감
여권신장	성취감
여성해방	신념

24장 | 장애인체육

Ⅰ. 개요

- 장애인은 정신적 · 육체적 · 정서적 · 행동적 측면에서 정상인과 다른 특징을 가지고 있다.
- 장애인은 잠재력을 발휘하기 위해서는 특별한 도움이 필요로 한다.
- 정규학교교육을 통해 적당한 성취를 얻기 힘든 특성을 가진 사람을 장애인(handicapped person)이다.
- 최근에 가장 흔히 쓰는 용어는 육체적 · 정신적 · 정서적 무능 때문에 사회에서 정상적인 행동이나 반응을 나타낼 수 없는 사람을 총칭한다.
- 다른 용어는 손상된(impaired)이나 불구의(disabled)는 육체적으로 이상이 있어도 어느 정도 조절할 수 있는 상태에만 해당된다.
- 장애(handicapped)라는 용어는 사회에서 가장 널리 받아들여지는 행동이나 반응을 나타내지 못하는 절망적인 상태일 때를 의미한다.

▷ 장애인과 체육을 연관시킨 교육적 접근방법은 다음과 같다.

- 교정체육(corrective physical education)은 선택된 운동을 통해 신체의 기능이나 구조의 변화 및 개선을 강조하는 방안이다.
- 발달체육(developmental physical education)은 일정 수준 이하의 근력이나 신체적성 개발을 강조한다.
- 적응체육(adapted physical education)은 정상적인 체육과 목적이 같지만 예외적인 학생들을 위해 정규적인 수업내용을 적당히 변형하는 것을 말한다.
- 적응(adapted)이란 용어는 무능하거나 결핍된 학생들을 위한 모든 방안을 총칭하는 말이다.
- 이들 체육은 근육활동을 통해 신체의 전반적인 조건과 자세의 개선을 하는 복지활동이라는 목적은 같다.
- 이들 용어보다는 좀더 포괄적이며 3가지 내용을 모두 내포하는 장애인체육(special

physical education)이라는 용어가 더 널리 사용되고 있는데 가장 이상적인 표현이라 생각된다.

- 정신박약아, 지체부자유인, 시각 · 청각장애인 등과 관련한 장애인체육 중심으로 살펴보고 장애인체육의 활성화방안에 대해 살펴보고자 한다.

Ⅱ. 장애인체육

장애인체육에 대한 정신박약아의 체육, 지체부자유인과 체육, 시각장애인의 체육, 청각장애인의 체육, 장애인체육의 활성화방안의 내용을 살펴보면 다음과 같다(위성식, 2005).

1. 정신박약아의 체육

1) 정신지체아의 지도방법

① 배울 수 있는 기회에 지도한다.
② 진보가 있을 때에는 격려와 칭찬을 한다.
③ 한번에 한 가지씩만 지도한다.
④ 아동이 필요로 하고 원할 때에 지도한다.
⑤ 어떤 일이고 자도할 때에는 단시간에 지도한다.
⑥ 지도하는 동안에 아동과 많은 대화를 나눈다.
⑦ 정신지체아는 응용능력이 모자란다는 것을 알아야 한다.
⑧ 일관성 있는 지도를 한다.
⑨ 주위환경이 산만한 곳에서는 지도하지 말자.
⑩ 아동이 어떤 과오를 범하였을 때 침착하고 다정하게 대한다.

2) 보호급 정신지체아의 체육지도를 위한 제안

다음의 제안은 심각할 정도인 중증환자를 지도하거나 가르치는 데 있어 도움이 되도록 구성되어 있다. 이들을 위하여 다음과 같은 제안을 한다.

① 일반적인 환자와 관련된 제안을 응용하라.
② 각 환자의 일상기록을 철저히 숙독하라.
③ 환자의 인지능력이나 수행능력에 어떠한 가상도 하지 마라.

④ 개개인을 위한 계획표를 구성할 때에는 물리치료사나 작업요법사와 같이 작성하라.
⑤ 주변환경에 익숙한 행동을 제공하라.
⑥ 동기유발에 있어 각 환자의 흥미나 요구수준을 조절하라.
⑦ 원인과 결과를 이해할 수 있는 도움이 되는 사안을 개인에게 보여 주어라.
⑧ 본질적으로 상황이 체계가 없다 하더라도 엄격한 원칙의 이해는 유지시켜라.
⑨ 훌륭한 수행이 이루어졌을 때 신속하게 보상해 주어라.
⑩ 작업, 놀이, 휴식시간은 짧게 변화시켜라.
⑪ 지속적인 개선을 위한 자극을 조장하라.
⑫ 참가자가 수행할 수 있는 것이 확실한 단순과제부터 먼저 시작하라.
⑬ 지침을 간결하게 강조할 것은 분명한 예시를 보여라.
⑭ 지시를 반복하라.

3) 운동기능 정신지체아의 체육지도를 위한 제안

① 체력 측정에서도 객관성이 결여되면 안 된다.
② 동기부여를 한다.
③ 반복학습 또는 과잉학습을 통해 한 가지 동작을 습득한 후 다음 동작을 학습해야 한다.
④ 자아경험의 습득을 통해 성공적인 경험의 습득 후에 다음 단계로 넘어간다.

2. 지체부자유인과 체육

- 아주 어릴 때 발생한 불구는 아동들의 놀이 · 사회적 기회를 제한하거나 사회적 성장을 억제한다.
- 활발한 놀이활동에서 형성되는 용기나 독창성은 정상적인 놀이에 참여하지 않은 아동들에게는 잘 나타나지 않는다.
- 이런 현상은 지체장애로 인해 정상적인 생활 패턴을 유지하지 못하는 성인들에게도 나타난다.
- 경제적으로 자립하지 못하여 자신을 부양하지 못하는 데 따른 열등의식과 불안에 기인한다.
- 연령이 많아질수록 습관이 굳어져버려 변화를 가져오기 어려워지므로 적절한 도움이 없으면 적응이 매우 힘들게 된다.
- 아동과 성인들의 활동부족은 생리적 · 심리적으로 좋지 않은 결과를 초래한다.
- 일반적으로 신체적성이 낮아지고 협응력이 결여된다.
- 상해나 운동부족에서 오는 질환의 발생 가능성도 커지게 된다.
- 만족스런 적응을 위해서는 지체 장애인들의 신체수행능력을 보충하거나 충분한 보

상작용을 할 수 있는 것을 찾아야 한다.
- 게임이나 스포츠에서 적극적인 참가의 즐거움을 느끼게 할 수 있는 운동기술을 지도해야 한다.

체육활동은 운동기술의 개선 및 향상을 촉진시키며 운동은 장애인들의 심리적 재활을 촉진시킨다.

1) 지체부자유인 체육 프로그램의 계획

- 장애아동에게 치료뿐만 아니라 체육활동까지도 제공하는 특수학교나 병원에 고용된 체육교사는 물리치료와 체육의 차이를 분명히 이해하여야 한다.
- 교사 자신이 담당하는 프로그램 영역은 여가활동이나 신체 컨디션닝을 위한 대근활동에 제한되며 운동기능향상을 위한 장애교정에 관한 활동은 영역 밖이다.
- 물론 여하한 경우에도 체육활동이 물리치료에 해가 되어서는 안 된다.
- 프로그램은 전문의의 조언을 받아 주의 깊게 계획하며 근육이 잘못 사용되어 치료에 해를 끼치지 않도록 하여야 한다.
- 프로그램 작성이나 실제 지도단계에서는 특수체육 지도자가 특별한 형태의 장애와 관련된 의학적 문제를 반드시 고려해야 한다.
- 사회체육 프로그램 계획은 정형외과적 장애 때문에 입원한 후 경우에 따라서는 아무런 외관상의 후유증이 없이 프로그램에 참가할 수도 있고 약하거나 심한 불구가 되어 참가할 수도 있다.
- 비록 외관상 드러나는 문제가 없다 하더라도 정규 체육지도 대상에 포함시켜서는 안 된다.
- 왜냐하면 근육의 약화와 지구력의 결여가 바깥으로 드러나지 않을 가능성이 있기 때문이다.
- 따라서 시켜서는 안 될 운동, 유익한 참여 정도, 참여 가능한 활동 등에 대한 전문의의 의학적인 추천이 있기 전에는 포함시켜서는 안된다.
- 지도자는 자료들을 이용하여 장애인의 일반적성 수준과 운동의 효율성을 높여 매일의 신체적 요구를 견딜 수 있게 해주는 프로그램을 계획하여야 한다.
- 장애인을 위한 특별프로그램활동은 장애의 특징, 정도, 일반적 결함 등에 의해 결정된다.

3) 지체부자유인의 체육지도를 위한 제안

① 프로그램을 구성하거나 실시하기 전에는 의학적인 승인을 얻어야 한다.

② 지체부자유인의 장애조건에 알맞은 체육프로그램을 구성하여야 한다.

③ 분리수술 후라든가 질병 후 회복기에 놓여 있는 지체부자유인들에게 체육 프로

그램을 실시할 경우에는 의학적인 승인을 얻어 운동실시 여부를 결정한다.

④ 척추분리증과 같은 척추손상이 있는 사람들에게는 신체를 돌리거나 구부리거나 운반하는 동작들을 삼가야 한다.

⑤ 지체부자유인 스스로 그들의 장애를 극복할 수 있도록 지도자는 그들에게 그들의 교유한 장애조건에 대하여 좀 더 효과적으로 다룰 수 있는 방법 등을 토론하도록 한다.

⑥ 지구력이 약한 사람은 휴식시간을 자주 제공하여 피로를 덜게 해주고 너무 격렬한 게임이나 활동은 수정하여 실시하도록 한다.

⑦ 운동근육 감각 자극을 제공하여 운동을 실시할 때 효과적인 신호로 이용한다. 즉 어깨를 가볍게 두드려서 움직이는 것을 알려준다.

⑧ 목발이나 휠체어로부터 정확하게 넘어지는 방법을 지도하며 아울러 아무 것도 지탱하고 싶지 않을 때 넘어지는 방법도 익혀주도록 한다.

⑨ 기구는 항상 가벼운 것을 사용하게 한다.

⑩ 체육활동을 통하여 서서히 자아수용성을 증진시키고 자신감을 갖도록 도와준다.

⑪ 신체적인 불구를 보상할 수 있는 기능과 재능을 개발시킨다.

⑫ 지체부자유인들이 체육활동을 하기 위하여 옷을 갈아 입거나 샤워를 할 때 두려움을 갖거나 불편해하지 않도록 한다.

3. 시각장애인의 체육

• 감각장애는 우리가 느낄 수 있는 감각의 자극에 대하여 반응효과가 떨어지는 상태이다.

• 이러한 장애는 선천적으로 나타날 수도 있고 상해나 질병에 의해 후천적으로 발생될 수도 있다.

• 자극에 대한 감각장애는 전반적일 수도 있고 부분적일 수도 있다.

• 시각이나 청각장애는 미각, 후각, 청각장애보다는 더욱 심각한 교육문제가 발생한다.

• 시각장애인이란 시기능의 손상으로 인하여 시각에 장애가 있는 사람을 말한다.

• 시각장애인은 시각뿐만 아니라 지식발달에서도 뒤떨어지는 현상을 보인다.

• 초등부에서는 정상아와 많은 차이를 보이지 않지만 중등부에 가서는 많은 격차를 보인다.

▷ 시각장애인은 학교、사회생활 전반에 걸쳐 많은 문제점을 안고 생활하고 있어, 이러한 문제점 을 해결하기 위하여 다음과 같은 발달과제를 제시할 수 있다.

① 직립자세의 취득

② 올바른 보행의 취득

③ 손과 손가락 조작기능의 획득

④ 일상생활의 기본적 일에 대한 습관화와 취득

⑤ 온동놀이에 대한 보장과 함께 감정을 풍부하게 함

⑥ 행동제한을 극복하기 위한 탐색행동 권장 등이 그것이다.

- 이러한 과제를 수행하였을 때 그들은 시각장애를 경감 내지 극복시킬 수 있을 것이다.
- 또한 이러한 과제를 학습시키기 위해서는 체육활동이 가장 적합하다.
- 왜냐하면 위의 6가지 과제들은 모두 체육활동을 하는 가운데에 이루어질 수 있기 때문이다.

2) 시각장애인 체육의 토착화조건

- 시각장애인 체육을 사회체육 프로그램으로 토착화시키고 그들이 사회체육활동을 할 수 있게 하려면 몇 가지 조건을 갖추지 않으면 안 된다.
- 프로그램을 계획할 때에 필요한 장소문제나 장비, 조직 접근방법 등이 고려되어야 한다.

① 운동장소

- 운동장소는 실내든 실외든 간에 넓고 어수선하지 않는 곳이어야 한다.
- 안전대책으로서 필요 없는 장비나 장애물을 제거한다.
- 야외운동을 할 때에는 운동장에 경계를 만들어 놓아야 안전할 것이다.
- 게임을 할 때에는 바닥 자체의 느낌을 달리함으로써 경계선을 알 수 있게 한다.

② 장비(도구)

- 시각장애아동들을 위한 운동놀이 장비는 그네, 정글짐, 시이소 등을 포함하는 것은 좋다.
- 시각장애 아동들에게 일어날 상해의 가능성을 줄이기 위해 위치를 정확하게 정해 놓아야 한다.
- 그네는 한 곳에 두 개 정도만 설치하는 것이 좋다.
- 안전을 위해 줄을 매거나 바닥에 표시를 하여야 하고 장비에 부딪치거나 그네에 충돌하지 않도록 주의하여 설치해야 한다.
- 만약 시각장애인을 위한 볼링시설을 설치한다면 운반이 가능한 레일을 사용하도록 한다.
- 설비할 때에 주의점은 안전을 최대로 보장하기 위하여 반드시 불필요한 장비는 제거한다.
- 시각장애인들은 고정시설물의 위치는 기억할 수 있으나 모든 장비는 기억할 수 없다.
- 그러나 장비와 도구를 모아둔 방의 위치는 기억할 수 있으므로 필요한 것을 찾아서

운동장소로 가지고 올 수도 있으며 끝난 후에 다시 제자리에 갖다 놓을 수도 있다.

③ 수업조직

- 사회체육 활동의 일환으로 시각장애인들을 지도할 때는 다른 프로그램을 지도하는 스케줄을 고려하여 계획을 세운다.
- 이 때에는 생활연령보다는 일반적인 근력과 협응력, 평형성 등을 기초로 하여 수업을 조직하는 것이 가장 좋은 방법이다.
- 시각장애인이 보통 사람과 비슷한 일반 신체적성 능력을 가지고 있을 경우 집단의 요구에 알맞은 수업활동을 쉽게 조직할 수 있다.

④ 접근방법

- 새로운 운동기술을 지도할 때에는 근육운동을 지각적으로 접근시키는 방법을 시도한다.
- 지도자 또는 기술을 배운 경험이 있는 학생들의 신체부위를 만져보게 하면서 기술을 배울 수 있도록 한다.
- 동작설명은 보는 듯이 자세하게 하고 반드시 근육운동감각을 느낄 수 있도록 지도한다.
- 지도자는 동작을 지도할 때 자신이 눈을 감고 기술시험을 해보면 식가장애인들의 기술수행상 문제점에 대한 이해를 할 수 있을 것이다.
- 이 방법은 시각장애인을 지도하는 데 많은 도움을 줄 것으로 생각된다.
- 휘슬(Whistle)은 시각장애인을 지도하는 데 중요한 장비가 되며 지도하는 사람의 위치를 인식시키고 주의를 환기시키는 등의 목적에 사용될 수 있다.
- 어떠한 의미를 가진 신호인지는 사전에 시각장애인들과 함께 연습해 두어야 효과적일 것이다.
- 메가폰은 지도자의 목소리가 시각장애인들에게 들리게 하는 유용한 장비이다.
- 메가폰을 이용하여 게임 상황이나 진행과정을 상세하게 설명할 필요가 있다.

⑤ 자유운동

- 여가시간을 이용하여 시각장애아동들이 스스로 운동장을 이용하고 장비를 사용토록 격려한다.
- 자신과 타인의 안전을 위해 체육장비 사용법을 분명히 지도하여야 한다.
- 시각장애인은 장비나 도구 사용과 관계되는 기술뿐만 아니라 지켜야 할 안전규칙도 배워야 한다.
- 지도자들은 시각장애인들이 장비를 활용할 때 망설이는 것을 발견할 수도 있다.
- 이러한 현상은 극도로 보호된 생활을 해 온 시각장애인들에게서 현저하게 나타난다.

• 지도자는 운동기술 발달과 자신감에 따라 운동을 시작하도록 한다.
• 시각장애인이 받아들일 수 있는 수준에서 참여토록 격려한다.
• 너무 어리거나 너무 허약한 시각장애인들에게는 장비를 사용하여 자유롭게 가지고 놀 수 있는 분위기를 만들어 준다.
• 흔들의자나 시이소는 큰 균형기술을 필요로 하지 않으며 시각장애인들에게 자신감과 안전성을 높여주는 효과가 있다.
• 장비들을 소개할 때에는 시각장애인들에게 그 형태를 설명해 주고 그들이 장비를 손으로 만지는 동안 사용법을 지도한다.
• 시각장애인들이 그 장비에 앉을 때 지도자의 보조를 받도록 한다.
• 어깨나 팔을 잡아주면 처음 시도하는 운동으로부터 자신감을 얻게 될 것이다.

3) 시각장애인의 체육지도시 유의사항

① 시각장애인들의 성취도를 높이기 위하여 말로 대화하는 것을 강조한다.
② 현재 가지고 있는 잔존시력을 보호하여 눈이 피로를 가능한 한 줄이도록 한다.
③ 부분적으로 보이는 시각장애인들은 전혀 볼 수 없는 시각장애인들을 위해 리더로서 활동하도록 한다.
④ 시각에 장애가 있으므로 다른 감각 특히 청각, 근육운동지각 등을 향상시키도록 한다.
⑤ 지도할 때에는 항상 이름을 기억하였다가 이름을 불러서 지명한다.
⑥ 만약에 시각장애인들이 혼자서 운동을 하기를 원한다면 긴 시간 동안은 안 되지만 잠시 동안은 허락하도록 한다.
⑦ 운동하는 시각장애인들이 넘어지지 않도록 기구들을 정한 순서대로 정돈하여 배열해 놓는다.
⑧ 시각장애인들에게 알맞게 수정하고 보조물 등을 이용하여 가능한 한 많은 정규적인 활동을 제공한다.
⑨ 체육활동을 효과적으로 지도하기 위해서는 활동 등을 잘 조절하고 조직하여 계획을 세운다.
⑩ 시각장애인들이 어떤 활동을 할 수 있는가에 역점을 두고 그 활동에 대해서는 개별적으로 처방되고 의학적으로 승인을 얻은 것을 실시하는 것이 이상적이다.
⑪ 시각장애라는 제한점을 가지고 있으나 가능한 한 넓은 범위에서 프로그램을 작성한다.
⑫ 시각장애가 일어난 시기와 시각장애의 정도 등을 고려하여 지도하여야 한다.
⑬ 시각장애인이 안경을 쓴 경우에는 활동하는 동안 안경을 잘 보호하도록 한다.
⑭ 체육 프로그램을 수정할 때에는 시각장애인들이 운동환경을 잘 지각할 수 있도

록 하고 다른 감각을 이용하여 할 수 있도록 한다.

⑮ 시각 장애의 문제에 대한 본질을 이해하여야 한다. 왜냐하면 그 문제에 따라 피해야 하는 활동들을 알 수 있기 때문이다.

⑯ 새로운 기술을 배울 때는 근육운동지각의 접근법에 따르며 동시에 명백하고 정확하게 설명을 하여야 한다.

⑰ 휘슬을 사용하며 신호를 정해놓고 훈련을 한다.

⑱ 게임의 과정 등을 상세하게 설명할 때에는 메가폰을 이용하도록 한다.즉 정상인에 의해서 관찰되는 것처럼 상세하게 설명한다.

⑲ 필요하다면 체육활동을 지도하기 전에 지도하여야 할 활동에 대한 정보를 점자로서 읽게 된다.

4. 청각장애인의 체육

- 과거에는 청력상실은 시력상실과 같은 장애로 여겼고 심리적으로도 같은 영향을 준다고 여겼다.
- 청각장애인을 가르치는 교사는 어려움의 종류와 원인을 이해하고 청력손실에 수반될 수 있는 인성문제의 깊이를 이해하는 것이 매우 중요하다.
- 손상된 청각을 가진 학생을 위한 현대적 교육방법은 아직 가지고 있는 잔여 청각을 최대한도로 이용하게 한다.
- 결과적으로 지도자가 부분 가청아동(可聽兒童)을 전농아동에 비해 정상아동에 가깝게 다루는 것이 중요하다.

▷ 청각장애는 성격상 구조적 이상의 2가지 기본적 유형은 전도성 청력상실과 감각신경성 청력상실이 있다.

① 전도성 청력상실은 중이염 등과 같은 내이(內耳)로의 음파전달의 물리적 방해에 그 원인이다.

② 고긴장 신경성 청각장애는 수년 동안의 동맥경화와 시력약화처럼 노화의 자연스런 과정의 일부가 나타난다.

- 아동의 청력상실 이유는 산모가 임신 초기에 걸린 전염병 때문이라는 것이 밝혀졌다.
- 홍역, 유행성 이하선염, 인플루엔자 등이 흔한 선천성 청각장애의 원인이 된다.
- 한편 지속적인 소음은 일시적인 역치변화를 야기시키는데(청각피로),
- 회복에는 보통하루가 걸린다.

- 소리가 클수록 일시적 피로가 도래하는 시간이 줄어든다.
- 지속적인 노출은 결코 영원한 청력손실을 야기한다.
- 오랫동안 증폭된 음악을 들어온 젊은이나 음악가들이 청력을 상실하는 경우가 많다.
- 고주파 영역에서 청력상실이 일어난다.
- 환경 내의 복합된 소음이 청력상실을 초래하는 경우도 있다.

1) 청각장애인을 위한 신체활동

(1) 율동적 활동과 무용
- 비록 리듬을 듣는 것이 부분 또한 완전히 제한되지만 모든 연령의 청각장애아동이 즐겁게 리듬동작에 참여할 수 있다.
- 뮤지컬 게임이나 무용에 성공적으로 참여하기 위해 아동들은 동작의 유형을 학습하여야 하는데 이 때에는 각 동작관계가 유지되는 시간에 중점을 둔다.
- 교사가 직접 손동작으로 리듬을 강화해야 청각장애아동들이 시각적으로 리듬을 느낄 수 있다.
- 물론 일부 아동들은 약간의 음악을 들을 수 있고 심지어 멜로디를 들을 수 없는 아동도 바이브레이션을 경험한다.
- 이런 이유에서 리듬을 일으키는 장치로 타악기가 좋다.
- 아동들은 우선 단순한 탭 댄스나 민속무용에서 시작하여야 한다.
- 등을 돌린 채로 기본 스텝을 시범하는 것이 혼란을 주지 않는다.

(2) 운동탐색
- 운동탐색과 실험을 통해 해결되어야 할 문제는 청각장애아동이나 난청아동들이 두려움 없이 공간에서 자유롭게 운동할 수 있게 해준다.
- 자신의 페이스와 능력에 따라 진보하기 때문에 형식적인 활동 참여를 강요하지 않아야 한다.
- 자신의 신체를 움직이고 통제하는 능력에 대한 작은 확신이 운동경험의 확대로까지 연결된다.
- 결과적으로 공포와 거부가 완전히 사리지게 될 것이다.

(3) 신체적성
- 청각장애인은 대개 격한 활동의 참여 위축 때문에 신체적 발달 수준이 낮다.
- 청각장애인은 경우에 따라 소리의 방향성 상실로 인해 협응력을 잃거나 행동의 목적

이 상실되는 경우도 있다.

- 모든 수준의 체육 프로그램은 심폐지구력, 협응력, 유연성 등을 발달시켜 주는 전신 운동뿐만 아니라 신체발달을 위한 다양한 활동도 포함하여야 한다.

(4) 균형

- 어린 아동들은 줄 따라 걷거나 학다리 서기를 즐기며 고학년 아동들에게는 포고(pogo)놀이나 낮은 평균대 걷기 등이 좋다.
- 모든 스포츠 활동의 트레이닝이 균형능력을 향상시켜 준다.
- 전반적으로 청각장애아동의 경우는 활동에 큰 제약이 없다.
- 그러나 높은 곳에 올라가거나 균형을 취해야 하는 활동은 금지시킨다.

(5) 게임과 스포츠

- 모든 개인이나 팀 스포츠가 청각장애아동이나 난청아동에게 제공될 수 있다.
- 많은 특수학교가 정상아동들과 성공적으로 시합할 수 있는 농구, 야구, 풋볼팀을 가지고 있다.
- 청각장애인도 경쟁적 놀이나 승리를 즐기지만 승패보다 더 중요한 것이 게임이 제공해주는 사회적 접촉과 그들의 가치에 대한 정상아동들의 인정이다.
- 청각장애아동들은 청각적 신호나 경고음을 들을 수 없기 때문에 안전에 문제가 있다.
- 펜싱, 궁도, 볼링, 테니스, 골프, 배드민턴 등은 학교와 마찬가지로 특수학교에서도 흔히 사용하는 스포츠이다.
- 특히 혼자서 할 수 있는 궁도나 볼링은 청각장애아동들의 여가활동으로 매우 좋다.
- 레코드, 라디오, 음악 등을 듣지 못하기 때문에 적당한 여가활동을 가지지 못하는 청각장애아동들의 여가시간은 매우 지루해진다.

(6) 수영

- 수중 놀이와 수영은 정상아동과 마찬가지로 청각장애아동들도 즐기는 운동이다.
- 비록 일부는 수중에서의 균형에 문제가 있지만 대부분이 수영기술을 학습할 수 있다.
- 머리를 물 바깥에 있게 해주는 변형된 스트록은 귀에 물이 들어가서는 안 되는 아동이나 머리를 물 속에 넣으려 들지 않는 아동들에게 필요하다.

5. 장애인체육의 활성화방안

- 급격히 변화되고 있는 사회환경 속에서 정상인과 다르게 신체적 · 정신적으로 장애

를 갖고 있는 심신장애인은 생활을 영위하는 데 어려움이 있다.

- 경제적 · 사회적 여건이 안정되어감에 따라 전국민의 체육활동참여에 대한 기회균등의 요구가 높아지고 있는 가운데 장애인에 대한 사회적 관심과 경제적 배려도 점차 증대하고 있다.
- 외국은 장애인을 위한 체육은 인도주의적 차원이 아니라 정상인과 동등하게 평생체육 및 복지증진 차원에서 추진되고 있다.
- 장애인은 정상인에 비해 특별히 취급되는 것을 좋아하지 않는 것이 일반적인 경향이다.
- 장애인에게 가장 중요한 문제는 심리적 안정감이라고 할 수 있다.
- 장애인은 흔히 좌절을 경험하게 되고 이로 인해 개인적 안정감과 자신감이 부족한 편이다.
- 장애인은 자신이 사회의 정상적 구성원으로서 인식케 하는 동기부여가 무엇보다도 중요하다.
- 장애인의 수는 종전의 선천적 장애에 부가하여 각종 산업 재해나 교통사고 등에 기인하는 후천적 장애 등으로 인하여 증가되는 추세에 있어 사회적인 문제가 되고 있다.
- 장애인을 위한 체육활동은 국민의 인식부족, 편견, 체육시설 및 용기구의 부족, 전문지도자의 절대적 부족으로 인해 매우 부진한 상태에 있다.
- 전통적으로 우리 사회는 장애인의 신체활동을 경시하여 왔다.
- 이로 인해 장애인들은 신체활동으로부터 소외되고 있는 실정이다.
- 신체상의 결함을 가진 장애인은 보다 많은 체육활동참여를 통하여 신체 각 부위를 적극적으로 작동함으로써 균형적인 신체발달과 함께 정서적 안정을 도모해야 할 필요가 있다.
- 그러나 전반적인 사회의 분위기에 의해 장애인 스스로가 신체활동을 기피하여 체력저하는 물론 소외의식도 해소하지 못하고 있는 형편이다.
- 장애인의 신체활동 욕구를 충족시켜 주고 유인할만한 체육시설과 기구가 충분히 마련되어 있지 못하며 기존의 시설도 그 적합성이란 측면에서 제고되어야 할 점이 많이 있다.
- 장애인을 지도하는 지도자의 자질은 장애가 체육활동의 기반구축을 위해 선결되어야 할 중요한 문제이다.
- 현재 특수학교와 재활원 등에서 이루어지고 있는 체육활동은 거의 체육관련 분야 전공자가 아닌 일반 전공교사들에 의해 이루어지고 있어 장애인체육에 전문성이 결여되고 있는 실정이다.

▷ 현재 당면하고 있는 문제들을 해결하고 장애인체육을 활성화시키기 위해 다음과 같은 측면에서 여러 가지 조치가 강구되어야 할 것이다.

- 무엇보다도 장애인에 대한 국민의 의식을 개혁하고 장애인의 자발적인 체육활동 참

여를 유도하기 위하여 범국민적인 계몽운동을 전개해야 할 것이다.

- 고도 산업사회에서는 취업분화가 더욱 심화될 것이므로 적절한 신체활동과 훈련을 통해 다소간의 심신장애를 극복할 수 있는 체육지도자의 양성이 시급하다.
- 장애인 체육지도자 양성과정이 신설되는 것도 우리의 현실에 적합할 것이다.
- 장애인을 위한 체육시설과 용기구를 확충하고 개발해야 한다.이를 위해서는 현재 절대적으로 부족한 장애인 체육시설에 대한 실태조사가 선행되어야 한다.
- 이를 토대로 하여 장애유형에 따른 종합적이고 전문적인 시설을 단계적으로 구비하여야 한다.
- 장애인 스포츠산업을 적극 지원하여 각종 용기구의 양과 질을 향상시켜야 할 것이다.
- 행정적 차원에서는 전국의 장애인 현황을 정확히 파악하고 사회적응과 재활의욕을 고취할 수 있는 각종 체육정책을 지속적으로 추진해야 할 것이다.
- 특수학교와 재활원 수를 확충하는 방안도 모색되어야 한다.
- 장애인체육을 담당하는 지도자는 특수체육 지도자격을 소지한 사람에게 높은 보수를 책정하여 교육의 내실화를 기해야 할 것이다.

Ⅲ. 요약

- 장애인에 대한 국민의 의식을 개혁하고 장애인의 자발적인 체육활동 참여를 유도하기 위하여 범국민적인 계몽운동을 전개해야 한다.
- 장애인을 위한 체육시설과 용기구를 확충하고 개발해야 한다.
- 행정적 차원에서는 전국의 장애인 현황을 정확히 파악하고 사회적응과 재활의욕을 고취할 수 있는 각종 체육정책을 지속적으로 추진해나가야 한다.
- 특수학교와 재활원수를 점증시키고 특수체육 지도자 자격에 의한 내실 있는 교육을 해야 한다.

Ⅳ. 학습문제

1. 정신박약아의 체육에 대해 구체적으로 설명하시오.
2. 지체부자유인과 체육에 대해 구체적으로 설명하시오.
3. 시각장애인의 체육에 대해 구체적으로 설명하시오.

4. 청각장애인의 체육에 대해 구체적으로 설명하시오.
5. 장애인체육의 활성화방안에 대해 구체적으로 설명하시오.

V. 주요용어

교정체육
발달체육
적응체육
포고(pogo)

6부

복지사회와 사회체육

25장 | 사회체육 발전 방안

Ⅰ. 개요

- 사회체육은 스포츠활동을 통한 창조적 여가선용으로 이루어지는 것이다.
- 보다 많은 사람들이 참여하여 사회체육의 혜택을 누릴 수 있도록 하는 것이 필요하다.
- 사회체육 참여기회 확대를 위한 다양한 정책이 제공되어야 한다.
- 사회체육 동호인 육성 및 활동 지원책이 활성화되어야 한다.
- 직장체육 육성과 활성화를 위한 배려가 있어야 한다.
- 장애인 · 노인 · 저소득층 · 다문화가정, 농어촌, 국외 이주민 등 소외계층을 위한 정책이 마련되어야 한다.
- 사회체육 홍보 및 정보 서비스 강화에 중점을 두어야 한다.
- 사회체육지도자의 효율적 관리 및 활용사업이 이루어져야 한다.
- 사회체육 발전을 위한 핵심적 과제를 선정하여 사회체육 정책이 이루어져야 한다.
- 사회체육의 목적을 달성하기 위해 향후에도 지속적으로 추진되어야 할 것이다.

Ⅱ. 사회체육의 발전방안

1. 사회체육 참여 기회 확대

- 사회체육 참여기회 확대는 지역주민의 손쉽게 이동하여 참여할 수 있도록 하여야 한다.
- 특히 농어촌 지역주민들이 참여기회를 가질 수 있도록 사업을 확대해 나가야한다.

- 사업시행 전 적절한 시행 장소와 시설 여건에 대한 정비가 이루어져야 한다.
- 장소와 시설을 새롭게 마련하는 것이 어려우면 보유하고 있는 단체의 협조를 얻을 수 있도록 행정적 지원이 제공되어야 한다.
- 이 외에도 사업을 주관하는 단체에서는 사업운영 개선에 노력하여야한다.
- 새로운 운영 프로그램을 개발하여 현장을 지원하고 지역주민의 자발적 참여를 이끌어 낼 수 있는 다각적인 노력을 하여야 한다.
- 특히 지역 내 청소년의 참여가 신장될 수 있도록 청소년 참여기회를 확대 제공하여 한다.
- 지역특성과 지역주민에 적합한 시행방법을 고안하여 창조적으로 적용시켜 나가려는 노력이 필요하다

2. 사회체육 동호인클럽의 전문화

- 사회체육 동호인 클럽 육성의 핵심 과제는 국민생활체육의 기본적 활동 단위 조직을 전문클럽 화해 나가는 것이라 할 수 있다.
- 사회체육동호인 육성 사업의 초점은 21세기를 향한 선진화 된 체육 구조로서 스포츠 클럽화를 지향한다.
- 기존의 사회체육동호인 클럽보다 훨씬 광범위한 기능과 역할을 수행할 수 있는 조직적 역량을 갖추도록 하는 것이다.

1) 동호인 클럽 육성 및 지원의 기본방향

▷ 스포츠클럽화의 기반환경을 구축하는 것이다.

- 현재 지역사회 사회체육동호인조직의 활동 및 운영조건을 개선하여 스포츠클럽화의 기반을 구축하는 것이 필요하다.
- 외적 조건은 스포츠클럽화를 위한 법과 제도 , 체육시설, 행 · 재정적 지원, 협력체계 구성 등이다.
- 내적 조건은 스포츠클럽의 조직화 및 전문화 경영, 관리, 자립화 능력 등을 들 수 있다.

▷ 동호인 클럽의 관리와 지원 그리고 협력체계를 구축하는 것이다.

- 국민체육활동은 학교체육을 바탕으로 사회체육과 엘리트체육이 연계 운영되고 공동으로 발전하는 것이 바람직하다.
- 청소년 시절의 학교체육 경험이 청년기 이후 지역사회 사회체육활동과 직장체육활

동의 근간이 된다.
- 나아가 우수한 엘리트선수 육성의 기반이 되기 때문에 매우 중요하다고 할 수 있다.

▷ 동호인클럽의 기능과 역할을 강화시키는 것이다.
- 국민사회체육 단위조직을 전문클럽화 한다는 것이다.
- 지역사회 차원에서 운영되는 스포츠클럽이 유아에서 노인에 이르기까지 스포츠회원을 광범위하게 수용하여 다양한 프로그램을 운영한다는 것을 의미한다.
- 또한 스포츠클럽 활동을 통하여 지역사회의 사회체육, 학교체육, 엘리트 체육이 밀접한 관계를 형성해 나간다는 것을 의미한다.
- 따라서 업무를 원만히 수행할 수 있도록 동호인클럽의 기능과 역할이 강화되어야한다.

▷ 동호인클럽의 경영능력과 전문화를 고양시키는 것이다.
- 스포츠클럽화의 중요한 목표중 하나는 지역사회에서 독자적으로 운영할 수 있는 체육시설을 갖춘 스포츠클럽을 육성하는 것이다.
- 스포츠클럽은 확보된 체육시설을 바탕으로 재정 자립을 달성해 나가는 것이다.
- 따라서 지역사회의 스포츠클럽은 아동, 청소년, 성인, 노인, 등의 스포츠지도 분야에서 전문적 지도자를 확보하여야 한다.
- 클럽경영에서 탁월한 행정 관리자를 고영하여 전문성을 높이도록 해야한다.

3. 직장체육 환경 구축과 내실화

직장체육 육성을 위해서는 경영진의 인식을 개선하기 위한 노력이 있어야 한다.

1) 직장체육 육성 방향

첫째, 직장체육환경을 복지화하여야 한다.
들째, 직장체육 내용을 다양화하여야 한다.
셋째, 직장체육 활동을 조직화하여야 한다.
넷째, 직장체육 지원을 극대화하여야 한다.

- 특히 직장체육 체육을 보다 효과적으로 발전 시켜나가기 위해서 개별 기업들이 모여 있는 산업공단 지역을 중심으로 거시적인 사회체육 환경을 조성해야 한다.
- 그 지역 근로자의 사회체육 참여를 증진시키기 위한 방안이 강구되어야 한다.

- 최근 들어 밀집된 대단위 산업공단 근로자들과 지역민의 복지에 대한 요구가 강하게 표출되고 있다.
- 산업공단지역의 근로자들은 열악한 근무환경에서의 건강유지와 생활의 질적 향상 그리고 주 5일 근무제 등에 따른 여가 욕구의 충족을 위한 방안이 필요하다.
- 산업공단으로 인한 지역주민의 주거환경 폐해에 대한 보상적 차원과 이를 통한 생활 환경 개선 욕구의 충족을 위한 방안이 필요하다.
- 산업공단 내에 사회체육 환경을 조성하고 활성화시키기 위한 방안이 적극적으로 모색되어야 한다.

2) 직장체육 활성화를 위한 추진과제와 방법

▷ 직장체육시설 설치 및 운영에 대한 법령을 설치 및 유도하여야.
- 중앙정부 및 지방 자치 단체, 국민체육진흥공단의 예산지원
- 직장체육시설의 지역주민 개방
- 직장체육시설의 지역 동호인 공동운영

▷ 직장체육 프로그램의 개발과 보급을 장려하여야 한다.
- 지역대학 체육 관력학과와 협력지원
- 직장생활 체육 참가자의 욕구조사를 기초로 수요자 중심 프로그램 개발 보급
- 공공사회체육 프로그램 서비스 확장

▷ 직장체육지도자의 배치를 적극 활용하여야 한다.
- 직장 및 지역 사회체육지도자 배치 협조
- 지역대학의 체육지도자 및 자원봉사자 배치 협조
- 지역대학 체육대학생의 현장실습장 제공

▷ 직장체육 동호인클럽 활성화를 위한 육성을 적극 지원하여야 한다.
- 직장사회체육 동호인의 직장체육동호인클럽 등록
- 동일종목의 지역 사회체육동호인 조직과 교류 및 협력 확대

▷ 과학적 건강관리 체계 구축하여야 한다.
- 지역대학 체육관련 학과의 스포츠 과학혜택 제공 협력

• 체계적 과학 적인 건강관리 서비스 제공
• 건강체력센터의 활용

▷ 안정적 재정을 확보하여야 한다.
• 직장체육진흥을 위한 자체재정 자립도 확보
• 정부, 지방자치단체, 국민체육진흥공단의 재정보조 확보

4. 소외계층 체육활동 지원 강화

현재 시행되고 있는 소외계층 지원사업이 개선뿐 아리나 향후 소외계층의 체육활동 참여를 증진시키기 위한 구조적 발전방안을 다음과 같다.

▷ 첫째, 장애인이 참여하는 생활체육 현장에는 장애인 편의를 위한 체육시설 설치가 이루어져야 한다. 또한 다양한 신체적 장애자를 고려한 배려가 체육시설 설치 시 고려되어야 한다.

▷ 둘째, 체육활동에 처음 참가하게 되는 초보자를 체육활동의 소외계층에 포함시켜 이들이 체육활동 현장에서 기능적 미숙과 환경적 부적응 등의 이유로 스포츠활동을 그만두게 되는 문제점을 해소해 나갈 수 있는 대책을 마련하여야 한다.

▷ 셋째, 소외계층 체육활동 지원을 전담할 전문가를 확보해야 한다. 사회 복지적 차원에서 소외계층 체육활동 지원이나 장애인을 위한 특수체육활동 지원 모두 전문적 소양과 자격이 필요한 분야이다. 따라서 소외계층 지원사업의 활성화 발전적 운영을 위한 전문가가 확보되어야 한다.

5. 사회체육 홍보 및 정보 서비스의 선진화

사회체육의 환경변화를 예상하여 다음과 같은 방향에서 적극 추진되어야한다.

▷ 첫째 사회체육 정보 관리체계를 확립하는 것이다.
사회체육 참여 및 사회체육 정보 수요의 증가 추세에 적절하게 대처하기 위하여 다양한 정보를 체계적으로 수립 보관 유지 갱신하는 사회체육 정보 관리 체계를 확립하고 기능을 발전시켜 나가야 한다.

▷ 둘째, 사회체육정보 유통체계를 확립하는 것이다.

사회체육 정보가 수요자에게 유효하게 전달될 수 있는 정보 전달 체계를 확보해야 한다. 최근 각광 받고 있는 인터넷을 이용하여 사회체육 정보를 필요로 하는 사람에게 텍스트 이미지 소리 동영 등 멀티 미디어 (Multimedia)의 형태로 전달하는 체계를 확립하고 이와 관련된 기술적 발전을 도모해야 한다.

▷ 셋째, 미래 복지사회를 향한 대국민 사회체육 정보 서비스를 극대화 하는 것이다.

미래 사회에 있어서 생활체육정보는 일반 대중에게 사회체육 활동을 영위토록 하기 위한 가장 긴요하고 기본적인 토대가 될 것이다. 이러한 정보의 서비스는 대국민 복지정책의 중요한 부분이 될 것이다.

- 사회체육 홍보 및 정보 서비스 방향은 모든 국민이 사회체육 정보를 손쉽게 접할 수 있도록 하는 기반을 구축하고 다양한 정보 전달 수단을 확보하는데 있다.
- 사회체육 홍보와 정보 서비스 선진화를 위해서는 새로운 시대적 감각과 새로운 기술의 활용을 통한 효율적인 방법을 변화 있게 적용해 나가는 것이 필요하다.
- 따라서 2가지 중요한 과제는 TV를 홍보 매체로 적극 활용하는 것과 디지털 콘텐츠를 통한 정보 전달 체계를 구축하는 것이다.
- 특히 정보 서비스는 미래 사회체육의 환경 변화를 예상하여 다음과 같은 방향에서 적극 추진 되어야한다.

6. 사회체육지도자의 효율적 활용 및 관리

- 정부가 양성한 사회체육지도자를 적극 활용함은 물론 지도자의 역량을 극대화하여야 한다.
- 유자격 지도자의 부족 현상을 보완하며 사회체육 투자예산을 경제적으로 운영할 수 있도록 하는 효율적 방안이 요구되고 있다.
- 정부가 배출한 유자격 사회체육지도자가 적절한 곳에 활용될 수 있도록 수요와 공급체계를 구축하는 일이 우선되어야 한다.
- 유자격 사회체육지도자의 신상 정보와 체육 시설 및 체육활동 현장 등이 연계될 수 있도록 체계를 갖추어야 한다.
- 배출된 지도자와 체육시설이 체육현장에 유용하게 활용될 수 있도록 해야 할 것이다.
- 사회체육의 지속적인 운영에 도움을 줄 수 있는 자원봉사자의 적극적 활용이 필요하다.
- 대학의 체육계학과와 협력하여 지원봉사 활동을 유도할 수 있을 것이다.

- 사회체육 운영에 필요한 자원봉사자를 각 분야에서 광범위하게 모집활용 하는 것이 필요하다.
- 여가확장에 따른 시대적 변화로 사회체육의 중요성이 증가할수록 폭 넓은 역량과 리더십을 갖춘 사회체육지도자가 요구되고 있다.
- 사회체육 지도자는 운동 기능을 가르치고 대회를 운영하는 것 외에 지도자로서 중요한 역할을 수행할 수 있어야 한다.
- 사회체육지도자는 운동 기능만을 전수하는 단순한 기능인이 아니다.
- 사회체육지도자는 체육에 관한 폭넓은 지식과 정보 교양과 인격, 풍부한 현장지도 경험, 전문적인 상담기술 그리고 전문적 기능을 겸비한 지식근로자가 되어야 한다.
- 사회체육지도자에 대한 보수교육과 훈련, 지도자의 자기계발이 지속적으로 요구되고 있다.

Ⅲ. 요약

1. 사회체육 참여 기회 확대

- 사회체육 참여기회 확대 제공 사업은 지역주민의 손쉽게 이동하여 참여할 수 있도록 사업시행 범위를 확장하여야 한다.
- 특히 농어촌 지역의 주민들이 참여기회를 가질 수 있도록 사업예산을 확대해 나가야한다.
- 또한 사업시행 전에는 반드시 적절한 시행 장소와 시설 여건에 대한 정비가 이루어져야 한다.
- 장소와 시설을 새롭게 마련하는 것이 어려우면 이를 보유하고 있는 단체의 협조를 얻을 수 있도록 행정적 지원이 제공되어야한다.

2. 사회체육 동호인클럽의 전문화

- 사회체육 동호인 클럽 육성의 핵심 과제는 국민생화체육의 기본적 활동 단위 조직을 전문클럽 화해 나가는 것이라 할 수 있다.
- 사회체육동호인 육성 사업의 초점은 21세기를 향한 선진화 된 체육 구조로서 스포츠 클럽화를 지향한다.
- 기존의 사회체육동호인 클럽보다 훨씬 광범위한 기능과 역할을 수행할 수 있는 조직적 역량을 갖추도록 하는 것이다.

3. 직장체육 환경 구축과 내실화

- 직장체육환경을 복지화하여야 한다.
- 직장체육 내용을 다양화하여야 한다.
- 직장체육 활동을 조직화하여야 한다.
- 직장체육 지원을 극대화하여야 한다.

4. 소외계층 체육활동 지원 강화

- 장애인이 참여하는 사회체육 현장에는 장애인 편의를 위한 체육시설 설치가 이루어져야 한다.
- 또한 다양한 신체적 장애자를 고려한 배려가 체육시설 설치 시 고려되어야 한다.
- 체육활동에 처음 참가하게 되는 초보자를 체육활동의 소외계층에 포함시켜야 한다.
- 체육활동 현장에서 기능적 미숙과 환경적 부적응 등의 이유로 스포츠활동을 그만두게 되는 문제점을 해소해 나갈 수 있는 대책을 마련하여야 한다.
- 소외계층 체육활동 지원을 전담할 전문가를 확보해야 한다.
  사회 복지적 차원에서 소외계층 체육활동 지원이나 장애인을 위한 특수체육활동 지원 모두 전문적 소양과 자격이 필요한 분야이다.
- 소외계층 지원사업의 활성화 발전적 운영을 위한 전문가가 확보되어야 한다.

5. 사회체육 홍보 및 정보 서비스의 선진화

- 사회체육 정보 관리체계를 확립하는 것이다.
- 사회체육정보 유통체계를 확립하는 것이다.
- 미래 복지사회를 향한 대국민 사회체육 정보 서비스를 극대화 하는 것이다.

6. 사회체육지도자의 효율적 활용 및 관리

- 정부가 양성한 사회체육지도자를 적극 활용함은 물론 지도자의 역량을 극대화하여야 한다.
- 유자격 지도자의 부족 현상을 보완하며 사회체육 투자예산을 경제적으로 운영할 수 있도록 하는 효율적 방안이 요구되고 있다.

Ⅳ. 학습문제

1. 사회체육 참여기회 확대를 발전 방안을 설명하시오.
2. 사회체육 동호인클럽의 전문화를 위한 발전 방안을 설명하시오.
3. 직장체육 환경 구축과 내실화를 위한 발전 방안을 설명하시오.
4. 소외계층 체육활동 지원과 강화를 위한 발전 방안을 설명하시오.
5. 사회체육 홍보 및 정보 서비스의 선진화를 위한 발전 방안을 설명하시오.
6. 사회체육지도자의 효율적 활용 및 관리를 위한 발전 방안을 설명하시오.

Ⅴ. 주요용어

장애인
노인
저소득층
다문화가정
농어촌
국외 이주민
소외계층
지역특성
지역주민
스포츠클럽화
협력체계
복지화
다양화
조직화
극대화
동호인클럽
전문클럽화
직장체육
소외계층
홍보
정보
사회체육지도자
상담기술
지식근로자

26장 | 삶의 질과 사회체육

Ⅰ. 개요

21세기는 국제화사회이다. 국가간 정보 · 문화 · 인적교류가 증대될 것으로 예상된다. 국가간 분쟁이 가속될 전망이다. 이웃 나라의 불행이 지구촌 불행으로 확대될 것으로 전망된다. 미래사회는 인간의 존엄성을 추구하는 사회로 나아갈 것으로 판단된다.

- 인류역사는 행복하고 만족된 삶을 영위하는 것이 최대의 과제이자 궁극적인 목표이다.
- 오늘날과 같은 의미의 삶의 대두되게 된 것은 비교적 최근의 일이다.
- 우리나라는 삶의 질 향상을 지향하는 사회를 추구하고 있다.
- 우리나라는 더불어 함께 잘 사는 사회를 추구하고 있다.
- 우리나라는 공정한 사회를 추구하고 있다.
- 인간의 삶의 영역은 가정생활, 직장생활, 여가생활로 구분할 수 있다.
- 대다수의 사람에게 생존을 위한 최소한의 경제적 여건이 보장되고 있다.
- 과거 객관적 · 양적 기준이 아닌 주관적 · 질적 기준에 의해 행복조건을 평가하기 시작하면서 부터이다.
- 산업화로 경제적 풍요와 삶의 기회 확대는 사회 구성원으로 의식주만이 삶의 조건이 아님을 인식하게 되었다.
- 성취감, 안정성, 자아실현의 고차원적인 삶의 욕구를 충족시키기 위한 가치있는 활동을 필요로 하게 되었다.
- 과거 산업사회에서 지배적인 가치였던 노동의 윤리가 후기산업에서는 여가의 윤리로 대체되기에 이르렀다.
- 개인의 여가생활은 삶의 질을 결정하는 행복이나 생활만족에 대한 상대적 기여 정도

와 직접적으로 관련되기 때문이다.

- 사회변동의 폭과 속도가 여가 중심의 사회로 급격하게 진행되고 있는 현 시점에서 삶의 질에 대한 사회체육의 의의와 역할을 조망해 볼 필요가 있다.

본 장은 삶의 질의 이해, 사회체육과 삶의 질, 삶의 질과 사회체육의 과제에 대하여 살펴보고자 한다.

II. 삶의 질 향상과 사회체육

삶의 질 향상과 사회체육에 대한 내용을 살펴보면 다음과 같다(임번장, 2004).

1. 삶의 질의 이해

- 삶의 고통이나 제약에서 벗어나 행복하고 만족된 삶을 영위하기 위한 소망은 인류에게 주어진 최대의 과제이자 궁극적인 목표이다.
- 사회의 진보나 발전은 누구나 행복하게 잘 사는 사회실현에 이념적 토대를 두어 왔다.
- 인류역사를 통하여 볼 때 최근까지도 인간 행복이나 삶의 질은 외면적 객관적 · 환경적 기준에 의하여 결정되는 것으로 여겨져 왔다.
- 오늘날 현대인은 삶의 양적 측면보다 삶의 질적인 조건에 많은 관심을 두게 되었다.
- 선진사회는 국민복지 차원에서 삶의 질에 대한 정체 배려가 이루어져 왔다.
- 최근 우리나라의 사회구조나 의식구조도 경제적 · 사회적 측면보다 사회체육활동을 비롯한 여가활동을 중시하는 사회로 전환되어 가고 있는 추세이다.
- 삶의 질에 대한 사회 저반의 다각적인 관심과 배려가 요구되고 있다.

1) 삶의 질의 개념

- 고대그리스 시대 이래로 인간 행위의 궁극적인 동기는 행복의 추구라는 인식에서 행복과 안녕에 대한 철학적 탐구가 지속되어 왔다.
- 사회과학자들은 행복, 만족, 안녕 등 삶의 질에 실증적인 관심을 갖게 된 것은 비교적 최근의 일이다.
- 삶의 질에 대한 학계의 구체적인 논의가 1970년대 이후 활발히 이루어 졌다.
- 삶의 질에 대한 개념은 학자에 따라 매우 다양하게 정의되어 왔다.

2) 사회체육과 관련된 삶의 질

- 인간의 삶의 질이 개인의 주관적 판단과 정서에 따라 결정된다는 입장은 이제 정상 패러다임으로 인정되고 있다.
- 인간은 자신에서 주어지는 경제적 · 사회적 · 조건에 따라 결정지어지는 삶의 질을 받아들이는 수동적인 존재가 아니다.
- 인간은 능동적인 삶의 의미를 해석하고 창조해 나가는 진취적 존재라는 것이다.
- 인간의 행복 추구를 위한 노력은 인간의 기본 욕구인 생리적 욕구, 안전의 욕구, 물질적인 욕구를 충족시키는 데 머물러서는 안된다.
- 인간의 행복 추구의 고차원적인 욕구는 자긍심, 사회관계 및 자아실현 욕구 충족을 지향하는 것이다.
- 과거 산업사회에 있어서 노동을 위한 개념이었다.
- 후기산업사회로 이행되는 시점에서 여가를 위한 노동 개념으로 전환되었다.
- 삶의 질에서 사회체육 영역이 지니는 의미가 지속적으로 상승되는 추세에 있다.
- 삶의 질의 조건은 과거의 노동과 관련된 사회경제적 조건에서 삶의 영역 전반에 주관적 만족과 충족의 조건으로 변화한 것과 맥락을 함께 하고 있다.
- 삶의 질이란 매우 추상적이고 복합적인 용어이다.
- 삶의 질은 시대에 따라 삶의 질에 대한 생각과 방법도 다양하게 변화하여 왔다.

2. 삶의 질 향상과 사회체육

- 오늘날 후기산업사회로 이행되면서 여가는 노동을 위한 여가라는 잔여 시간적 여가의 개념이 아니다.
- 오늘날 여가는 여가를 위한 노동이라는 개념으로 전환되어 가는 과정에 있다.
- 삶의 질에서 사회체육 영역이 지니는 중요성도 지속적으로 증가하고 있다.
- 여가활동영역인 사회체육은 인간이 지니는 동기를 기본 전제로 한다.
- 사회체육은 삶의 질의 구성 요소인 자유, 주관적 활동력, 창의적인 발현능력을 모두 경험할 수 있는 것이다.
- 사회체육은 삶의 질의 구성 요소를 제공하는 가장 효과적인 영역이다.

1) 삶의 질과 여가

- 인간의 삶은 가정생활, 직장생활, 여가생활 영역으로 구분할 수 있다.
- 사회의 기술적 진보와 생산관계의 변화에 따라 삶의 영역에 대한 가치 위계도 차이

가 발생한다.

- 사회구조적 변화는 사회 구성원의 삶의 영역에 대한 가치 위계도 차이가 발생한다.
- 우리나라의 경우 노동과 여가에 대한 중요도 조사에서 "여가가 더 중요하다"라는 응답이 1988년 4.7%로 나타났다.
- 1999년(13.1%)로 크게 증가하였으나 "일이 더 중요하다"는 응답도 38.3%에서 47.3%로 증가하였다.
- "일이 더 중요하다"고 여기는 사람과 "여가가 더 중요하다"고 생각하는 사람이 극단적으로 양분됨을 알 수 있다.
- 시간이 지남에 따라서 여가를 중시하는 견해가 큰 폭으로 증가하는 추세에 놓여 있다.
- 미래사회는 일과 여가간의 중요성 인식에 있어서 역전현상이 일어날 것으로 예견된다.

▷ Ykelovich(1978)가 스웨덴 국민의 삶의 질에 관하여 연구에 의한 내용은 다음과 같다.

- 1955년에는 삶의 질에 가장 중요한 활동영역을 일이라고 응답한 사람이 33%, 여가라고 응답한 사람이 13%, 가정이라고 응답한 사람이 45%이었다.
- 반면에 22년 후인 1977년에는 일의 영역이 17%로 줄고, 여가의 영역은 27%로 증가하였으며, 가정의 영역은 41%로서 약간 감소했다는 사실이 밝혀졌다.

2) 삶의 질과 사회체육

- 후기산업사회는 여가활동인 사회체육이 삶의 질을 높일 수 있는 매우 종요한 생활영역으로 관심이 집중 되고 있는 추세이다.
- 삶의 질은 생활 전반에 대한 개인의 주관적 만족으로서 개인의 내재적 동기에서 출발한 자아실현과 성취를 통하여 제고될 수 있다.
- 사회체육은 인간이 기쁨과 행복을 추구하려는 내재적 동기를 기본 전제로 하여 창출되는 인간의 기본적 여가활동이다.
- 사회체육은 인간이 자유와 주관적 활동능력, 창의적 발현능력을 경험할 수 있도록 활동의 무대를 제공하는 가장 효과적인 영역이다.
- 삶의 질 향상은 여가선용의 결과로 나타내는 미래 지향적 기능을 말한다.
- 특히 사회체육의 삶의 질 향상 기능은 후기산업사회에서 사회체육 기능의 핵심으로 자리잡게 될 것이다.
- 사회체육은 인간이 삶 속에서 당면하는 많은 요구에 대한 보상의 기초를 제공한다.
- 사회체육은 신체적 휴식, 스포츠 참가, 자연의 향수 등을 만족시킴으로써 풍부한 문화적 삶을 영위할 수 있게 한다.

Ⅲ. 우리나라 주요지표

1. 인구

2010년 08월 19일 현재 가계 경기 국민계정 국제수지 노동 · 임금 물가 산업활동 인구 통화 및 금융 가계 일 월 분기년 추계인구(2010)는 48,875천명이다.

표 26-1. 우리나라의 추계인구조사현황

단위 : 천명

년도	2001	2002	2003	2004	2005
인구수	47,357	47,622	47,859	48,039	48,138
년도	2006	2007	2008	2009	2010
인구수	48,297	48,456	48,607	48,747	48,875

자료 : 통계청(2010, 8월)

2. 출산율

출산율은 한 여성이 가임기간(15~49세)동안 낳을 것으로 예상되는 평균 출생아수이다. 우리나라의 2009년 합계출산율은 1.15명이다

표 26-2. 우리나라의 출산율 현황

단위 : 명

년도	2000	2001	2002	2003	2004
출산율	1.47	1.30	1.17	1.18	1.15
년도	2005	2006	2007	2008	2009
출산율	1.08	1.12	1.25	1.19	1.15

자료 : 통계청(2010, 8월)

3. 국민계정

1인당 국민총소득(GNI)은 국민들의 생활수준을 알아보기 위하여 일반적으로 사용되는 것으로 명목 GNI를 한 나라의 인구로 나누어 구하며 국제비교를 위하여 보통 미화달러로 표시한다.

1) 1인당 국민총소득

표 26-3. 우리나라 1인당 국민총소득(명목)

단위 : 달러

구분	2000	2001	2002	2003	2004
국민총소득	11,292.3	10,631.0	12,100,0	13,460.0	15,082.0
구분	2005	2006	2007	2008	2009
국민총소득	17,531.1	19,721.9	21.694.6	19,295.6	17,175.3

자료 : 통계청(2010, 8월)

2) 가계최종소비지출(실질)

표 26-4. 우리나라 가계최종소비지출(실질) 현황

단위 : 십억원

구분	2007	2008	2009	2010 1/4	2010 2/4
가계최종소비지출	499,16.4	505,603.1	506,481.6	130,649.7	128,834.7

자료 : 통계청(2010, 8월)

4. 경제활동

1) 경제활동인구

표 26-5. 우리나라 경제활동 인구수

단위 : 백만명

구분	2007	2008	2009	2010.07
경제활동 인구수	24.216	24.347	24.394	25.232

자료 : 통계청(2010, 8월)

2) 취업자

표 26-6. 우리나라 취업자수 현황

단위 : 백만명

구분	2007	2008	2009	2010.07
취업자수	23,433	23,577	23,506	24,301

자료 : 통계청(2010, 8월)

3) 실업률

표 26-7. 우리나라 실업률

구분	2007	2008	2009	2010.07
실업률	3.2	3.2	3.6	3.7

자료 : 통계청(2010, 8월)

5. 가계소득

가계소득은 가구의 실질적인 자산의 증가를 가져온 일체의 현금 및 현물의 수입을 말하며 경상소득과 비경상소득으로 구성된다(자산거래, 이전 및 보유로 인한 평가손익 및 자산거래로 인한 손익은 포함되지 않음).

1) 가계소득

표 26-8. 우리나라 가계소득(전가구,명목) 현황

단위 : 원

구분	2007	2008	2009	2010 1/4	2010 2/4
가계소득	3,197,199.7	3,392,749.6	3,442,770.6	3,728,546.8	3,551,746.2

자료 : 통계청(2010, 8월)

2) 가계지출

표 26-9. 우리나라 가계지출(전가구,명목) 현황

단위 : 원

구분	2007	2008	2009	2010 1/4	2010 2/4
가계지출	2,583,491.4	2,719,008.3	2,782,840.9	3,037,115.2	2,871,809.3

자료 : 통계청(2010, 8월)

6. 노인인구

65세 이상 인구를 말한다. 노인인구가 전체 인구 중 20%를 넘으면 초고령사회라고 한다. 우리나라는 2026년 초고령사회에 진입할 것으로 예상하고 있다.

표 26-10. 우리나라 노년과 유년 인구의 구성비 추이

단위 : %

구분	1980	1990	2000	2009	2010	2018	2030	2040
유년(0~14세)	34.0	25.6	21.1	16.8	16.2	12.7	11.4	10.3
노년(65세이상)	3.8	5.1	7.2	10.7	11.0	14.3	24.3	32.5

자료 : 통계청(2010, 8월)

- 노인의 빈곤문제, 질병문제, 역할상실 문제
- 경찰청에 따르면 지난해 전국적으로 스스로 목숨을 끊은 사람은 1만4천579명으로, 이 가운데 61세 이상이 4천614명(31.6%)으로 가장 많았다.
- 특히 황혼 자살자수는 지난 1998년 1천165명에서 2008년에는 3천561명으로 매우 빠른 속도로 증가하고 있다.
- 인구 10만명당 황혼자살률은 지난 10년간 2배 증가한 것으로 나타났다.
- 노인들은 건강, 경제적 어려움, 사람과의 관계 단절 등의 문제로 대부분이 우울증을 조금씩 갖고 있다.
- 가족이나 사회의 관심만이 자살을 막을 수 있다.

Ⅳ. 사회체육과 삶의 질의 관계

1. 사회체육을 통한 여가만족과 삶의 질

사회체육을 통한 여가만족과 삶의 질에 대한 내용을 살펴보면 다음과 같다(임번장, 2004).

- 여가만족은 여가활동의 선택과 참가의 결과로서 개인이 형성 · 유도 · 획득하는 긍정적 인식 또는 감정으로 정의된다.
- 사회체육의 여가만족과 관련한 의의는 사회체육활동 참가가 여가만족에 긍정적 영향을 미친다.
- 여가만족은 사회체육을 매개로 생활만족을 향상시키는데 기여한다는 사실에 있다.
- 사회체육활동은 생활만족의 전체 변량 중 약 50%를 차지하고 있다.
- 사회체육활동은 생활만족 향상에 직접적인 영향력이 매우 큰 것으로 나타났다.
- 여가만족의 삶의 질은 사회체육 만족과 인지된 삶의 질적 만족간에 긍정적인 상관관계가 내재해 있다.

2. 사회체육을 통한 몰입경험과 삶의 질

사회체육을 통한 몰입경험과과 삶의 질에 대한 내용을 살펴보면 다음과 같다(임번장, 2004).

- 사회체육은 참가자의 동기를 내적으로 유발시키고 적정 수준으로 각성시키는 대표적인 여가활동으로서 참가자가 몰입경험을 얻는 데 매우 효과적이다.
- 사회체육 참가는 여가몰입경험과 긍정적이고 직접적인 상관관계가 있다.
- 사회체육 참가는 여가몰입경험에 직접적인 인과적 영향을 미치고 있다.
- 사회체육활동은 자기목적이고 내재적으로 동기유발된 여가활동이다.
- 사회체육활동은 몰입경험을 증대시킨다.
- 사회체육활동은 여가만족 및 생활만족 경험하도록 한다.
- 사회체육활동은 삶에 대한 만족을 가져온다고 할 수 있다.

3. 능동적 여가활동으로서 사회체육과 삶의 질

능동적 여가활동으로서 사회체육과 삶의 질에 대한 내용을 살펴보면 다음과 같다(임번장, 2004).

- 사회체육활동의 형태와 삶의 질 간에는 밀접한 관계가 있다.
- 능동적 여가활동인 사회체육활동이 수동적 여가활동인 TV시청, 스포츠 경기고관람, 오락 등에 비하여 삶의 질에 대한 더욱 큰 영향을 미친다는 것이다.
- 능동적 여가활동이 수동적 여가 활동에 비하여 삶의 질에 대한 기여도가 높다.
- 삶의 질과 여가몰입경험에서 능동적 여가활동이 고도의 몰입경험을 제공할 수 있기 때문이다.

4. 사회체육활동 참가 각성 수준과 삶의 질

사회체육활동 참가 각성과 삶의 질에 대한 내용을 살펴보면 다음과 같다(임번장, 2004).

- 사회체육활동의 능동적 여가활동은 수동적 여가활동에 비하여 여가만족 및 생활만족에 기여한다.
- 이유는 활동의 내적 동기와 최적 각성수준의 개념으로 설명하고 있다.
- 사회체육활동의 난이도, 도전적 수준, 참가자의 동기 및 능력이 알맞게 균형을 이룰 때 참가자의 각성 수준이 최적이 된다.
- 결과적으로 사회체육활동은 여가만족과 삶의 질 향상을 가져다 준다는 사실이다.
- 삶의 질과 여가만족은 사회체육활동이 최적으로 각성이 될 때마다 최상이 된다.
- 사회체육활동은 너무 높거나 반대로 너무 낮은 각성을 제공할 경우 최저가 된다.

Ⅴ. 삶의 질과 사회체육의 과제

후기산업사회에서 사회체육은 자유선택, 자발적 참가, 자아실현 및 자기 목적적 활동은 특성으로 한다. 후기산업사회의 삶의 질 제고를 위해서는 산업사회에서 밝혀진 사회체육의 역기능을 극복하는 노력이 필요하다(임번장, 2004).

1. 사회체육의 잠재적 기능

- 후기산업사회의 중심적인 특성으로 사회체육이 부상하고 있다.
  사회체육 활성화 현상은 사회의 근본적인 구조적 변화로 산업사회에서 존재하여 왔던 특성과는 상이해지게 된다.
- 산업사회에서 체력 향상 · 인격 함양 등의 수단적 가치를 지향하며 행하여 졌다.

• 후기산업사회의 사회체육활동은 가치를 추구하는 자기충족적 가치를 지향하게 된다.
• 사회체육활동의 전개 방향은 개인주의적 · 개방적 · 대중적 · 자유방임적, 상업주의적 형태를 띠게 된다.

▷ 후기산업사회에서 사회체육이 내포할 수 있는 잠재적 역기능으로는 다음과 같다
첫째, 사회체육의 획일성(uniformity) 요소를 들 수 있다.
• 후기산업사회에서 폭발적으로 증가하는 지식과 정보에 대한 수요는 대중매체의 영향력을 증대시키게 된다.
• 대중매체를 통하여 일방적으로 제공되는 획일화된 사회체육정보에 휩쓸리게 될 수 있다.
• 후기산업사회에 있어서 사회체육의 상업화 현상과 맞물리게 된다.
• 사회체육 산업은 대중매체를 통하여 이윤이 많은 사회체육 상품만을 지배적으로 공급할 경우가 발생한다.
• 대중은 획일화된 사회체육만을 선택하게 됨으로써 타율적인 사회체육활동으로 전략될 가능성이 높다는 것이다.

둘째, 사회체육 위장성(maskness)요소를 들 수 있다.
• 후기산업사회의 사회체육은 유행에 의한 개인적 패턴을 그 특징으로 한다.
• 사회체육에 대한 획일성과 모방성이 사회적 유행 심리와 결합하여 과도하게 나타날 경우가 발생한다.
• 개인은 사회체육 참가를 통한 위장된 자기만족을 추구할 가능성이 높아진다.
• 자신을 실제 이상으로 과시하거나 위장시켜 다른 사람에서 잘 보이고 인기를 끌려는 심리를 말한다.
• 사회체육이 자아실현을 위한 목적으로 행해지기보가는 타인에게 자신을 돋보이기 위한 수단이 된다.
• 사회체육은 분수에 맞지 않는 사치와 낭비를 가져오게 함으로써 소비성향을 자극할 우려가 있게 된다.
• 사회체육은 삶의 질과 관련된 바람직한 욕구의 만족이 아닌, 위장된 허구적 욕구 만족을 추구하게 된다.
• 사회체육활동 참가의 목적은 자신의 내적 동기와 동떨어진 외적 조건에 따라 규정되는 허구적 사회체육을 의미하기 때문에 삶의 질 제고에 역행하게 된다.

셋째는 사회체육의 향락성(hedonism) 요소다.
• 후기산업사회 사회체육 현상의 두드러진 특징인 상업주의 향락적 · 자기 지향적 활

동 추구와 관계가 있다.

- 사회체육이 그 본질적 가치에서 벗어나 물신주의 및 배금주의와 맞물려 건전하게 선용을 저해하게 된다.
- 사회체육의 본질적 가치가 감각적 · 찰나적 · 쾌락적인 방향으로 흐르게 되면 말초신경적인 욕구 만족만이 최고의 가치로 자리잡게 된다.
- 사회체육 참가의 주체가 수단적 가치에 종속되는 가치 전도가 발생함으로써 활동적 사회체육활동이 만연될 우려가 있다.

2. 사회체육의 과제

후기산업사회에서 사회체육의 잠재적 역기능 요소를 극복하고 삶의 질을 증진시키기 위한 과제는 다음과 같다(임번장, 2004).

▷ 첫째, 바람직한 사회체육관의 정립이다.

- 사회체육 개념이 기존의 시간, 활동, 경험 및 심리 상태의 국한된 사회체육 개념에서 탈피하여 자아실현의 합목적성을 지닌 주체적 활동으로 규정되어야한다.
- 사회체육은 단순한 자유 재량적 시간의 소비, 노동과 구별되는 잡다한 활동, 개인적 만족만을 위한 심리상태와 같은 단편적인 개념에서 벗어나야 한다.
- 사회체육은 건전한 문화적 · 심리적 욕구를 충족시켜 주는 자아실현의 총체적 범주로 재인식되어야 한다.
- 또한, 삶의 질과 관련된 사회체육의 활동내용으로서 사회적으로 용인되고 내적으로 동기화된 의미있는 사회체육활동에 대한 의식의 공유가 이루어져야 할 것이다.

▷ 둘째, 사회체육 교육의 도입이다.

- 삶의 질은 경제적 · 물질적 욕구의 만족에 의하여 성취될 수 있는 성질의 것이 아니다.
- 후기산업사회의 인간관은 산업사회의 경제적 인간의 개념으로서 심리적 인간의 개념으로 전환 할 필요가 있다
- 후기산업사회에 있어 경제적 인간은 더 이상 삶의 질을 추구할 수 있는 충분한 요건을 모주 갖추었다고 할 수 없기 때문이다.
- 사회체육 교육의 필요성이 증대되고 있다.
- 사회체육 교육은 독립적으로 행해지기보다 학교교육과 사회교육의 2영역과 밀접한 관련을 맺으면서 체계적으로 수행되어야 한다.

▷ 셋째, 사회정책적 차원에서 사회체육 복지의 추진이다.

- 후기산업사회에서 사회체육은 인간생존의 주체적인 활동으로서 여가(餘暇)가 아닌 본가(本暇)의 시대로 접어들게 된다.
- 사회체육은 더 이상 비생산적이고 부수적인 인간활동이 아니다.
- 진정으로 자신이 자유롭게 선택한 활동에 자발적으로 참가하여 창조적인 자아실현의 기회를 가짐으로써 높은 삶의 질을 추구하는 자기 목적적 인간활동이다.
- 사회체육이 국민복지 차원에서 국가로부터 향유해야 할 기본적 권리로 자리 매김 되어야 함을 의미한다.

▷ 넷째, 후기산업사회에서의 삶의 질 향상을 위한 사회체육의 제도화 노력이다.

- 후기산업사회에 있어서 사회체육과 삶의 질에 대한 욕구는 증폭되고 있는 추세이다.
- 사회체육을 제도화하는 목적은 사회체육활동 욕구의 효율적인 해소에 있다.
- 일반적으로 제도와 구성원이 공유하고 있는 가치관, 규범, 태도, 지식, 신념, 행동 등을 포괄한다.
- 이러한 구성 요소가 잘 정비되어 있지 않은 제도에서는 혼란이 발생하며 비효율성이 유발된다.
- 사회체육 연구자 및 체육 정책 입안자 등 사회체육 진흥에 주도적 책임을 맡고 있는 사람들은 무거운 책임의식이 요구된다.
- 일반대중의 사회체육활동 욕구의 바람직한 해결과 삶의 질 향상에 기여하기 위한 제도화 마련이 필요하다.
- 사회체육과 관련된 제도적 기반이 되는 규범과 가치관 및 행동지식을 명료하게 제시하고 이를 전파할 필요가 있다.

Ⅵ. 요약

- 삶의 질의 개념은 학자에 다라 매우 다양하게 정의되어 왔으며 용어에 있어서도 삶의 질, 주관적 복지, 생활만족, 행복 등으로 다양하게 사용되어 왔다.
- 넓은 의미에서 삶의 질은 경제 수준, 복지, 의료, 교통, 범죄율 등 사회의 객관적 지표와 개인이 느끼는 삶에 대한 만족감과 긍정적 심리상태를 모두 포괄하는 개념으로 사용된다.
- 삶의 질에 대한 최근의 연구자들은 주로 개인의 삶에 대한 주관적인 느낌을 강조하여 삶의 대한 만족도 및 긍정적 정서로 정의하는데 의견의 일치를 보이고 있다.

- 현재 우리 사회는 과거의 산업사회의 노동을 위한 여가 개념'이 후기산업사회의 여가를 위한 노동 개념으로 전환되어 가는 과정에 있다.
- 이에 따라 삶의 질에서 사회체육 영역이 지니는 중요성도 지속적으로 증가하는 추세에 있다.
- 삶의 질이 생활 전반에 대한 개인의 주관적 만족으로서 개인의 내재적 동기에서 출발한 자아 실현과 성취를 총하여 제고될 수 있다.
- 여가활동인 사회체육 또한 인간이 기쁨과 행복을 느낄 수 있는 내재적 동기를 기본 전제로 한다.
- 여가활동인 사회체육은 인간으로 하여금 자유, 활동 장악 및 창의적인 발현을 모두 경험할 수 있는 장을 제공하는 가장 효과적인 영역이기 때문이다.
- 사회체육과 삶의 질의 구체적 관계는 사회체육 만족, 사회체육 몰입경험, 사회체육 참여 최적각성수준 등과 관련하여 나타난다.
- 개인적으로 의미 있는 사회체육활동에 능동적으로 참여함으로써 최적의 각성수준을 얻을 수 있다.
- 사회체육 만족 몰입경험에 긍정적 영향을 미침으로써 결과적으로 생활만족을 향상시키는 데 크게 기여한다.
- 후기산업사회에서 사회체육이 내포할 수 있는 잠재적 역기능은 획일성 · 위장성 · 향락성이 지적되고 있다.
- 이러한 역기능을 극복하고 궁극적으로 보다 높은 삶의 질을 성취하기 위한 노력이 요구되고 있다.
- 미래사회에서 삶의 질 향상을 위한 사회체육의 과제로는 바람직한 사회체육의 정립, 사회체육 교육의 도입, 사회정책적 차원에서 사회체육 복지의 추진, 사회체육의 제도화 노력 등을 들 수 있다.

Ⅶ. 연구문제

1. 삶의 질의 개념을 정의하고 상이한 관점에 대하여 알아보자.
2. 삶의 질을 고양시키기 위한 3가지 기본 요소에 대해 설명해 보자.
3. 우리나라 주요지표 중 인구수 변화를 알아보자.
4. 우리나라 주요지표 중 국민계정 지표의 변화를 알아보자.
5. 우리나라 주요지표 중 경제활동 변화를 알아보자.
6. 우리나라 주요지표 중 가계소득 변화를 알아보자.

7. 우리나라 주요지표 중 노인인구 변화를 알아보자.
8. 사회체육과 삶의 질간의 관련성에 대하여 알아보자.
9. 사회체육 만족과 삶의 질의 관계에 대하여 살펴보자.
10. 능동적 여가활동으로서 사회체육과 삶의 질의 관계에 대하여 살펴보자.
11. 삶의 질과 관련하여 사회체육이 내포할 수 있는 역기능에 대해 알아보자.
12. 미래사회의 삶의 질 향상을 위한 사회체육의 과제를 알아보자.

Ⅷ. 주요용어

성취감
안정성
자아실현
행복
만족
안녕
자긍심
사회관계
욕구충족
사회구조
의식구조
가정생활
직장생활
여가생활
인구
출산율
국민계정
경제활동
가계소득
노인인구
몰입경험
최적각성수준
획일성
위장성
향락성

참고문헌

임번장(2004). 사회체육개론

Ykelovich, D.(1978). The New Psychological Contracts at Work. *Psychology Today, 11*, 46-50.

27장 | 미래사회와 사회체육

Ⅰ. 개요

미래사회는 국가간 경계와 의미가 축소되고 국제사회의 상호 의존성이 더욱 증진될 전망이다. 미래사회는 국가간 정보 교환이 한층 가속화될 것으로 예견된다.

- 미래사회는 지식과 정보를 소유하고 있는 기술 · 전문직 계층이 급속히 성장할 것이다.
- 미래사회는 기술혁신, 정보통신 발달, 컴퓨터보급 등에 의해 크게 양향을 받는 정보화 사회로 전환될 전망이다.
- 미래사회는 정보에 바탕을 둔 지식기술이 기계기술과 함께 발달하는 사회이다.
- 우리나라는 더욱 더 후기산업사회로 이행될 전망이다.
- 우리나라 인구는 2018년부터 감소하고 다인종, 다민족 · 다문화 사회로 변모할 것이다.
- 우리나라는 저출산으로 노동인구의 감소현상이 뚜렷하게 나타날 전망이다.
- 인구의 고령화 현상을 심각하게 경고하고 있다.
- 미래사회는 산업화로 공해환경, 수명연장, 고령화로 생활양식에 혁신적인 변화를 초래할 것으로 예상된다.
- 스포츠는 범지구적 체제로 변화할 것이다.
- 사회체육은 개인의 신체적 · 정신적 · 사회적 발달을 촉진하는 역할을 할 것이다.
- 사회체육은 급격한 사회변동에 슬기롭게 대처능력을 길러 줄 것이다.
- 사회체육은 삶의 질을 향상시켜 주는 기제로 작용할 것이다.
- 사회체육은 더불어 함께 잘 사는 사회를 만드는 데 기제로 작용할 것이다.
- 사회체육은 공동체 의식을 향상시켜 주요한 기제로 작용할 것이다.

본 장은 미래의 후기산업사회의 구조적 특징과 문제점을 살펴보고, 사회체육이 인간의 삶에 대한 기여를 확대할 수 있는 방향을 모색하고자 한다. 또한 사회체육의 변화 양상을 전망하고, 정보화 사회의 의미와 특징을 살펴보고자 한다. 사회체육의 역할 및 변화를 전망하며 공해환경의 확산과 고령화 사회에서의 사회체육 참가 및 활성화 방안에 대하여 알아보고자 한다.

II. 고령화사회

- 현대사회는 생명공학의 기술발달로 인간의 생리적 평균수명이 급격히 증가하였다.
- 노인비율 증가에 따른 사회 구분은 만 65세 이상 노인의 전체 비율이 고령화사회 (7% 이상), 고령사회 (14% 이상), 초고령사회 (20%이상)로 구분한다.
- 우리나라는 노인인구의 증가로 고령화사회(Aging Society), 고령사회(Aged Society), 초고령화사회(Super Aged Society)를 경험하게 되었다.
- 사회적 변화는 노인복지와 노인의 의료적 비용이 증가 할 것이다.
- 우리나라 노인인구의 증가속도는 외국과 비교해도 특히 빠른 것으로 나타나고 있다.
- 선진국은 노인인구비율이 7%(고령화사회)에서 14%(고령사회)로 증가하는 기간이 프랑스(115년), 미국(75년), 서독 · 영국(45년), 일본(26년)이 소요되었다.
- 우리나라는 고련화사회로 도달하는 데 22년밖에 걸리지 않을 것으로 전망되고 있다.
- 선진국과는 달리 우리나라의 경우 고령사회에 대한 준비가 그만큼 시급함을 의미한다.

1. 인구의 고령화

표 27-1. 우리나라 고령화 추세와 전망

노년부양 인구비(%)

년도	1960	1980	2000	2005	2020	2040	2050
출산율	5.3	6.1	10.1	12.6	21.7	56.7	72.0

*노인부양인구비=(65세 이상인구÷15~64세 인구)×100

- 우리나라의 총인구 증가율은 2,3%, 65세 이상 고령자 인구증가율은 29.5%로 나타났다.
- 우리나라의 65세이상 고령인구는 4,365천명이다.

- 우리나라의 65세이상 고령인구는 중 여자 2,629천명(60.2%), 남자 1,736천명(39.8%)이다.
- 현재 우리나라는 2005년 3,372천명에서 993천명(29.5%)이 증가하였다.
- 2005년 전 대비 남자 고령자 비중은 1.6%p(38.2%→39.8%) 증가하였다.
- 여자 고령자 비중은 1.6%p(61.8%→60.2%) 감소하였다.
- 남녀 고령자 비중 차이가 점차 줄어들고 있는 추세이다.
- 우리나라가 세계에서 가장 빠른 속도로 고령화를 겪는 것으로 지적돼 대책 마련이 시급한 것으로 나타났다.
- 우리나라 인구의 고령화는 경제적 활동성을 떨어뜨리고 건강보험이나 국민연금의 안정성을 위협하고 있다.
- 2010년 1명의 노인 인구를 부양하기 위해 5명의 노동인구가 필요하다.
- 2050년 노동인구 1명이 1명의 노인을 책임져야 하는 사태가 벌어질 것으로 우려했다.
- 고령화로 인해 전체 의료비 지출이 2050년에 국내총생산(GDP) 대비 10%를 넘었다.
- 2043년부터는 국민연금 재정이 적자로 돌아설 것으로 예측했다.
- 국민연금 체계의 대대적인 수술이 불가피해 연금수급자와 신규가입자 사이에 첨예한 갈등이 예상된다고 분석했다.
- 노인 노동력을 활용하기 위한 노인 노동시장 확대, 은퇴시기의 연장과 임금피크제 등 기업 조직구조의 변화가 예상됐다.
- 이혼과 관련해 과거에는 자녀가 있는 부부는 이혼을 망설이고 이혼 뒤에도 자녀 양육권을 서로 차지하기 위한 갈등이 많았다.
- 최근에는 이혼 뒤 자녀를 버려두는 현상이 늘어나고 있다.
- 고령화사회의 도래와 함께 등장한 각종 노인문제가 심각하게 요구되고 있다.
- 노인문제 해결을 위해 예방의학적 측면, 삶의 질적 향상, 스트레스 해소 및 여가선용 등 노인체육 생활화를 위한 체육정책의 마련이 요구되고 있다.
- 미래사회의 요구에 부응하기 위한 사회체육정책의 발전을 모색할 필요성이 있다.
- 운동강도가 지나치고, 신체 에너지를 많이 소모할 경우 세포의 노령화를 촉진시킨다.
- 우리나라 노인의 사회체육활동 참여는 일본 등 선진국에 비해 매우 낮은 실정이다.
- 우리나라는 다른 나라에 비해 노인인구가 빠르게 증가하고 있다.
- 노인체육 프로그램의 활용방안을 연구하여야 한다.
- 선진국의 노인의 건강증진 프로그램을 잘 활용될 수 있도록 연구가 이루어져야 한다.
- 청소년 10명 가운데 1명 이상이 체중 증가에 대한 걱정으로 폭식을 하거나 식사를 기피하는 이른바 “식사장애” 우려가 높은 것으로 나타났다.
- 식품의약품 안전청은 2009년 전국 중·고생 7천명을 조사한 결과 12.7%가 식사장애 고

위험군으로 분류됐다고 밝혀졌다.

- 특히 여학생들의 경우 14.8%가 식사장애 우려가 심각한 것으로 조사되었다.
- 한국의 출산율이 지난 10년간 세계에서 가장 낮은 수준을 기록한 것으로 나타났다.
- 또한 사망률이 계속 낮아지고 수명이 늘어나고 있다.

2. 노인 인구 비율 증가에 따른 문제점

- 젊은 사람층이 없어진다.
- 경제활동 인구가 감소한다.
- 60세 이상의 일하는 노인들이 많아 진다.
- 우리나라는 정년이 점점 더 짧아지는 추세에 있다.
- 평균수명이 연장되는데 정년은 짧아지는 역현상이 나타나고 있다.
- 직장을 그만둠으로 인한 노인들의 정신적인 충격은 여러 가지 다른 문제가 발생한다.
- 더불어 노인들의 경제생활에도 상당한 타격을 미치기 때문이다.

3. 노인 연구 비율 증가에 따른 해결방안

- 출산을 장려하도록 사회제도가 개선되어야 한다.
- 노인문제의 해결을 위한 적극적인 방책으로 유료 노인주거 시설인 실버타운이다.
- 지금 추진 중에 있는 실버타운은 계속 늘어나고 있는 추세이다.
- 직장을 그만두는 정년퇴임의 연령이 연장되도록 해야 한다.
- 연금제도나 복지제도 등의 국가정책을 확립해야 한다.

Ⅲ. 출산율

- 2010년 8월 18일 통계개발원의 용역보고서에 따르면 한국의 출산 수준은 1980년대 중반에 선진국보다 낮은 수준에 도달한 이후에도 지속적으로 낮아졌다.
- 지난 10년간 세계적으로 가장 낮은 상태를 보여주고 있다.
- 우리나라 출산율은 세계 최저 수준이다.
- 한국의 합계출산율은 1981년의 2.57명에서 1998년 1.45명으로 낮아졌고, 2005년 1.08

명으로 최저수준을 기록하였다.

- 이후 2006년 1.12명, 2007년 1.25명, 2008년에 1.19명으로 집계됐다.
- 미국의 인구조회국(Population Reference Bureau)이 발표한 2008년 세계인구자료에서 한국보다 합계출산율이 낮은 사회는 홍콩과 마카오뿐이다.

표 27-2. 우리나라 출산율 현황

단위 : %

년도	1981	1998	2005	2006	2007	2008
출산율	2.57	1.45	1.08	1.12	1.25	1.19

▷ 출산율 저하의 일반적인 원인은 다음과 같다.

- 소가족 가치와 규범의 확산
- 초혼연령 상승
- 여성경제활동 증가
- 이혼 증가
- 1990년대말 이후 경기침체와 실업률 상승이 출산력 저하의 요인으로 작용하고 있다.
- 우리나라는 지난 10여년간 급속하게 초저출산단계로 진입하였다.
- 불안정한 경제상황으로 젊은 계층이 결혼과 출산을 연기하거나 회피하고 있다.
- 대량실업과 빈곤의 증대로 가족 해체가 급격히 증가하고 있다.
- 대량실업과 빈곤의 증대는 장년층의 출산수준이 낮아진 것도 중요한 원인이다.

▷ 최상위 및 하위 계층 출산율이 저하되고 있다.

- 최근 출산력 저하현상은 사회경제적 최상위집단과 하위집단에서 뚜렷이 나타났다.
- 우리나라 인구가 초저출산 단계로 진입하는 과정에서 나타난 변화는 계층간 격차이다.
- 1990년대말 이후 출산력 저하는 사회경제적 조건이 가장 열악한 집단과 최상위 집단에 상대적인 격차가 발생하였다.
- 부부의 교육수준, 직업, 소득 등의 사회경제적 지위와 출산수준은 대체적으로 J자형과 역관계를 유지하는 것이 일반적이다.
- 그러나 최근 출산 수준은 일반적인 경향과 뚜렷한 대조를 이룬다는 것이다.
- 지난 10년간 출산수준이 높은 집단일수록 급속한 출산력 저하가 이루어지고 있다.

- 출산수준이 낮은 집단에서는 상대적으로 변화가 완만했던 것으로 나타났다.
- 최근 출산수준은 중산층집단이 가장 높았다.
- 다음이 최상위집단, 하위집단의 순으로 나타났다.
- 현재 대학 전공별 배출인력과 노동시장의 구조 간에 심각한 불균형을 보이고 있다.
- 청년층 노동시장은 공급 초과로 고용 공백 사태가 벌어지고 있는 것으로 분석됐다.

Ⅳ. 우리나라의 사회동향

통계개발원이 최근 한국사회과학자료원에 용역 의뢰한 "2009 한국의 사회 동향" 보고서를 통해 공개한 내용을 살펴보면 다음과 같다.

- 우리나라의 사회는 출산력의 급격한 저하 때문에 10년 이내에 인구와 노동력이 감소할 것으로 예상했다.
- 우리나라의 연평균 인구증가율은 2005～2010년 0.3%로 추정했으며 2018년부터 인구가 감소하기 시작할 것으로 분석했다.
- 2050년 우리나라 인구는 4천 234만명으로 2009년 13.1%나 감소할 것으로 전망했다.
- 1980년대 이후 결혼 이민자의 급격한 증가로 다민족 · 다문화되어 가고 있다.
- 그러나 다문화 가족은 아직 소수이다.
- 다문화 가구원들은 피부색과 외모가 다르다거나 개발도상국 출신이라는 이유로 사회적 편견과 차별의 피해를 당하고 있다고 지적하였다.
- 현재 인구학적 다양성은 문화적 다양성과 사회적 관용성으로 확대하지 못한 상태이다.
- 우리나라 사회는 다문화 사회로 진입하였다.
- 우리나라 사회는 다문화 사회가 되기까지는 상당한 기간이 걸릴 것으로 전망된다.
- 우리나라 사회는 교육과 노동시장에 고질적인 결함이 있다는 점도 보고서는 강조했다.
- 우리나라 학생들은 절반 이상이 매일 사교육을 받고 있다.
- 서구사회는 주로 학업성취 수준이 낮은 학생이 사교육을 받는다.
- 우리나라는 학업성취가 높을수록 사교육을 더 많이 받는 기현상이 벌어지고 있다.
- 특히 대학 전공별 배출인력의 분포가 노동시장의 구조와 맞지 않는 것으로 드러났다.
- 대학 전공별로는 의약 · 교육계열의 취업 성과가 상대적으로 좋을 것으로 전망하였다.
- 반면 인문 · 자연계열은 취업 성과가 가장 미진해 노동시장 구조와의 불균형이 심각

한 것으로 지적되었다.

- 청년층 노동시장은 지속적인 고학력화와 누적된 공급초과 때문에 학교졸업 이후 첫 취업까지 평균 1년이 소요되며 고용의 안정성과 질도 낮은 것으로 분석됐다.
- 학교에서 노동시장으로 옮겨가는 과정에서 실업률 비율도 높았다.
- 2009년 청년층 비경제활동인구 가운데 10%가 취업시험 준비로 경제활동에 참여하지 못하고 있다.
- 1997년 경제 위기 이후 소득이 낮은 가구의 소득 증가율은 둔화되었다.
- 반면 소득이 높은 가구의 소득 증가율은 상대적으로 더 높았다.
- 최근 들어 여성 배우자가 경제활동을 통해 얻는 소득의 중요성이 갈수록 커지고 있다.
- 한국의 출산율이 지난 10년간 세계에서 가장 낮은 수준을 기록한 것으로 나타났다.
- 또한 우리나라는 사망률이 계속 낮아지고 수명이 늘어나고 있다.
- 우리나라는 세계에서 가장 빠른 속도로 고령화사회로 나아가고 있다.

1. 가구형태별 구성률

표 27-1. 가구 형태별 구성률

단위 : %

구 분	1985	1990	1995	2000	2005	2007
1세대	9.6	10.7	12.7	14.2	16.2	16.5
2세대	67.0	66.3	63.3	60.8	55.4	55.2
3세대	14.9	12.5	10.0	8.4	6.9	6.9

자료 : 통계층(2009)

2. 사망 원인별 사망률

표 27-2. 사망 원인별 사망률

2057년 인구 10만명당(%)

구 분	암	뇌혈관	심장	자살	당뇨병	소화 기계	운수 사고	간질환
사망률	139.1	62.6	43.2	24.8	22.8	21.9	15.5	5.9

자료 : 통계층(2009)

3. 청년층 고용、실업률

표 27-3. 청년층 고용·실업률

구 분	고용률		실업률	
	남자	여자	남자	여자
청년층 고용·실업률	40.4	42.2	8.9	6.4

자료 : 통계층(2009)

4. 소득 불균형

표 27-4. 소득 불균형

단위 : 배율

구 분	1990	1995	2000	2005	2008
소득 불균형률	5.1	4.5	5.6	5.8	5.7

자료 : 통계층(2009)

- 저출산화와 결혼연령이 늦어짐으로 인구증가율이 감소하여 2010년현재 0.3%이다.
- 인구는 때로는 지나치게 증가해서, 때로는 지나치게 감소해서 문제가 된다.
- 만약 인구가 지나치게 증가하면 노동력은 풍부ho 진다.
- 그러나 식량 문제 등 당장 의식주에 문제가 생길 수도 있다.
- 이러한 문제는 주로 후진국에서 나타난다.
- 인구가 지나치게 감소하면 노동력이 감소한다.
- 그러나 고령화가 심해져 국가 운영에 큰 차질이 생길 수 있다.
- 이러한 문제는 선진국처럼 기본적인 의식주 생활을 충족하고, 출산을 꺼려하게 된다.
- 2009년 유소년 인구 100명 당 노인인구가 처음으로 60명을 넘었다.
- 저출산 고령화 현상이 심화되고 있다.
- 초등학교 교사 1인당 학생 수는 20명 아래로 떨어졌다.
- 또 1인 가구가 급속히 늘어 5가구 중 1가구는 “나홀로 가구”인 것으로 나타났다.

▷ 통계청이 2010년 8월 4일 발표한 “2009년 한국의 사회지표” ’ 에 따른 내용을 살펴보면 다음과 같다.

- 2009년 우리나라 총인구는 4874만7000명으로 전년보다 0.29% 증가했다.
- 전체 인구 가운데 65세 이상(519만3000명) 비율은 10.7%로 사상 최고치를 기록했다.
- 이 비율이 7% 이상 14% 미만일 경우 고령화사회로 분류된다.
- 이 비율이 최근 빠른 속도로 높아지고 있어 고령사회'(14% 이상)와 초고령사회'(20% 이상) 진입이 예상보다 앞당겨질 것으로 보인다.
- 2007년 장래인구 추계에서 고령사회(2018년), 초고령사회(2026년)로 진입할 것으로 전망했다.
- 노령화지수(65세 이상 인구/0～14세 인구×100)는 63.5로 전년보다 4.2% 상승했다.
- 노년부양비(65세 이상 인구/15～64세 인구×100)도 14.7%로 1년동안 0.4% 높아졌다.
- 2009년 총가구 수는 1691만7000가구로 전년보다 1.5% 증가했다.
- 1인 가구는 20.2%에 달했다.
- 지난해 초등학교 교사 1인당 학생 수는 19.8명으로 전년보다 0.5명 줄었다.
- 학급당 학생 수는 초등학교 27.8명, 중학교 34.4명, 일반계 고교 35.9명으로 2000년 이후 계속 줄고 있다.
- 고교 졸업생 100명당 81.9명이 대학교에 진학한 것으로 나타나 10년 전보다 15.3% 포인트 상승했다.
- 가구당 교육비는 연간 349만3000원으로 전체 소비지출에서 차지하는 비중이 역대 최고인 13.5%에 달했다.
- 2009년 이동전화 가입자 수는 4794만4000명으로 인구 100명당 98.4명이 휴대전화를 사용하는 것으로 나타났다.
- 주거의 경우 주택 매매가가 1.5% 상승했고, 전세가는 3.4% 올라 매매보다 전세 상승률이 높았다.

V. 미래사회와 사회체육

산업화의 도시화에 따른 생활수준의 향상과 여가시간의 중대는 일반대중에게 위락활동에 대한 욕구를 중대 시켜 스포츠참가가 보편화될 것이다. 미래의 스포츠는 과학기술에 기초한 기술스포츠와 인간 본성에 바탕을 둔 자연스포츠의 2가지 형태로 양분 될 전망이다(임번장, 2004).

1. 사회변동과 체육 및 스포츠

- 모든 사회는 어떠한 형태를 취하든 계속 변하고 있다.
- 사회는 가족, 정치, 경제, 교육, 문화, 종교, 사고방식, 일상생활 속에서도 변화는 나타나고 있다.
- 사회변화는 사회질서가 다른 사회질서에 의해 대체되어 나아가는 과정을 뜻한다.
- 모든 사회는 변화의 속도와 형태는 달리 하지만 항상 변화하고 있다.
- 사회변화는 누적적이며 지속적이라 할 수 있다.
- 인류의 역사를 통해 볼 때 사회는 꾸준히 변화해 왔다.
- 과거 사회변화는 대단히 급격한 것이었다.
- 사회변화의 속도는 최근 몇 십년간 더욱 가속화되어 왔다.
- 사회변동은 사회조직 · 제도 · 규범 · 가치관 · 행동에 변화가 발생한다.
- 사회변화는 각 분야에 침투되어 독자적인 고유 생활양식에 반영되었다.
- 사회변화는 결국 하위문화의 일부분으로 정착된다.
- 사회변화는 광범위한 전체 사회의 각 영역에 영향을 미친다.
- 사회변화는 스포츠를 변화하게 만들 것이다.
- 사회변화는 스포츠계 내 · 외적인 측면에 동시적으로 영향을 끼친다.
- 사회변화는 스포츠계 내에 영향을 미친 후 전체사회에 영향을 미치게 될 것이다.
- 사회변화는 스포츠계 내에만 영향을 미치고 타영역에 영향을 미치지 않기도 할 것이다.
- 때문에 특정한 스포츠활동의 양태 · 형식, 인공적 가공물은 일시적으로 중요성을 띠게 된다.
- 일시적 유행은 대중의 흥분, 관심, 다양성에 대한 변함없는 추구의 상징적 표적이 된다.
- 때로는 일시적 유행과 스타일이 세대간을 교차해서 나타나기도 한다.
- 일시적 유행이나 오락은 어느 세대에서 인기가 있다.
- 반면 다음 세대에서 외면당하다가 후에 다시 인기를 끌기도 한다는 것이다.
- 사회변화는 같은 시기에 같은 정도로 일어남으로써 변화를 강화하고 보완한다.
- 인종차별이나 성차별 폐지 운동에서 스포츠는 변화의 모델이 되어 왔다.
- 균등한 스포츠참가는 소수민족과 여성이 사회의 제도권으로 통합되었다.
- 근로계층이 여가시간과 수입이 증대하여 따라 다양한 삶의 기회를 제공하였다.
- 스포츠는 주로 올림픽경기를 통해 민족주의를 조장하고 고양하는 데 일조하였다.
- 스포츠계 내의 사회변화는 문화생활의 다양한 측면에 변화를 유도하는 것도 있다.
- 운동선수의 복장, 언어, 행동양식은 사회의 각 분야에 확산되고 수용되고 있다.
- 학교, 직장, 교회까지 T셔츠나 운동화를 착용하는 현상이 일어나고 있다.

• 최근 스포츠는 과학기술의 발달로 기업이 스포츠를 상품화하여 이윤 추구의 대상이 되고 있다.

▷ 기업이 스포츠를 상품화하여 이윤 추구의 대상으로 한 변화의 몇몇 예를 들어 보면 다음과 같다(McPherson, Curtis, Loy, 1989).

① 새로운 스포츠인 실내축구, 3종경기, 비치발리볼, 번지점프, 스노우보드 등이 창안되었다.

② 과학기술의 진보로 신소재 장비와 시설 및 용기구가 개발되어 운동 수행 수준을 고도로 향상 시켰다(인공잔디, 합성재료의 테니스, 라켓, 스키 등)

③ 새로운 스포츠 기술이 개발되었다(포스베리점프, 덩크 슛, 바나나킥)

④ 새로운 경기 규칙이 창안되었다(24초룰 타이브레이크, 오프사이드 선수교체 등)

⑤ 스포츠에 대한 유례없는 사회운동이 전개 되었다(조깅붐, 체력향상운동, 사회체육 운동)

2. 미래의 체육 및 스포츠

• 산업화와 도시화의 진전에 따른 국민생활 수준의 향상과 여가 시간의 증대로 인하여 스포츠에 대한 대중의 관심이 고조되고 있다.
• 다양한 레저 및 스포츠 활동에 대한 자발적 참가가 대폭 증대될 전망이다.
• 또한 과학과 기계문명의 발달로 인한 사회 구조의 변화로 인간 소외, 공동체의식 결여, 운동부족, 각종 스트레스 같은 병리현상이 현대사회의 큰 사회문제로 대두되고 있다.
• 따라서 여가시간의 소비문제와 인간이 당면하고 있는 사회병리 현상을 스포츠를 통해 해소시키는 문제가 미래체육의 과제로 등장하게 될 것이다.
• 오늘날 스포츠의 위기는 스포츠 특성을 변질시키는 사회적 가치의 변화 추세에 기인한다.
• 사회가치 변화는 놀이나 게임, 스포츠를 시대에 뒤떨어지게 하고 부적절한 구시대적 산물로 변질시키고 있다.
• 특히 지도자의 보수적 성향, 경제적 위기, 선수들의 약물복용문제 등은 현대사회사회적 가치를 반영하게 될 것이다.
• 이로 인하여 미래스포츠의 전망은 결코 낙관할 수마 있는 것이 아니다.
• 미래의 스포츠는 크게 2가지 형태로 양분되어 발전할 것으로 전망이다.
• 과학기술의 발달에 기초한 기술스포츠가 발달할 것이다.
• 인간과 환경 사이의 자연친화적 관계를 바탕으로 창출되는 자연스포츠가 발달할 것이다.

3. 기술스포츠(Techno sport)

- 산업화 사회에서 과학기술은 일상생활의 중요한 일부분이 되었다.
- 특히 스포츠에서도 과학기술의 활용이 급격히 증대되었다.
- 과학기술은 스포츠 참가자의 운동수행 능력을 향상시켰다.
- 과학기술은 관중의 스포츠 참여를 증대하도록 유도하였다.
- 과학기술은 스포츠를 보다 즐거운 것으로 향유하고 소비하도록 촉진하여 왔다.
- 미래의 스포츠의학은 의사나 트레이너가 부상을 효과적으로 치료할 수 있게 한다.
- 과학기술은 스포츠참가자의 경기력 향상에 조언과 지도를 가능하게 할 것이다.
- 스포츠 심리학자는 생체 피드백기기를 이용하여 참가자가 경쟁 활동인 경기과정에서 받는 정서적 · 인지적 도전을 제어하도록 처방할 것이다.
- 미래의 스포츠지도자와 참가자는 과학적 훈련방법과 장비를 도입하게 될 것이다.
- 특히 참가자의 운동수행능력과 지구력을 증대를 위해 약물과 혈액 등이 주입되기도 할 것이다.
- 컴퓨터는 참가자의 잠재력을 분석 평가하고 정교하게 계산된 확률에 근거하도록 할 것이다.
- 컴퓨터는 복잡한 경기계획의 수립과 작전을 분석이 가능하도록 할 것이다.
- 스포츠는 과학기술이 참가자에게 초인적인 힘을 발휘할 수 있도록 할 것이다.
- 스포츠는 화학적 혹은 기계적 방법을 동원할 것이다.
- 스포츠 참가자는 운동수행력의 향상만을 위해 구사될 것이다.
- 스포츠는 부상으로 최고기록에 대한 도전이 방해받지 않도록 상처 부위의 신경계통을 휴대용 충전 습포제로 임시 처치를 가하게 될 것이다.
- 기술스포츠는 획기적인 발달을 가져오는 반면 역기능적 요소도 포함하고 있다.
- 운동 수행능력 제고를 위해 참가자의 인간적인 요소는 제거되어야 한다.
- 스포츠는 참가자를 기계와 동일하게 취급함으로써 인간이 갖고 있는 고유 잠재력이나 창조 능력은 파괴되는 것이다.
- 과학기술과 스포츠의 결합은 참가자와 관중을 스포츠참가의 결정적 요인을 파괴할 수 있기 때문이다.
- 관중은 자신이 관람하고 있는 선수가 자신과 얼마나 유사한가에 중요한 관심을 갖고 있다.
- 기술스포츠의 발전은 관중으로 하여금 선수와 동일시하는 것을 저해하거나 제한하기 때문이다.
- 기술스포츠는 사회체육에 참가하는 인구 가운데 기능 수준이 상위에 도달해있는 일부 엘리트 선수 집단이 참가하는 스포츠 형태를 의미한다.
- 사회체육에 참가하는 낮은 수준의 기능 보유자인 일반 참가자는 기술스포츠 참가에는 일정한 한계성을 지니게 될 것이다.

4. 자연스포츠(Eco sport)

- 자연스포츠란 비조직적이고 자연발생적인 위락 형태의 스포츠이다.
- 자연스포츠는 놀이적 행동이 중심이 되어 주로 야외에서 이루어지는 스포츠이다.
- 자연스포츠는 일정한 규칙없이 경쟁보다는 협동과 참가에 최고의 목적을 둔다.
- 자연스포츠는 개방적 · 유동적으로 행하여지는 스포츠이다.
- 자연스포츠는 인위적이고 물질만능적인 산업사회의 정형화된 생활양태에서 벗어나게 한다.
- 자연스포츠는 참가자를 자연과 접하게 함으로써 가치 혼란으로 인한 인간의 긴장감 및 소외감을 해소시켜 주는 기능을 갖고 있다.
- 자연스포츠의 유형은 자연환경과 밀접한 관련을 맺고 이루어지는 스포츠이다.
- 자연스포츠는 행글라이딩, 윈드서핑, 스킨 스쿠버, 스키, 등산, 캠핑, 오리엔티어링, 자전거 타기, 하이킹 등이 이에 포함된다.
- 자연스포츠는 즉흥적인 행동을 강조하는 경향이 있다.
- 특히 자연스포츠는 계획된 것이라기 보다 돌발적인 경향이 많다.
- 자언스포츠는 많은 사람들이 동시에 참가할 수 있다.
- 자연스포츠는 전문화 되고 값 비싼 장비를 필요로 하기도 한다.
- 그러나 자연스포츠는 전문화 되고 값 비싼 장비가 필요로 하지 않는 활동이 매우 많이 있다.
- 자연스포츠는 비규칙화, 비정형화된 유형의 활동을 창조적으로 개발할 수 있다.
- 자연스포츠는 기록이나 득점, 나아가서는 승자나 패자의 판정도 없다.
- 자연스포츠의 목적은 참가나 활동 그 자체의 내면적 보상에 있는 것이다.
- 자연스포츠의 목적은 영광이나 보수와 같은 외면적 보상에 있는 것이 아니다.
- 자연스포츠는 기술스포츠보다 사람들에게 덜 매력적이고 유인력이 적을지 모른다.
- 대부분의 스포츠 참가자는 신체활동의 개인적인 참가를 즐기기도 한다.
- 현대사회는 사회의 가치, 성취, 도전을 강조하고 있다.
- 미래사회는 자연스포츠의 창의적이고 도전적인 가치성향을 요구하게 될 것이다.
- 전세계적으로 자연스포츠의 참가 인구가 점차 늘어나고 있다.
- 우리나라의 자연스포츠 시설 확보는 매우 부진한 상태이다.
- 자연스포츠의 활성화를 위해서 공원, 호수, 바다, 산야 창공 등의 자연 공간의 개발이나 확보가 중요한 과제이다(Figler. 1981.).

Ⅵ. 요약

1. 우리나라 사회동향

- 우리나라 노인인구의 증가속도는 다른 나라와 비교해도 특히 빠르게 증가하고 있다.
- 노인인구 변화에 따른 정치 · 경제 사회적으로 관심이 요구되고 있다.
- 노인 복지와 의료 비용이 급속하게 증가할 것으로 판단된다.
- 2009년 청년층 인구 10%가 취업시험 준비로 경제활동에 참여하지 않고 있다.
- 1997년 경제 위기 이후 소득이 낮은 가구의 소득 증가율은 둔화되었다.
- 반면 소득이 높은 가구의 소득 증가율은 상대적으로 더 높았다.
- 최근 들어 여성 배우자가 경제활동을 통해 얻는 소득의 중요성이 갈수록 커지고 있다.
- 한국의 출산율이 지난 10년간 세계에서 가장 낮은 수준을 기록한 것으로 나타났다.
- 또한 사망률이 계속 낮아지고 수명이 늘어나고 있다.
- 우리나라는 세계에서 가장 빠른 속도로 고령화사회로 접어들고 있다.
- 고령화사회를 대비하여 대책 마련이 시급하다.

2. 사회변동과 체육 및 스포츠

- 산업화 · 도시화는 생활수준의 향상과 여가시간의 증대를 가져왔다.
- 일반대중에게 위락활동에 대한 욕구를 증대되어 스포츠참가가 보편화될 것이다.
- 미래의 스포츠는 과학기술에 기초한 기술스포츠와 인간 본성에 바탕을 둔 자연스포츠의 2가지 형태로 양분될 전망이다.

3. 미래의 체육 및 스포츠

- 여가시간의 소비문제와 인간이 당면하고 있는 사회병리현상을 스포츠를 통해 해소시키는 문제가 미래체육의 과제로 등장하게 될 것이다.
- 스포츠 특성을 변질시키는 사회적 가치의 거센 변화 추세에 도전을 받게 될 것이다.

4. 기술스포츠(Techno sport)

- 미래의 스포츠의학은 의사나 트레이너가 부상을 효과적으로 치료할 수 있게 하고 참

가자의 경기력 향상을 위한 조언과 지도를 가능하게 할 것이다.

- 스포츠 심리학자는 생체 피드백기기를 이용하여 참가자가 경쟁 활동인 경기과정에서 받는 정서적 · 인지적 도전을 제어하도록 처방할 것이다.
- 21세기는 여성스포츠 발달이 매우 확산될 것으로 전망된다.
- 장애인올림픽대회가 발전할 것으로 판단된다.

5. 자연스포츠(Eco-sport)

- 자연스포츠는 현대사회의 인위적이고 물질만능적인 산업사회의 정형화된 생활양태에서 벗어나게 한다.
- 자연스포츠는 사회 구성원에게 자연과 접하게 함으로써 가치 혼란으로 인한 인간의 긴장감 및 소외감을 해소시켜 주는 기능을 갖고 있다.
- 여가레져형 자연스포츠가 매우 발달할 것으로 사료된다.

Ⅶ. 학습문제

1. 사회변동과 체육 및 스포츠에 대해 알아보자.
2. 우리나라 노인인구 변화 추이를 알아보자.
3. 우리나라 출산율 변화 추이를 알아보자.
4. 우리나라 사회동향에 변화 추이를 알아보자.
5. 미래의 체육 및 스포츠에 대해 알아보자.
6. 기술스포츠(Techno sport)에 대해 알아보자.
7. 자연스포츠(Eco sport)에 대해 알아보자.

Ⅷ. 주요용어

공해환경
수명연장
고령화

초혼연령
여성경제활동
이혼

고령화사회
고령사회
초고령화사회
식사장애
물질만능
약물복용
기술스포츠
자연스포츠

참고문헌

임번장(2004). 사회체육개론. 서울대학교출판부

Figler, S. k.(1981.). *Sport and play in America life.* Philadelphia, PA: Saunders College Publishing.

McPherson, B. D., Curtis, J., & Loy, J. W.(1989). *Social significance of sport: An introduction to the society of sport.* Champaign, IL: Human Kinetics.